Konrad von Maurer

Ueber die Ausdrücke

Altnordische, altnorwegische & isländische Sprache

Konrad von Maurer

Ueber die Ausdrücke
Altnordische, altnorwegische & isländische Sprache

ISBN/EAN: 9783743432383

Hergestellt in Europa, USA, Kanada, Australien, Japan

Cover: Foto ©Andreas Hilbeck / pixelio.de

Weitere Bücher finden Sie auf **www.hansebooks.com**

Ueber die Ausdrücke:

altnordische, altnorwegische & isländische Sprache

von

Konrad Maurer.

Aus den Abhandlungen der k. bayer. Akademie der W. I. Cl. XI. Bd. II. Abth.

München 1867.
Verlag der k. Akademie,
in Commission bei G. Franz.
Druck von F. Straub.

Ueber die Ausdrücke:

altnordische, altnorwegische und isländische Sprache.

von

Prof. Dr. K. Maurer.

Bis in die neueste Zeit herein waren wir gewohnt, unter der Bezeichnung „altnordische Sprache" eine Sprache zu verstehen, von welcher wir annamen, dass sie im Wesentlichen gleichmässig im ganzen germanischen Norden gesprochen und geschrieben worden sei. Als die hervorragendsten, oder doch als die bekanntesten Denkmäler dieser Sprache galten uns die beiden Edden, sowie die zahlreichen geschichtlichen sowohl als ungeschichtlichen Sagenwerke, und wir namen in Deutschland ebensowohl, als diess in Schweden und Dänemark zu geschehen pflegte, ohne allen Anstand an, dass diese und ähnliche Quellenschätze ein durchaus gemeinsames Besitzthum der sämmtlichen nordgermanischen Stämme seien. Reichlichere Eröffnung älterer Quellen sowohl, als tieferes Eindringen in deren Sprache, hat diese Anschauungsweise indessen neuerdings sehr erheblich berichtigt und zumal die Arbeiten des trefflichen norwegischen Geschichtschreibers P. A. Munch sind es, welchen wir unsere jetzige bessere Kenntniss verdanken.[1]) Wir wissen jetzt, dass neben aller Gemeinsamkeit, welche auf dem Gebiete der Sprache wie auf andern Gebieten unter den verschiedenen Stämmen des Nordens von jeher bestand und noch besteht, doch schon von Anfang an, soweit nur unsere geschichtlichen Ueberlieferungen zurückreichen, zwischen der Mundart des dänischen, des schwedischen, endlich desjenigen Stammes, welchen wir zuerst in Norwegen wohnhaft finden, dann aber von hier aus weit über die Inseln des Nordens und Westens sich ausbreiten sehen, sehr erhebliche Abweichungen begründet waren. Die Edden sowohl, als die Sagen gehören dabei, und auch hierüber lässt sich heutzutage nicht mehr streiten, unmittelbar weder dem schwedischen, noch dem dänischen Zweige des Gesammtvolkes an, sondern ausschliesslich jenem dritten, welcher in Norwegen seinen Hauptsitz und seinen gemeinsamen Ausgangspunkt hatte, und sie haben für Schweden wie für Dänemark lediglich jene mittelbare Bedeutung anzusprechen, welche sich aus der engen Verwandtschaft der Bevölkerung dieser beiden Reiche mit den Bewohnern des höheren germanischen Nordens noch ableiten lässt. Wir mögen zwar immerhin noch, wenn es gilt die Gleichartigkeit der sämmtlichen nordgermanischen Sprachen unter sich und im Gegensatze zu den südgermanischen oder den noch weiter abliegenden Sprachen hervorzuheben, von einer einheitlichen Gesammtsprache des Nordens reden, ganz wie die älteren Quellen selbst hin und wieder die sprachliche Gemeinschaft betonen, welche die Dänen, Schweden und Norweger unter sich, wie mit den Isländern, Færingern, Grönländern u. s. w. verbinde; aber wir dürfen uns durch diesen Ausdruck nicht mehr dazu verführen lassen, die tiefgreifenden Verschiedenheiten zu übersehen, welche zwischen den unter ihm zusammengefassten Mundarten bestehen, oder was der einen von diesen ausschliesslich zugehört ohne Weiteres als auch allen übrigen zugehörig zu behandeln. Die an und für sich keineswegs unpassende und überdies einmal herrschend gewordene Bezeichnung als „altnordische Sprache“ könnte man, in diesem Sinne verstanden, für jene Gesammtsprache an und für sich ganz wohl beibehalten; ich ziehe indessen vor, für dieselbe die Bezeichnung „nordgermanische Sprache“ zu gebrauchen, aus Gründen, welche später noch dargelegt werden sollen.

Wie sollen wir nun aber die einzelnen Zweigsprachen benennen, wenn es gilt, nicht deren Zusammengehörigkeit, sondern umgekehrt deren Sonderung hervorzuheben? Bezüglich zweier derselben hat die Sache keine Schwierigkeit. Die Sprache der Schweden sowohl, als die Sprache der Dänen hat von ihren ersten nachweisbaren Anfängen an eine einheitliche sowohl als eine ununterbrochene Entwicklung gefunden. Dialectische Verschiedenheiten treten zwar im Bereiche beider mehrfach hervor und nicht minder haben fremde Einflüsse, zumal in die Geschichte der dänischen Sprache, vielfach tief eingegriffen; aber weder haben diese den innern Zusammenhang, noch jene die äussere Einheit der geschichtlichen Entwicklung je zu brechen vermocht, welche vielmehr zu allen Zeiten durch eine gemeinsame Schriftsprache gestützt und getragen wurden und keinem Zweifel kann somit unterliegen, dass wir von der ältesten bis zur neuesten Zeit herab von einer schwedischen sowohl als von einer dänischen Sprache zu reden vollkommen berechtigt sind. In zeitlicher Beziehung mag man dabei etwa die Periode der Runendenkmäler von der Zeit des spätern Mittelalters unterscheiden, welche mit der Aufzeichnung der Landschaftsrechte (um das Jahr 1200) beginnend, bis in den Anfang des 16. Jahrhunderts herabreicht, und beiden wiederum die mit der Reformation anhebende neuere Zeit entgegensetzen, und mögen die Ausdrücke: altschwedisch, mittelschwedisch und neuschwedisch einerseits, sowie altdänisch, mitteldänisch und neudänisch andererseits diese dreifache Zeitstufe passend bezeichnen. Ungleich schwieriger stellt sich dagegen die Frage hinsichtlich jenes dritten Stammes. Von Norwegen ist dieser ausgegangen, und Norwegen galt auch späterhin noch stets als dessen Hauptland; aber er hat sich von hier aus schon frühzeitig über eine Reihe weiterer Lande ergossen, und einer Reihe weiterer Staaten und Staatchen das Dasein gegeben, welche (wie der isländische Freistaat, dann die norwegischen Niederlassungen in Irland und Schottland) mit dem Hauptlande in gar keiner, oder (wie etwa die Königreiche auf Man und den Hebuden, auf den Orkneys, Shetland oder den Færöern) doch wenigstens nur in einer sehr losen politischen Verbindung standen. Jahrhunderte lang fortwirkend, hat diese mehr oder minder vollständige staatliche Unabhängigkeit, verbunden mit der Abgeschiedenheit ihrer geographischen Lage und den dadurch bedingten Beziehungen zu verschieden gearteten Nachbarvölkern, verbunden ferner mit der natürlichen Verschiedenheit der einzelnen Lande und den durch sie veranlassten Eigenthümlichkeiten der Lebensweise ihrer Bewohner u. dgl. m. jene aussernorwegischen Besitzungen des Stammes nach und nach zu einer mehr oder minder scharf ausgeprägten nationalen Selbstständigkeit gegenüber dem Stammlande gelangen lassen, welche deren Bevölkerung zu der des norwegischen Reiches nothwendig in einen gewissen Gegensatz bringen musste. Wie sollen wir nun diesen seinen weitern Verzweigungen gegenüber den Gesammtstamm bezeichnen, wenn es uns darauf ankommt, dessen höhere Einheit den Nachbarstämmen der Dänen und Schweden gegenüber zu betonen? Als den norwegischen? Aber wie bezeichnen wir dann die Bevölkerung des zwischen Götaelf und den Finnmarken gelegenen Landes, wenn es sich darum handelt, sie den Isländern, Færingern, Grönländern u. dgl. m. gegenüberzustellen? — Unter gewöhnlichen Verhältnissen könnten wir uns über derartige Bedenken allerdings einfach hinwegsetzen. Wir nemen ja bekanntlich keinen Anstand, die Mehrzahl der Schweizer dem deutschen, die Mehrzahl der Nordamerikaner dem englischen Stamme zuzuzählen, obwohl in politischer Beziehung weder diese zu England, noch jene zu Deutschland gehören; warum sollten wir es also gerade mit dem norwegischen Stamme genauer nemen? Zwei Thatsachen indessen, beide ganz eigenthümlicher Art, stehen meines Erachtens gerade in diesem Falle jedem derartigen Sprachgebrauche, wenigstens in seiner Anwendung auf die Sprache und die Literatur, vollkommen entscheidend im Wege, nämlich einmal die hervorragende Bedeutung, welche Island, und nicht Norwegen, für die gesammte Literatur des betreffenden Stammes behauptet, sodann aber auch der verschiedenartige Verlauf, welchen die späteren Geschicke der ursprünglich gemeinsamen Sprache bei dessen verschiedenen Zweigen genommen haben. Beide Thatsachen fordern hier ihre gesonderte und eingehendere Betrachtung.

An der Spitze der gesammten isländischen Nationalliteratur steht der Priester Ari þorgilsson, mit dem Beinamen hinn fróði, d. h. der kundige. Snorri Sturluson, wenn er anders der Verfasser der beiden Vorreden zur Heimskringla und zur geschichtlichen Ólafs saga hins helga ist, sagt allerdings strenge genommen nur, dass Ari der erste gewesen sei, welcher auf Island in einheimischer Sprache über Geschichte geschrieben habe und lässt somit unentschieden, ob nicht etwa schon vor ihm Andere daselbst in der gleichen Sprache über andere Gegenstände geschrieben haben[2]); indessen wird die Frage, welche er unerledigt lässt, uns durch eine andere Quelle beantwortet. Unter den philologischen Anhängen der jüngeren Edda findet sich nämlich eine sehr interessante Abhandlung, deren Verfasser, nach seiner eigenen Angabe dem Vorgange der Engländer folgend, es unternommen hat seinen isländischen Landsleuten auf Grund der lateinischen Schrift ein eigenes Alphabet zu entwerfen. Wann und von wem das Werkchen geschrieben sei, wird uns freilich nicht ausdrücklich gesagt; wir können indessen vermuthen, dass dasselbe von eben dem þóroddur rúnameistari, welcher uns zugleich mit Ari als der Erfinder des ältesten, aus der lateinischen und Runenschrift gemischten Alphabetes genannt wird, verfasst, und dass dieser sein Verfasser mit jenem þóroddur Gamlason identisch gewesen sein möge, von welchem uns die Jóns biskups saga erzählt, dass er vom Bischof Jón Ögmundarson zu Hólar (1106—1121) als tüchtiger Baumeister zum Baue seiner Domkirche verwendet, und dabei durch das blose gelegentliche Zuhören bei dem den Domschülern ertheilten Unterrichte ein ausgezeichneter Grammatiker geworden sei. In jener Schrift nun spricht dieser Verfasser sich ganz bestimmt dahin aus, dass man in seiner Heimat eben erst angefangen habe sich der Schrift zu litterarischen Zwecken zu bedienen, und er giebt bei dieser Gelegenheit an, was man zu seiner Zeit auf Island an Aufzeichnungen in der Landessprache bereits besass; ausser einigen Gesetzen, einzelnen genealogischen Aufschreibungen, endlich ein paar wohl zumeist aus dem Lateinischen übersetzten kirchlichen Stücken, sind es aber nur die Werke des Ari þorgilsson, welche er zu nennen weiss.[5]) Vereinzelte Aufzeichnungen also, welche kaum noch auf den Namen eigentlicher Litteraturwerke Anspruch zu erheben vermögen, waren um die Mitte des 12. Jahrhunderts neben den Schriften Ari's Alles was in einheimischer Sprache auf Island geschrieben vorlag, — ein Ergebniss, mit welchem sowohl die Angaben unserer sonstigen Quellen, als auch der Befund der uns noch erhaltenen Hss. vollkommen übereinstimmen. Wir wissen, dass im Winter des Jahres 1117 auf 1118 der dem Gesetzsprecher obliegende Rechtsvortrag seinen wichtigsten Theilen nach codificirt wurde, und dass auf diesem Wege die sogenannte Hafliðaskrá entstand; wir wissen nicht minder, dass um etwa ein Jahrzehnt später auch die Aufzeichnung des Kirchenrechtes erfolgte, welche den Kristinna laga þáttur, oder wie er jetzt zumeist genannt wird, Kristinnréttur hinn gamli, entstehen liess; wir dürfen ferner vermuthen, dass auch schon das im Jahre 1096 erlassene Zehntgesetz, die Tíundarlög, von Anfang an schriftlich abgefasst gewesen sein möge.[4]) Es fehlt uns auch nicht an einzelnen genealogischen Notizen, dann an einzelnen Homilien und Legenden, welche in eine sehr frühe Zeit hinaufzureichen scheinen, wenn auch der Natur der Sache nach eine genauere Zeitbestimmung bei derartigen Aufzeichnungen ungleich schwieriger ist. Es ist uns endlich auch die eine oder andere uralte isländische Handschrift gerettet; keine von allen reicht indessen über die Mitte des 12. Jahrhunderts zurück, und die aus dem Ende des 12. und Anfang des 13. erhaltenen zählen bereits zu den Seltenheiten.[5]) Von irgend einem selbstständigeren in der Landessprache geschriebenen Werke ist aber vor Ari und þórodd nirgends eine Spur zu finden: Bischof Ísleifur Gizurarson († 1080) hat die Geschichtswerke, welche eine mindestens bis in das 16. Jahrhundert hinauf verfolgbare Ueberlieferung ihm beigelegt hat, niemals geschrieben,[6]) Sæmundur hinn fróði Sigfússon († 1133) seine Schrift über die Geschichte der norwegischen Könige, auf welche wiederholt in glaubhafter Weise Bezug genommen wird, in lateinischer Sprache, die zahlreichen sonstigen Schriften aber, welche die spätere Zeit ihm zuzuschreiben beliebte, wie z. B. die ältere Edda, die Sólarljóð, die Njála, die Hálfsrekka saga, die Odda annálar und dergleichen mehr, überhaupt nicht verfasst.[7]) — Das einzige Werk von welchem wir mit Bestimmtheit wissen, dass Ari dasselbe abgefasst habe, ist dessen Íslendíngabók. In ihrer ursprünglichen, uns verlorenen Gestalt hatte diese nicht nur die Geschichte Islands, mit besonderer Berücksichtigung der Verfassungs- und Kirchengeschichte der Insel enthalten, sondern überdiess auch noch zahlreiche Genealogieen einheimischer Geschlechter, sowie mannigfache Nachweise über die Lebensgeschichte der norwegischen, dänischen und englischen Könige; auf Antrieb der Bischöfe þorlákur Runólfsson (1118—1133) und Ketill þorsteinsson (1122—1145), für welche das Buch zunächst geschrieben war, dann des Sæmundur fróði, welchem Ari dasselbe ebenfalls gezeigt hatte, hatte dieser dasselbe aber sodann in der Art umgearbeitet, dass er die Genealogieen und Königsgeschichten wegliess, dafür aber die isländische Geschichte selbst etwas weiter ausführte, und in dieser abgekürzten

Gestalt, als „Isländerbüchlein“ (libellus Islandorum) ist uns das Werk allein aufbewahrt. Charakteristisch ist für dasselbe, dass es fast ausschliesslich auf die mündlichen Aussagen namentlich genannter Gewährsmänner gebaut ist, deren eigene Gewährsleute hin und wieder ebenfalls noch genannt werden. Nur einmal wird ausdrücklich auf eine geschriebene Quelle Bezug genommen, und zwar auf eine ausländische. — nur einmal auf eine Angabe des Sæmundur fróði in einer Weise hingewiesen, welche eine Benützung seiner Schriften anzudeuten scheint; eine weitere Bestätigung dafür, dass die einheimische Geschichtschreibung in der That erst mit Ari (und allenfalls Sæmundur) ihren Anfang nam. An sein Werk lehnt sich aber sofort eine Reihe weiterer Arbeiten an, und zwar über die isländische sowohl als über die norwegische Geschichte.*)

Ueber die norwegische Geschichte schrieb zunächst Eiríkur Oddsson. Sein Werk, welches den wunderlichen Titel „Hryggjarstykki,“ d. h. Rückenstück, trägt, behandelt die Geschichte des Königs Haraldur gilli (1130—1136), seiner Söhne (Sigurður, † 1155; Eysteinn, † 1157; Ingi, † 1161), sowie des Königs Magnús blindi und des Sigurður slembidjákn (Beide † 1139) bis zu deren Tod, und zwar auf Grund eigener Erlebnisse und der Erzählungen mehrfacher, zum Theil namentlich genannter Augenzeugen. Offenbar bestimmt das Werk Ari's fortzusetzen, dessen erste Redaction doch wohl ebenso wie die zweite bis zum Jahre 1120 herabgereicht hatte, ist auch diese Schrift uns leider in ihrer ursprünglichen Gestalt nicht aufbewahrt; dagegen liegt sie unverkennbar den sämmtlichen späteren Darstellungen des betreffenden Zeitabschnittes zu Grunde, und zwar zum Theil offenbar in nur sehr wenig veränderter Gestalt. Ausdrücklich wird uns gesagt, dass Eiríkur der erste gewesen sei, welcher über die Geschichte jener Könige geschrieben habe, und es liegt somit nahe genug anzunehmen, dass er es war, der in Auftrage des Königs Sverrir (1177—1202) über die Hinrichtung des Königs Eysteins schrieb, welche von dessen eigenem Bruder, König Ingi, angeordnet worden sein sollte; anderntheils wird nicht minder ausdrücklich hervorgehoben, dass der Mann sich selber längere Zeit in Norwegen aufgehalten habe, und es kann somit keinem Zweifel unterliegen, dass derselbe ein Isländer und kein Norweger war: möglich dass sein Vater vielleicht eben jener Oddur Kollsson gewesen ist, auf dessen Aussagen Ari fróði seine Angaben über die norwegische Geschichte vorzugsweise gestützt haben soll.[9]) Fest steht jedenfalls, dass der eben genannte König Sverrir, als es galt seine eigene Lebensgeschichte schreiben zu lassen, mit diesem Geschäfte nicht einen Norweger, sondern einen Isländer betraute, den Abt Karl Jónsson nämlich von þingeyrar († 1212). Seine Arbeit, von welcher sich nicht einmal mit voller Bestimmtheit behaupten lässt, ob sie in einheimischer oder in lateinischer Sprache abgefasst war, und welche in zwei gesonderte Bücher sich getheilt hatte, liegt uns lediglich in einer, allerdings wie es scheint sehr getreuen Bearbeitung in der Landessprache vor, welche vielleicht von eben jenem Styrmir hinn fróði herrührt, auf welchen wir noch wiederholt zu sprechen kommen werden.[10]) Endlich haben wir auch allen Grund anzunemen, dass die beiden Sagen, welche die Lücke zwischen dem Hryggjarstykki und der Sverris saga füllen, die Hákonar saga herðibreiðs also und die Magnúss saga Erlíngssonar, ziemlich um dieselbe Zeit, und ebenfalls von isländischer Hand verfasst worden seien. Einerseits nämlich weist die Ausdruckswoise sowohl als der Inhalt beider Stücke auf einen isländischen Verfasser hin; andererseits stimmt deren Darstellung völlig mit der in der Sverris saga überein, — diese letztere ist kaum verständlich ausser unter der Voraussetzung, dass jene Sagen ihr vorhergehen, und sie verweist überdiess gelegentlich sogar ausdrücklich auf deren Inhalt, — endlich ist auch kaum denkbar, dass König Sverrir zwar über König Eysteins Tod und über seine eigene Regierungsgeschichte habe schreiben, die in Mitte liegenden Jahrzehnte dagegen nicht habe bearbeiten lassen.[11]) Unverkennbar sind alle drei Sagen in derselben Weise wie das Hryggjarstykki theils auf eigene Wahrnemungen ihres Verfassers, theils auf directe Erzählungen von Augenzeugen, theils endlich vielleicht auch auf die Benützung einzelner Actenstücke gebaut, und in keiner Weise aus abgeleiteten Quellen geflossen.[12]) — Ungefähr gleichzeitig mit dem Abte Karl schrieben aber auch zwei Mönche eben jenes isländischen Klosters, nämlich Oddur und Gunnlaugur, über die Lebensgeschichte des Königs Ólafur Tryggvason, und an ihre Schriften knüpft sich für uns der Beginn einer neuen Richtung in der isländischen Geschichtschreibung. Beide haben freilich ihre Werke zunächst in lateinischer, nicht in der Landessprache verfasst; ziemlich früh wurden aber beide Biographieen in die letztere übertragen, und nur in dieser veränderten Gestalt sind beide auf uns gekommen. Das eine der beiden Werke ist uns in drei verschiedenen, und augenscheinlich ziemlich freien Uebersetzungen erhalten, welche indessen alle übereinstimmend den Mönch Oddur als ihren Verfasser bezeichnen. Dasselbe thut der Ueberführung der Reliquien der heiligen Sunnifa nach Bergen Erwähnung, welche im Jahre 1170 stattfand, und nimmt gelegentlich einmal auf eine Aeusserung des Königs Sverrir Bezug, welcher doch erst im Jahre 1177 den Königsnamen annam; es kann also unmöglich vor dem letzten Viertel des 12. Jahrhunderts, aber andererseits, da die Upsalaer Fragmente nach ihren Schrift- und Sprachformen bereits der ersten Hälfte des 13. Jahrhunderts angehören, und das lateinische Original doch immerhin etwas älter sein musste als seine Uebersetzung, auch nicht nach dem Beginne dieses letzten Jahrhunderts entstanden sein. Da wir nun einen Mönch Namens Oddur Snorrason nachweisen können, welcher seinen verwandtschaftlichen Beziehungen nach der zweiten Hälfte des 12. Jahrhunderts angehören muss, so ist der Schluss nicht gewagt, dass wir in ihm unsern Verfasser zu erkennen haben, wenn gleich über irgend welche sonstige schriftstellerische Thätigkeit des Mannes keine vollkommen verbürgte Nachricht uns erhalten ist.[13]) Aus der Flateyjarbók, einer in den Jahren 1387—1395 geschriebenen Compilation aus den verschiedensten Materialien, erfahren wir sodann noch, dass ausser Odd noch ein zweiter Mönch desselben Klosters, Gunnlaugur, eine lateinische Lebensbeschreibung des nämlichen Königs verfasst habe, und es wird uns hier eine Reihe von Personen namentlich genannt, welche Beiden als Gewährsleute gedient haben sollen, sowie bemerkt, dass Gunnlaugur insbesondere seine Arbeit dem Gesetzsprecher Gizurr Hallsson vorgelegt, und auf Grund der von diesem gemachten Ausstellungen verbessert habe. Aus der Lebenszeit einiger der genannten Gewährsleute, unter welchen jener Gizurr als ein Mann von ganz ungewöhnlicher Bildung und von selbstständigen schriftstellerischen Leistungen hervortritt,[14]) können wir schliessen, dass auch Gunnlaugs Werk zu Ende des 12. oder zu Anfang des 13. Jahrhunderts entstanden sein muss, und mit diesen Ergebnissen stimmt denn auch vollkommen überein, was wir über dieses Mannes Leben und Wirken sonst zu erbringen vermögen. Wir finden nämlich den Gunnlaug Leifsson bereits an der Schwelle des 13. Jahrhunderts zu den angesehensten Mönchen des Klosters zu þingeyrar gerechnet und zum Jahre 1218 bereits dessen Tod verzeichnet; wir erfahren überdiess, dass er den gelehrtesten Männern seiner Zeit zugezählt wurde, — dass er im Auftrage des Guðmundur Arason, jedoch noch ehe dieser das Bisthum Hólar erlangt hatte, also vor dem Jahre 1203, eine Anzahl von Wunderwerken des heiligen þorlákur aufzeichnete, — dass er im Auftrage desselben Bischofes, und doch wohl vor dem Jahre 1210, in welchem er diesem mit offener Unbotmässigkeit entgegentratt, auch noch eine lateinische Lebensbeschreibung des heiligen Jón Ögmundarson verfasste, von welcher uns eine Bearbeitung in der Landessprache erhalten ist, — endlich dass er, und zwar wie es scheint gleichfalls in lateinischer Sprache, auch noch eine Lebensbeschreibung des heiligen Ambrosius schrieb.[15]) In so unmittelbarer Uebersetzung wie Odds Arbeit ist uns Gunnlaugs Geschichte K. Ólafs allerdings nicht erhalten, vielmehr nimmt ihn die ausführlichere Ólafs saga Tryggvasonar, wie solche dem Abdrucke in Bd. I—III. der Fornmanna sögur zu Grunde liegt, oder wie sie später in die Flateyjarbók aufgenommen wurde, zwar wiederholt als Gewährsmann in Bezug, aber ohne ihn jemals, wie diess neuere Schriftsteller vielfach gethan haben, als ihren Verfasser zu bezeichnen, und schöpft dieselbe überdiess nachweisbar, wie unten noch zu zeigen sein wird, neben ihm noch aus einer Reihe anderer, ungleich späterer Quellen; immerhin sind indessen zumal in die Flateyjarbók so umfassende Stellen aus Gunnlaugs Werk in wörtlicher Uebersetzung übergegangen, dass wir den Charakter desselben nach den uns erhaltenen Proben mit voller Sicherheit zu bestimmen vermögen. Gunnlaugs Schrift sowohl wie die Odds, und die erstere sogar in noch höherem Grade als die letztere, trägt offenbar einen mehr legendarischen als streng historischen Charakter; Erbauung des Lesers, nicht geschichtliche Belehrung desselben ist der Zweck beider, und von der chronologischen Sorgfalt Ari's ist bei beiden ebensowenig Etwas zu verspüren, als von seiner oder seiner nächsten Nachfolger schlichten Darstellungsweise. Als bezeichnend ist aber daneben noch hervorzuheben, dass Oddur sowohl als Gunnlaugur ausser den Werken Ari's und Sæmunds, dann eines gelegentlich einmal angeführten Priesters Rufus (wohl des, sonst gänzlich unbekannten, Verfassers irgend welcher lateinisch geschriebenen Legende) sich ganz wie Ari lediglich auf die mündlichen Aussagen einzelner, namentlich genannter Gewährsmänner zu berufen wissen.[16]) Man sieht hieraus, dass um die Zeit, da Beide schrieben, anderweitige Aufzeichnungen über K. Ólafs Geschichte noch nicht vorhanden, oder doch auf Island nicht bekannt waren; nur unter dieser Voraussetzung erklärt es sich nämlich, dass man auch jetzt noch auf Grund mündlicher Ueberlieferungen die Geschichte längst vergangener Tage aufzubauen unternemen konnte, von denen doch die Gewährsleute selbst nur aus der vierten oder fünften Hand irgend welche Kunde haben konnten, — dass man also noch immer dasselbe Verfahren einzuschlagen sich veranlasst sah, mittelst dessen um ein halbes Jahrhundert früher, nur mit ungleich nüchternerer Kritik, der alte Ari seine Entstehungsgeschichte des isländischen Staates zu Stande gebracht hatte. Genau dieselbe Richtung verfolgen aber auch ein paar Lebensbeschreibungen des Königs Ólafur Haraldsson, von welchen wenigstens zwei ziemlich um dieselbe Zeit, und gleichfalls auf Island geschrieben zu sein scheinen. Herkunft sowohl als Alter der sogenannten legendarischen Ólafs saga hins helga, um zunächst von dieser zu sprechen, ist allerdings im höchsten Grade bestritten; indessen scheint mir einerseits kein Grund vorzuliegen, welcher die Entstehung der Quelle höher hinauf als etwa in den Anfang des 12. Jahrhunderts zu verlegen uns berechtigen könnte, andererseits auch deren isländischer Ursprung durch innere sowohl als äussere Gründe vollkommen gesichert zu sein.[17]) Unverkennbar stellt sich dabei diejenige Redaction der Sage, welche deren einzige vollständige Hs. enthält, als eine sehr rohe Compilation aus älteren Aufzeichnungen dar, welche selbst wieder, zum Theil wenigstens, aus noch älteren Originalvorlagen hervorgegangen sein dürften; ob die wenigen Bruchstücke einer älteren Bearbeitung, welche uns erhalten sind, als Ueberreste dieser Originalvorlagen oder jener zwischen diesen und der vollständigen Hs. in Mitte liegenden Recensionen zu betrachten seien, lässt sich bei deren geringem Umfang kaum mit Sicherheit entscheiden, wiewohl ich das Letztere für das Wahrscheinlichere halten möchte.[18])

Anderntheils wissen wir aus der Flateyjarbók, dass Styrmir Kárason, derselbe Mann, welchen wir bereits als einen Bearbeiter der Sverris saga kennen gelernt haben, auch eine Lebensbeschreibung des Königs Ólafs des Heiligen oder des Dicken verfasste; einzelne Stücke derselben theilt uns jene Hs. in einem eigenen Anhange mit, und wir können kaum bezweifeln, dass auch die weitläufige Biographie jenes Königs, welche sie an einer früheren Stelle enthält, gutentheils, wenn auch keineswegs ausschliesslich und vielleicht auch keineswegs unvermittelt, aus eben dieser Quelle geflossen sein werde. Wir wissen aber auch, dass der Priester Styrmir, obwohl wiederholt das Amt eines Gesetzsprechers bekleidend, und gegen das Ende seines Lebens († 1245) als Prior die Leitung des Klosters Viðey übernemend, doch in der bewegten Geschichte seiner Zeit keinerlei hervorragende Rolle spielte, vielmehr als ein untergeordnetes Werkzeug in der Hand Snorri's auftratt. Genau denselben, zugleich glänzenden und unselbstständigen Charakter trägt auch seine gesammte, umfangreiche litterarische Thätigkeit; hinreichend ausgebreiteten Wissens, um sich gleich dem alten Ari und Sæmundur den Beinamen „hinn fróði" erwerben zu können, hat derselbe doch soviel bekannt kein einziges selbstständiges Werk hinterlassen, vielmehr lediglich eine lange Reihe von Ueberarbeitungen, theilweise vielleicht sogar blosen Uebersetzungen, älterer fremder Werke.[19]) Auch seine Ólafs saga hins helga muss nach einer älteren Vorlage gearbeitet sein, und unzweifelhaft steht dieselbe in engen Beziehungen zu unserer legendarischen Sage; mit Sicherheit lässt sich indessen bei dem geringen Umfange dessen, was von Styrmir's Werk in seiner ursprünglichen Fassung uns überliefert ist, nicht feststellen, welcher Art diese Beziehungen waren. Soviel zwar lässt sich mit Bestimmtheit behaupten, dass unsere legendarische Sage, wie sie in der Haupths. vorliegt, und wohl auch so wie die älteren Fragmente sie enthielten, nicht selbst das Werk Styrmir's sein kann; ob dagegen Styrmir unsere Sage benützt oder ob diese umgekehrt ihn ausgeschrieben, oder ob man nur hier wie dort gleichmässig aus irgend einer älteren, uns verlorenen Quelle geschöpft habe, getraue ich mich nicht mit voller Sicherheit zu entscheiden, wiewohl ich das letztere für wahrscheinlicher halten, und zugleich die Vermuthung wagen möchte, dass jedenfalls Oddur Snorrason, und wahrscheinlich ihm folgend auch Gunnlaugur Leifsson, wie die Geschichte des Königs Ólafur Tryggvason, so auch die des heiligen Ólafs geschrieben haben, und dass es ihre Werke waren, welche für die legendarische Sage sowohl als für Styrmir's Schrift die wesentliche Grundlage bildeten.[20]) Ungefähr gleichzeitig mit den zuletzt besprochenen Werken scheint ferner auch die Jómsvíkinga saga entstanden zu sein. Ihre Abfassung auf Island kann keinem Zweifel unterliegen, da sie ausdrücklich die Namen der isländischen Männer angiebt, welche zuerst die Kunde von den in ihr berichteten Thatsachen in ihre Heimath gebracht haben sollen: aber auch bei ihr scheint der uns erhaltenen Recension eine andere und ältere vorhergegangen zu sein, welche auch ihrerseits wieder isländischen Ursprungs gewesen sein muss.[21]). — Nur wenig später als Styrmir scheint Snorri Sturluson geschrieben zu haben, der berühmteste unter allen Schriftstellern seiner Heimath. Im Jahre 1178 aus dem mächtigen Hause der Sturlúngar geboren, und von seinem dritten bis neunzehnten Jahr im Hause des mächtigen und gelehrten Jón Loptsson, eines Enkels des Sæmundur fróði, aufgewachsen, war Snorri einerseits durch seine vorneme Geburt zum thätigsten Eingreifen in die Geschicke seiner Heimath berufen, andererseits aber auch durch seine gelehrte Erziehung zu einer litterarischen Wirksamkeit befähigt, welche er bis zu seinem Tod († 1241) nicht unterbrochen zu haben scheint.[22]) Es ist vor Allem die norwegische Geschichte, um welche er sich die glänzendsten Verdienste erwarb; jedoch scheint die gewöhnliche Annahme, dass das Werk, welches den Namen der Noregs konúnga sögur trägt, von uns aber mit dem seinen Anfangsworten entnommenen Titel der Heimskringla bezeichnet zu werden pflegt, im Wesentlichen so wie es uns vorliegt von ihm geschrieben sei, eine genauere Prüfung nicht auszuhalten. Wir erfahren zwar aus isländischen Annalen, dass Snorri Bücher geschichtlichen Inhalts geschrieben habe, und wissen aus der Sturlúnga, dass bereits um das Jahr 1230 sein Neffe, Sturla Sighvatsson, von ihm verfasste Geschichtswerke abschreiben liess; wir finden auch in späteren Sagen ein paarmal den Snorri angeführt, und können nachweisen, dass alle solche Citate auf unsere Heimskringla passen, und auf kein anderes uns erhaltenes Sagenwerk. Wiederum lässt sich geltend machen, dass die Haltung der Darstellung der Heimskringla vielfach eine gewisse Aenlichkeit mit der Darstellung in der jüngeren Edda zeigt, welche letztere doch ihren Hauptbestandtheilen nach mit aller Sicherheit als ein Werk Snorri's betrachtet werden darf, und dass zumal die Art, wie die Lieder älterer Dichter als Hülfsmittel der Forschung benützt werden, hier wie dort gleichmässig durchgeführt, und im Prologe der Heimskringla überdiess ausdrücklich hervorgehoben und gerechtfertigt wird. Endlich lässt sich auch darauf einiges Gewicht legen, dass die Männer, welche im 16. und 17. Jahrhundert zuerst die Aufmerksamkeit wieder auf die Heimskringla wandten, diese ohne Weiteres als ein Werk des Snorri bezeichneten, soferne sich etwa vermuthen liesse, dass diese ihre Angabe auf irgend eine ältere Ueberlieferung, oder sogar auf eine Notiz in irgend einer uns nicht mehr erhaltenen Handschrift sich begründet haben möge.[23]) Allein das letztere Argument ist von geringer Bedeutung, da es ebenso gut möglich, dass das Gerede von Snorri's Autorschaft nur auf einer losen Vermuthung irgend eines Gelehrten oder Halbgelehrten beruhte, wie dergleichen in der betreffenden Zeit so häufig der Fall ist, und die beiden ersteren Gründe schliessen die Möglichkeit nicht aus, dass unsere Heimskringla nur ältere Arbeiten Snorri's in sich aufgenommen habe, ohne doch selber sein unmittelbares Werk zu sein;[24]) umgekehrt fehlt es dagegen nicht an entscheidenden Gründen dafür, dass dieselbe erst nach dessen Tod ihre derzeitige Gestalt erhalten habe, ja man hat sogar allen Grund anzunemen, dass Snorri überhaupt keine geschlossene Geschichte der norwegischen Könige, sondern nur ein paar einzelne Lebensgeschichten einzelner Könige geschrieben habe, und dass seine Arbeiten nicht weiter herabreichten als etwa bis zum Tode des Königs Sigurður Jórsalafari, also bis etwa zum Jahre 1130.[25]) Man hat, durch die Autorität des um die nordische Litteraturgeschichte vielverdienten Bischofs P. E. Müller († 1834) verführt, vielfach Snorri's Leistungen für die norwegische Geschichtschreibung unterschätzt; von Keyser, Unger, Munch und Petersen ist dem gegenüber mit vollem Rechte das grosse Verdienst betont worden, welches er sich durch kritische Sichtung und geschmackvolle Ueberarbeitung der ihm vorliegenden Materialien erworben hat. Eine erschöpfende Würdigung seines Verhältnisses zu seinen Vorgängern sowohl als Nachfolgern dürfte indessen erst dann möglich werden, wenn erst die Heimskríngla sowohl als die an sie sich anschliessenden Sagensammlungen in so getreuen Abdrücken allgemein zugänglich gemacht sein werden, wie diess bezüglich der Flateyjarbók nunmehr grösstentheils der Fall ist;[26]) erst dann wird andererseits auch die Zeit sich bestimmter feststellen lassen, in welcher Snorri seine Geschichtswerke abgefasst hat, während sich vorläufig nur vermuthen lässt, dass deren Enstehung etwa den Jahren 1220—30 angehören dürfte.[27]) Mögen wir übrigens seine Verdienste um die Geschichte des Nordens höher oder niedriger anschlagen, so darf uns doch unsere Anerkennung Snorri's keinesfalls soweit führen, dass wir übersehen, was vor ihm, neben ihm und nach ihm von anderen seiner Landsleute geleistet wurde. Schon zwei bis drei Jahrzehnte früher als seine einschlägigen Werke wurde ein Compendium der norwegischen Königsgeschichte verfasst, welche als Ágrip af Noregs konúnga sögum bezeichnet zu werden pflegt, und von König Hálfdan dem Schwarzen an bis etwa zum Jahre 1161 oder 1177 herabgereicht zu haben scheint: kunstlos geschrieben und auch durch eine gewisse Vorliebe für legendenhafte Züge an die Geschichtschreibung eines Oddur, Gunnlaugur und Styrmir erinnernd, erweist sich dasselbe von der vorwiegend durch Ari bestimmten Darstellung Snorri's und seiner Nachfolger wesentlich unabhängig, darf aber Nichts desto weniger mit aller Wahrscheinlichkeit als das Werk eines isländischen Verfassers, vermuthlich geistlichen Standes, bezeichnet werden.[28]) Wenige Jahre nach Snorri's Tod scheint ferner das unter dem Namen der Fagurskinna bekannte Werk enstanden zu sein, welches, bis auf das Jahr 1177 herabreichend, aus einer Reihe älterer Werke, darunter auch einem von Snorri verfassten, zusammengetragen, und durch fleissige Benützung dichterischer Behelfe auch seinerseits ausgezeichnet ist; sein Verfasser war jedenfalls ein Isländer, wiewohl auch er dem Ari und seinen Nachfolgern vielfach fern zu stehen scheint.[29]) Wiederum etwas später scheint eine Sage geschrieben zu sein, welche die Geschichte der Könige Hákon Sverrisson, Guðormur Sigurðarson und Ingi Bárðarson behandelt (die beiden Ersteren † 1204, der Letztere † 1217). Auch sie ist unzweifelhaft isländischen Ursprungs, und jedenfalls noch im Laufe des 13. Jahrhunderts, wahrscheinlich sogar noch in dessen erster Hälfte abgefasst; wenn man aber vermuthet hat, dass dieselbe von Snorri, oder wieder dass sie von Styrmir verfasst sei, so kann ich für Beides einen genügenden Grund nicht finden.[30]) Vollkommen gewiss ist endlich, dass Sturla þórðarson, ein im Jahre 1214 geborener und im Jahre 1284 verstorbener Brudersohn Snorri's, die Geschichte des Königs Hákon Hákonarson im Auftrage seines Sohnes, des Königs Magnús lagabætir, schrieb und dass er überdiess mit Zustimmung desselben Königs Magnús unter Zuhülfenahme der einschlägigen Urkunden auch dessen eigene Lebensgeschichte verfasste. Wir wissen, dass Sturla den ersteren Auftrag im Jahre 1263 erhielt, und da die uns erhaltene Hákonar saga gamla andererseits selber im Jahre 1265 geschrieben zu sein erklärt, kann keinem Zweifel unterliegen, dass wir in ihr eben sein Werk besitzen; von der Magnúss saga Hákonarsonar dagegen sind uns leider nur so dürftige Bruchstücke erhalten, dass sich aus ihnen Nichts über die Geschichte der Quelle bestimmen lässt.[31]) Mit eben dieser Magnúss saga schliesst die Reihe norwegischer Königsbiographieen, welche von isländischen Männern verfasst sind; keineswegs hat man aber darum sofort auch auf der Insel aufgehört sich mit der Geschichte Norwegens zu befassen, vielmehr beschränkte man sich fortan eben nur auf eine minder selbstständige Beschäftigung mit derselben, nämlich auf das Sammlen und Abschreiben, und theilweise auch Ueberarbeiten der überkommenen älteren Werke, sei es nun dass man einzelne Königssagen zu vervollständigen und umzugestalten, oder dass man ganze Reihen von solchen zu einem grösseren Gesammtwerke zusammenzufassen sich bemühte. Etwa 25 Jahre nach Snorri's Tod scheint aus den einzelnen von ihm hinterlassenen Biographieen, von denen vordem höchstens die 3 älteren zu einem Ganzen zusammengestellt worden waren, eine zusammenhängende Geschichte der norwegischen Könige verfasst, und unter Heranziehung des Hryggjarstykki, sowie anderer nach vorn und hinten an dieses sich anschliessender Specialgeschichten bis auf das Jahr 1177 herabgeführt worden zu sein, eben jene Heimskringla, die wir verkehrter Weise für Snorri's eigenstes Werk zu halten pflegen. Der Verfasser dieses ansehnlichen Geschichtswerkes, über dessen Person sich nicht einmal eine Vermuthung wagen lässt, scheint sich ziemlich genau an seine Vorlagen gehalten zu haben; nur stellte er, was Snorri in den Einleitungs- und Schlussbemerkungen seiner einzelnen Lebensgeschichten erzählt hatte, um eine zusammenhängende Königsreihe zu gewinnen in gesonderte Abschnitte zusammen, welche er dann aus anderweitig zusammengetragenem Materiale ergänzte, so dass sich bei ihm geschlossene Biographieen auch solcher Könige finden, deren Snorri nur ganz beiläufig Erwähnung gethan hatte, und sorgte wohl auch sonst hin und wieder durch einzelne Einschiebsel, einzelne Verweisungen auf früher schon Vorgetragenes, einzelne Aenderungen in der Anordnung seines Stoffes für die Verbesserung seiner Vorlagen. Des Ari Königsgeschichte mochte bei der Zusammenstellung als Stützpunkt gedient haben, und daraus die wunderliche Ueberschrift sich erklären, welche die Friesbók dem Werke vorsetzt („Her hefr upp Konunga Bók, eptir Sögu Ara prestz Froda"); weitere Ueberarbeitungen aber, welche demselben frühzeitig zu Theil wurden, scheinen hauptsächlich diejenigen Theile desselben betroffen zu haben, welche nicht auf Snorri's Arbeiten beruhten.[32] Unter den einzelnen von Snorri verfassten Königssagen scheint die Olafs saga ens helga am Frühesten überarbeitet worden zu sein, indem die erste dieselbe isolirt enthaltende Handschrift, welcher bald andere, weiter vermehrte folgten, noch hinter die Entstehung der Heimskringla zurückgreift; aber auch die Olafs saga Tryggvasonar wurde bald einer Reihe von ähnlichen Ueberarbeitungen unterzogen, deren eine auf den in der ersten Hälfte des 14. Jahrhunderts lebenden Abt Bergur Sokkason von Munkaþverá zurückgeführt werden will, und von der Haralds saga harðráða lässt sich wenigstens nachweisen, dass auch sie in ähnlicher Weise isolirt umlief.[33] An die Heimskringla reihen sich sodann noch einige weitere Sammelwerke an, von denen drei mit der Regierung des Königs Magnús góði beginnen, um mit dem Jahre 1177, als dem Zeitpunkte zu endigen, in welchem die Sverris saga den Faden der Geschichte aufnam, die Morkinskinna nämlich, die Hrokkinskinna und das neuere Hryggjarstykki; alle drei gehören sie, wie es scheint, dem Ende des 13. Jahrhunderts, oder höchstens dem Anfange des 14. an, und alle drei sind sie unzweifelhaft isländischen Ursprungs.[34] Ihnen reihen sich zwei weitere Sagenwerke an, welche in verschiedener Weise über diese Zeitgrenzen hinausgreifen, die Gullinskinna nämlich und der Eyrspennill, und an letzter Stelle ist schliesslich noch die Flateyjarbók zu nennen, welche, am äussersten Ende des 14. Jahrhunderts geschrieben, eine lange Reihe norwegischer Königssagen, sammt vielen anderen mit diesen im Zusammenhange stehenden Stücken, freilich in der unbeholfensten Weise zu einem Ganzen zu vereinigen sucht, von welcher indessen eine, nur durch Zufall mit ihr vereinigte, Geschichte der Könige Magnús góði und Haraldur harðráði wohl zu trennen ist.[35]) In weiterem Abstande aber reihen sich an die norwegischen Königssagen auch noch die Sagen über die Jarle der Orkneys und der Færöer an, welche ebenfalls in Island entstanden zu sein scheinen,[36]) sowie die wenigen Aufzeichnungen über die Geschichte Dänemarks, von welchen wenigstens die Knýtlínga sicher isländischer Abkunft ist.[37])

Neben der norwegischen Geschichte hat der schriftstellerische Fleiss der Isländer der Natur der Sache nach auch die Geschichte der eigenen Heimath nicht vernachlässigt. Nach drei verschiedenen Richtungen hin wurde man für dieselbe thätig, nach allen dreien an des alten Ari Isländerbuch mehr oder minder anknüpfend. Genealogische Aufzeichnungen zunächst hatten bereits zu den ersten Erzeugnissen der isländischen Litteratur gehört, und auch aus späterer Zeit sind uns noch solche mehrfach erhalten, wie denn die Beschäftigung mit der Genealogie bis auf den heutigen Tag herab auf der Insel gar sehr verbreitet ist. Ari selber aber hatte nicht nur dem uns erhaltenen Isländerbüchlein die Stammtafel der fünf ersten Bischöfe seiner Heimath sowie seine eigene folgen lassen, sondern in seinem ersten, grösseren Werke überdiess die Genealogie der sämmtlichen wichtigeren Geschlechter der Insel zusammengestellt, von welcher Zusammenstellung in jenem späteren Werkchen nur noch wenige Spuren stehen geblieben sind, und an diese seine zusammenfassenden Geschlechtsregister knüpfen die verschiedenen Arbeiten an, welche über die allmälige Besiedelung Islands und die Nachkommenschaft der verschiedenen ursprünglichen Einwanderer übersichtlichen Aufschluss geben, und welche wir unter dem gemeinsamen Namen der Landnámabók zusammenzufassen pflegen; neben Kolskeggur hinn vitri, welcher hauptsächlich das Ostland, und dem Prior Brandur hinn fróði, welcher den Breiðifjörður im Westlande behandelte, haben der mehrfach erwähnte Styrmir Kárason, dann wieder der ebenfalls schon genannte Sturla þórðarson, endlich Herr Haukur Erlendsson († 1334) diesem merkwürdigen Werke ihren Fleiss zugewandt, von welchen der letztere, der in Norwegen wie in Island mehrfach die angesehensten Aemter bekleidete, jedenfalls auch von isländischer Abkunft war.[38]) Anderntheils knüpfen sodann auch wirklich historische Werke an jene kurz zusammengedrängte Darstellung der isländischen Geschichte an, welche Ari in dem uns vorliegenden Büchlein gegeben hatte; aber während dieses die Kirchengeschichte der Insel mit ihrer Profangeschichte verbunden gehabt hatte, treten fortan beide auseinander, und nemen zugleich beide, durch den durchaus unstaatlichen Charakter des isländischen Volksthumes bestimmt, vorwiegend den Charakter der Biographie oder Geschlechtergeschichte an. Am Nächsten noch tritt unter den kirchlichen Sagen an Ari's Werk die Kristni saga heran, welche die Kirchengeschichte der Insel von den ersten Bekehrungsversuchen an bis zum Jahre 1121 herabführt; dieselbe scheint am Schlusse des 12. Jahrhunderts entstanden zu sein, und vielleicht darf man ihren Verfasser in eben jenem Mönche Oddur Snorrason suchen, dessen Lebensbeschreibung des Königs Ólafur Tryggvason in derselben benützt und angeführt wird, zumal da ihre ursprüngliche Abfassung in lateinischer Sprache zu vermuthen ist. An die Kristni saga schliesst sich der Zeit nach, aber schon ganz der biographischen Form folgend, die Húngurvaka an, welche die Lebensgeschichte der fünf ersten Bischöfe von Skálholt (1056—1176) behandelt, dann die Lebensbeschreibung des Bischofes þorlákur þorhallsson (1178—93) und die des Bischofes Páll Jónsson von da (1195—1211); alle drei Werke sind offenbar von demselben Verfasser in den Jahren 1206—20 geschrieben, und ursprünglich bestimmt gewesen ein Ganzes zu bilden, die þorláks saga aber hat, weil die Geschichte eines Nationalheiligen behandelnd, später noch mehrfache Ueberarbeitungen erfahren, so dass sie uns in dreifacher Gestalt erhalten ist, wozu dann noch verschiedene, zum Theil sehr alte, Wunderverzeichnisse und Legenden kommen. Eine Lebensbeschreibung des heiligen Jón Ögmundarson, welcher in den Jahren 1106—1121 das Bisthum Hólar inne hatte, liegt uns ebenfalls in dreifacher Bearbeitung vor, deren älteste kurz nach dem Jahre 1200, in welchem Jóns Heiligsprechung erfolgte, geschrieben scheint, während die zweite von dem oben bereits genannten Mönche Gunnlaugur Leifsson in lateinischer Sprache verfasst, und gegen die Mitte des 13. Jahrhunderts in die Landessprache übertragen, die dritte aber erst um die Mitte des 14. Jahrhunderts abgefasst worden sein dürfte. Von der Lebensbeschreibung des Bischofes Guðmundur Arason von Hólar (1203—1237) scheint ein Theil, die sogenannte prestssaga, schon in den Jahren 1212 bis 1220 verfasst worden zu sein, und zwar von dessen Diakonus Lambkárr þorgilsson, dem späteren Abte zu Hítardalur († 1249); später, und zwar wohl noch zu Ende des 13. Jahrhunderts, hängte man dieser Auszüge aus der Sturlúnga und aus der Arons saga Hjörleifssonar an, und bildete so die älteste uns erhaltene Recension der Guðmundar biskups saga, welcher zu Anfang des 14. Jahrhunderts eine zweite folgte, deren Verfasser an jene ursprüngliche prestssaga Zusätze anschloss, die er der Sturlúnga, der Hrafns saga Sveinbjarnarsonar, endlich auch allerlei mündlichen Mittheilungen entnam, worauf dann Abt Arngrímur von þíngeyrar um die Mitte des 14. Jahrhunderts mit Benützung jener zweiten noch eine dritte verfasste. Ausserdem besitzen wir noch eine Lebensbeschreibung des Bischofes Arni þorláksson von Skálholt (1269—1298), ein ausgezeichnetes Werk, welches sich auf die eigenen Anschauungen seines Verfassers sowohl als auch auf dessen genaueste Bekanntschaft mit den einschlägigen Urkunden stützt, und vielleicht von Árni's gleichnamigen Neffen und Nachfolger, Bischof Arni Helgason (1304—1320) verfasst, jedenfalls aber bereits zu Anfang des 14. Jahrhunderts geschrieben ist. Endlich die letzte in der Reihe der Bischofssagen ist die Lebensbeschreibung des Bischofs Laurentius Kálfsson von Hólar (1323—1330), welche um die Mitte des 14. Jahrhunderts von dessen getreuem Freunde und Diener, séra Einarr Hafliðason (geb. 1307, gest. 1393) geschrieben wurde; eine kurze Erzählung über den Bischof Jón Haldórsson von Skálholt (1323—1339) ist, da sie nur ein paar Anekdoten enthalt, nicht der Rede werth. Gedenke ich noch eines kurzen Stückes über Bischof Isleifur Gizurarson (1056—80), von welchem sehr fraglich ist, ob dasselbe jemals eine selbstständige Sage ausmachte, endlich des þorvalds þáttur víðförla, welcher seiner Grundlage nach von dem mehr genannten Gunnlaugur verfasst scheint, so ist Alles aufgezählt, was an kirchlichen Sagen zu nennen ist.[39]) Unter den **weltlichen Sagen** dagegen, den im engeren Sinne sogenannten Íslendinga-sögur, findet sich zwar auch eine, welche in gewisser Weise die Íslendíngabók des Ari fortsetzend die Gesammtgeschichte der Insel behandelt, die **Sturlúnga** nämlich, oder wie sie vordem genannt wurde die Íslendinga saga. Aber sie steht nicht am Eingange, sondern vielmehr eher am Schlusse dieser ganzen Sagenreihe, und hat, soweit nicht etwa die innige Verflechtung der Geschichte des betreffenden Geschlechts mit der Gesammtgeschichte Islands ein Anderes mit sich brachte, vielleicht erst gar hinterher ihren auf diese letztere gerichteten Charakter erhalten; ursprünglich von dem Lögmanne Sturla þórðarson verfasst, wurde dieselbe nämlich später, Manche meinen von dem Abte þorsteinn Snorrason zu Helgafell (1344—1351), überarbeitet und vielleicht erst bei dieser Gelegenheit durch massenhafte Einschaltungen aus anderen Sagen zu einer allgemeinen Landesgeschichte erweitert.[40]) Vor, neben und nach der Sturlúnga entstand aber eine lange Reihe weltlicher Sagen, welche die Geschicke einzelner isländischer Männer oder Geschlechter behandeln, und welche hin und wieder wohl auch von Island aus nach Grönland und Vinland hinübergreifen. Es ist nicht dieses Ortes, auf die einzelnen Sagen einzeln einzugehen, und deren meist sehr schwer festzustellende Entstehungszeit des Näheren zu untersuchen; aber die Bemerkung wenigstens darf auch hier nicht unausgesprochen bleiben, dass man die Aufzeichnung dieses ganzen Complexes von Geschichtswerken noch immer, durch Bischof Müller's Ausführungen verleitet, viel zu früh anzusetzen pflegt. Um die Mitte des 12. Jahrhunderts weiss þóroddur rúnameistari noch von keiner andern Geschichtschreibung in der Landessprache, als von der Ari's, und 240 Jahre sollen nach dem Prologe der geschichtlichen Olafs saga ens helga seit der Besiedelung Islands vergangen sein, als man daselbst anfing Sagen zu schreiben; noch in den ersten Jahren des 13. Jahrhunderts zählt der Verfasser der Húngurvaka die Sagen nur neben den Gesetzen und genealogischen Aufzeichnungen auf, wenn es gilt anzugeben, was in einheimischer Sprache geschrieben vorlag, und hat somit noch keine Ahnung von jener Fülle der Production, welche gerade diesem Litteraturzweige in wenig späterer Zeit zu Theil werden sollte. In der That beruht die Annahme, dass bereits im Laufe des 12. Jahrhunderts eine erhebliche Anzahl isländischer Sagen niedergeschrieben worden sei, lediglich auf der falschen Auslegung, und vielleicht auch falschen Lesart, einer einzigen Stelle in der Sturlúnga, während die vollgültigsten Zeugnisse den Beginn der Sagenschreibung etwa in die Jahre 1170—1180 herabrücken, in die Zeit also, in welcher Eiríkur Oddsson sein Hryggjarstykki, der Abt Karl seine Sverris saga, und Oddur Snorrason seine Ólafs Sagen schrieben oder doch zu schreiben begannen.[41]) Die Darstellungs- und Schreibweise der uns erhaltenen Sagen stimmt mit diesen Ergebnissen durchaus überein, und mag von den uns erhaltenen Íslendínga sögur höchstens etwa die älteste, die Heiðarvíga saga nämlich, noch dem Schlusse des 12. Jahrhunderts angehören. — An letzter Stelle sind endlich noch unter den geschichtlichen Werken die Annalen zu nennen, deren Abfassung übrigens erst in der Zeit in Gebrauch gekommen zu scheint, da die geschichtliche Sagenschreibung bereits zu erlahmen begann; wir wissen von keinen isländischen Annalen, welche vor dem Anfange des 14. Jahrhunderts entstanden wären, und es ist in hohem Grade bedeutsam, dass derselbe sèra Einarr Hafliðason, welcher die letzte unter den Bischofssagen verfasste, auch zugleich der Verfasser einer der ältesten bekannten Annalenhandschriften ist, — dass ferner die Flateyjarbók, die letzte grosse Sammelhandschrift von Sagen, an ihrem Schlusse auch ein Annalenwerk aufgenommen, und bis auf ihre Entstehungszeit herab fortgesetzt hat.

An die Geschichtswerke schliessen sich sodann die ungeschichtlichen Sagen an, und zwar nach zwei Richtungen hin auseinandergehend, als weltliche und als geistliche Sagen. Auch derartige Sagen fing man an aufzuzeichnen, nachdem erst, oder selbst noch ehe die geschichtlichen den Weg gewiesen hatten; sie sind aber unter sich sehr verschiedener Beschaffenheit, und nicht immer von den historischen Sagen scharf zu trennen. Ich stelle unter den weltlichen Sagen diejenigen voran, welche ich Fornsögur nennen will, d. h. diejenigen, welche ihrem Inhalt nach der Göttersage oder Heldensage angehören, und rechne dahin, neben der Ynglínga saga des Snorri und so manchen Erzählungen in der jüngeren Edda, die Völsúnga saga und Skjöldúngasaga, die Hálfs konúngs saga und Hrólfs saga kraka, die Gautreks saga und Hervarar saga, die Ragnars saga loðbrókar und den þáttur af Ragnars sonum, die Örvar Odds saga in ihrer ursprünglichen kürzeren Gestalt, u. dgl. m. Alle diese Sagen sind alt und reichen zum Theil bis in den Anfang des 13. Jahrhunderts hinauf, wenn sie auch hin und wieder hinterher interpolirt, überarbeitet, oder mit geschichtlichen Sagen in Verbindung gesetzt worden sind; sie stellen sich zum Theil lediglich als prosaische Auflösungen älterer Götter- oder Heldenlieder dar, während sie andere Male die halbmythischen Geschlechter der Vorzeit behandelnd, an der Grenze der Geschichte stehen, und wenigstens durch die Fortsetzung ihrer Genealogieen in diese geradezu herübergreifen. An zweiter Stelle nenne ich die Lygisögur, d. h. die mehr oder minder frei erdichteten Sagen. Schon frühzeitig waren solche auf Island bekannt, und wenn zwar ernstere Männer die eigentlichen Volksmärchen keiner Beachtung werth halten mochten, so verschmähten doch Andere nicht mit ihnen sich gelegentlich zu unterhalten, und man stritt sogar darüber, wie weit deren Inhalt wahr oder erdichtet sei; in Norwegen liess sich K. Magnús lagabætir gerne von Sturla die Sage von der Riesinn Hulda erzählen, ganz wie um ein Jahrhundert früher K. Sverrir ähnliche „Lügensagen" für recht unterhaltend erklärt hatte. Es begreift sich, dass man den Stoff derartiger Erzählungen gerne aus der Ferne entlehnte, oder auch dieselben in uralte Zeiten zurückverlegte, die weit vor der Besiedelung Islands zurücklagen, und mögen die Hrólfs saga Gautrekssonar, die Gríms saga loðinkinna, Ketils saga hængs und Áns saga bogsveigis, die Friðþjófs saga frækna und þorsteins saga Víkingssonar, die Göngu-Hrólfs saga und Sturlaugs saga starfsama, und dergleichen mehr, als Beispiele hiefür dienen; zuweilen mischen sich dabei kirchliche Tendenzen ein, wie bei der Íngvars saga víðförla oder der Eiríks saga víðförla, zuweilen auch gelehrte Speculationen, wie bei dem Stücke Frá Fornjóti ok hans ættmönnum. Doch kommt es auch vor, dass man isländische Männer zu Helden derartiger Erzählungen wählte, und nicht immer muss solchenfalls das Ausland als der Schauplatz ihrer Thaten herhalten; die Grettis saga und die þórðar saga hreðu, die Finnboga saga und der Orms þáttur Stórólfssonar, der þorleifs þáttur jarlaskálds, þorsteins þáttur uxafóts und þorsteins þáttur skelks, die Víglundar saga, und dergl. m. mögen aus dieser Sagengattung angeführt werden. Endlich gehören hierher noch, von der vorigen Classe nicht immer genau zu unterscheiden, die Landvættasögur, d. h. die Sagen, welche von den einzelnen Schutzgeistern des Landes handeln; die Bárðar saga Snæfellsáss trägt diesen Charakter, aber auch die Kjalnesinga saga und dergl. m. Keine von allen Sagen, welche den letzten beiden Kategorieen angehören, scheint in ihrer schriftlichen Redaction älter zu sein als das 14. Jahrhundert; wohl aber mag manche von ihnen erst im 15. aufgezeichnet worden sein, der in noch späterer Zeit entstandenen Erzählungen nicht einmal zu gedenken. Es begreift sich übrigens, dass es gerade bei derartigen Sagen am Schwersten halten muss, die Zeit sowohl als den Ort ihrer Entstehung festzustellen. Am Leichtesten gelingt noch die Bestimmung des für meinen Zweck besonders wichtigen Entstehungsortes bei den landvættasögur, wegen ihres entschieden localen Charakters, und es ist jedenfalls bezeichnend, dass keine einzige von ihnen auf eine norwegische Gegend hinweist; andere Male giebt der Umstand, dass der Held der Erzählung ein geborner Isländer ist, oder dass diese auf die Begebnisse isländischer Männer oder andere Thatsachen Bezug nimmt, die nur für Island von Bedeutung sind, über die Heimat einer Sage Aufschluss; für bei Weitem die meisten Fälle aber darf geradezu der Umstand als entscheidend betrachtet werden, dass die schriftliche Redaction derselben in einer Zeit erfolgte, da man in Norwegen mit irgend welcher Sagenschreibung sich überhaupt nicht mehr beschäftigte.[12]) Als geistliche Sagen stellen sich aber den bisher erwähnten die Helgra manna sögur an die Seite, d. h. die Legenden der Heiligen. Auch sie lassen sich keineswegs scharf von den geschichtlichen Sagen scheiden, und zumal die Lebensbeschreibungen nationaler Heiliger, wie etwa des heiligen Þorlákur und Jón Ögmundarson, des heiligen Ólafur and Magnús Eyjajarls, konnten wir geradezu den geschichtlichen Quellen beizählen; auch von ausländischen Heiligen mögen einzelne einen annähernd historischen Charakter tragen, im Grossen und Ganzen aber ist denn doch der Charakter der, bewussten oder unbewussten, Erdichtung bei derartigen Biographieen der vorherrschende. Manche hier einschlägige Stücke sind blose Uebersetzungen, andere original; manche wurden in lateinischer Sprache geschrieben, andere in einheimischer; die Bestimmung aber des Alters und der Herkunft derartiger Werke, welche zum Theil bis in das 12. Jahrhundert hinaufreichen, wird dadurch einigermassen erleichtert, dass von nicht wenigen unter ihnen die Verfasser bekannt sind.[43])

Tragen bereits die Legenden einen sehr vorwiegend fremdländischen Charakter an sich, so tritt dieser nur noch bestimmter in einer langen Reihe weiterer Sagenwerke hervor, welche geradezu die Geschichte oder Sage des nichtnordischen Auslandes sich zum Gegenstande wählen. Zum Theil handelt es sich dabei um ein Streben nach ernsthafter Belehrung, sei es nun in der Kirchen- oder Profangeschichte des Auslandes; zum Theil dagegen um blose Unterhaltung, für welche zumal die südländischen Ritterromane (Riddarasögur) sich auch hier zu empfehlen wussten. Nach der ersteren Seite hin ist zumal das unter dem Namen Stjórn bekannte Gesammtwerk zu nennen, von welchem wenigstens der grössere Theil, und darunter jedenfalls die Alexanders saga sowohl als die Gyðingasögur, von Bischof Brandur Jónson von Hólar (1263—1264) verfasst ist; ferner eine bis auf den Kaiser Friedrich den Rothbart herabreichende Weltgeschichte; die Trójumanna saga ok Breta sögur, welchen des Galfrid von Monmouth Historia Britonum zu Grunde liegt, und in welche zwei von dem Mönche Gunnlaugur Leifsson verfertigte Gedichte über Merlins Weissagung eingeschaltet sind und dergl. m.[44]) Von Schriften der zweiten Kategorie aber, deren Zahl eine sehr beträchtliche ist, ziehe ich vor, erst etwas später zu sprechen. Wenn nämlich zwar der Natur der Sache nach die Schwierigkeit, die Entstehungszeit der einzelnen Stücke zu bestimmen und das der isländischen Litteratur von dem der norwegischen Zugehörigen zu scheiden, bei den fremdländischen Sagen im vollsten Masse wiederkehrt, so wird sich doch zeigen, dass im Allgemeinen die romantischen Sagen in Norwegen früher Verbreitung gefunden haben als in Island, wo man näher als dort an den nationalen Stoffen festhielt; erst im 14., und mehr noch im 15. Jahrhunderte scheint man sich auch hier dem fremden Einfuhrartikel entschiedener zugewandt zu haben, so dass es gerathener scheint bezüglich seiner die norwegischen Leistungen, nicht die isländischen, zum Ausgangspunkte zu wahlen. Dagegen mag hier noch der calendarisch-computistischen Arbeiten gedacht werden, deren manche bis in das Ende des 12. Jahrhunderts hinaufreichen, sowie der geographischen Aufzeichnungen verschiedenster Art, deren ebenfalls gar manche nachweisbar isländischen Händen ihre Entstehung verdanken.[45])

Aber auch über die Sagenschreibung, das Wort in seiner weitesten Bedeutung genommen, hinaus erstreckte sich die litterarische Wirksamkeit der Isländer. Da finden wir, neben eigentlichen Gesetzen, juristische Arbeiten nicht geringen Umfanges bereits in der Zeit des Freistaates geschaffen, welche, mochten sie nun durch die Anforderungen des Gesetzsprecheramtes veranlasst oder lediglich Ergebnisse des Privatfleisses sein, zwar vorzugsweise nur auf die Sammlung, Ordnung und allenfalls auch Glossirung des einschlägigen Materials abzielten, aber auch so für die juristische Befähigung und Bildung der Häuptlinge des Landes ein sehr glänzendes Zeugniss ablegen. Nach Inhalt und Ausdrucksweise von den Rechtsquellen der älteren Zeit geschieden, und viel mehr an die norwegische Legislation als an die ältere einheimische sich anlehnend, dürfen doch auch die Gesetzbücher und Einzelgesetze, welche die Könige von Norwegen nach Islands Unterwerfung unter ihre Herrschaft für die Insel ausgehen liessen, als Erzeugnisse der isländischen, nicht norwegischen Litteratur betrachtet werden, da sie, soviel diess verfolgt werden kann, durch isländische Männer formulirt zu werden pflegten, wie denn auch die Jónsbók von dem isländischen Lögmanne, nicht von dem norwegischen Könige ihren Namen hat. Auch die bischöflichen Anordnungen der älteren und neueren Zeit sind hier zu erwähnen, mochte es sich dabei um umfassende „Christenrechte" oder nur um einzelne Bestimmungen über einzelne Punkte handeln.[46]) Wiederum haben sich geistliche Schriften, auch abgesehen von den Heiligenlegenden und den Werken über biblische und Kirchengeschichte, und zwar aus älterer wie aus späterer Zeit erhalten. Homilien, Predigten, Abhandlungen über einzelne geistliche Themata, oder auch kürzere Notizen über einzelne kirchliche Dinge finden sich in nicht geringer Zahl handschriftlich vor; doch ist bisher nur Weniges dieser Art veröffentlicht, und selbst bei diesem Wenigen bringt theils die Natur des Gegenstandes, theils aber auch der andere Umstand, dass die beiden isländischen Bisthümer zu der norwegischen Kirchenprovinz zählten, mit sich, dass eine Scheidung der isländischen Arbeiten von den norwegischen mit ganz besonderen Schwierigkeiten verknüpft ist.[47])

Den geistlichen Stücken lassen sich ferner die Uebersetzungen des Elucidarius anreihen, deren uns mehrere erhalten sind; die Schreibweise der zum Theil bis in den Anfang des 13. Jahrhunderts hinaufreichenden Handschriften ist die isländische, aber andere und sichrere Anhaltspunkte für die isländische Herkunft der Arbeiten fehlen. Auch von einem medicinischen Werke bietet uns eine isländische Handschrift aus der zweiten Hälfte desselben Jahrhunderts Bruchstücke[48]), und dergl. m. Endlich an letzter Stelle nenne ich, was doch der isländischen Litteratur im Auslande und zumal auch bei uns in Deutschland weitaus am Meisten Gunst und Ansehen verschafft hat, die Lieder und die Liedersammlungen. Die sogenannte alte Edda oder Sæmundar Edda, d. h. eine Sammlung von Liedern mythologischen, heldenmässigen oder didaktischen Inhaltes, welche man im 17. Jahrhundert auf Island, wie so manches Andere, auf Sæmund Sigfússon zurückführen zu sollen meinte, ist im Auslande am Bekanntesten geworden; obwohl die Benennung von Anfang nur einer einzelnen Liederhandschrift, und dieser nur in Folge eines Irrthums beigelegt worden war, hat man sich doch hinterher daran gewöhnt, dieselbe auch auf eine Anzahl weiterer Lieder ähnlichen Inhalts zu erstrecken, die vereinzelt in anderen Handschriften sich vorfanden, und der Name „alte Edda" ist uns damit zu einer Collectivbezeichnung aller derjenigen Dichtwerke geworden, die man, freilich ohne sie in Bezug auf ihre Entstehungszeit einer irgend wie genügenden Prüfung zu unterziehen, als die ältesten Producte des heidnischen Volksgeistes anzusehen pflegt.[49]) Auf Island hat man sich von der überschwänglichen Werthschätzung fern zu halten gewusst, welche wir diesen sogenannten Eddaliedern zu zollen pflegen; um so höher schätzt man dagegen dort jene lange Reihe von Ehrenliedern, welche isländische Skálden auf die verschiedensten Persönlichkeiten und Vorgänge dichteten, dann eine nicht minder lange Reihe geistlicher Dichtungen, welche ebenfalls von den ältesten Zeiten bis in die Gegenwart herein sich fortsetzt. Unter den letzteren mag, wenn hier nur die älteren Producte in Betracht gezogen werden sollen, der Geisli, d. h. Strahl, genannt werden, ein Lied, welches der isländische Priester Einarr Skúlason im Jahre 1152 auf den heiligen Ólaf dichtete, sowie die Lilja, ein von dem Mönche Eysteinn Ásgrímsson († 1361) zu Ehren der Jungfrau Maria gedichtetes Lied, welches so entschieden als aller Dichtkunst Ausbund galt, dass das Sprichwort entstand: „öll skáld vildu Lilju kveðit hafa“; unter der übergrossen Zahl der ersteren mögen dagegen des Egill Skallagrímsson Höfuðlausn, Sonar-Torrek und Arinbjarnardrápa genannt werden, des Hallfreður vandræðaskáld Ólafsdrápur, des Sighvatur þórðarson durch männlichen Freimuth vorleuchtende Bersöglisvísur, die verschiedenen, freilich mehr durch Künstelei als durch poetische Begabung ausgezeichneten Lieder Snorri's und Sturla's u. dergl. m. Aber auch eigentliche Volkslieder gab es schon frühzeitig neben jenen Kunstdichtungen auf der Insel, und zum Theil zeigen diese schon in der älteren Zeit die Formen der später so beliebten Tanzlieder,[50]) und zahlreiche bei diesem oder jenem Anlasse von den verschiedensten Persönlichkeiten gesprochene Weisen, welche in den Sagen mitgetheilt werden, lassen klar erkennen, dass auch die epigrammatistische Stegreifdichtung schon in den ältesten Zeiten auf der Insel ganz ebenso beliebt und verbreitet war, wie sie dieses noch bis auf den heutigen Tag herab daselbst ist. Aus dieser ungemeinen Volksthümlichkeit der Dichtkunst auf Island erklärt es sich denn auch, dass gerade für den Unterricht in ihr Snorri Sturluson, selbst ein eifriger, wenn auch nicht gerade besonders begabter Poet, sich berufen fühlte ein eigenes Lehrbuch zu verfassen. Es ist dies die sogenannte jüngere Edda oder Snorra Edda, welche in ihrem ersten Haupttheile (Gylfaginníng und Bragaræður) einen Abriss der nordischen Mythologie giebt, auf welcher ja die Dichtersprache auch im Christenthume noch wesentlich beruhte, in ihrem zweiten Haupttheile aber eine Unterweisung in der poëtischen Diction (Skáldskaparmál) und eine Mustersammlung der nordischen Versgattungen (Háttatal) enthält, welche ganz in derselben Weise von Snorri selbst gedichtet worden war, wie um ein halbes Jahrhundert früher der orkneyische Jarl Rögnvaldur kali mit Hülfe des isländischen Dichters Hallur þórarinsson, oder wieder um zwei Jahrhunderte später der Isländer Loptur hinn ríki Guðormsson einen Háttalykill, d. h. Versartenschlüssel dichtete. Nicht zufällig ist auch, dass gerade an dieses Werk in den Handschriften vorzugsweise eine Reihe grammatischer Abhandlungen, von þóroddur rúnameistari, —

von einem unbekannten Verfasser, der ungefähr um das Jahr 1200 schrieb, — von Olafur Hvitaskáld, dem Bruder Sturla's und Neffen Snorri's, — endlich von einem weiteren, ebenfalls unbekannten Verfasser sich anschloss, welcher erst zu Anfang des 14. Jahrhunderts schrieb.[51])

Fragen wir nun aber, nachdem im Bisherigen die litterarische Wirksamkeit der Isländer bis in das 14. Jahrhundert herab einer übersichtlichen Betrachtung unterstellt worden ist, wie es mit den schriftstellerischen Leistungen der Norweger bestellt gewesen sei, so zeigt sich zunächst, dass die Anfänge einer einheimischen Litteratur bei ihnen in eine ungleich spätere Zeit fallen als bei jenen. Es ist uns eine Geschichte der norwegischen Könige erhalten, welche ein geborner Norweger, der Mönch Theodoricus, in den Jahren 1176—88 in lateinischer Sprache schrieb. Dieser Verfasser nun beruft sich, wenn er auf die von ihm benützten Quellen zu reden kommt, vorzugsweise auf die, durch alte Lieder gestützte, Ueberlieferung der Isländer, als welche in solchen Dingen am besten unterrichtet seien; er hebt ferner ausdrücklich hervor, dass vor ihm Niemand die Geschichte Norwegens zu schreiben versucht habe, was denn doch, da sich die Benützung älterer isländischer Werke bei ihm nachweisen lässt, nur den Sinn haben kann, dass in Norwegen vor ihm Niemand die einheimische Geschichte behandelt habe. Wirklich beruft er sich, abgesehen von einer Historia Normannorum, unter welcher des Guilelmus Gemeticensis Werk zu verstehen ist, und einigen anderen noch weiter abliegenden ausländischen Werken, sonst nur noch einmal auf die Gesetze des heiligen Olafs, auf ein paar Legenden über die Translation und die Wunderwerke eben dieses Königs, endlich auf einen nicht näher bezeichneten „Catalogus regum Norwagiensium".[52]) Ganz ebenso wie von Saxo Grammaticus, dessen dänische Geschichte in den ersten Jahren des 13. Jahrhunderts zum Abschluss gekommen zu scheint, die vorzugsweise Kenntniss der Isländer in geschichtlichen Dingen hervorgehoben wird,[53]) galten dieselben also auch den Norwegern noch um das Jahr 1180 herum als die Hauptdepositare aller Kunde über die eigene norwegische Vorzeit, und in Norwegen selbst gab es dazumal über diese noch keinerlei nennenswerthe Aufzeichnungen, in der lateinischen Sprache so wenig wie in der Landessprache; einem Manne, der sich in der Litteratur so bewandert zeigt wie Theodorich, und der selbst die dürftigen Legenden nicht übersah, die bezüglich des heiligen Olafs bereits vorlagen, hätten solche unmöglich verborgen bleiben können, wenn wirklich dergleichen existirt hätten. In Norwegen stand es eben, wie wir aus Theodorich's Worten entnemen können, um das Jahr 1180 noch ungefähr so, wie auf Island zu der Zeit, da Ari þorgilsson schrieb, also um reichlich ein halbes Jahrhundert früher. Es gab einzelne Rechtsaufzeichnungen, und solche waren sogar allem Anscheine nach in Norwegen noch früher als in Island entstanden. Es gab einige Legenden, und darunter auch solche auf den heiligen Olaf, der ja bekanntlich schon ein Jahr nach seinem Tode, im Jahre 1031 also, durch Volksbeschluss für heilig erklärt worden war, und dessen Verehrung bereits in der nächsten Zeit darauf in allen Landen norwegischen Stammes die reissendsten Fortschritte machte. Zum Vorlesen beim Gottesdienste an den ihm geweihten Festtagen bestimmt, und ursprünglich sicherlich in lateinischer Sprache geschrieben, mochten solche wohl schon frühzeitig zur Erbauung des ungelehrten Volkes in die Landessprache übertragen, oder auch in dieser zu eigenen Homilien überarbeitet worden sein; aber wenn dieselben auch einen kurzen Lebensabriss des Heiligen mit besonderer Betonung seiner kirchlichen Wirksamkeit und seines Martyrertodes dem Verzeichnisse der von ihm verrichteten Wunder vorausgehen zu lassen pflegten, so blieb doch der Mirakelcatalog und der salbungsvolle Preis des Verewigten immerhin die Hauptsache, und zur geschichtlichen Litteratur können solche Stücke jedenfalls nur sehr uneigentlich gerechnet werden. [54]) In einem Punkte scheint es sogar noch knapper um das norwegische Schriftthum gestanden zu haben als vordem um das isländische. Von genealogischen Aufzeichnungen nämlich, wie solche auf Island neben den juristischen und theologischen von Anfang an genannt wurden, ist in Norwegen keine Spur zu finden, wie denn das Studium der Genealogie (ættvísi, mannfræði) in der ältesten wie in der neuesten Zeit für die Isländer (und die Isländerinnen) geradezu charakteristisch scheint; das von Theodorich genannte Königsverzeichniss aber möchte kaum auch nur den litterarischen Werth einer Geschlechtstafel zu beanspruchen gehabt haben. [55]) Von hier aus wird es erklärlich, warum þóroddur rúnameistari, welcher doch in fremden Litteraturen sich wohl bewandert zeigt, an das Beispiel der Engländer, nicht der Norweger sich hält, wenn es gilt das lateinische Alphabet seiner isländischen Muttersprache anzupassen; es war eben zu seiner Zeit in diesem letzteren Lande die Feststellung einer einheimischen Schriftsprache selber noch nicht erfolgt. Von hier aus erklärt sich ferner auch, warum König Sverrir, als es sich darum handelte seine eigene Lebensgeschichte schreiben zu lassen, für dieses Geschäft einen Isländer, nicht einen Norweger sich wählte; es hatte sich eben auf Island zu seiner Zeit bereits eine gewisse litterarische Thätigkeit und Uebung eingebürgert, von welcher man im norwegischen Stammlande noch Nichts wusste. Aber auch in der späteren Zeit scheint es zunächst um die Geschichtschreibung Norwegens nicht viel besser gestanden zu sein. Mit einziger Ausname Theodorich's haben wir von keinem in Norwegen verfassten Werke über die einheimische Königsgeschichte irgend welche Kunde. Wenn König Hákon gamli neben in einheimischer Sprache geschriebenen Legenden sich auch die Geschichte seiner eigenen Vorfahren auf seinem Todbette vorlesen liess (1263), war es neben der Sverris saga des isländischen Abtes Karl aller Wahrscheinlichkeit nach die isländische Fagurskinna, welche man ihm vortrug, und wenn König Magnús lagabætir seine eigene Lebensgeschichte und die seines Vaters geschrieben haben wollte, so wandte er sich dieserhalb nicht an irgend welchen Norweger, sondern an Stúrla þórðarson, den isländischen Lögmann.[56]) Es fehlte eben in Norwegen an der nöthigen Gewandtheit in der Sagenschreibung, und darüber hinaus scheint für die ältere Zeit in den Stürmen der Bürgerkriege, welche ein volles Jahrhundert hindurch das Land verwüsteten, sogar die geschichtliche Erinnerung an die eigene Vergangenheit daselbst verloren gegangen zu sein; die neuerdings hin und wieder aufgestellte Behauptung, dass die isländischen Sagenschreiber nur eine nach Form und Inhalt in Norwegen selbst bereits festgestellte mündliche Ueberlieferung niedergeschrieben hätten, erweist sich nach beiden Seiten hin als vollkommen unbegründet.[57]) — Dass man in Norwegen, wenn man die Geschichte seiner eigenen Heimath nicht zu schreiben wusste, um die Geschichte des Auslandes sich nicht bemühte, und dass somit insbesondere an der Entstehung der specifisch isländischen Sagen norwegische Verfasser keinen Antheil haben, versteht sich von selbst; aber auch der Betrieb der Dichtkunst, welcher eine zweite Hauptbeschäftigung der Isländer bildete, ist in Norwegen bereits frühzeitig erlahmt. Aus der Zeit des Haraldur hárfagri ist uns eine Reihe grosser norwegischer Dichter bekannt, und aus dem 10. Jahrhundert sind uns die herrlichen Eiriksmál, das Werk eines ungenannten Dichters, dann die Hákonarmál erhalten, von dem Norweger Eyvindur skáldaspillir gedichtet; aber bereits der heilige Olaf und Harald harðráði wurden hauptsächlich von isländischen Dichtern gefeiert, und immer häufiger finden diese an den Fürstenhöfen sich ein, um das Lob der Könige und Jarle vor diesen zu singen. Rögnvaldur jarl von den Orkneys († 1164) ist der letzte erhebliche Dichter norwegischer Abkunft, und selbst er bediente sich, wie bemerkt, als er um das Jahr 1142 seinen Háttalykill dichtete, hiezu der Hülfe eines isländischen Dichters;[58]) seit der zweiten Hälfte des 12. Jahrhunderts verstummt die Kunstdichtung in Norwegen vollständig, also gerade mit der Zeit, da eine einheimische Litteratur daselbst sich eben erst zu bilden im Begriff stand. Gesetze schrieb man freilich nach wie vor nieder, und auch an juristischen Arbeiten anderer Art mag es nicht völlig gefehlt haben, wie denn z. B. eine Wergeldstafel (saktal) uns erhalten ist, welche der im Anfange des 13. Jahrhunderts lebende Lögmann Bjarni Marðarson verfasst haben soll; aber wie weit stehen diese hinter den Gesetzen und Abhandlungen der Isländer selbst aus ungleich früherer Zeit zurück! Legenden, Homilien und sonstige kirchliche Schriften mögen ebenfalls gar manche von norwegischen Verfassern herrühren, wenn sich diess auch nur ausnamsweise in einigen Fällen nachweisen lässt; eine Streitschrift über das Verhältniss der Kirche zum Staat, welche in den letzten Jahren des 12. Jahrhunderts geschrieben zu sein scheint, und vielleicht als ein Erzeugniss des Königs Sverrir betrachet werden darf, mag um ihres besonderen Interesses willen speciell hervorgehoben werden.[59]) Computistische oder geographische Schriften, oder sonstige wissenschaftliche Werke, die von norwegischer Hand geschrieben wären, weiss ich nicht nachzuweisen, mit einer einzigen, aber allerdings glänzenden Ausname, welche der Königsspiegel (Konúngs-skuggsjá) bildet. Dieses höchst merkwürdige, durch Form und Inhalt gleich ausgezeichnete Werk, welches in Gestalt eines Zwiegespräches zwischen einem Vater und seinem Sohne über die für jeden einzelnen Stand und Beruf nöthigen Kenntnisse und Klugheitsregeln Aufschluss zu geben beabsichtigt, ist jedenfalls von einem Norweger in den letzten Jahren des 12. oder in den ersten Jahren des 13. Jahrhunderts geschrieben; der Verfasser desselben nennt sich nicht, jedoch dürfte man nicht fehlgehen, wenn man König Sverrir selbst als denselben betrachtet, da kaum ein anderer Mann zu seiner Zeit das von den vielseitigsten Kenntnissen und Erfahrungen zeugende Werk zu schreiben im Stande gewesen sein möchte.[60] Abgesehen von diesem durchaus vereinzelt dastehenden Werke giebt es allerdings noch einen ganzen Zweig der Litteratur, auf welchem Norwegen sich ganz vorzugsweise hervorgethan zu haben scheint, nämlich das Gebiet der romantischen Sagen; aber charakteristisch genug sind es aus der Fremde eingeführte Stoffe, nicht einheimische, welche in denselben behandelt werden. Eine dieser fremden Erzählungen, und zwar eine von vorwiegend kirchlichem Gepräge, die Barlaams ok Josaphats saga nämlich, soll bereits König Hákon Sverrisson (1202—1204) in eigener Person aus dem Lateinischen übersetzt haben, was freilich wenig glaublich klingt, und wohl auch nur auf einer Verwechslung mit Hákon úngi Hákonarson beruht, welcher im Jahre 1240 den Königstitel erhielt und im Jahre 1257 starb. Um so gewisser ist dagegen, dass unter dem Vater dieses letzteren, König Hákon gamli (1217—1263) eine lange Reihe von Erzählungen, darunter die Lais der Marie de Françe, die Sage von Tristan und Isolde, die vom Ritter Iwain, die Sage von Elis und Rosamunda, endlich die sogenannte Duggals leizla, theils aus dem Französischen, theils aus dem Lateinischen auf des Königs Befehl übertragen wurden; ausserdem scheint aber auch die þiðriks saga af Bern während seiner Regierungszeit nicht zwar aus einem deutschen Originale übersetzt, aber doch auf Grund von Erzählungen deutscher Männer, und zwar aller Wahrscheinlichkeit nach hansischer Kaufleute, zusammengesetzt worden zu sein, — immerhin auch ein Zeugniss für die damals bereits herrschend gewordene Vorliebe für ausländische Sagenstoffe. Endlich erfahren wir auch noch, dass König Hákon Magnússon (1299—1319), derselbe welcher ein Legendarium und ein Werk über die biblische Geschichte in die Landessprache übertragen oder in dieser verfassen liess, ebenfalls wieder eine Reihe von Rittergeschichten aus dem Französischen und Griechischen übersetzen liess.[61]) Nun wird uns allerdings nicht gesagt, ob es im einzelnen Falle isländische oder norwegische Männer waren, welche sich diesem Geschmacke der Zeit dienstbar erwiesen, und wenn wir zwar bei dem in isländischen Geschichtswerken nirgends nachweisbaren Mönche Robert norwegische Herkunft vermuthen dürfen, so steht doch andererseits nicht minder fest, dass König Hákon zur Uebertragung der Alexanders saga und dergleichen eines Isländers sich bediente; immerhin darf indessen, wenn wir uns der specifisch nationalen Richtung erinnern, welche auf Island auch in Bezug auf die erdichteten Sagen zunächst noch vorherrschte, jene Richtung auf ausländische Sagenstoffe als eine vorerst noch specifisch norwegische betrachtet werden. Sehr bezeichnend ist in dieser Beziehung zumal auch der Umstand, dass ein Predigermönch norwegischer Herkunft, Jón Haldórsson, welcher in den Jahren 1322—1339 das Bisthum Skálholt inne hatte, nicht nur selbst die Clarus saga keisarasonar aus dem Lateinischen übersetzte, sondern auch eine Reihe anderweitiger ausländischer Erzählungen nach Island hinüberbrachte, die dann erst von ihm aus sich weiter verbreiteten, — Erzählungen freilich, die bereits über den Kreis der Ritterromane hinausreichen, aber doch immerhin noch, mag man sie nun als Romane, Mährchen oder Schwänke zu bezeichnen haben, auf ausländische Quellen zurückzuführen sind, und deren es auch sonst noch gar manche giebt.[62])

Durch das Bisherige dürfte nun, so mangelhaft auch die verfügbaren Nachweise in mehr als einer Richtung sein mögen, jedenfalls so viel festgestellt sein, dass die litterarische Thätigkeit in Norwegen nicht nur um reichlich ein halbes Jahrhundert später begann als auf Island, sondern dass dieselbe auch nachdem sie begonnen hatte sich dort ungleich weniger kräftig, und zumal ungleich weniger volksthümlich als hier entwickelte. Isländische Schriftsteller waren es, welchen man sogar in Norwegen selbst vielfach die litterarische Production überliess, wenn man auch zum Abschreiben ihrer Werke oft genug die eigenen Hände regte, ganz wie es isländische Dichter waren, welche durch ihre Lieder, isländische Erzähler, welche durch ihre Sagen und Abenteuer die norwegischen Hofhaltungen feierten und ergötzten. Nicht nur zuerst hatte sich also die gemeinsame Schriftsprache auf Island festgestellt, um von hier aus erst hinterher nach Norwegen hinüber zu wandern, sondern es hat auch auf Island die in ihr niedergelegte Litteratur ihren breitesten Umfang wie ihre höchste Blüthe erreicht, und wenn Norwegen zwar in Bezug auf die Ausdehnung des Gebietes, die Kopfzahl der Bewohner, endlich die politische Bedeutung nach Aussen ganz unzweifelhaft als das Hauptland des gemeinsamen Volkszweiges zu betrachten war, so musste doch in Bezug auf die litterarische Bildung und Schöpferkraft nicht dieses Königreich, sondern der isländische Freistaat in die erste Linie gestellt werden, wie diess denn auch von dem Norweger Theodorich nicht minder als von dem Dänen Saxo unumwunden und neidlos geschehen ist. Sollen wir nun dem gegenüber dennoch von altnorwegischer Sprache und altnorwegischer Litteratur sprechen, wie diess die neuere norwegische Schule verlangt, und damit das Uebergewicht, welches der norwegische Stamm in materieller Beziehung unleugbar besass, ihm stillschweigend auch auf dem geistigen Gebiete einräumen, auf welchem doch die Isländer, vielleicht gerade um ihrer politischen Bedeutungslosigkeit und ihrer Abgeschiedenheit von allen äusseren Völkerbewegungen willen, so entschieden die Vorhand behaupteten?

Wenn aber Dergleichen vom Standpunkte des 13. Jahrhunderts aus betrachtet vielleicht immerhin noch zulässig erscheinen könnte, so muss doch meines Erachtens ein derartiger Sprachgebrauch unzweifelhaft unstatthaft werden, so wie wir neben den früheren auch auf die späteren Schicksale der Sprache und Litteratur bei den verschiedenen Zweigen des ursprünglich einheitlichen Stammes unsern Blick richten, und diese unberücksichtigt zu lassen, sind wir denn doch, wenn es geschichtlicher Forschung gilt, in keiner Weise berechtigt. Die norwegischen Besitzungen auf den Britischen Inseln, in denen sich ein nicht unkräftiges geistiges Leben entfaltet zu haben scheint, wie denn z. B. Bischof Bjarni Kolbeinsson von den Orkneys (1188—1223) eine Jómsvíkingadrápa dichtete, und auch shetländische Dichter im 12. Jahrhundert uns genannt werden, wurden bereits frühzeitig an Schottland abgetreten; sie haben in Folge dessen ihre ursprüngliche Volksthümlichkeit rasch verkümmern sehen, und schliesslich völlig eingebüsst, wie denn selbst auf Shetland der bis in das vorige Jahrhundert herein unter der Bezeichnung „Norse" bewahrte Dialekt jetzt völlig verklungen ist.[63]) Die alte Niederlassung auf Grönland, welche seinerzeit einen Freistaat nach isländischem Muster gebildet, und sogar ihren eigenen Bischofsstuhl besessen hatte, und wo man an dem Sagenerzählen ebensoviele Freude gehabt zu haben scheint, wie auf Island, ist seit der Mitte des 15. Jahrhunderts verschollen, und bis auf einige wenige Ueberreste von Bauten und ein paar Runensteine für uns spurlos verschwunden.[64]) Erhalten hat sich dagegen die alte Nationalität und Sprache in Norwegen, auf den Færöern und auf Island, aber freilich erhalten in sehr verschiedener Art und Bedeutung, und gerade dieser Punkt ist es, welcher für unsere Frage von entscheidendem Gewicht zu sein scheint. — In Norwegen, wo von Anfang an nur geringe litterarische Regsamkeit geherrscht hatte, und selbst in den besten Zeiten die Pflege der Wissenschaften und der schönen Künste, soweit die Landessprache in Frage war, gutentheils isländischen Händen überlassen geblieben war, trat mit der ersten Hälfte des 14. Jahrhunderts ein völliger Stillstand ein. Seitdem Herzog Eiríkur Magnússon von Schweden mit Ingibjörg, der Tochter König Hákon Magnússon's, sich verlobte (1302), zog schwedische Sprache und schwedische Sitte am norwegischen Königshofe ein; die Königinn Euphemia selbst, von Geburt eine deutsche Fürstin, liess die Ritterromane von Flores und Blancheflor, von Herrn Iwain mit dem Löwen, von Herzog Friedrich von der Normandie in den ersten Jahren des 14. Jahrhunderts aus dem Deutschen und Französischen bereits ins Schwedische, nicht ins Norwegische übersetzen, und wenn zwar ihr Gemahl, König Hákon, der einheimischen Mundart getreuer geblieben zu scheint, so vermochte er doch der hereinbrechenden Neuerung nicht zu wehren.[65]). Seitdem vollends mit Herzog Eiríks Sohn, König Magnús, ein Regent schwedischer Abkunft den norwegischen Thron bestiegen hatte (1319), und seitdem sodann durch die Heirath seines Sohnes Hákon mit Margaretha von Dänemark (1363) der Grund zu der späteren Union der drei nordischen Reiche gelegt worden war, war es mit der politischen nicht nur, sondern auch mit der litterarischen und gutentheils sogar sprachlichen Selbstständigkeit Norwegens wesentlich vorbei; die vornemeren Stände wandten sich mit Vorliebe der schwedischen und später der dänischen Sprache zu, welche als die höfischeren galten, — die Geistlichkeit, welche immer mehr ihre Bildung im Auslande zu suchen sich gewöhnte, zog sich eben damit immer mehr auf ihr Latein zurück, — die Muttersprache blieb fortan dem gemeinen Manne überlassen, und sank, da mit dem Wegfallen einer einheimischen Litteratur auch jeder Halt für deren einheitliche Erhaltung und Fortentwickelung schwand, rasch zu einem blosen Complexe auseinandergehender Mundarten herab. So ist denn seit König Hákon Magnússon, der wenigstens noch fremde Werke in die Landessprache hatte übersetzen lassen, während seine Königinn bereits zum Schwedischen abgefallen war, von einer einheimischen Litteratur in Norwegen nicht mehr die Rede, und auch die isländische Schriftstellerei scheint ihren alten Einfluss nicht mehr lange behauptet zu haben; da Norwegen, selbst als Schweden sich wieder von Dänemark trennte, noch auf Jahrhunderte hinaus bei diesem Reiche verblieb, erwuchs die dänische Sprache bald nicht nur zur allein gültigen Schriftsprache neben der lateinischen, sondern auch zur Gerichtssprache und, seit der Reformation, zur Kirchensprache, sowie zur gewöhnlichen Umgangssprache der gebildeten Classen, wogegen die alte einheimische Sprache nur noch im Munde der geringeren Leute ein verwahrlostes und vielfach verkümmertes Dasein fortführte. Erst in der neuesten Zeit sind, nachdem das Land seine politische Selbstständigkeit glücklich wieder errungen hat, seine nationalen Dialekte wieder einigermassen zu Ehren gebracht worden, und hat sich in gewissem Sinne auch eine eigene norwegische Litteratur wieder von der dänischen abzuzweigen begonnen; so hoch aber auch deren geistiger Gehalt bereits in diesem Augenblicke anzuschlagen ist, so dürfte doch sehr dahinstehen, ob die geschichtlich einmal festbegründete Herrschaft der dänischen Schriftsprache sich jemals wieder werde brechen lassen. — Ungleich zäher als in Norwegen behauptete die einheimische Sprache ihr Feld auf den Färöern.[66]) Bis in die Reformationszeit herab zeigt die Sprache der hier ausgestellten Urkunden, allenfalls einige wenige orthographische Eigenheiten abgerechnet, noch ganz die Formen der älteren Zeit; erst als im Jahre 1552 der Bischof Jens Riber die Inseln verliess, und diese in Folge dessen ihren eigenen Bischofstuhl einbüssten um einem dänischen Bisthume, dem von Seeland, einverleibt zu werden, als ferner im Zusammenhange damit auch die alte Domschule zu Kirkjubær aufgehoben wurde, begann auch hier eine ähnliche Wendung der Dinge einzutreten wie sie um zwei Jahrhunderte früher in Norwegen Platz gegriffen hatte. In den Kirchen sowohl als in der unter Christian IV. neuorganisirten Lateinschule zu Thorshavn wurde die dänische Sprache eingeführt, und Dänisch zu sprechen, nicht nur zu verstehen, musste der Færing fortan gelernt haben, wenn er auch nur zur Confirmation zugelassen werden wollte; auch die Gerichts- und Canzleisprache wurde die dänische, und damit auch die Schrift- und Umgangssprache der wenigen Familien von höherer Bildung, welche auf den Inseln sich aufhielten. „Færingisch" sprach somit fortan auch hier nur noch der gemeine Mann, und auch hier traten merkwürdiger Weise in Folge dessen, obwohl die Gesammtbevölkerung der Inseln nur etwa 8—9000 Seelen beträgt, sofort dialektische Verschiedenheiten hervor, zum deutlichen Beweise dafür, dass nur die Schrift und der Gebrauch der gebildeten Classen die Einheit einer Sprache auf die Dauer zu bewahren vermag; dass die einheimische Mundart, die noch heutigen Tages dem Isländischen nahe genug steht, um einem Isländer bei einiger Aufmerksamkeit verständlich zu sein, sich unter solchen Umständen überhaupt noch kräftig und in ihrem Gefüge ungebrochen erhalten hat, ist hauptsächlich den zahlreichen alten Volksliedern zu danken, die auf den Inseln noch immer im Gedächtniss bewahrt und gesungen zu werden pflegen. — Endlich auf Island, und nur auf Island, hat sich die alte Sprache als Schriftsprache sowohl wie als Kirchen-, Schul- und Amtssprache, dann als allgemeine und ausschliessliche Umgangssprache für alle Classen des Volkes, die höheren wie geringeren erhalten, und zwar, was als charakteristisch hervorgehoben werden darf, ohne alle und jede irgend erhebliche Dialektbildung. Allerdings ist dieselbe auch hier keineswegs vollkommen unverändert geblieben, und insbesondere ist es auch hier wiederum vor allem die Reformationszeit gewesen, welche in der Geschichte der Sprache einen ebenso wichtigen Abschnitt bildet, wie in der politischen und in der Kirchengeschichte. Aber es handelt sich doch dabei zum Theil nur um blosse Aenderungen in der Rechtschreibung, welche überdiess seit dem Ende des vorigen Jahrhunderts zumal durch die Bemühungen des ausgezeichneten Vicelögmanns Eggert Olafsson († 1768), gutentheils wieder beseitigt worden sind, oder um die Aufname einer, allerdings nicht ganz geringen, Anzahl von Germanismen oder Danismen in den Wortvorrath und zumal auch in die Formen der Wortbildung, welche fremden Elemente indessen die neuere Zeit ebenfalls wieder mehrentheils ausgeschieden und durch volksthümlichere Bildungen zu ersetzen gewusst hat; zum Theil aber handelt es sich doch nur um ziemlich vereinzelte und vergleichsweise wenig bedeutende Veränderungen in der Flexion oder Aussprache, um Veränderungen also, wie sie sich z. B. auch in unserer deutschen Sprache von Jahrhundert zu Jahrhundert immer wieder geltend zu machen pflegen. Fragt man aber, wie es komme, dass die einheimische Sprache sich auf Island ausnamsweise so fest und kräftig zu behaupten vermochte, während die Insel doch ebensogut und ebensolange wie Norwegen oder die Færöer der dänischen Herrschaft mit allem ihrem Drucke verfallen war, so kann die Antwort zu geben nicht schwer fallen. Zum Theil sind es äusserliche Gründe, welche in dieser Richtung mitgewirkt haben, die isolirte Lage z. B. der Insel im Ganzen sowohl als auch der einzelnen Höfe auf derselben, — die frühe Monopolisirung ferner des isländischen Handels, welche das isländische Volk von allem regeren Verkehre mit dem Auslande auch noch künstlich absperrte, und ausschliesslich auf den Waarenaustausch mit ein paar bestimmten einzelnen dänischen Kaufleuten anwies, — endlich, und nicht zum Mindesten, die geringe Dotation der isländischen Pfarreien, und die ungemeine Beschwerlichkeit des Dienstes an denselben, welche von jeher die dänischen Candidaten von der Bewerbung um solche abschreckte, während die besser ausgestatteten und zugleich gutentheils leichter zu versehenden Pfarrstellen in Norwegen und selbst auf den Færöern massenhaft mit dänischen Theologen besetzt wurden. Aber ungleich mächtiger noch als alle derartigen, mehr zufälligen Momente hat unstreitig der andere Umstand gewirkt, dass auf Island zu der Zeit, da die Insel der fremden Herrschaft verfiel, eine einheimische, durchaus eigenartige und im höchsten Grade volksthümliche Litteratur bereits kräftige Wurzeln geschlagen, und ebenso reiche als herrliche Blüthen getragen hatte. Wohl erlitt auch auf Island die einheimische Litteratur durch den Verlust der politischen Selbstständigkeit des Landes einen harten Stoss, und die Sagenschreibung wenigstens hat denselben so wenig wie die Jurisprudenz der Isländer zu verwinden gewusst; aber völlig erdrücken liess sich denn doch die bereits hinlänglich erstarkte litterarische Thätigkeit auf der Insel nicht, vielmehr änderte dieselbe nur den veränderten Umständen gegenüber ihren Lauf und ihre Ziele, und wenn zwar auch hier jene krankhafte Richtung auf fremde Stoffe mit der Zeit sich einfand, so liess man sich doch auf lange hinaus durch sie nicht von den nationalen Ueberlieferungen völlig abdrängen, und selbst wo man nach dem ausländischen Inhalte griff, behandelte man denselben doch zumeist immerhin noch in mehr oder minder nationaler Form und Weise. Oben wurde bereits dargelegt, wie man auch noch unter norwegischer Herrschaft sich geraume Zeit mit dem Abschreiben, Sammeln und theilweise sogar Umarbeiten älterer Geschichtswerke beschäftigte, und Handschriften wie die Hauksbók aus dem Anfange, oder wie die Vatnsbyrna und die Flateyjarbók aus dem äussersten Ende des 14. Jahrhunderts auf der einen, Arbeiten wie die der Aebte Bergur Sokkason und Arngrímur über das Leben des Königs Ólaf Tryggvason und des Bischofs Guðmund auf der anderen Seite durften als Belege für den energischen Fleiss angeführt werden, welchen man dabei aufzuwenden wusste. Daneben wandte man sich jetzt der Abfassung von Annalen zu, Legenden wurden nach wie vor in der Landessprache verfasst oder in diese übersetzt, und auch den erdichteten Sagen schenkte man nach wie vor in jener zweifachen Weise seine Aufmerksamkeit; wenn dabei zwar bereits gegen das Ende des 14., und entschiedener noch im Laufe des 15. Jahrhunderts die fremdländischen Stoffe die Oberhand gewannen, so dass über ihnen allmälig sogar das Abschreiben der älteren nationalen Werke ins Stocken gerieth, so wurde doch wenigstens die Uebung in der Behandlung der eigenen Sprache, und zumal die Freude am Lesen sowohl als am Schreiben in derselben, auch durch derartige Erzeugnisse wach erhalten. Die Dichtkunst ferner hat jetzt allerdings nicht mehr wie früher einheimische Häuptlinge oder norwegische Könige und Jarle zu verherrlichen; aber nach wie vor mag sie sich mit geistlichen Stoffen zu thun machen, und wenn die Lilja z. B. oder des Einarr Gilsson

Ólafsríma um die Mitte des 14. Jahrhunderts gedichtet sind, so fehlt es auch nicht an geistlichen Liedern aus der späteren Zeit bis auf Jón Arason herab, den letzten ebenso verskundigen als streitbaren Bischof von Hólar, während andererseits auch weltliche Stoffe fortan gerne in Rímur behandelt, und zumal auch Sagenstoffe massenhaft in solche eingekleidet wurden: dass vollends Lust und Geschick zum Stegreifdichten bis auf den heutigen Tag herab den Isländern vor andern Völkern eigen geblieben ist, ist schon bei einer früheren Gelegenheit hervorgehoben worden. Wieder eine neue Wendung gab der isländischen Litteratur die Reformation. Die heilige Schrift wurde nunmehr in die Landessprache übersetzt, deutsche Kirchenlieder, theologische Tractate, Unterrichts- und Erbauungswerke wurden in dieser bearbeitet; mancherlei Geschmacklosigkeit und mancherlei Sprachverrenkung lief dabei mit unter, aber es entstanden auch mancherlei Werke von wahrhaft classischem Werthe, unter denen es genügen mag auf die Passionspsalmen des sèra Hallgrímur Pètursson († 1674) und auf die Hauspostille des Skálholter Bischofes Jón Vídalín († 1720) hinzuweisen. Auch war es gutentheils dem lebendigen Anstosse, welchen die kirchliche Bewegung den Geistern auf der Insel gab, und dem regeren Verkehre mit Deutschland zu verdanken, in welchen die Reformation dieselben brachte, dass man um die Grenzscheide des 16. und 17. Jahrhunderts begann den Blick wiederum der eigenen Vorzeit zuzuwenden, und Anstalten machte die lange brach liegenden Schätze der alten einheimischen Litteratur wieder zu heben. Durch dieses Wiederaufleben aber der Beschäftigung mit seinen alten Schriftwerken, wie solche durch den gelehrten Probst Arngrímur Jónsson († 1648) und in anderer Richtung durch sèra Magnús Olafsson von Laufás († 1636) eingeleitet, durch Bischof Brynjólfur Sveinsson († 1674) und den Bauern Björn Jónsson von Skarðsá († 1665) weitergeführt, durch Ari Magnússon aber († 1730), den gelehrten Lögmann Páll Vídalín († 1738), endlich den Geschichtsschreiber þormoður Torfason († 1719) fest begründet worden ist, hat das isländische Volk die kräftigste Stütze für seine Sprache und Volksthümlichkeit gerade in demjenigen Zeitpunkte gewonnen, in welchem beiden von Dänemark her die grösste Gefahr zu drohen begann, — gerade in demjenigen Zeitpunkte, in welchen für Norwegen die vollständige Unterdrückung der letzten Reste politischer Selbstständigkeit fiel, und in welchem den Færingern der Gebrauch ihrer angestammten Sprache in Amt und Kirche wirklich verloren ging.

So ist denn die Sprache der Isländer, obwohl ursprünglich nur ein Dialekt der im Wesentlichen einheitlichen Gesammtsprache des ganzen norwegischen Stammes, doch schon frühzeitig der einzige geworden, welcher zu litterarischen Zwecken benützt wurde, und seit langer Zeit ist es nur sie, welche überhaupt noch die Geltung einer Schriftsprache und Verkehrssprache für die gebildeten wie ungebildeten Classen eines Volkes behauptet. Das Uebergewicht, welches Island in litterarischer Beziehung über Norwegen von Anfang an besessen hatte, ist durch diese längere Dauer der isländischen Litteratur ein geradezu erdrückendes geworden, und zugleich schliesst die ununterbrochene Entwickelung, welche Sprache und Schriftthum der Insel von der ältesten Zeit bis in die neueste gewonnen haben, jede Möglichkeit aus, für die ältere Sprache ihrer Bevölkerung eine Benennung zu wählen, welche nicht auch für die neuere und neueste passend wäre. Niemand wird die heutige Sprache der Isländer eine altnordische nennen, Niemand sagen wollen, dass Páll Vídalín seine beissenden Epigramme oder Eggert Ólafsson seinen reizenden Búnaðarbálk in altnordischer Sprache gedichtet habe, dass am morgigen Tage in der Domkirche zu Reykjavík altnordisch gepredigt werde, oder im vorigen Sommer am Alldinge der Isländer altnordisch debatirt worden sei; will und kann man diess aber nicht, so darf man auch für die älteren isländischen Schriftwerke nicht eine Bezeichnung wählen, welche die unleugbare geschichtliche Einheit der Sprache in Frage stellen, und uns in die unliebsame Nothwendigkeit versetzen müsste den Zeitpunkt festzustellen, bis zu welchem die Isländer fortfuhren altnordisch, und von welchem an sie begannen isländisch zu sprechen und zu schreiben. Genau dieselben Bedenken stehen aber auch dem Gebrauche der Bezeichnung „norwegisch“ und „altnorwegisch“ im Wege. Wenn auch immerhin die verschiedenen Volksdialekte Norwegens mit der isländischen Sprache eine nahe Verwandtschaft zeigen, so genügt diese Verwandtschaft doch keineswegs, um dieselben mit dieser zu identificiren, oder vollends um von jenen verkümmerten, jeder geistigen Pflege längst entwöhnten Mundarten die Benennung für diese noch immer in kräftigster Blüthe stehende Cultursprache zu entlehnen. Sollen wir nun aber umgekehrt, wie diess von isländischer Seite her beansprucht zu werden pflegt, die Bezeichnung „isländisch" auch schon auf die Gesammtsprache des Stammes in der älteren Zeit anwenden, und den Ausdruck „isländische Litteratur" auch auf diejenigen Schriftwerke ausdehnen, welche im 13. Jahrhundert nachweisbar in Norwegen oder auf den Orkneys entstanden sind? Minder bedenklich schiene mir zwar dieser Ausweg unbedingt als der entgegengesetzte, da Island immerhin in Bezug auf die geistige Cultur schon in früherer Zeit das Hauptland, Norwegen dagegen nur das Nebenland war, und da überdiess nur jenes, nicht dieses eine eigenthümliche nationale Litteratur auf die Dauer und bis in die Gegenwart herunter sich zu erhalten gewusst hat; aber Bedenken dürften denn doch auch ihm entgegenstehen. Ich denke dabei weniger an die unbestreitbar nicht ganz zutreffende Tragweite des Ausdruckes, der uns zwingen würde, die Erzeugnisse der älteren norwegischen Gesetzgebung der isländischen Litteratur beizuzählen, die Sprache welche der heilige Olaf sprach und in welcher Harald harðráði dichtete die isländische zu nennen, ja sogar Skálden in isländischer Sprache dichten zu lassen, welche wie Bragi hinn gamli, þjóðólfur hinn hvinverski, þorbjörn hornklofi, noch vor der Entdeckung Islands oder doch in der allernächsten Zeit nach derselben gedichtet haben; solchen Wunderlichkeiten gegenüber könnte man getrost auf die Regel sich berufen: a potiori fit denominatio, und überdiess sogar geltend machen, dass die Weisen dieser Dichter wie die Reden des königlichen Heiligen uns eben doch nur als Bestandtheile isländischer Sagenwerke erhalten, jene Gesetze aber wenigstens erst zu einer Zeit niedergeschrieben sind, da das isländische Schriftthum bereits mächtig auf das norwegische Culturleben eingewirkt hatte. Auch den Einwand würde ich wenig scheuen, dass uns jener Sprachgebrauch zwingen würde eine Zeit zu bestimmen, bis zu welcher man in Norwegen isländisch gesprochen habe; sind wir doch, welche Bezeichnung wir auch für die ältere Sprache dieses Landes wählen mögen, immer gleichmässig genöthigt anzuerkennen, dass es einen Zeitpunkt gab, in welchem diese der dänischen Sprache in Schrift, Kirche, Schule und Amt weichen musste. Was mich dagegen wirklich Anstand nemen lässt, dem isländischerseits festgehaltenen

Sprachgebrauche mich unbedingt anzuschliessen, sind Erwägungen specifisch sprachlicher Art. Bereits in der Blüthezeit der Litteratur in Norwegen und auf Island bestanden nämlich zwischen der Sprach- und Schreibweise beider Länder manche Abweichungen, welche, wenn sie auch dem flüchtigen Blicke nur untergeordnete und vergleichsweise fast verschwindende Bedeutung zu haben scheinen, doch für die vergleichende Sprachforschung auf germanischem Gebiete nicht geringes Interesse bieten. Der derzeitige Zustand der skandinavischen Philologie gestattet mir, dem der Zutritt zu den grossen Handschriftensammlungen Kopenhagens, Stockholms und Upsala's versagt ist, nicht eine genauere Feststellung dieser Verschiedenheiten, wie sie, nachdem Richard Cleasby's reicher lexicographischer Nachlass Guðbrand Vigfússon's erprobten Händen anvertraut ist, für die nächste Zukunft zu hoffen steht; aber doch lassen sich einzelne Punkte schon jetzt klar genug hervorheben, um die Art des Auseinandergehens der Dialekte erkenubar zu machen, und jedenfalls ergiebt sich bereits aus deren Betrachtung die volle Gewissheit, dass das isländische Idiom, wenn zwar in mancher Beziehung an älteren Formen festhaltend, die man in Norwegen schon ungleich früher fallen gelassen hatte, doch in anderen und ungleich mehreren Punkten von diesen weiter sich entfernt hat als die norwegische Redeweise.[67]) Freilich ist dabei zu beachten, dass auch Norwegen selbst nicht durchgehends einheitliche Sprachart zeigt, dass vielmehr die südöstliche Hälfte des Reiches eine unverkennbare Annäherung an die alterthümlicheren Formen der schwedischen und dänischen Sprache zeigt, während die nordwestliche Reichshälfte umgekehrt näher an die neueren Formen des Isländischen heranzutreten liebt; aber doch fällt selbst der Dialekt „Nordenfjelds" nicht mit dem isländischen zusammen, und lässt sich überdies aus dessen Abgehen von dem Dialekte „Söndenfjelds" höchstens der Schluss ziehen, dass man die norwegische Mundart nicht als eine einheitliche, sondern als eine zwiespältige der isländischen gegenüberzustellen habe, keineswegs aber der andere, dass man dieselbe um der ihr fehlenden Einheit willen sofort auch mit dieser letzteren zusammenwerfen dürfe. Nach allem dem dürfte als das Richtigste sich empfehlen, die isländische, færingische und norwegische (oder vielleicht noch besser: ost- und westnorwegische) Sprache als ebenso viele sich coordinirte, wenn auch ihrem litterarischem Culturwerthe nach sehr ungleich anzuschlagende Schwestermundarten eines und desselben Sprachzweiges anzusetzen, und damit offen anzuerkennen, dass dieselben in Einzelnheiten wohl schon zu der Zeit auseinandergingen, da die Schriftsprache sich je in ihrem Bereiche feststellte, während im weiteren Verlaufe der Zeit ihre Sonderung sich immer mehr befestigte und steigerte: die isländische Mundart, in welcher man sich gewöhnt hat so recht eigentlich den Urtypus der alten Gesammtsprache des Nordens rein und unverfälscht erhalten zu sehen, dürfte dabei gerade umgekehrt in gar mancher tiefgreifenden Beziehung als dasjenige Idiom sich herausstellen, welches von jenem vorauszusetzenden, theilweise auch aus den Runendenkmälern noch zu erkennenden Urtypus sich am Frühesten und Weitesten entfernt hat. Sehen wir uns sodann um einen passenden Namen um, welcher den alle drei oder vier Mundarten umfassenden Sprachzweig als einen einheitlichen zu bezeichnen, und damit deren engere Gemeinschaft unter sich den verwandten Sprachzweigen der Schweden und Dänen gegenüber gehörig hervortreten zu lassen geeignet wäre, so gilt es, eine Benennung zu finden, welche einerseits von dem umfassenderen Begriffe der nordgermanischen Sprachen sich geeignet abhebt, um keine Verwechslung zwischen Gattung und Art nach dieser Richtung hin zu veranlassen, und welche andererseits ebensowenig der relativen Selbstständigkeit der unter ihr zusammenzufassenden Mundarten dadurch zu nahe tritt, dass sie mit dem Specialnamen irgend einer von diesen letztern irgendwie zusammenfällt. Als eine solche gemeinsame Bezeichnung möchte ich nun den Namen der „nordischen Sprache" wählen, welcher, für die Sprache der im äussersten Norden des germanischen Gesammtgebietes wohnhaften Völkerschaften an sich ganz wohl passend, und mit keiner Einzelbenennung irgend einer zu dem bezeichneten Gebiete gehörigen Mundart sich berührend, mir dadurch verfügbar geworden ist, dass ich für den umfassenderen Sprachbund der Schweden, Dänen und Nordleute eben die Bezeichnung „nordgermanisch" aufgestellt habe. Man wird sodann innerhalb der nordischen Sprache, welcher auch bei dieser engeren Begrenzung immerhin noch ihre alten Schätze, die beiden Edden nämlich und die Sagen, belassen bleiben, wieder zwischen der altnordischen Sprache, welche bis zum Anfange des 13. Jahrhunderts reichend, anstatt der hier fehlenden Runensteine die ältesten Schriftdenkmäler auf Pergament zu umfassen hätte, der mittelnordischen Sprache, für welche auch hier wieder die Reformationszeit die Endgrenze bildet, endlich der neunordischen Sprache zu unterscheiden haben, wobei nur freilich die Stellung der verschiedenen Mundarten in den verschiedenen Perioden eine durchaus verschiedene ist, soferne in der ersten sie sämmtlich (in sprachlicher Beziehung) sich noch wesentlich gleich verhalten, während im Laufe der zweiten Periode die norwegische, und im Verlaufe der dritten auch die færingische Mundart zum blossen Volksdialekte herabsinkt, und durch vollständigen Mangel an geistiger Pflege verwildert, während die isländische, auf ihre fortblühende Litteratur gestützt, nach wie vor bei ihren Ehren als Cultursprache sich behauptet. — Mit dem Sprachgebrauche der älteren Quellen lässt sich die von mir vorgeschlagene Bezeichnungsweise wohl in Einklang bringen, obwohl dieser ein allzu unbestimmter und wechselnder ist, als dass er irgendwie von massgebender Bedeutung sein könnte. Man war sich darüber klar, dass eine im Ganzen gleichartige Sprache über Dänemark, Schweden, Norwegen, Island und die Inseln des Nordwestens ging, und selbst die nahe Verwandtschaft dieser Sprache mit der angelsächsischen und niedersächsischen war der Aufmerksamkeit nicht entgangen; man bezeichnete dabei die als gemeinsam erkannte Sprache jener ersteren Länder in der älteren Zeit als die dänische (dönsk túnga), in der späteren, seit der ersten Hälfte des 13. Jahrhunderts, als die norwegische (norræn túnga, norrænt mál, norræna).[68] Die erstere Bezeichnung ist wohl vom Auslande her entlehnt, nämlich von England her, wo man ja bekanntlich alle Nordgermanen als Dänen zu bezeichnen pflegte, und es hat nichts Auffallendes, dass das Volk, welches sicherlich seine Muttersprache zunächst nicht mit einem anderen als mit dem oft genug wiederkehrenden Ausdrucke „unsere Sprache" (vor túnga, vort mál) benannt hatte, eine derartige präcisere Benennung erst aus der Fremde sich herüberzuholen hatte; ob aber die zweite Bezeichnung in gleicher Weise von Deutschland oder Frankreich her bezogen worden sei, wo man bekanntlich die Skandinavier sammt und sonders als Nordmänner oder Nordleute zu bezeichnen pflegte, oder ob dabei von einer engeren Bedeutung des Wortes norrænn, wornach dasselbe nur noch für die Norweger im Gegensatze zu den Danir, Svíar und Gautar galt, ausgegangen worden sei, getraue ich mich nicht zu entscheiden. Für die letztere Annahme liess sich anführen, dass der Ausdruck erst zu einer Zeit als Gesammtbezeichnung auftritt, da in der That das Dänenreich an Bedeutung zurückgegangen, das norwegische an Bedeutung gewachsen war: die erste würde dagegen recht wohl zu der anderen Thatsache stimmen, dass in der älteren Zeit der Hauptverkehr des Nordens nach England ging, seit dem Schlusse des 12. Jahrhunderts dagegen die Beziehungen zur deutschen Hanse in den Vordergrund zu treten begannen. Wie dem auch sei, die Ausdrücke „dänische Sprache“, „norwegische Sprache“, bezeichnen zunächst noch ganz gleichmässig die nordgermanische Gesammtsprache als solche, nicht aber die specielle Mundart der Norweger oder der Dänen, und zwar auch zu einer Zeit, da man die Dänen, Schweden und Norweger längst von einander zu scheiden gelernt, und die Ausdrücke „Norðmenn, norrœnir“ auf die letzteren zu beschränken sich gewöhnt hatte. Aber sowie man es nöthig fand, auf die Unterschiede einzugehen, welche zwischen der dänischen und schwedischen Sprache einerseits und der norwegisch-isländischen andererseits bestanden, gebrauchte man für diese letztere eben auch wieder keine andere Bezeichnung als die des norrœnt mál;[69]) in einer noch engeren Bedeutung, als Bezeichnung nämlich der norwegischen Mundart im Gegensatze zur isländischen, weiss ich dagegen den Ausdruck nicht nachzuweisen, kann indessen nicht bezweifeln, dass er auch in diesem engeren Sinne gebraucht werden mochte, da man nachweisbar auch dieser feineren mundartlichen Verschiedenheiten sich recht wohl bewusst war.[70]) Man sieht, die dreifache Abstufung der einzelnen Mundarten Norwegens, Islands u. s. w., der gemeinsamen Sprache des norwegischen Stammes, endlich der Gesammtsprache der skandinavischen Völker war recht wohl bekannt, wenn auch der Natur der Sache nach die gröberen Verschiedenheiten häufiger beachtet und betont werden als die feineren; aber man verstand nicht, oder fand nicht nöthig für jede dieser Stufen eine eigene technische Benennung zu schaffen, und der Ausdruck „dänische Sprache“ bezeichnet uns hiernach bald das Dänische, bald das Skandinavische überhaupt, der Ausdruck „norwegische Sprache“ bald das Norwegische, bald das Nordische, bald das Nordgermanische, wenn derselbe in die eben aufgestellte Terminologie übertragen werden soll. Auffällig ist dabei im Grunde nur, dass der Ausdruck „norrænn“ in seiner Anwendung auf die Sprache am Häufigsten in dieser umfassendsten Bedeutung gebraucht wird, während er als Volksbezeichnung am Oeftesten in der engsten Bedeutung steht, und nur ausnamsweise auch die nicht in Norwegen gesessenen Angehörigen des norwegischen Stammes, und nur ganz vereinzelt alle Nordgermanen bezeichnet; [71]) ich suche consequenter zu verfahren, indem ich das dem Ausdrucke „norrænn“ entsprechende deutsche Wort „norwegisch“ auch in seiner Anwendung auf die Sprache auf diese engere Bedeutung beschränke, dagegen aber für die umfassenderen Begriffe andere, allerdings mehr oder minder willkürlich gewählte Bezeichnungen aufstelle. Uebrigens hat für mich die viel und heftig durchgestrittene Frage über die der Sprache der Edden und der Sagen beizulegende Benennung vergleichsweise nur einen sehr untergeordneten Werth. [72]) Für mich handelt es sich, wenn ich zwischen nordischer und isländischer Sprache unterscheide, nur um den Wunsch, für subtilere sprachliche Untersuchungen eine geeignete Terminologie zu gewinnen; Andere wenn sie gegen die Bezeichnung jener Sprache als der isländischen ankämpfen, lassen sich dabei, bewusst oder unbewusst, von dem Bestreben leiten, den nahezu ausschliesslich isländischen Charakter der älteren nordischen Litteratur in den Hintergrund treten zu lassen, um dafür diese sei es nun als eine specifisch norwegische, oder als eine allgemeine nordgermanische geltend machen zu können. Gegen eine derartige Verkehrung des Streitpunktes aber möchte ich hier schliesslich noch Verwahrung eingelegt haben.

Anmerkungen.

Anm. 1.

Peter Andreas Munch, geboren den 15. December 1810 zu Christiania, gestorben den 25. Mai 1863 zu Rom, seit 1837 Lector, seit 1841 Professor der Geschichte an der Universität, und seit 1861 zugleich funktionirender Vorstand des Reichsarchivs zu Christiania, kann neben dem nunmehr gleichfalls verstorbenen Professor Rudolf Keyser als Begründer zugleich und als Haupt der neueren historischen Schule in Norwegen betrachtet werden. Durch eine lange Reihe geschichtlicher, geographischer und philologischer Leistungen hat er die Vorzeit seines Vaterlandes in fast unbegreiflichem Umfange aufgehellt, wenn auch in einzelnen Punkten eine gewisse Einseitigkeit seiner nationalen Richtung die volle Stichhaltigkeit seiner Ergebnisse einigermassen getrübt, andere male die wunderbare Raschheit seines, auf ein ungewöhnlich verlässiges Gedächtniss zuweilen übermässig vertrauenden Arbeitens manche Ungenauigkeit verschuldet haben dürfte. Nach der hier in Betracht kommenden Seite ist zumal die unter dem Titel: „Forn-Swenskans och Forn-Norskans Språkbyggnad. Stockholm 1849" von ihm herausgegebene Schrift zu nennen; über des Mannes Leben und Wirksamkeit aber vergleiche man etwa die kurze Skizze, welche von P. Botten Hansen verfasst und dem letzten Bande von „Det norske Folks Historie" vorgesetzt ist (Christiania, 1863); sowie Theodor Möbius, „Ueber die altnordische Philologie im skandinavischen Norden" (Leipzig, 1864), S. 13—16, und S. 28—33.

Anm. 2.

Da auf beide Vorreden noch wiederholt Bezug zu nemen sein wird, setze ich beide vollständig hierher. Ich folge dabei, wie immer, hinsichtlich der Heimskringla der Kopenhagener Folioausgabe, hinsichtlich der geschichtlichen Ólafs s. h. h. dagegen der Ausgabe von Munch und Unger (Christiania, 1853); doch erlaube ich mir mit Rücksicht auf weiter unten sich ergebende Erörterungen beide Vorreden meinerseits in §§ einzutheilen. Vorrede zur Heimskringla. S. 1—4: § 1. „Á bók þessi let ec rita fornar frásagnir um höfdingia þá er riki hafa haft á nordrlöndum, oc á danska tungu hafa mælt, sva sem ec hefir heyrt fróda menn segia: sva oc noekorar kynqvislir þeirra, eptir þvi sem mer hefir kent verit: samt þat er finns i Langfedgatali þvi, er Konungar hafa rakit kyn sitt, eda adrir stór-ættadir menn: enn sumt er ritat eptir fornum qvædum eda sögu-liódum, er menn hafa haft til skemtanar ser. Nú þó at ver vitum ei sanнindi á þvi, þá vitom ver dæmi til þess, at gamlir frædimenn hafa slíkt fyrir satt haft. Þiódólfr enn Fródi úr Hvini var skalld Haralldz ens Hárfagra, hann orti oc qvadi um Rögnvalld Konung Heidum hærra, þat er kallat er Ynglinga-tal. Rögnvalldr var son Olafs Geirstada-álfs, bródur Hálfdanar Svarta. I þessu qvædе eru nefndir XXX. langfedgar hans, oc sagt frá dauda hvers þeirra oc legstad.

Fiölnir er sá nefndr, er son var Yngvifreys, þess er Svíar hafa blótat lengi sidan: af hans nafni eru Ynglingar kalladir. Eivindr Skalldaspillir talldi oc langfedga Hakonar Jarls ins Ríka í qvædi því er Háleygia-tal heitir, er ort var um Hakon. Sæmingr er þar nefndr, son Yngvifreys; sagt er þar oc frá dauda hvers þeirra oc haugstad. Eptir þiódólfs sögu er fyrst ritin æfi Ynglinga, oc þar vidaukit eptir sögu frόdra manna. § 2. En fyrsta öld er köllut Bruna-öld, þa skyldi brenna alla dauda menn, oc reisa eptir bauta-steina; Enn sidan er Freyr hafdi heygdr verit at Uppsölum, þá giordu margir hofdingiar eigi sidr hauga enn bauta-steina, til minningar eptir frændur sina; Enn sidan er Danr enn Mikilláti Dana Konungr let sér haug giöra, oc baud sic þannig bera dauden med Konungs skrúdi oc herbúnadi, oc hest hans vid öllu södulreidi, oc mikit fe annat: enn hans ættmenn giördu margir sva sidan, oc hófz þar Hauga öld i Danmörku; enn lengi sidan hellz Bruna-öld med Svíum oc Nordmönnum. § 3. Enn er Harálldr enn Hárfagri var Konungr í Noregi, þá bygdiz Island. Med Harálldi voru skálld, oc kunna menn enn qvædi þeirra, oc allra Konunga-qvædi þeirra er sidan hafa verit at Noregi, oc tökum ver þar mest dæmi af því, er sagt er í þeim qvædum, er qvedin voru fyrir sialfum höfdingiunum, eda sonum þeirra: tökum ver þat allt fyrir satt, er í þeim kvædum finnz um fordir þeirra eda orustur. Enn þat er háttr skallda at lofa þann mest, er þa eru þeir fyrir; enn engi mundi þat þora, at segia sialfum honum þau verk hans, er allir þeir er heyrdi, vissi at hegómi væri oc skrök, oc sva sialfr hann: þat væri þa hád enn eigi lof. § 4. Fra Ara presti inum Fróda. Ari prestr inn Fródi þorgilsson Gellis sonar, ritadi fyrstr manna her á landi at Norræna mali frædi, bæda forna oc nya: ritadi hann mest í upphafi sinnar bokar um Islands bygd oc lagasetning; sidan fra lögsögu mönnum, hversu lengi hverr hafdi sagt; oc hafdi þat ára-tal fyrst til þess er kristni kom á Island; enn sidan allt til sinna daga. Hann tók þar oc vid mörg önnur dæmi, bædi Konunga æfi i Noregi oc Danmörk, oc sva á Englandi; edr enn stór-tídindi er giörz höfdu her á landi. Oc þykir mörgum vitrum mönnum hans sögn öll merkilegust: var hann forvitri oc sva gamall, at hann var fæddr næsta vetr eptir fall Harallds Sigurdarsonar. Hann ritadi, sem hann sialfr segir, æfi Noregs Konunga, eptir sögu Odds Kollssonar Hallssonar af Sidu: enn Oddr nam at þorgeiri Afrádskoll, þeim manni er vitr var, oc sva gamall, at hann bió þa undir Nidarnesi, er Hakon Jarl enn riki var drepinn. I þeim sama stad let Olafr Konungr Tryggvason efna til Kaupángs, þar sem nú er. Ari prestr þorgilsson kom VII. vetra gamall í Haukadal, til Halls þórarinssonar; oc var þar XIV. vetur. Hallr var madr störvitr oc minnigr; hann mundi þat er þangbrandr prestr skirdi hann þrevetran: þat var vetri fyrr enn kristni væri lögtekin á Islandi. Ari var XII. vetra gamall, þá er Isleifr biskup andadiz. Hallr fór milli landa, oc hafdi felag Olafs Konungs ens Helga, oc fechk af því uppreist mikla: var hönum því kunnigt um Konungriki hanns. Enn er Isleifr biskup andadiz var lidit frá falli Olafs Konungs Tryggva sonar nær LXXX. vetra. Hallr andadiz IX. vetrum sidar enn Isleifr biskup; þá var Hallr at vetra tali nírædr oc IIII. vetra [hann hafdi giört bú í Haukadal þritogr, oc bio þar LX. oc IV. vetra, — fügt die Friesbók bei]. sva ritadi Ari. Teitr son Isleifs biskups var med Halli í Haukadal at fóstri, oc bió þar sidan: hann lærdi Ara prest, oc marga frædi sagdi hann hönum, þá er Ari ritadi sidan. Ari nam oc marga frædi at þuridi dóttur Snorra Goda: hon var spök at viti: hon mundi Snorra födur sinn; enn hann var þá nær hálffertogr er kristni kom á Island; enn andadiz einum vetri eptir fall Olafs Konungs ins Helga. þvi var eigi undarligt, at Ari prestr væri sannfródr at fornum tídindum, bæde her oc utanlands, at hann var sialfr námgiarn oc vitr oc minnugr, enn hafdi numit at gömlum mönnum oc vitrum. § 5. Enn qvædin þykia mer sizt ór stad færd, ef þau eru rett qvedin, oc skynsamliga upptekin." — Vorrede zur geschichtlichen Olafs saga hins helga, S. 1—3: § 1. „Ari prestr þorgils son enn frode ritaða fyrstr manna her a lande at norynu male fryði. beðe forna oc nyia. ritaðe hann fyrst i upphafi sinnar bocar fra Islans bygð oc lagasetning. siðan fra logsogomonnom. hverso lengi hverr hafðe lavg sagt. oc hafþi hann aratal fyrst til þess er cristni com a Island. en siðan allt til sinna daga. Hann toc þar oc við morg onnor dœmi. beði konunga æfi i Noregi oc i Danmorc oc a Englande. oc stortiðendi þan er gorz hofðu her a landi. oc þyccir oss hans sogn aull merkiligust. var hann maðr forvitri oc sva gamall at hann var fœddr nęsta vetr eptir fall Haralls Sigurðar sonar. Hann ritaði sva sem hann sialfr segir ęfi Noregs konunga eptir sogo Oda Cols sonar Halls sonar af Siðu. En Oddr nam at þorgeiri afraskoll þeim manne er vitr var oc sva gamall at hann bio þa i Niðarnesi. er Hacon iarll enn rici var drepinn. i þeim sama stað let Olafr Tryggva son efna til caupangs seto. en Olafr enn helgi reisti caupstaðenn. Ari com VII. vetra gamall i Haucadal til Halls þorarins sonar. oc var þar XIIII. vetr. Hallr var maðr storvitr oc minigr. hann munði þat er þangbrandr prestr scirði hann III. vetran. þat var vetri fyrr en cristni var i log tekin a Islandi. Ari var XII. vetra gamall þa er Isleifr byscop andaðes. Hallr for milli landa oc hafði felag Olafs ens helga konungs. oc fec af þvi uppreist micla. var honom þvi kunnict um konungriki hans. þa er Isleifr byscop andaðez var liðet fra Olafi Tryggva syni LXXX. vetra. en Hallr anndaðiz IX. vetrum siðarr en Isleifr byscop. þa hafði hann at vetratale IIII. vetr ens tiunda tegar. Hann hafði gort bv i Haucadal XXX. oc bio þar LX. vetra oc IIII. vetr. Sva ritaði Ari. Teitr son Isleifs byscops var með Halli i Haucadal at fostri oc bio þar siðan. Hann lęrði Ara prest. oc marga fręði sagði hann honom. þa er Ari ritaði siðan. Ari nam oc marga fręði at þuriði Snorra dottur goða. hon var spauc at viti. hon munði Snorra foður sinn. Snori var þa nęr halffertugr er cristni com a Island. en anndaðez einom vetri eptir fall Olafs konungs. þvi var eigi undarlect at hann veri sannfroðr at fornom tiðendum bęði her oc utan lans. at hann hafði numit af gaumlum monnom oc vitrum, en var sialfr minnigr oc namgiarnn. § 2. Rita hefi oc latet fra upphafi ęfi konunga þeirra er rici hafa haft a Norðrlondum oc a danaca tungu hafa męlt sva oc nackvarar kynsloþer þeirra eftir þui sem ver hofum numet af froðum monnom. oc enn er sagt i fornkvęðum. eða i langfeðga tolo finnz þar er konungar hafa rakit ętter sinar. þioðolfr enn froði scald er sumir kalla enn hvinversca. orti kvęði um Rognvalld konung son Olafs konungs af Vestfolld. Olafr var broðir Halfdanar svarta foður Haralls ens harfagra. I þvi kveði ero upp talðir XXX. langfeðga Rognvalls sogð nofn þeirra oc sva fra dauða hvers þeirra oc er talit allt til Ingunarfreys er heiðnir menn caulluðv guð sinn. Annat kvaði orti Eyvindr scaldaspillir um Hacon iarll enn rica Sigurðar son. oc talði hann langfeðga til Semings er sagt er at veri Ingunarfreys son Niarðarsonar. Sagt er þar oc fra dauða hvers þeirra oc legstað. § 3. En fyrsta olld var sv. er alla dauða menn scyldi brenna. En siðan hofsc haugs olld voro þa allir ricismenn i hauga lagðir. en aull alþyða grafen i iorð þa er menn voro dauðir oc settir eptir bautasteinar til minnis. § 4. En siðan er Haralldr enn harfagri var konungr i Noregi þa vito menn miclo gœr sannindi at segia fra ęfi konunga þeirra i Noregi hava verit. A hans daugum bygðiz Island. oc var þa mikil ferð af Noregi til Islans. Spurðv menn þa a hverio sumre tiðindi landa þessa i milli. oc var þat siðan i minni fœrt. oc haft eptir til frasagna. En þo þycci mer þat merkiligast til sanninda er berum orðum er sagt i kvęðum eða auðrum qveðscap þeim er sva var ort um konunga eða aðra hofðingia at þeir sialfir heyrðu. eða i erfikvęðum þeim er scalldin fœrðu sonom þeirra, þau orð er i qveðscap standa ero en somo sem i fyrstu voro ef rett er kveðit. þott hverr maðr hafi siðan numit at auðrom. oc ma þvi ecki breyta. En sogur þęr er sagðar ero. þa er þat hętt at eigi sciliz aullum a einn veg, en sumir hafa eigi minni þa er fra liðr hvernig þeim var sagt. oc gengus þeim mioc i minni optliga. oc verða frasagnir omerkiligar. þat var meirr en CC. vetra XII. rœð er Island var bygt aðr menn tœki her saugur at rita. oc var þat long ęfi oc vant at saugur hefði eigi gengis i munni ef eigi veri kvęði bęði ny oc forn. þau er menn tœci þar af sannindi frœðinnar. Sva hafa gort fyrr frœðimenninir, þa er þeir villdo sanninda leita. at taca fire satt þeirra manna orð er sialfir sa tiðindi. oc þa voro nęr staddir. En þar er scaldin voro i orrostum. þa ero tęc vitni þeirra. Sva þat oc er hann kvað fyr sialfum hofðingianom. þa myndi hann eigi þora at segia þau verc hans er bęði sialfr hofðinginn oc allir þeir er heyrðv vissv at hann hefði hvergi nęr verit. þat veri þa hað en eigi lof. § 5. Nu ritum ver þau tiðindi með nackverri minningu er gorðuz um ęfi Olafs ens helga konungs. bęði um ferðir hans oc lanzstiorna. oc enn nackvat fra tilgongum þess ufriðar er lanz hofðingiar i Noregi gyrðu orrosta i moti honom þa er hann fell a Sticlastoþum.

Veit ec at sva man þyckia ef utanlanz koma þessi frasogn sem ec hafa mioc sagt fra islenzcum monnom. en þat berr til þess at islenzcir menn þeir er þessi tiþindi sa eða heyrþu, baru higat til lanz þessar frasagnir oc hafa menn siðan at þeim numit. En þo rita ec flest eptir þvi sem ec finn i kvæþum scallda þeirra er varu með Olafi konungi." — Ueber eine von beiden Fassungen des Prologes wesentlich abweichende dritte, welche in einigen Hss. der überarbeiteten Redaction der Ólafs saga hins helga sich findet, wird unten noch zu sprechen sein.

Anm. 3.

Þóroddur rúnameistari wird uns genannt in der Vorrede zu der erwähnten Abhandlung, Snorra-Edda, II, S. 4—6 (ed. Arna-Magn.), wo es heisst: „Skal yðr sýna hinn fyrsta letrs hátt, svá ritinn, eptir sextán stafa stafrófi í danskri túngu, eptir því sem Þóroddr rúnameistari ok Ari prestr hinn fróði hafa sett í móti Latínumanna stafrófi, er meistari Priscianus hefir sett." Der Zusammenhang, in welchem diese Worte stehen, scheint darauf hinzudeuten, dass die in ihnen besprochene Arbeit eben diejenige ist, welche sofort vollständig mitgetheilt wird: dass aber Þóroddr und nicht Ari dieselbe so, wie sie liegt, verfasst haben muss, wenn auch vielleicht unter Zugrundelegung eines von diesem herrührenden Entwurfes, das ergiebt sich aus der achtungsvollen und lobenden Weise, in welcher der Verfasser sofort den Ari selbst bespricht. Bezüglich des Baumeisters Þórodd erzählt die älteste Redaction der Jóns biskups saga, cap. 11, S. 163 (Biskupa sögur, I.): „Hann valdi þann mann til kirkjugjörðarinnar, er þá þótti einn hverr hagastr vera, sá hét Þóroddr, oc var bæði, at hinn helgi Jón sparði eigi at reiða honum kaupit mikit ok gott, enda leysti hann ok sína sýslu vel ok góðmannliga. Þat er sagt frá þessum manni, at hann var svá næmr, at þá er hann var í smíðinni, þá heyrði hann til, er prestlingum var kennd iðrótt sú, er grammatica heitir; en svá loddi honum þat vel í eyrum af miklum næmleik ok athuga, at hann gjörðist enn mesti iðróttamaðr í þesskonar námi." Die mittlere Recension der Sage, cap. 23, S. 235, welche die Sache nur mit etwas anderen Worten erzählt, sowie deren jüngste Recension, S. 163, Anm. 4, nennen uns noch den Namen von Þórodds Vater; endlich die Sturlúnga, II, cap. 10, S. 55, welche den Þórodd Gamlason als einen guten Bauern bezeichnet, sowie die Landnáma und die Grettla, geben über dessen verwandtschaftliche Beziehungen noch weitere, aber freilich unter sich nicht ganz übereinstimmende Aufschlüsse. Die für diesen Ort bedeutsamen Stellen der Abhandlung sind aber folgende. Snorra-Edda, II, S. 12: „Hverega túngu er maðr skal rita annarrar túngu stöfum, þá verðr sumra stafa vant, af því at eigi finnst þat hljóð í túngunni, sem stafirnir hafa þeir er af gánga. En þó rita enskir menn enskuna latínustöfum, öllum þeim er réttræðir verða í enskunni, en þar er þeir vinnast eigi til, þá hafa þeir við aðra stafi, svá marga ok þesskonar sem þarf, en hina taka þeir or, er eigi eru réttræðir í máli þeirra. Nú eptir þeirra dæmum, alls vèr erum einnar túngu, þó at greinzt hafi mjök önnur tveggja eða nakkvat hváðar, til þess að hægra verði at rita ok lesa, sem nú tíðist ok á þessu landi bæði lög ok áttvísi, eða þýðingar helgar, eða svá þau hin spakligu fræði, er Ari Þorgilsson hefir á bækr sett af skynsamligu viti, þá hefir ek ok ritað oss Íslendingum stafróf," u. s. w. Ferner ebenda, S. 42: „Nú um þann mann er rita vill, eða nema að váru máli ritið, annaðtveggja helgar þýðingar eða lög eðr áttvísi, eða svá hveregi er maðr vill skynsamliga uytsemi á bók nema, eðr kenna", u. s. w.

Anm. 4.

Vergleiche hinsichtlich der Hafliðaskrá die Íslendinga bók, cap. 10, S. 17, und allenfalls die Kristnisaga, cap. 18, S. 29, (jene nach den Íslendinga sögur, I, 1843, diese nach den Biskupa sögur, I, angeführt); hinsichtlich des Christenrechtes aber die Húngurvaka, c. 11, S. 73 (Bikupa sögur, I). Im Uebrigen verweise ich auf meinen Artikel »Graagaas«, in der Allgemeinen

Encyklopadie der Wissenschaften and Künste, Bd. LXXVII, S. 1—186, welcher die Geschichte der älteren isländischen Legislation ziemlich detaillirt behandelt.

Anm. 5.

Die älteste vielleicht unter allen isländischen Hss. ist das Bruchstück des Landbrigða þáttur, welches in A. M. 315. D. fol. vorliegt, und in der Ausgabe der Grágás von Vilhjálmur Finsen, II, S. 219—26 abgedruckt steht. Munch, det norske Folks Historie, II, S. 638, Anm. 3, hat zwar gemeint, es könne in diesem Fragmente ein Ueberrest des Originales der Hafliðaskrá erhalten sein; indessen zeigt die Orthographie desselben, welche sich theilweise bereits auf das System þórodds stützt, dass die Hs. unmöglich vor der Mitte des 12. Jahrhunderts geschrieben sein kann. Vergl. meine Graagaas, S. 8, Anm. 60. Uralt ist ferner ein Doppelfragment aus einem alten Predigtenbuche, welches in A. M. 237. erhalten, und von welchem ein grosses Stück bei Unger, Gammel norsk Homiliebog, S. 214—217, abgedruckt ist, nachdem schon vorher Konráður Gislason, Um frumparta íslenskrar túngu í fornöld, S. XVII—VIII, ein paar Proben davon gegeben hatte. Zu den ältesten isländischen Hss. zählt ferner das Predigtbuch der Stockholmer königl. Bibliothek, nr. 15, 4to, über welches Jón Sigurðsson in der Antiquarisk Tidsskrift, 1846—48, S. 96, und Arwidsson, Förteckning öfver kongl. Bibliothekets i Stockholm isländska Handskrifter, S. 24, Bericht geben, und wovon ein paar Proben in den Íslendínga sögur, I, 1843, S. 385—387, abgedruckt sind. Der älteste Bestandtheil des Reykjaholtsmáldagi, von welchem das Diplomatarium Islandicum ein ausgezeichnetes Facsimile bringen wird, ist nach Jón Sigurðsson, Diplom. I, S. 279, und S. 467 um das Jahr 1185 geschrieben, u. dgl. m.

Anm. 6.

Vergleiche hierüber Erich Christian Werlauff's treffliche Abhandlung: De Ario multiscio, (Hafniae, 1808) S. 98—108. Der älteste Schriftsteller, welcher der vermeintlichen Werke Ísleifs gedenkt, ist nach ihm der Historiograph Christians II., der angeblich im Jahre 1554 verstorbene Christen Pedersen. Doch sollen einzelne, auf Grund der Heimskringla, Sverris saga und Hákonar saga gamla bearbeitete Compendien der norwegischen Geschichte handschriftlich vorliegen, welche bereits neben einander den Ísleif und Ari als ihre Verfasser nennen. Die von Werlauff angeführte „Norwegische Chronica ad ann. Chr. 1263 perducta" trägt nach Jón Eiríksson, Udsigt over den gamle Manuscript-Samling i det store Kongelige Bibliothek (Kjöbenhavn, 1786), S. 113, auf ihrem Titelblatte die Bemerkung: „adscribitur haec historia Domino Islevo Episcopo, et Domino Arvido"; allein es wird weder angegeben, zu welcher Zeit die Hs. geschrieben, noch auch ob jener Beisatz von gleichzeitiger oder späterer Hand beigefügt sei, und der halb deutsche, halb lateinische Titel derselben lässt jedenfalls auf eine ziemlich späte Entstehungszeit schliessen. Da andererseits auch ältere isländische Schriftsteller, wie z. B. Arngrímur Jónsson († 1648), Björn Jónsson von Skarðsá († 1655), Einarr Eyjúlfsson († 1695), ja sogar þormóður Torfason († 1719) von Ísleifs Geschichtsbüchern sprechen, ist wohl anzunehmen, dass der Glaube an solche auf einer isländischen Volksüberlieferung, oder allenfalls auch auf der blossen Vermuthung irgend eines isländischen Halbgelehrten beruhe, wie ja die im 16. und 17. Jahrhunderte auftauchenden Meinungen über die Entstehung der beiden Edden, der Grágás, der Járnsíða u. s. w. für Beides genügende Beispiele bieten. Vergleiche meine Graagaas, S. 97—104.

Anm. 7.

In der Flateyjarbók (Bd. II, S. 520—28 der norwegischen Ausgabe) ist uns ein Gedicht aufbewahrt, welches die Ueberschrift trägt: „Her hefr Noreghs konga tal, er Sæmundr frodi orti", welches sich aber augenscheinlich als ein Ehrenlied darstellt, das ein uns nicht bekannter Poët auf den Jón Loptsson, einen im Jahre 1197 verstorbenen Enkel Sæmunds, gedichtet hat. Jóns Mutter, þóra, war eine Tochter des Königs Magnús berfætti († 1103) gewesen, und diess hatte Veranlassung gegeben, die norwegische Königsreihe in das Lied einzuflechten; dessen vierzigste Strophe aber sagt ausdrücklich, dass die zehn ersten Regenten Norwegens von Haraldur hárfagri ab bis auf Magnús góði herunter nach den Angaben des Sæmundur fróði mit ihrer Regierungszeit aufgezählt seien, womit natürlich nicht gesagt ist, dass dessen Geschichtswerk nicht weiter als bis zum Tode des Königs Magnús (1047) herabgereicht habe. Ausserdem ruft die Íslendingabók, cap. 7, S. 13. Sæmunds Zeugniss an, wenn es gilt, das Todesjahr des Königs Ólafur Tryggvason festzustellen, und der Mönch Oddur beruft sich in seiner Ólafs saga Tryggvasonar, cap. 15, S. 28 und cap. 27, S. 30 (nach Munch's Ausgabe; vergl. cap. 22, S. 276 und cap. 32, S. 289 im Bande X. der Fornmanna sögur) auf seine Angaben hinsichtlich einzelner Punkte in der Lebensgeschichte desselben Königs; die Landnáma, I, cap. 1, S. 27 (Íslendinga sögur, I, 1843), dann die ausführlichere Ólafs saga Tryggvasonar, cap. 113, S. 235 (F. M. S., I) berufen sich auf ihn hinsichtlich einer Angabe über Naddodds Fahrt nach Island, und die isländischen Annalen erzählen nach ihm von dem schweren Winter, welcher im Jahre 1047 eingefallen sei; dagegen scheint es nur sein mündliches Zeugniss zu sein, welches die Kristni saga, cap. 14, S. 31, und nach ihr der Anhang der Skarðsárbók zur Landnáma, S. 329, hinsichtlich des grossen Sterbens während der Jahre 1118—1120 in Bezug nimmt. Zweifelhaften Werthes ist, wenn Hammarsköld's Ausgabe der Jómsvíkinga saga, cap. 22, S. 108, seine Angabe über die Zahl der Schiffe in Bezug nimmt, mit welchen die Jomsvikinger zum Erbmahle nach Dänemark gefahren seien; die neuere Ausgabe der Sage, F. M. S., XI, cap. 37, S. 108, weiss von dem Citate Nichts, und beruht dasselbe somit lediglich auf der Autorität der jüngsten Redaction derselben. Ausserdem wird noch in einer dem 15. Jahrhundert angehörigen Hs., A. M. 624, 4to, eine vereinzelte Notiz über die Weltschöpfung, und in einer anderen, A. M. 764, 4to, eine ebensolche über die Leibesbeschaffenheit des Erzvaters Adam auf Sæmund zurückgeführt (vergl. Jón Sigurðsson, im Diplomatarium Islandicum, I, S. 503, Anm., und wegen des Alters der ersteren Hs. die Vorrede zu den F. M. S. XI, S. 11, sowie Íslendinga sögur, II, 1847, S. 128, Anm.; nach den Biskupa sögur, II, S. 223, Anm. 1, scheint die zweite Hs. mit der ersten wesentlich gleichen Inhalts zu sein); ob ihm aber beide Notizen wirklich angehörten oder nicht, und ob sie bejahendenfalls in seiner norwegischen Königsgeschichte oder in irgend welchem anderen Werke standen, lässt sich kaum mit Bestimmtheit entscheiden. Mit um so grösserer Sicherheit lässt sich dagegen behaupten, dass alle Angaben über sonstige von Sæmund verfasste Werke um Nichts begründeter seien, als die zahlreichen Zaubergeschichten, welche über denselben Mann vom 13. Jahrhunderte angefangen bis auf den heutigen Tag herab im Volksmunde umliefen und noch umlaufen (vergl. Jón Árnason, Íslenzkar þjóðsögur og æfintýri, I, S. 465—502, sowie meine Isländischen Volkssagen der Gegenwart, S. 118—27, woselbst auch die einschlägigen Stellen der Jóns biskups saga, der ersten Quelle, welche derartiger Erzählungen gedenkt, sich angeführt finden). Schon Árni Magnússon hat in seiner Vita Sæmundi multiscii, welche dem ersten Bande der Kopenhagener Ausgabe der älteren Edda vorgesetzt ist, das Unbegründete jener Ueberlieferungen genugsam dargethan; dass aber Dasjenige, was Sæmundur wirklich geschrieben hat, in lateinischer Sprache abgefasst gewesen sein muss, ergiebt sich mit Nothwendigkeit daraus, dass er ausserdem weder von þórodd, noch von dem Verfasser jener Prologe hätte übergangen werden können, wo Beide die ältesten Schriftsteller in der Landessprache zu besprechen kommen, und nicht minder erklärt sich nur daraus, dass es immer nur geistliche Schriftsteller, wie Ari, Oddur, Styrmir, Bergur ábóti u. dgl. sind, welche Sæmund citiren, während Ari selbst oft genug von Laienschriftstellern angeführt wird.

Anm. 8.

Ueber die Entstehungsgeschichte seines Isländerbüchleins giebt uns zunächst Ari selber in der Vorrede Aufschluss, welche er demselben vorgesetzt hat; er sagt nämlich (Íslendinga sögur, I, S. 3): „Íslendingabóc gørða ec fyrst byscopom órom, Þorláki oc Catli, oc sýndac bæði þeim oc Sæmundi presti. En með því at þeim licaði svá at hafa eða þar viðr auca, þá scrifaða ec þessa of et sama far, fyr útan ættartölo oc conúnga æfi, oc jócc því es mér varð síðan cunnara, oc nú es gerr sagt á þessi en á þeirri. En hvatki es missagt es í fræðom þessom, þá es scylt at hafa þat heldr, es sannara reynisc.“ Weitere Aufschlüsse geben sodann die oben, Anm. 2, mitgetheilten Vorreden zur Heimskringla und zur geschichtlichen Ólafs saga hins helga. Die letzteren zeigen zugleich, was auch durch zahlreiche Bezugnamen auf Ari in der Heimskringla sowohl als in anderen Quellen bestätigt wird, dass man im 13. Jahrhunderte auf Island auch noch mit der ursprünglichen Recension des Isländerbuches recht wohl bekannt war; ich erwähne nur der Flateyjarbók, I, S. 526, wo es (im Orms þáttr Stórólfssonar) heisst: „for Ormr þa heim a Storulfshuol, ok setti þar bu saman ok bio þar leingi eftir þat er hann hafde hefnnt Storolfs fodur sins eftir þui sem segir j Islendinga skra.“ Weder die Sturlúnga, die sonst wohl als Íslendinga saga bezeichnet wird, noch auch die Landnáma kann hier gemeint sein, denn die letztere berichtet nichts dergleichen von Ormur, und die erstere nennt nicht einmal seinen Namen; es muss also wohl die Íslendingabók in ihrer älteren Gestalt citirt werden wollen. Die Entstehungszeit des Werkes wird sich kaum mit voller Bestimmtheit feststellen lassen. Da ausdrücklich gesagt wird, dass dessen erste Recension für die Bischöfe Þorlák und Ketill geschrieben worden sei, muss deren Abfassung in die Jahre 1122—33 fallen, und hiezu stimmt auch recht wohl, dass die Geschichtserzählung nur bis zum Jahre 1120 herabgeführt wird, sowie dass in den angehängten Geschlechtstafeln der isländischen Bischöfe nicht nur Ketill († 1145), sondern auch Þorlákur († 1133) als noch auf ihrem Stuhle sitzend erwähnt werden. Anderntheils aber wird in cap. 10, S. 17 unseres Isländerbüchleins erwähnt, dass nach Bergþórr Hrafnsson das Gesetzsprecheramt an Guðmund Þorgeirsson gekommen, und von diesem 12 Jahre lang verwaltet worden sei, was nach Ari's eigener Zeitrechnung auf die Jahre 1123—34 hinweist (vergl. Jón Sigurðsson, im Safn til sögu Íslands og íslenzkra bókmenta, II, S. 23); man sollte also hiernach annehmen, dass die zweite Recension erst in den Jahren 1134—48 entstanden sei, wozu aber zumal jene Angabe in den angehängten bischöflichen Geschlechtsregistern wider nicht recht passen will. Vielleicht lassen sich indessen diese verschiedenen Daten durch die Annahme vereinigen, dass Ari die zweite Recension seines Werkes allerdings erst nach dem Jahre 1134 beendigt, aber in den Geschlechtsregistern darum Nichts verändert habe, weil er das Buch nach wie vor als ein zur Zeit der Bischöfe Þorlák und Ketill, auf ihren Wunsch und zu ihren Ehren geschriebenes betrachtet wissen wollte. Vergl. übrigens Werlauff, ang. O., S. 27—28, und Finn Magnússon, in Grönlands historiske Mindesmærker, I, S. 12—13, Anm. Auf die Ansichten älterer Schriftsteller, darunter selbst des Bischofes Finn Jónsson (Historia ecclesiastica Islandiae, I, S. 191), und neuerdings noch Rudolf Keyser's (Efterladte Skrifter, I, S. 439), nach welchen Ari's Arbeiten über die norwegische Königsgeschichte, dann über die ersten Einwanderer nach Island und deren nächste Nachkommen, als selbstständige Werke neben seinem Isländerbuche gestanden haben sollten, glaube ich nicht näher eingehen zu sollen; sie sind meines Erachtens durch Werlauff, S. 17—18 und S. 23—26, bereits vollkommen genügend widerlegt worden. — Bezüglich der Quellen Ari's bemerke ich Folgendes. In cap. 1, S. 4 der Íslendínga bók heisst es, nachdem zuvor erzählt worden war, dass König Ívarr Ragnarsson loðbrókar den englischen König Eadmund den Heiligen habe tödten lassen: „En þat vas DCCCLXX vetrom eptir burð Crists, at því es ritið es í sögo hans“; es ist damit wohl auf die Passio S. Edmundi hingewiesen, welche Abbo Floriacensis um das Jahr 980 schrieb, und welche bei Surius, Vit. S. S. 20. November, gedruckt steht. In cap. 7, S. 13 heisst es ferner: „En Ólafr Tryggvason fell et sama sumar at sögu Sæmundar prests“, womit doch wohl dessen Schriften in Bezug genommen sein wollen; aber natürlich ist damit, dass anderweitige Aufzeichnungen nicht angeführt werden, noch keineswegs die Möglichkeit ausgeschlossen, dass solche dennoch benützt worden seien, und mögen ausländische Quellen zumal bezüglich so mancher in cap. 10, S. 18 gemachten Angaben, inländische Geschlechtstafeln aber bei dem eigenen Stammbaume Ari's in cap. 12, S 19—20 und sonst gedient haben. Als Gewährsleute, auf deren mündliche Aussagen der Verfasser sich stützte, werden aber in dem uns erhaltenen Werke angeführt: Hallur Þórarinsson, bei welchem Ari selbst aufgezogen worden war, und Teitur Ísleifsson, welcher mit ihm im Haukadalur aufwuchs; ferner Bischof Gizurr, Teits Bruder, sowie die Gesetzsprecher Markus Skeggjason und Úlfheðinn Gunnarsson; ein Vatersbruder Ari's, Þorkell Gellisson, und Þuriður, eine Tochter des berühmten Snorri goði; endlich ein sonst nicht bekannter Hallur Órækjuson. Bezüglich der norwegischen Königsgeschichte nennt uns ferner die Vorrede zur Heimskringla und zur geschichtlichen Ólafs saga hins helga neben eben jenem Hallur Þórarinsson noch den Oddur Kollsson, während die Heimskringla, Ólafs saga hins helga, c. 189, S. 318, auch noch bei einer besonderen Gelegenheit die Verlässigkeit der von Ari auf mündlichem Wege eingezogenen Nachrichten zu rühmen weiss (es heisst hier: „þenna grein konungdóms hans ritaði fyrst Ari prestr Þorgilsson hinn Fróði, er bæði var sann-sögull, minnigr, oc sva gamall maðr, at hann mundi þá menn, oc hafði sögur af haft, er þeir voro sva gamlir, at fyrir alldrs sakir mátto muna þessi tíðindi, sva sem hann hefir sialfr sagt i sinom bókom, oc nefnda þá menn til, er hann hafði frœði af numit“; ebenso die geschichtliche Ólafs saga hins helga cap 175, S. 169). Endlich scheint die Flateyjarbók, I, S. 194, noch ein paar weitere Gewährsmänner Ari's anzugeben, wenn sie sagt: „þetta er sögnn Hallbiarnar hala hins fyrra ok Steingrims Þórarinssonar ok fræðgum Ara prestz froda Þorgilssonar.“ Dabei ist Hallbjörn offenbar derselbe Mann, von welchem der Þorleifs þáttur jarlaskálds (Flateyjarbók, I, S. 214—15) erzählt, wie er auf übernatürliche Weise zur Gabe der Dichtkunst gelangt sei, und durch seinen Beinamen geschieden von jenem späteren Hallbjörn, welcher als Hofdichter des Schwedenkönigs Knútur Eiríksson († 1195) und des norwegischen Königs Sverrir († 1202) genannt wird (Skáldatal, bei Möbius, Catalogus, S. 170 und 172), und welcher wohl mit jenem Hallbjörn hali Jónsson identisch sein mag, welchen die Sturlúnga, IX, cap. 20, S. 221, als mitthätig bei der Tödtung des Oddur Þórarinsson nennt (1255), kaum auch mit einem ebenda, II, cap. 1, S. 40, genannten Hallbjörn prestur, dem Sohne des im Jahre 1197 schon verstorbenen Jón Loptsson; den Steingrím dagegen vermag ich anderwärts nicht nachzuweisen. Für Ari's ganze Verfahrungsweise, und zumal auch für die umsichtige Pünktlichkeit, mit welcher er seinen Quellen nachgieng, ist aber zumal auch der Umstand bezeichnend, dass er oft genug auch noch die Gewährsleute seiner Gewährsleute mit Namen zu nennen sich gedrungen fühlt; Lieder dagegen, welche später so vielfach als Geschichtsquellen benützt werden, führt er nicht an, und die einzigen Verse, welche bei ihm vorkommen (cap. 7, S. 11) sind die Spottverse, welche Hjalti Skeggjason am Alldinge über die heidnischen Götter sprach, und wegen deren er als Gotteslästerer des Landes verwiesen wurde, also Verse, welche in die Geschichtserzählung selbst eingreifen, und nicht blos als Beleg für deren Wahrheit dienen sollen. — Was aber endlich die dem Ari fälschlich zugeschriebenen Werke betrifft, so ist zunächst zu erwähnen, dass eine der wichtigsten Hss. der Heimskringla, die zu Anfang des 14. Jahrhunderts geschriebene Frissbók, den Ari als den ursprünglichen Verfasser dieses Werkes bezeichnen zu wollen scheint, indem sie sagt: „her hefr upp konunga bok eptir saugn ara prestz froða“ (vergl. Heimskr. Ynglinga saga, cap 1, S. 5, Anm., sowie das Facsimile der Stelle in den Antiquités Russes, I, Taf. 5); da indessen dieselbe Hs. den gewöhnlichen Prolog voranschickt, in welchem die Schriften Ari's als eine der Quellen des Verfassers bezeichnet werden, so ist klar, dass jene Ueberschrift im Grunde etwas Anderes sagen will, als was sie sagt. Eine zu Anfang des 14. Jahrhunderts geschriebene Hs. der Gunnlaugs saga ormstúngu, nämlich nr. 18, 4to der kgl. Bibliothek zu Stockholm, will ferner diese Sage auf Ari zurückführen, sofern deren Ueberschrift lautet: „Saga þeirra Hrafns ok Gunnlaugs ormstungu, eptir því sem sagt hefir Ari prestr enn fródi, þorgilsson, er mestr fræðimaðr hefir verit á Íslandi á landnámssögur ok forna fræði“ (Islendinga sögur, II, 1847, S. 189; vergl. hinsichtlich der Hs. S. XXI—XXII); aber diese Hs. enthält einen stark interpolirten Text, und die nicht interpolirte Recension, welche freilich nur in einer Hs. des 15. Jahrhunderts erhalten ist, weiss von jenem Zusatze zum Titel der Sage Nichts. Die Sanct Olaffs Saga på Swenska Rim, welche von Hadorph im Jahre 1675 herausgegeben wurde, und nach G. E. Klemming in der zweiten Hälfte des 15. Jahrhunderts verfasst ist (siehe Möbius, Catalogus, S. 136—37), schreibt dem Ari, S. 78, die Abfassung der geschichtlichen Ólafs saga hins helga zu. Wider Andere wollen überdies auch noch die Heiðarvíga saga und die Laxdæla, die Eyrbyggja und die Vigaglúms saga, die Kristni saga, die Flateyjar Annálar, das Fundinn Noregr betitelte Stück u. dgl. m. auf ihn zurückführen, Alles ohne irgendwelchen ersichtlichen Grund; vergl. Werlauff, ang. O., S. 92—97. Nur soviel lässt sich mit ziemlicher Wahrscheinlichkeit behaupten, dass ein im Jahre 1143 verfasstes Verzeichniss isländischer Priester, welches man im Diplom. Island. I, S. 185—186 abgedruckt findet, von seiner Hand herrühre; ob aber auch die computistischen Stücke, welche in derselben Hs., aber von einer anderen und ungleich älteren Hand geschrieben stehen, möchte ich weder bejahen noch verneinen. Vergl. Jón Sigurðsson, im Diplom. Island. I, S. 180—185. Im Uebrigen verweise ich neben Werlauff's bereits angeführter Schrift noch auf Klempin's Abhandlung: „De criteriis ad scripta historica Islandorum examinandis“, Berlin, 1845, welche sich vorzugsweise, wenn auch nicht ausschliesslich, mit Ari beschäftigt.

Anm. 9.

Die Quellenstellen, welche über Eiríkur Oddsson und sein Geschichtswerk Aufschluss geben, sind folgende: Sigurðar saga slembidjákns, cap. 5, S. 359 (F. M. S. VII; nach der Morkinskinna): „Nu er at segja frá sonum Haralds konúngs, Inga oc Sigurði, sem sagt hefir vitr maðr oc scynsamr, Eiríkr Oddsson, oc er þessi frásögn mest eptir sögo Hácouar maga, lens manns; hann sat yfir, oc sagði frá þessom tíðindom, er ritat var fyrsta sinne; en hann sjálfr oc synir hans voro í þessom ferðom oc í flestom orrostom; voro honom þeir menn kunnir, er her ero nefndir, hefir sá oc er ritaði sögona fleiri sannorða menn nefnda til þessar fræsagnar.“ (Wesentlich ebenso in der Heimskringla, af Sigurði, Inga oc Eysteini, cap. 4, S. 333—34). Ferner Inga saga Haraldssonar, cap. 12, S. 226, (F. M. S. VII; nach A. M. 66, fol., unter Vergleichung der Hrokkinskinna, welche indessen die letzten Sätze weglässt): „Hallr son þorgeirs læknis Steinarssonar var hirðmaðr Inga konúngs, ok viðstaddr þessi tíðindi; hann sagði Eiríki Oddssyni fyrir, er hann ritaði þessa frásögn. Eiríkr ritaði bók þá sem kölluð er Hryggjarstykki. Í þeirri bók segir frá Haraldi gilla ok sonum hans, ok frá Magnúsi blinda ok Sigurði slembi allt til dauða þeirra. Eiríkr var vitr maðr, ok var þenna tíma lengum í Noregi. Suma frásögn ritaði hann eptir fyrirsögn Hákonar maga, lends manns þeirra Haraldssona. Hákon ok synir hans voru í öllum þessum deilum ok ráðagerðum. Enn nefnir Eiríkr fleiri menn, er honum sögðu frá þessum tíðindum vitrir ok sannorðir, ok voru nær, svá at þeir heyrðu eðr sá atburðina, en sumt ritaði hann eptir sjálfs sins heyrn eðr sýn.“ (Gleichlautend die Heimskr., cap. 11, S. 347—48.) Vergl. sodann noch die Inga saga, cap. 8, S. 218: „Svá sagði Eiríkr Oddsson, er fyrsta sinn ritaði þessa sögu, at hann heyrði í Björgyn Einar Pálsson segja frá þessum atburðum“ (dazu die Heimskr., cap. 7, S. 341); — die Inga saga, cap. 11, S. 224: „Svá sagði Guðríðr Birgisdóttir, systir Jóns erkibiskups, Eiríki Oddssyni, en hon lézt þat heyra mæla Ívar biskup“ (dazu die Heimskr., cap. 10, S. 346); — endlich die Inga saga, cap. 13, S. 228: „Svá sagði Eiríki Ketill prófastr, er varðveitti Maríukirkju, at Sigurðr væri þar grafinn“ (vgl. die Heimskr., cap. 12, S. 349—350). Die Nachricht aber über die von König Sverrir veranlasste Geschichtschreibung steht in der Inga saga, cap. 29, S. 251: „Símon skálpr var þit mesta úþokkaðr af þessu verki allri alþýðu; en sumir menn segja, at þá er Eysteinn konúngr var handtekinn, at Símon sendi menn til Inga konúngs, en Ingi konúngr bað Eystein eigi koma í augsýn sér. Svá hefir Sverrir konúngr rita látið“ (ebenso die Heimskr., cap. 32, S. 376—77). — Die von Munch, ang. O., II, S. 1040—41, ausgesprochene Vermuthung, dass das Hryggjarstykki nur bis zum Jahre 1139 gereicht habe, die Fortsetzung der Inga saga aber auf einer anderen Grundlage beruhe als auf Eiriks Werk, scheint mir durch Nichts begründet: vielmehr glaube ich mit Þormóður Torfason (Prolegomena zu seiner Historia rerum Norvegicarum, I, fol. B. 2, sowie Series Dynastarum et Regum Daniæ, S. 44) annehmen zu sollen, dass Eiríkur seine Geschichte nicht nur bis zum Tode des Magnús blindi und Sigurður slembi, sondern auch bis zu dem der sammtlichen Haraldssöhne herabgeführt habe, deren letzter erst im Jahre 1161 starb. Die Art, wie von seinen Gewährsleuten gesprochen wird, scheint überdies darauf hinzudeuten, dass derselbe erst geraume Zeit nach einem guten Theile der Ereignisse geschrieben habe, die er behandelt; ist aber diese Voraussetzung richtig, so konnte in der That die Abfassung seines Werkes ganz wohl in K. Sverris Regierungszeit fallen, und es würde hiezu recht wohl stimmen, dass der unter Sverrir schreibende Mönch Theodorich desselben nicht gedenkt, während er doch, seine eigene Geschichtserzählung mit der Ankunft des Haraldur gilli in Norwegen und dem Tode des Königs Sigurður Jórsalafari beschliessend, auf das Vorhandensein eines Werkes über die nächste Folgezeit aller Wahrscheinlichkeit nach hingewiesen haben würde, wenn ein solches zu seiner Zeit bereits geschrieben und ihm bekannt gewesen wäre. Dagegen bin ich mit Munch vollkommen einverstanden, wenn derselbe, ang. O., S. 1041, Anm. 1, darauf aufmerksam macht, dass zumal die Morkinskinna Eiriks Werk fast unverändert in sich aufgenommen zu haben scheine. Wirklich erzählt die Morkinskinna Vorfälle, von denen die anderen Sagensammlungen angeben, dass sie dem Eirik von dieser oder jener Person mitgetheilt worden seien, theils ohne jede derartige Bemerkung, theils mit dem blossen Beifügen, dass die betreffende Person so erzählt habe, ohne dass dabei gesagt wäre wem. Vergl. z. B. die Morkinskinna in F. M. S. VII, cap. 7, S. 316: „En er Einarr com heim, gaf hann vercmanni til tveggja aura gulls, oc létzc ávalt scyldo vera vinr hans“, mit der Inga saga, cap. 8, S. 218: „En er Einarr kom heim, þá gaf hann verkmanninum fé til tveggja aura gulls, ok þakkaði honum sitt tilverki, oc lézt skyldu vera vinr hans jafnan síðan. Svá sagði Eiríkr Oddsson“ u. s. w. (siehe oben); oder F. M. S. VII, cap. 9, S. 351: „Svá sagði Gyriðr húsfreyja Birgisdóttir, systir Jónas erchibiscops, at hon“, u. s. w., mit der Inga saga, cap. 11, S. 224 (siehe oben); endlich F. M. S. VII, cap. 10, S. 354: „Svá sagði Ketill prófastr, er varðveitti Maríu-kirkjo, at Sigurðr veri þar grafinn“, mit der Inga saga, cap. 13, S. 228 (siehe oben). Hin und wieder nimmt überdiess der Vortrag in jener Hs. eine so ursprüngliche Färbung an, dass man wirklich die eigenen Worte Eiriks zu lesen meint, während die übrigen Recensionen demselben eine andere und farblosere Wendung gegeben haben. Vgl. z. B. die Morkinskinna, ang. O., cap. 10, S. 353: „Eigi beði oc fire þvi fara orða hans getit, at eigi hafa ec mart heyrt kent honom, at hann hafi mælt við þá; en Hallr hefir svá sagt, at hann mælti fatt, oc svaraði fám einom mönnom, þótt orðom yrði á hann, oc svá segir hann“, u. s. w., mit der Inga saga, cap. 13, S. 227, welche die erste Hälfte der Stelle ganz weglässt, und die zweite einfach so giebt: „Svá sagði Hallr at hann mælti fátt, ok svaraði fám orðum, þótt orða væri yrkt á hann; svá ok þat“, u. s. w. — Der Name Hryggjarstykki endlich lässt, um dies noch zu bemerken, eine doppelte Deutung zu. Einmal nämlich kommt das Wort in der Snorra-Edda, II, S. 488, unter den fugla heiti vor, und man könnte demnach allenfalls, mit Munch, ang. O., II, S. 1040, Anm. 1, vermuthen, dass das Werk, ähnlich wie die Drontheimer Grágás, nach dem Vogel benannt wäre. Andererseits aber kann man auch, wie dies schon Þormóður Torfason (Historia rerum Norvegicarum, I, Prolegomena, fol. B, 2) angedeutet, und Jón Sigurðsson (bei Möbius, Catalogus, S. 113—114) neuerdings wieder ausgesprochen hat, annehmen dass die Bezeichnung erst zu einer Zeit aufgekommen sei, da bereits auch die Sverris saga u. dgl. m. niedergeschrieben war, und dass dieselbe gegenüber diesen Geschichten späterer Könige auf der einen, und gegenüber dem Werke Ari's oder auch den Lebensbeschreibungen der beiden Olafe auf der anderen Seite Eiriks Schrift als das Mittelstück charakterisiren wollte. Die letztere Deutung scheint mir entschieden die bessere.

Anm. 10.

Ueber die Entstehung der **Sverris saga** geben vor Allem zwei Prologe Aufschluss, welche sich derselben vorgesetzt finden. Der **ältere und kürzere Prolog**, wie ihn A. M. 327, 4to, die Skálholtsbók (A. M. 81, A) und der Eyrspennill (A. M. 47, fol.) übereinstimmend enthalten, lautet vollständig (F. M. S. VIII, S. 5—6) folgendermassen: „*Hér hefr upp ok segir frá þeim tíðindum, er nú hafa verit um hríð, ok í þeirra manna minnum, er fyrir þessi bók hafa sagt; en þat er at segja frá Sverri konúngi, syni Sigurðar konúngs Haralds sonar; ok er þat upphaf bókarinnar, er ritat er eptir þeirri bók, er fyrst ritaði Karl ábóti Jónsson, en yfirsat sjálfr Sverrir konúngr, ok réð fyrir hvat rita skyldi; er sú frásögn eigi lángt framkomin. Þar er sagt frá nokkorum hans orrostum, ok svá sem á líðr bókina, vex hans styrkr; ok segir sá hinn sami styrkr fyrir hina meiri hluti; kölluðu þeir þann hlut bókar fyrir því Grýlu. Hinn síðarri hlutr bókar er ritaðr eptir þeirra manna frásögn, er minni höfðu til, svá at þeir sjálfir höfðu sét ok heyrt þessi tíðindi, ok þeir menn sumir höfðu verit í orrostum með Sverri konúngi. Sum þessi tíðindi voru svá í minni fest, at menn rituðu þegar eptir er nýorðin voru, ok hafa þau ekki breyzt síðan. En vera kann þat, ef þeir menn sjá þessa bók, er allkunnigt er um, at þeim þikki skyndiliga yfirfarit í mörgum stöðum, ok mart þat eptirliggja, er frásagnar myndi vert þikkja, oc megu þeir þat enn vel láta rita, ef þeir vilja. Enn þótt sumir hlutir sé hér annan veg sagðir, en mest líkindi myndi á þikkja í orrostum fyrir fjölmennis sakir, þá vitu þó allir sannindi til, at þetta er ekki aukit; ok þikkir oss at líkara, at þær sagnir muni vera við sannindum, er á bókum eru sagðar frá ágætismönnum þeim, er verit hafa í forneskju.*" Der **jüngere und längere Prolog** dagegen, welchen lediglich die Flateyjarbók, II, S. 533—34, enthält, lautet in seinen hieher gehörigen Stellen wie folgt: „Her hefr vpp at segia fra þeim tidendum er giorst hafa í þeirra manna minnum sialfra er þessa bok hafa i fyrstu saman sett ok eftir þeirri bok er ritadi Karl aboti Jonsson med fullu vitordi sialfs Suerris konungs ok hann fyrir sagdi hue rita skylldi edr huerninig setia skylldi. enn eftir þeirri bok skrifadi Styrmir prestr hinn frodi. enn þessa Suerris sogu ritadi þar eftir þeirri bok Magnus prestr Þorhallzsun. ma þui eigi þetta maal i munni gengit hafa. er ok ei likt huart sannligri eru þessar sogur er sva er til komin rykeamliga edr hinar adrar er ymisligir menn hafa fyrir sagt ok haft þo ecki til nema sogu sogn eina ok mega þo sannar vera." Und wieder: „Þat er vpphaf sogu Suerris konungs at segir nockut af hans orrostum. enn sua sem aa lidr bokina vex styrkr hans ok maa sua kalla at þat væri fyrirbodan hinna meiri luta er sidar komu fram vm hans hagi eftir guds forsio. kolludu menn þui enn fyrra lut bokarinnar gryla, at margir menn toludu at þa efnadis nockurr otti edr hrædsla", u. s. w. „Enn hinn sidarra lut bokarinnar kalla menn perfectam fortitudinem, huat er reikna ma algiorfann styrkleik", u. s. w. Ich bemerke nun hiezu zunächst, dass séra Magnús Þorhallsson einer der beiden Schreiber der Flateyjarbók ist (siehe die Eingangsworte der Hs., voran im ersten Bande der norwegischen Ausgabe), also wie die ganze Haltung dieser Hs. zeigt, wesentlich nur ein Abschreiber, nicht ein selbstständiger Ueberarbeiter der ihm vorliegenden Stücke; so stimmt denn auch seine Sverrissaga mit wenigen und höchst unbedeutenden Abweichungen vollkommen mit dem Texte derselben überein, wie ihn die Skálholtsbók und A. M. 327 (Eyrspennill ist sehr abgekürzt), dann eine lange Reihe von Membranfragmenten enthalten, und auch der Prolog, welchen er seiner Abschrift dieser Saga voranstellte, ist offenbar nur eine amplificirende Ueberarbeitung jenes älteren und kürzeren Prologes der übrigen Hss. Nun sagt uns séra Magnús selber, dass die Vorlage, nach welcher er schrieb, von Styrmir herrührte; aber war Styrmir selber als Verfasser, oder aber gleichfalls wider nur als Abschreiber thätig gewesen, als er diese Vorlage herstellte? Vielleicht das letztere, vielleicht aber auch keines von beiden, vielmehr ein drittes. Es kann längst als festgestellt gelten, dass Karl Jónsson im Jahre 1169 Abt zu þingeyrar wurde, im Jahre 1181 seine Würde niederlegte, und im Jahre 1185 nach Norwegen hinüberreiste (Íslenzkir Annálar, a. 1169; Guðmundar biskups saga, cap. 6, S. 417; cap 12, S. 429, welche beide Stellen auch in der Sturlúnga, III, cap 1, S. 115 und cap 8, S 124 widerkehren; die Niderlegung der Würde im Jahre 1181 ist daraus zu entnemen, dass die Annalen in diesem Jahre den Kari Runólfsson weihen lassen, seinen Nachfolger); dass derselbe im Jahre 1187 wider in Island zurück war, lässt sich kaum beweisen (die Annalen, die Guðmundar saga, cap. 15, S. 432, und die Sturlúnga, III, cap 6, S. 127, lassen den Abt Kári in diesem Jahre sterben, und Munch, III, S. 395, Anm. 3, hat bereits bemerkt, dass Bischof Finnur Jónsson, Historia ecclesiastica, IV, S. 31, wohl nur hierauf seine Angabe gebaut habe, dass in demselben Jahre Karl zum zweitenmale Abt geworden sei, eine Angabe, welche dann von der Vorrede zur Folioausgabe der Sverris saga von Werlauff und Birgir Thorlacius, S. VII–VIII, von P. E. Müller, Sagabibliothek, III, S. 420, Jón Sigurðsson, Diplom. Island., I, 305, Rudolf Keyser, Efterladte Skrifter, I, S 449–50, u. dgl. m. einfach widerholt wurde), doch ist soviel gewiss, dass er im Jahre 1190 wider dem Kloster þingeyrar als Abt vorstand (Guðmundar saga, cap 35, S. 465; Sturlúnga, III, cap. 36, S 191), dass er längstens im Jahre 1207 diese Würde zum zweitenmale niederlegte (in diesem Jahre nämlich lassen die Annalen seinen Nachfolger, þórarinn Sveinsson, als Abt weihen), endlich dass er im Jahre 1212 starb (so die Annalen, sowie die Guðmundar saga, cap 64, S 503; es ist demnach ein Irrthum, wenn die letztere bereits cap. 18, S. 136 denselben sterben lasst, also im Jahre 1189 oder 1190). Es hat aber Abt Karl den ersten Theil der Sverris saga während seines Aufenthaltes in Norwegen, also kurz nach dem Jahre 1185, geschrieben; dieser Theil derselben beruhte wesentlich auf des Königs eigenen Erzählungen, und entstand unter seinen Augen und seiner Leitung, ob derselbe aber, wie P. E. Müller, S. 421, annimmt, nur bis zum Jahre 1179 (cap. 43 der Sage), oder wie die Vorrede zur Folioausgabe, S. VII, bis zum Jahre 1184 (cap. 100), oder wie Munch, III, S. 895 bis zum Jahre 1189 (cap. 109 oder 110) gereicht habe, lässt sich nicht mit Sicherheit bestimmen. Der zweite Theil der Sage dagegen wurde nicht mehr unter den Augen K. Sverris, aber doch ebenfalls auf Grund mündlicher Berichte oder schriftlicher Aufzeichnungen von Augenzeugen abgefasst; von wem, wird nicht ausdrücklich gesagt, und man hat darum theils einen unbekannten Schriftsteller (so die Vorrede zur Folioausgabe, S. VII), theils, auf Grund einer beiläufigen Notiz in einer einzelnen Hs., den Gizurr Hallsson († 1206) für den Verfasser dieses zweiten Theiles halten wollen (so Finn Magnússon im Vorworte zur F.M.S. VIII, S XXX–XXXIV, und Grönlands historiske Mindesmærker, II, S. 228; die volle Unstichhaltigkeit der Hypothese ist übrigens durch Munch, III, S. 1039, Anm. 4, und N. M. Petersen, in den Annaler for Nordisk Oldkyndighed, 1861, S. 261–62, genugsam dargethan), theils aber annemen zu sollen geglaubt, dass Styrmir diesen Theil verfasst habe (so P. E. Müller, S. 423; Munch, III, S. 396 und 1039; N. M. Petersen in den Annaler for Nordisk Oldkyndighed, 1861, S. 260; Rudolf Keyser, S. 440 und 460–61). Mir will dagegen scheinen, als ob die Prologe ziemlich deutlich den Abt Karl als den Verfasser auch des zweiten Theiles der Sverris saga bezeichneten, und die Scheidung beider Theile nur darein legten, dass der zweite anders als der erste nicht mehr unter persönlicher Mitwirkung K. Sverris und in seiner nächsten Nähe verfasst sei; die durchaus gleichartige Haltung der Darstellung in der ganzen Sage spricht sicherlich für diese Anname, und jedenfalls steht deren knappe, lebendige, vielfach geradezu dramatische Färbung viel zu weit von der geschwätzigen, schwülstigen, durch und durch legendenmässigen Schreibweise ab, welche alle anderen uns bekannten Werke Styrmis zeigen, als dass wir ihm irgend welchen Antheil an der Abfassung der Sage beilegen dürften. Insoweit also wäre ich nicht abgeneigt, was denn auch die Worte des längeren Prologes recht wohl zulassen, mit der Vorrede zur Folioausgabe, S. VII, den Styrmir lediglich als Abschreiber einer älteren Vorlage zu betrachten, womit natürlich keineswegs ausgeschlossen wäre, dass etwa einzelne kleine Zusätze, wie z. B. einzelne lediglich in der Flateyjarbók sich findende Sätze in cap. 56, S. 141 (Anm. 3: „Ìá er orrosta var sem ákófust ok menn þóttust eigi vita hve buiga mundi, gekk Sverrir konúngr fram á hljur, ok hélt höndum til himna, ok sanng sequenciuna Alma chorus Dei, til enda, ok hlífði sér ekki á meðan"), oder in cap. 97, S. 237 (Anm. 10: „geymi guð hans sálu"; ich citire beidemale, der leichteren Vergleichung mit den übrigen Texten wegen, nach F M.S. VIII), oder wider in cap. 182, S. 448, Anm. 4, wo nur diese Recension den Inhalt der Verse auf K. Sverris Grab angiebt, durch ihn beigefügt worden sein könnten. Eine längere Stelle zumal in cap. 181, S. 447, Anm. 8, in welcher die Persönlichkeit K. Sverris mit der seines angeblichen Vaters, des Königs Sigurðar munnur, verglichen wird, erinnert ganz auffällig an den Styl Styrmis (vergl. z. B. dessen Auslassungen über die Persönlichkeit des heiligen Olafs, in der Flateyjarbók, III, S. 247), und da gerade diese Stelle, wie mir Guðbrandur Vigfússon freundlichst mittheilt, ausser in der Flateyjarbók auch noch in einem um die Mitte des 14. Jahrhunderts, also vor dieser letzteren geschriebenen, von den bisherigen Herausgebern der Sverris saga aber nicht benützten Membranfragmente sich findet, kann sie wenigstens unmöglich erst von séra Magnús Þorhallsson herrühren, muss sie vielmehr seiner Vorlage, also der Recension Styrmis, schon angehört haben. Auch der ältere Prolog, welcher freilich auch in den übrigen Texten sich findet und in der Flateyjarbók nur überarbeitet steht, mag von Styrmir, und kann jedenfalls nicht schon vom Abte Karl herrühren, u. dgl. m. Anderntheils deutet aber Manches darauf hin, dass Abt Karl sein Werk in lateinischer Sprache geschrieben haben könnte: bereits Munch, III, S. 51, Anm. 2, hat hierauf aufmerksam gemacht, und betont, dass auch Karls Klosterbrüder, Oddur und Gunnlaugur, in lateinischer Sprache schrieben, und dass in der Sverrissaga des K. Sverris Vater oder Pflegevater Unas genannt werde, während doch die Nordische Namensform, wie sie die Isländer und Færinger bis auf den heutigen Tag herab festhalten, Uni lautet, — ebendahin deutet der Titel des zweiten Theiles der Sage: perfecta fortitudo, u. dgl. m. Wollte man auf solche Anhaltspunkte Gewicht legen, so möchte man allerdings, wie Munch dies andeutet, den Styrmir nicht als blossen Abschreiber, sondern als Uebersetzer des von Karl verfassten Werkes betrachten. Indessen sind doch jene Spuren einer ursprünglichen lateinischen Abfassung nur sehr dürftige, — dem lateinischen Titel der zweiten Hälfte des Werkes steht der durchaus volksthümliche der ersten Hälfte gegenüber, welcher von der Grýla, dem Kinderpopanze der Isländer, hergenommen ist (vergl. Jón Árnason, Íslenzkar þjóðsögur og æfintýri, I, S. 218—21, sowie meine Isländischen Volkssagen, S. 54), — endlich möchte ich auch die isländische Diction der Sverris saga für zu gut halten, als dass sie von Styrmir, und sei es auch als Uebersetzer, herrühren könnte; ich möchte demnach Alles in Allem genommen eher für als gegen die Annahme mich aussprechen, dass Abt Karl in einheimischer Sprache geschrieben habe.

Anm. 11.

Wir wissen, dass Bischof Jón Ögmundarson († 1121) auf Island den Gebrauch der altheidnischen Namen der Wochentage verbot (Jóns biskups saga, I, cap. 13, S. 166, und II, cap. 24, S. 237), und dass von da ab auf der Insel die kirchliche Bezeichnung der Tage üblich wurde, wenn es auch nicht gelang deren frühere Benennungsweise daselbst völlig auszurotten. Umgekehrt wissen wir auch, dass in Norwegen die heidnischen Tagnamen unangefochten blieben, und, wenn man hiernach zwar aus ihrem Gebrauche in einem Schriftstücke nicht ohne Weiters auf dessen norwegischen Ursprung schliessen darf, so scheint doch umgekehrt der Gebrauch der kirchlichen Tagbezeichnungen in einem solchen ziemlich entscheidend für dessen Herkunft aus Island (vergl. hierüber Jón Þorkelsson, im Safn til sögu Islands, I, S. 163—165). Nun braucht die Hákonar saga herðibreiðs gelegentlich die Ausdrücke drottinsdagur, þriðjudagur, miðvikudagur, föstudagur (cap. 26—27, S. 286—87, F. M. S. VII), und die Magnúss saga Erlingssonar die Bezeichnungen þriðjudagur, miðvikudagur (cap. 16, S. 310, ebenda; freilich auch Týrsdagur, cap. 4, S. 295): doch möchte ich auf diesen Umstand für sich allein nicht viel Gewicht legen, da die Heimskringla in den einschlägigen Stellen (af Magnúsi Erlingssyni, cap. 5—6, S. 416—17, dann cap. 12, S. 424, und cap. 25, S. 440) die Ausdrücke sunnudagur, Týrsdagur, Óðinsdagur, Frjádagur, und wider Týrsdagur, Óðinsdagur setzt, und somit immerhin die Möglichkeit verbleibt, dass etwa die norwegischen Bezeichnungen die ursprünglichen, die isländischen dagegen erst von späteren Ueberarbeitern, oder gar nur Abschreibern beider Sagen in diese eingestellt worden seien. Um so entscheidender wollen mir aber die Worte vorkommen, welche die Hákonar s. herðibreiðs, cap. 9, S. 254 (Heimskr. cap. 3, S. 890), den Gregorius Dagsson nach einem Gefechte zu dem Isländer Hallur Auðunarson sprechen lasst: „margir menn þykkja mer mjúkari í orrostum en þer Íslendingar, þvíat þer eruð óvanari en ver Noregs menn, en eingir þykkja mer vápndjarfari en þer", sowie die Bemerkung in cap. 15, S. 273, über denselben Gregorius: „En þat var almæli, at hann væri höfuð lendra manna í Noregi, í þeirra manna minnum, er þá vóru uppi, ok verit bezt við Íslendinga, síðan Eysteinn konúngr Magnússon andaðist." Beides hätte sicherlich kein norwegischer Verfasser aufzuzeichnen der Mühe werth gefunden, und es braucht demnach darauf nicht einmal Gewicht gelegt zu werden, dass die Heimskr., cap. 14, S. 896, an der letzteren Stelle geradezu liest: „við oss Íslendinga." Nicht möchte ich mich dagegen, so entscheidend sie auch scheinen möchte, auf die Ausdrucksweise in der Magnúss saga Erlingssonar, cap. 24, S. 317, berufen (Heimskr., cap. 33, S. 448—49): „þar fell Ari Þorgeirsson, faðir Guðmundar biskups." Allerdings nämlich konnte nur ein Isländer sich veranlasst sehen, unter allen in dem Gefechte Gefallenen und Verwundeten gerade nur den einzigen Ari zu nennen, ganz wie nur ein Isländer sich damit begnügen konnte, dessen Vater einfach als Bischof Guðmund zu bezeichnen, ohne dessen isländischen Bischofssitz beizufügen; aber gerade der letztere Punkt macht in chronologischer Beziehung eine nicht zu beseitigende Schwierigkeit. Wenn nämlich an unserer Stelle die sämmtlichen uns erhaltenen Hss der Magnúss saga Erlingssonar den Ari als den Vater des Bischofs Guðmundur bezeichnen, welcher letztere doch erst im Jahre 1203 sein Bisthum überkam, so scheint damit erwiesen zu sein, dass diese Sage wenigstens nicht vor dem angegebenen Jahre entstanden sein könne. Ueberdiess weiss die Fagurskinna, §. 276, S. 184, deren Bericht doch im Uebrigen mit dem der Heimskringla und der übrigen späteren Bearbeitungen aus einer gemeinsamen Quelle geflossen ist, Nichts von Ari's Tod zu berichten, wogegen dieser ausführlich und unter Bezugname auf einen namentlich genannten Gewährsmann in der Guðmundar biskups saga, I, cap. 4, S. 413—14, und in der Sturlúnga, II, cap. 40, S. 111—12, besprochen wird: Grund genug für die Annahme, dass hier eine der Magnúss s. Erlingssonar ursprünglich fremde Notiz vorliege, welche erst hinterher aus jenen anderen Quellen in diese herübergenommen worden sei (vergl unten, Anm 29). Sonst hebe ich hinsichtlich der Entstehungszeit beider Sagen noch hervor, dass in der Sverris saga, cap. 112, S. 270, Anm 6, die unter dem Namen des Eyrspennill bekannte Hs., und mit ihr übereinstimmend ein älteres Membranfragment (vgl. S. XXI, F. M. S. VIII) mit den Worten: „um sakeyri, sem fyrr er ritat", auf die Magnúss saga Erlingssonar, cap. 6, S. 299—300 verweist, woselbst der in Bezug genommene Vorgang erzählt wird. Freilich giebt gerade der Eyrspennill die Sverris saga nur im Auszuge, und schickt ihr unter anderen Königssagen auch die Magnúss saga voraus, so dass sich wohl annehmen lässt, dass die in den übrigen Hss. fehlende Verweisung eben nur von dem Epitomator beigefügt sei; indessen gedenken doch auch jene anderen Hss. des betreffenden Vorganges in einer Weise, welche voraussetzt, dass er dem Leser von anderswoher bereits bekannt sei (vgl. die Flateyjarbók, II, S. 633). Erheblicher noch ist, dass in der Sverris saga, cap. 48, S. 106, mit den Worten: „svá sem fyrr var ritat um þau skipti, er jarlinn átti við frændi", auf Vorfälle hingedeutet wird, welche dieselbe Magnúss saga, cap. 16—17, S. 309—12, und öfter erzählt; hier fehlt nämlich umgekehrt die Verweisung zwar im Eyrspennill, aber alle anderen Hss. geben dieselbe, und darunter insbesondere auch die Flateyjarbók, II, S. 572 (sie lautet hier: „vndir þrændi, þuiat þeir hofdu alla stund verit litt vingadir Erlingi jarli sem segir i þeirra vidskiptum"), eine Hs. also, welche doch die Magnúss saga gar nicht enthält, und bei welcher somit jede Möglichkeit wegfällt, dass die Verweisung von einem Abschreiber beigefügt sein könnte. Schlüsse aus der gesammten Art und Haltung der Darstellung entziehen sich der Natur der Sache nach einer strengen Beweisführung; dagegen bemerke ich, dass auch Rudolf Keyser, S. 450, die beiden Sagen auf K. Sverris Geheiss aufgezeichnet werden lässt, nur dass er, worauf im Ganzen wenig ankommt, geringere Ausdehnung des Hryggjarstykki vermuthet, und somit auch noch einen guten Theil der Inga saga dem unbekannten Verfasser jener zuweisen zu sollen glaubt.

Anm. 12.

Schon die Vorrede zur Folioausgabe der Sverris saga, S. XI—XIV, hat darauf aufmerksam gemacht, wie ganz abgesehen von dem in den Prologen Bemerkten auch im Texte dieser Sage oft genug auf mündliche Aussagen, z. Th. des Königs Sverrir selbst, Bezug genommen werde, und wie andererseits auch wohl eine Benützung von Urkunden und sonstigen Denkmälern sich hin und wider zu erkennen gebe, während Gedichte, auf welche in anderen Quellen ein so hoher Werth gelegt werde, hier nur sehr vereinzelt eingeflochten seien; nur auf den letzteren Punkt glaube ich hier noch näher eingehen zu sollen, und zwar aus Gründen, die später noch erhellen werden. Ich finde in der Sverris saga ein paar Mal ältere Verse angeführt, welche K. Sverrir in Standreden an seine Leute in Bezug genommen hatte (cap. 47, S. 116 und 118; cap. 164, S. 409, wo der zweite angeführte Vers den Fáfnismál entnommen ist); ein andermal werden Spottverse mitgetheilt, welche von den verschiedenen Partheien im Lande auf einander gedichtet wurden (cap. 151, S. 363—64), oder Gelegenheitsverse, welche von namentlich genannten Männern bei diesem oder jenem Anlasse gesprochen worden waren (so von Hallur skáld Snorrason, cap. 63, S. 165—66; Bjarni skáld Kálfsson, cap. 68, S. 172; Máni skáld, cap. 85, S. 206—8; Nefari, cap. 105, S. 253—54; Blakkur skáld, cap. 106, S. 256—58, und cap. 116, S. 276—77). Aber diese wie jene Verse gehören zur Geschichtserzählung, oder bilden doch nur einen unwesentlichen Schmuck derselben, und sind ihr nicht als blose Belege beigegeben: ein einziges Mal nur wird eine Strophe in einer Weise angeführt, die allenfalls im letzteren Sinne gedeutet werden könnte (cap. 44, S. 110). Ganz ähnlich steht die Sache auch bezüglich der Hákonar saga herðibreiðs und der Magnúss saga Erlingssonar. Neben einer wie es scheint volksmässigen Weise (Hákonar saga, cap. 13, S. 284; Heimskr., Magnúss saga, cap. 3, S. 413—14) wird einmal Einarr Skúlason angeführt (Hákonar saga, cap. 11, S. 266—67, Heimskr., cap. 11, S. 392) und zweimal Þorbjörn Skakkaskáld (Hákonar saga, cap. 23, S. 284, und Magnúss saga, cap. 12, S. 303—304; Heimskr., Magnúss saga, cap. 3, S. 414, und cap. 20, S. 433); indessen hat die Anführung der Verse in allen diesen Fällen keinen ernsthaften Zweck, vielmehr bilden dieselben nur einen überflüssigen Schmuck der Erzählung, und es mag sein, dass sie erst hinterher in diese eingeschoben wurden. Wir haben ja beide Sagen nur in späteren Sagensammlungen erhalten, die selbst deren Abgrenzung mehrfach verändert haben; die Inga saga reicht nicht bis zum Tode des Königs Ingi, bis zu welchem doch nach unserer Annahme das Hryggjarstykki gereicht hatte, und ein Theil dieses letzteren muss hiernach wohl noch dem Anfange der Hákonar saga zu Grunde liegen, — die Abgränzung aber der Hákonar saga und der Magnúss saga ist eine völlig andere in der Heimskringla als in unseren übrigen Sagensammlungen, so dass auch in dieser Beziehung eine Ueberarbeitung des ursprünglichen Textes unverkennbar vorliegt. In Folge der heillos unkritischen Art, wie bei der Herausgabe der Fornmannasögur verfahren wurde, lässt sich freilich aus ihrem Texte nicht mit Sicherheit constatiren, was jede einzelne Sagensammlung enthalte oder nicht;

doch lässt sich wenigstens in einzelnen Fällen annähernd feststellen, welchen Gang die allmälige Erweiterung und Ausschmückung des ursprünglichen und einfacheren Textes genommen habe. Ich werde auf diesen Punkt zurückkommen.

Anm. 13.

Die eine Bearbeitung der Ólafs saga Tryggvasonar des Oddr liegt, bis auf 5 fehlende Blätter vollständig, in A. M. 310, 4to vor, und ist im Bd. X. der Fornmannasögur gedruckt (1835), nachdem schon vorher Peringskjöld einen, sehr schlechten, Abdruck derselben veranstaltet hatte (1691); — die zweite, in nr. 20 in 4to fasc 2 der königl. Bibliothek zu Stockholm enthalten, wurde im Jahre 1853 von Munch herausgegeben; — endlich die dritte, in nr. 4—7, fol. der Delagardie'schen Sammlung in Upsala aufbewahrt, aber nur bruchstückweise erhalten, wurde zuerst von Olaus Verelius (1665), und dann neuerdings zugleich mit der vorigen von Munch veröffentlicht. Die letztgenannte Hs nun schliesst, bei Munch, S. 71, mit den Worten: „Her lykr nu sogu Olafs konongs er at retto ma kallast postoli Norðmanna. þessa sogu ritaði oc setti Oddr munkr til dyrðar þessom hinom agæta konongi oc til minnis þeim monnom er siðar ero oc til froðleiks þeim monnum er vita vilia slik stormerki. þo at eigi se sagan samansett með mikilli malsnilld." Die beiden anderen Hss. geben dieselbe Nachricht mit wenig anderen Worten; es heisst nämlich bei Munch, S. 63: „Ok þrytr sogvna Olafs konongs er at ræfnno ma kallaz postoli Norð.manna ok dictaðe Oddr mvnkr at þingeyrvm þessi vare dyrligr maðr oc mikill guðs vinr", und in den F. M. S. X, S. 371: „Hèr þrýtr nú sögu Ólafs konúngs Tryggvasonar, er at réttu má callas postulo Norðmanna, oc svá ritaði Oddr múner, er var at þingeyrum, oc prestr at vígslu, til dýrðar almáttigum guði, en þeim til minnis er síðar ero, þó at eigi sè gert með málsnilld." Sie lassen indessen diesen Schlussworten noch ein paar weitere Erzählungen folgen, welche offenbar nur spätere Zusätze zu dem ursprünglichen Werke sein können, und von welchen denn auch die Upsalaer Fragmente Nichts wissen. Die Stockholmer Hs. führt übrigens den Odd auch sonst noch ein paar Male in einer Weise an, welche ihn als den Verfasser ihres Originaltextes erkennen lässt, und theilt sogar einmal die lateinische Fassung einer Strophe bei demselben mit, während die Kopenhagener Hs. die Verse zwar auch mittheilt, jedoch ohne Odds Namen zu nennen (vergl. Munch, S. 49—50, mit F. M. S., S. 342; ferner Munch, S. 63); anderntheils aber zeigt gerade diese mehrfache Anführung Odds, dann die vielfältige Abweichung der drei Bearbeitungen unter einander, endlich auch der Umstand, dass eine in der Flateyjarbók, I, S. 516, dem Odd zugeschriebene Notiz in keiner derselben zu finden ist, dass wir keine von ihnen als eine wortgetreue Uebersetzung des lateinischen Textes betrachten dürfen. — Der Verlegung der Reliquien der Sunnifa nach Bergen gedenkt die Stockholmer Recension, cap. 20, S. 26, während die Kopenhagener Hs. gerade an dieser Stelle eine grössere Lücke zeigt, und die Upsalaer Bruchstücke überhaupt nicht soweit zurückreichen; die Belege für die Zeit jenes Vorganges findet man aber in meiner Geschichte der Bekehrung des norwegischen Stammes zum Christenthume, II, S. 574, Anm. 40, und bei Munch, III, S. 89, Anm. 1. Die Bezugnahme auf K. Sverrir ferner lautet bei Munch, cap. 60, S. 58—59: „Ok sva sagþe Sverrir konungr, at eigi hafðe hann heyrt dymi til i Norege at ne ein konungr hefðe staðit i lyptingu sem Olafr konungr Tryggva son ok gerz sva auðkendr at allir menn mattu hann sia." Freilich geben, während die Kopenhagener Recension, cap. 69, S. 361, mit der Stockholmer stimmt, die Upsalaer Bruchstücke, S. 67, dafür die Worte: „oc sua sogþu snotrir menn, at engi konungr", u. s. w.; aber die Möglichkeit eines zufälligen Missverständnisses ist auf Seite der beiden ersteren Recensionen theils schon durch deren Uebereinstimmung unter einander, theils auch dadurch ausgeschlossen, dass die Worte für ein solches viel zu weit auseinander liegen, und wenn eine absichtliche Abweichung vom Originaltexte vorliegt, so lässt sich zwar recht wohl erklären, wie ein streng klerikaler Uebersetzer dazu kommen konnte, den der Hierarchie tief verhassten Namen

K. Sverris zu beseitigen, aber nicht begreifen, wie zwei von einander völlig unabhängige Bearbeiter dazu gekommen sein sollten, gerade diesen Namen einzustellen, wenn sie ihn in ihrer Vorlage nicht vorfanden. Ueber die Person und die verwandtschaftlichen Beziehungen des Mönches Oddur Snorrason geben dagegen die Landnáma, II, cap. 32, S. 159 und III, cap. 1, S. 169, dann die Grettla, cap. 87, S. 192 Aufschluss. Einzelne Differenzen, welche sich dabei hinsichtlich der Genealogie ergeben, zu erörtern ist nicht dieses Ortes; wohl aber darf darauf aufmerksam gemacht werden, dass Odds Mutter, Álfdís oder Ásdís, eine Schwester eben jenes Bauern Þóroddur Gamlason war, in welchem wir oben, Anm. 8, den vielgerühmten Grammatiker wiederfinden zu dürfen glaubten. Es ist ein ansprechender Gedanke, dass auf den Neffen die geistige Strebsamkeit und Begabung seines runenkundigen Oheims übergegangen sein möge; war es doch ein altes Sprichwort auf Island, „dass die Leute ihren Mutterbrüdern am Aehnlichsten werden" (vergl. die Páls biskups saga, cap. 6, S. 134, in den Biskupa sögur I, und die Hólmverja saga, cap. 10, S. 29, in den Íslendinga sögur, II, 1847). Was endlich Odds sonstige litterarische Wirksamkeit betrifft, so ist zunächst zu bemerken, dass die Ingvars saga víðförla ihn als ihren Verfasser nennt; ich bin jedoch, mit P. E. Müller, Sagabibliothek, III, S. 168—176, und dem Vorworte zu der neuesten Ausgabe der Saga (Antiquités Russes, II), S. 141—142, der Meinung, dass in dieser Behauptung der Versuch einer Täuschung über den Ursprung derselben zu erkennen sei. Es heisst nämlich am Schlusse der Sage, cap. 15, S. 169: „En þessa sögu hofum vér heyrt ok ritat eptir forsögn þeirrar bókar at Oddr múnkr hinn fróði hafði gjöra látit at forsögn fróðra manna þeirra er hann segir sjálfr í bréfi sínu, því er hann sendi Jóni Loptssyni ok Gizuri Hallssyni; en þeir er vita þikjast innvirðuligar auki við þar sem nú þikir á skorta. Þessa sögu segist Oddr múnkr heyrt hafa segja þann prest er Ísleifr hét, ok annan Glúm Þorgeirsson (al. Þorgilsson), ok hinn þriði hefir Þórir heitit; af þeirra frásögn hafði hann þat er honum þótti merkiligast, en Ísleifr sagðist heyrt hafa Ingvars sögu af einum kaupmanni, en sá kvazt hafa numit hana í hirð Svíakonungs; Glúmr hafði numit at föður sínum, en Þórir hafði numit af Klökku Sámssyni, en Klakka hafði heyrt segja hina fyrri frændr sína; ok þar lyktum vér þessa sögu." Nirgends sonst als gerade an dieser Stelle wird dem Oddur der Beiname hinn fróði beigelegt. Die Berufung auf einen Brief, den derselbe an Jon Loptsson († 1197) und Gizurr Hallsson († 1206) über die Sage geschrieben haben sollte, hat an sich schon etwas Auffälliges, und würde sich leicht begreifen, dass man bei einem Täuschungsversuche gerade auf diese beiden Namen, die berühmtesten ihrer Zeit, verfallen konnte; ganz besonders bedenklich erscheint aber, dass es, wie wir sehen werden, anderwärts von dem Mönche Gunnlaugur heisst, er habe dem Gizurr Hallsson seine Ólafs saga zur Durchsicht übergeben, und dass diese Angabe in der Kopenhagener, und wie es scheint auch der Stockholmer Recension der Ólafs saga Odds in einer Weise angehängt sich fand und findet, welche dieselbe auf diesen statt auf jenen Biographen des Königs zu beziehen verleiten muss: wie wenn aus diesem Missverständnisse die Bezugnahme auf jenen angeblichen Brief Odds an Gizurr entstanden wäre? Von den Zeugen ferner, auf welche Bezug genommen wird, lässt sich nur ein einziger anderweitig nachweisen: gerade dieser einzige aber, Glúmr Þorgilsson (falls nicht etwa Þorgeirsson zu lesen ist), konnte dem Verfasser der Sage als ein von eben jenem Mönche Gunnlaugur in Bezug genommener Gewährsmann aus dem Þorvalds þáttr víðförla, cap. 8, S. 48 (Biskupa sögur I; vergl. auch F.M.S. I, S. 266) bekannt sein. Ein zweiter Zeuge erregt in anderer Beziehung Anstoss. Þórir wird er genannt, seines Vaters Name aber wider alle Gewohnheit nicht angegeben, und seine Wissenschaft soll er von Klakka Sámsson erlangt haben; soll man da nicht, zumal da Mannsnamen auf -a durchaus unorganisch sind, an jenen Þórir Klakka erinnert werden, welcher in der Ólafs saga Tryggvasonar des Oddur, Snorri und der späteren Ueberarbeiter seine Rolle spielt, und welcher nach Oddur gerade nach Garðaríki geschickt wird? So ist auch das auffällig, dass der einzige Isländer, welcher die Züge Ingvars mitgemacht haben sollte, Garða-Ketill nämlich, nirgends auch nur als mittelbarer Gewährsmann aufgeführt wird, obwohl gerade von ihm ausdrücklich gesagt wird, dass er in seine Heimat zurückkehrend die ersten Berichte über jene Fahrten dahin gebracht habe (cap. 14, S. 168); auffällig ferner, dass auch sein Name aus einer anderen Quelle, nämlich dem Eymundar þáttur, cap. 9, S. 295 (F. M. S. V; Flateyjarbók, II, S. 127) herübergenommen sein konnte. Auf die chronologischen Verstösse deren die Sage sich schuldig macht, gehe ich nicht weiter ein, da P. E. Müller sie bereits genügend nachgewiesen hat; auch sie sind aber bedeutsam genug, um gegen Odds Verfasserschaft zu zeugen. Von ungleich grösserem Gewichte scheint mir aber noch ein anderer Umstand. Das ganze abenteuerliche Spiel mit Cyklopen, Vogelmenschen und Drachen, wie solches die Sage zeigt, — ihr Umsichwerfen mit fremden, hochklingenden Namen, wie Heliopolis, Sigeum, Jaculus, — ihre Erzählung (cap. 5, S. 151) von einer russischen Prinzessin, welche, in der ersten Hälfte des 11. Jahrhunderts und als Heidinn, nicht nur dänisch, sondern auch deutsch, griechisch und lateinisch zu sprechen weiss, — Alles Diess und Aehnliches will in keiner Weise zu der ernsthaften Geschichtschreibung Odds stimmen, welcher zwar legendarische, nicht aber romantische Züge aufzunehmen sich gestattet, und in seiner Vorrede zur Ólafs saga (bei Munch, S. 1) sogar ausdrücklich auf solche erdichtete Sagen einen tadelnden Seitenblick wirft. Für völlig abgeschlossen halte ich indessen trotz aller dieser Gründe, welche sich für die oben ausgesprochene Meinung geltend machen lassen, die Frage doch noch nicht, und wäre trotz Allem und Allem doch noch möglich, dass der Verfasser der Íngvars saga wenigstens theilweise aus einem Werke Odds geschöpft haben könnte. Schon P. E. Müller hat darauf aufmerksam gemacht, dass unsere Sage (cap. 1—2, S. 142—3) den Schwedenkönig Eiríkur ganz ebenso die Auður, eine Tochter des Hákon jarl aus Norwegen, heirathen lässt wie die Ólafs saga Odds (Kopenhagner Recension, cap. 2, S. 219—20, und cap. 28, S. 288; Stockholmer Recension, cap. 4, S. 7—8), eine Nachricht, welche zwar die Flateyjarbók, I, S. 88, dem Oddur im Uebrigen nacherzählt, aber mit dem ausdrücklichen Beifügen, dass es verkehrt sei, wenn „manche Leute" jenen Hákon mit dem Hákon jarl für dieselbe Person erklärten, und welche auch das Sögubrot II, cap. 4, S. 420, (F. M. S. XI; vgl. Flateyjarbók, I, S. 17) zweifelnd auszuführen scheint, welche aber keine andere Quelle ausser Odd selbstständig mittheilt. Allerdings ist richtig, dass von Odds Ólafs saga jene Verheirathung in die Zeit verlegt wird, da Hákon aus Norwegen vertrieben war, von unserer Sage dagegen erst in die spätere Zeit, da er ruhig im Besitze dieses Reiches sich befand; allein diese Abweichung kann recht wohl dem Bearbeiter der Sage zur Last fallen, da ja bei ihm die Erwähnung Hákons eine ganz beiläufige, und mit dem weiteren Gange der Erzählung nicht weiter zusammenhängende ist, da ferner ihm nahe lag, den Mann, der als norwegischer Jarl berühmt geworden war, gleich von Vornherein als solchen auftreten zu lassen. Hält man ferner die obige Bemerkung über den als Zeugen angeführten þórir und seinen Gewährsmann Klakka für stichhaltig, so liegt es nahe auch in dieser Beziehung ein Missverständniss unseres Bearbeiters bei Benützung eines ihm vorliegenden Werkes Odds anzunehmen. Oddur mochte einen Nachkommen des þórir Klakka genannt haben, der dann irgendwie in zwei Personen zerlegt wurde, übrigens aus chronologischen Gründen keinenfalls als Zeuge der hier in Frage stehenden Begebenheiten gedient haben konnte. Beachtenswerth ist auch, dass unser Verfasser unzweifelhaft nach einer lateinischen Vorlage gearbeitet hat. Er citirt einmal, und zwar unter dem Titel: Gesta Saxonum, unseren Adam von Bremen, ganz wie die Heimskringla sein Geschichtswerk als Brimabók, und eine dritte Quelle dasselbe als Hamburgar ystoria anführt (Magnúss saga góða, cap. 29, S. 34, jedoch nur nach der Frisbók; ferner Sögubrot II, cap. 1, in den F. M. S. XI, S. 417, wo das Stück nach einer älteren Hs. gedruckt ist, und die Flateyjarbók, I, S. 17, während ebenda, S. 113 wider die „Cronica Bremensium" citirt wird, vgl. Lappenberg, im Archiv der Gesellschaft für ältere deutsche Geschichtskunde, VI, S. 831—33). Die Worte der Gesta Saxonum werden dabei, wunderlich genug, in lateinischer Sprache angeführt, wie folgt (cap. 14, S. 168—69): „Eymundr, son Ólafs, átti son er Önundr hét; sá var hinn líkasti Íngvari í margri náttúru ok allrahelst í viðförli sinni, svo sem til visar í bók þeirri er heitir Gesta Saxonum, ok er svo ritat: fertur quod Emundus rex Sveonum misit filium suum Onundum per mare Balzonum, qui postremo venit ad Amazones, et ab eis interfectus est." Vergleicht man nun aber diese Worte mit der entsprechenden Stelle Adams, (III, cap. 15, bei Pertz, Scriptores, VII, S. 341: „Interea Suecones, qui episcopum suum repulerunt, divina ultio secuta est. Et primo quidem filius regis nomine Anund, a patre missus ad dilatandum imperium, cum in patriam feminarum pervenisset, quas nos arbitramur Amazonas esse, veneno, quod ille fontibus immiscuerunt, tam ipse quam exercitus eius perierunt"), so zeigt sich sofort die auffallende Erscheinung, dass dem Sinne nach zwar beide Stellen sich ganz wohl decken, dass aber die Wortfassung beider eine durchaus verschiedene ist; offenbar hatte der Bearbeiter der Sage ein lateinisches Original vor sich gehabt, welches Adams Angabe in geändertem Ausdrucke widergegeben hatte, und hatte derselbe dabei irrthümlich die Worte seiner Vorlage für die eigenen Worte Adams gehalten! Endlich möchte ich noch auf einen Punkt aufmerksam machen, der vielleicht zu weiteren Ergebnissen führen könnte. Nach cap. 8, S. 164 wäre Ingvarr im Jahre 1041 (nach einer anderen Hs. 1040) gestorben, 9 (nach einer anderen Hs. 11) Jahre nach dem Tode des heil. Ólafs, und wäre hiernach der Tod dieses letzteren nach der ersten Hs. in das Jahr 1032, nach der zweiten aber in das Jahr 1029 zu setzen. Nun findet nicht zwar die erstere, wohl aber die letztere Angabe, wenn auch an sich unrichtig, doch eine Stütze in einer Reihe der ältesten und verlässigsten Quellen, sofern sie bei Theodericus monachus, cap. 19, S. 329, im Ágrip, cap. 27, S. 400, und in der legendarischen Ólafs saga ens helga, cap. 101, S. 75, ganz gleichmässig widerkehrt; sie steht dagegen im bestimmtesten Widerspruche mit einem zweiten chronologischen Systeme, welches ungefähr um dieselbe Zeit, in welche wir die Entstehung jener Quellen setzen dürfen, eine Reihe isländischer Quellen beherrschte, deren Abfassung wir doch gleichfalls auf kirchliche Kreise, und z. Th. sogar gerade auf das Kloster þingeyrar zurückführen können. Wir wissen, dass die Hungurvaka, die ältere þorláks biskups saga und die Páls biskups saga ganz gleichmässig alle Jahrzahlen um 7 Jahre zu gering ansetzen, offenbar weil sie von irgend einem irrig berechneten chronologischen Ausgangspunkte gemeinsam ausgehen; wir wissen ferner, dass nicht nur die presta saga Guðmundar, welche zu Anfang des 13. Jahrhunderts von einem Geistlichen verfasst wurde, und die sämmtlichen erhaltenen älteren Legendenstücke demselben Systeme folgten, sondern dass dieses insbesondere auch von dem Abte Karl in seiner Sverris saga, und von dem Mönche Gunnlaugur in seiner Bearbeitung der Jóns biskups saga zu Grunde gelegt wurde (vgl. was Guðbrandur Vigfússon in seinem Vorworte zu den Biskupa sögur, I, S. XXXIV, und ebenda, S. 414—15, Anm. 5, über diesen Punkt bemerkt). Nach diesem letzteren Systeme musste der Tod des heil. Ólafs natürlich in das Jahr 1023 oder 1024 gesetzt werden, wie dies denn auch wirklich in einem Homilienbuche geschieht, welches Unger neuerlich auf Grund einer wohl schon dem Ende des 12. Jahrhunderts angehörigen Hs. herausgegeben hat (Gammel norsk Homiliebog, S. 149). Alle mit dem nach der Hungurvaka benannten chronologischen Systeme rechnenden Quellen scheinen den letzten Jahren des 12. oder den beiden ersten Decennien des 13. Jahrhunderts anzugehören; jene anderen Quellen aber, welche des heil. Ólafs Tod in das Jahr 1029 setzen, scheinen älter zu sein, oder doch älteren Vorlagen zu folgen; wie wenn wirklich Oddur ihrem Systeme gefolgt wäre, welches erst nach ihm von seinem Kloster verlassen worden wäre? — Es wird sich später noch Gelegenheit ergeben nachzuweisen, dass bezüglich eines oder des anderen weiteren Werkes, z. B. der ältesten Ólafs saga hins helga oder der Kristni saga, manche Spuren auf Odd als deren Verfasser hinzuweisen scheinen; hier mag dagegen noch bemerkt werden, dass Arngrímur lærði in seinem Specimen Islandiæ historicum, S. 47 und 53, demselben ohne allen Grund besondere Verdienste um das Kalenderwesen zugeschrieben hat. Es scheint dabei eine Verwechslung mit dem bekannten Stjörnu-Oddi zu Grunde zu liegen, welchen die Rímbegla, S. 2, zu den obersten Autoritäten in diesem Fache zählt, und von welchem sie, S. 90—96, ein astronomisch-kalendarisches Stück mittheilt. Guðbrandur Vigfússon, welcher den ebenda anhangsweise abgedruckten Stjórnu-Odda draumur, d. h. die Erzählung einer jenem Manne untergeschobenen Traumerscheinung, in seiner Ausgabe der Bárðar saga Snæfellsáss, u. s. w., S. 106—23, neuerdings edirt hat, bemerkt in seiner Vorrede, S. VII, dass Oddi im 12. Jahrhundert gelebt habe, und ein Zeitgenosse unseres Odds kann er somit immerhin gewesen sein.

Anm. 14.

Gizurr Hallsson, ein Angehöriger des ebenso gelehrten als mächtigen Hauses der Haukdælir, bekleidete, nachdem er vorher Stallari, d. h. Marschall, des norwegischen Königs Sigurðar munnur gewesen war, in den Jahren 1181—1200 das Amt eines Gesetzsprechers, die oberste weltliche Würde seiner heimatlichen Insel, und starb am 27. Juli 1206. Von ihm weissagte der Bischof þorlákur Runólfsson: „at slíkr merkismaðr mundi trautt finnast á Íslandi sem hann" (Húngurvaka, cap. 11, S. 74), und Sæmundur Jónsson, der Bruder Bischof Páls, rühmte ihm nach, „at hann væri hrókr alls fagnaðar, hvargi er hann var staddr" (Páls biskups saga, cap. 12, S. 136—137); „hinn vitrasti maðr", heisst er der älteren þorláks biskups saga, welche von ihm zugleich berichtet, dass er den heil. þorlak während seiner letzten Krankheit oft durch Erzählungen von Männern zu trösten wusste, die schwere Leiden geduldig ertrugen (cap. 18, S. 110 und 112); die Sturlúnga, III, cap. 5, S. 205, sagt endlich von ihm: „hann var ok hinn besti klerkr þeirra er hér á landi hafa verit." Die letztere Quelle erzählt überdies von einem „Flos peregrinationis" betitelten Werke Gizurs, in welchem derselbe seine zahlreichen und ausgedehnten Reisen beschrieben habe, während die Húngurvaka, cap. 1, S. 59, gutentheils auf seinen Erzählungen zu beruhen behauptet. Vrgl. über den Mann Finn Magnússon, in seiner Vorrede zu den F.M.S. VIII, S. XXX—XXXV, der ihm nur, wie oben, Anm. 10, bereits zu bemerken war, fälschlich einen Antheil an der Abfassung der Sverris saga zuschreiben will, sowie Jón Sigurðsson, im Safn til sögu Íslands, II, S. 26.

Anm. 15.

Die Quellenstellen, welche Gunnlaugs Ólafs saga betreffen, sind zunächst folgende. In der Flateyjarbók, I, S. 511, heisst es: „Sæmiligr kennimadr ok godrar minningar Gunnlaugr munkr at þingeyrum hefir marga hluti ok merkiliga med ryksamligo latinudikte saman sett ok sagt af agætum herra Olafi konungi Tryggvasyne. hefir hann frodliga fra þui sagt huersu konungrinn hafuer med lifue j brott komizst or þeim bardaga er hann framde sidast vid Suolldr, segir brodir Gunnlaugr þat sina skrifat hafa sem hann hefir af sannordum monnum heyrt ok szinkannligaszt hafa saman lesit þat er hann hefir fundit j bokum Ara prests hins froda. en at ændidnum bardaga firir Suoldr uikr nefnndr brodir Gunnlaugr munkr sinum ordum til hirdbyskups Olafs konungs er Jon Sigurdr het ok nu skal nokkut af segia med guds orlofui. Miogh uidrkæmiligt er segir brodir Gunnlaugr þessi sögu at samteingia", u. s. w. Es folgt nun eine längere, im schwülstigsten Style gehaltene Erzählung, z. Th. nach Gunnlaugs eigenen Worten, wie denn auch (S. 512) das „sem Gunnlaugr segir" nochmals eingeschoben wird. Ferner S. 510: „Suo segir brodir Oddr er flest hefir kompnat a latinu aunarr madr en Gunnlaugr af Olafi konungi Tryggvasyni at Grimkell byskup sa er uar med hinum heilaga Olafi Haralldzsyni ok efldi kristinndom j Noregi væri systurson Sigurdar byskups huers er fyrr var getit", u. s. w. Weiter ebenda: „Suo hefir brodir Gunnlaugr ok sagt j latinu. A þi aro er þorlakr byskup Runolfsson for fram af þessi verylldu", u. s. w. Endlich S. 517: „Sva segia þeir brædr Gunnlaugr ok Oddr at þessir menn hafui þeim flest fraasagt huat er þeir hafua sidan samansett ok j fraasagnir fært af Olafi konungi Tryggvasyni. Gellir þorgilsson Asgrimr Vestlidason Biarnne Bergþorsson Arnngunn Arnnorsdottir Herdijs Dadadottir ok þorgerdr þorsteinsdottir. ok sidan segiast Gunnlaugr synt þessa sögu Olafs konungs Gizuri Hallssyni ok hafdi hann Gizur hia ser þa bok um II. ár. en sidan sem hun kom aftr til brodur Gunnlaugs emenderade hann hana sealfr þar sem Gizuri þotti þess þurfa." Die meisten dieser Stellen finden sich auch noch in zwei anderen Membranen, A.M. 54. fol. und 62. fol., aus welchen in den F.M.S. III, S. 163—65, 172 und 173 Varianten mitgetheilt werden; die an letzter Stelle angeführte Notiz kam überdiess auch noch in der Kopenhagener Recension Odds (und wohl auch in der Stockholmer, die nur vorher abbricht) unter die Anhänge am Schlusse der Sage zu stehen, wodurch, wie diess bereits von Munch, S. VII—VIII seiner Ausgabe bemerkt wurde, sofort der Schein entstand, als ob Oddur es gewesen sei, welcher seine Arbeit dem Gizurr vorgelegt habe. Die Vergleichung des in der Flateyjarbók Vorangehenden lässt über die Richtigkeit dieser Bemerkung keinen Zweifel aufkommen; eigenthümlich ist dabei aber, dass gerade nur jener Nachtrag zu dem Werke Odds die Worte Gunnlaugs in direkter Rede anführt (es heisst hier, F.M.S. X, S. 374—5: „þessa sögu sagþi mér Ásgrimr áboti Vestliðason, Biarni prestr Bergþórsson, Gellir þorgilsson, Herdis Daðadóttir, þorgerðr þorsteinsdóttir, Ingvör Arnórsdóttir. þessir menn kendu mér svá sagu Olafs konungs Tryggvasonar, sem nú er sögð. Ec sýnda oc bókina Gitsure Hallzsyni, oc rétta oc hana eptir hans ráðe, oc hafum vér þvi halldit siþan."). Es starb aber der Abt Ásgrimur nach der Guðmundar biskups saga, cap. 5, S. 416, und den isländischen Annalen im Jahre 1161 oder 1162; der Priester Bjarni Bergþórsson, doch wohl derselbe, welchen die Rimbegla, S. 2, neben Stjörnu-Oddi als einen tüchtigen Mathematiker nennt (falls nicht etwa hier statt Bergþórsson mit andern Hss. zu lesen sein sollte þorgeirsson), starb nach den Annalen im Jahre 1173, und Gizurr, wie schon bemerkt, im Jahre 1206. Im Uebrigen erzählt uns die älteste Recension der Guðmundar biskups saga, cap. 35, S. 465, und nach ihr deren Bearbeitung durch den Abt Arngrímur, cap. 16, S. 31, sowie die Sturlúnga, III, cap. 36, S. 191, dass Gunnlaugur Leifsson bereits im Jahre 1200 als Mönch in dem Kloster zu þingeyrar lebte, und dass er neben seinem Abte Karl unter den Männern war, die im genannten Jahre den späteren Bischof Guðmundur Arason in feierlicher Procession einholten. Nach denselben Quellen entschied im Jahre 1210 zumal sein Rath dafür, dass die Priester des Nordlandes sich entschlossen, an das von ihrem Bischofe verhängte Interdict sich nicht zu kehren; älteste Guðmundar saga, cap. 63, S. 502, Arngrims Bearbeitung, cap. 38, S. 77, (diese mit nicht unerheblichen Abweichungen) und Sturlúnga, IV, cap. 7, S. 14. Im Jahre 1218 aber lassen ihn sowohl die Annalen als die älteste Guðmundar saga, cap. 69, S. 510, sterben. Endlich von Gunnlaugs litterarischer Thätigkeit sprechen folgende Stellen. Die älteste Guðmundar saga, cap. 63, S. 502, sagt zunächst von ihm, dass er „mestr klerkr var ok góðviljaðr maðr norðr þar", und auch der, ihm sonst keineswegs günstige, Abt Arngrimur, cap. 16, S. 31, berichtet: „þá var yfir lifnaðinum áboti, er Karl hét, en fremstr í samnaðinum var bróðir Gunnlaugr at nafni, er þá var kallaðr bezt skiljandi til bækr á öllu Íslandi." Specieller sagt sodann die Önnur jarteinabók þorláks, cap. 20, S. 369: „Vitranir þær, er Guðmundr prestr, er síðan var biskup, sendi Gunnlaugi múk, at hann skyldi dikta, mun ek skyndiliga yfir fara." Ferner die Jóns saga helga eptir Gunnlaug múnk, Vorrede, S. 215—16: „Höfum vér þessa frásögn, segir Gunnlaugr múnkr, siðugr maðr ok góðrar minningar, er látínusöguna diktat hefir, of oss ellrum mönnum, ok meirháttar numit, ok eigi af einni saman vorri ofdirfð ok hvatvisi þetta verk uppbyrjat, heldr at boði ok áeggjan verðligs herra Guðmundar biskups"; cap. 23, S. 235: „hvern vér sám með vorum augum, segir bróðir Gunnlaugr, er látínusöguna hefir saman sett"; endlich die der jüngsten Recension entnommenen Wunder, cap. 4, S. 207 (vgl. Gunnlaugs Recension, cap. 49, S. 257, welche Stelle nur am Schlusse defect ist): „en Hildr nunna sagði sem fyrstum frá. Oddný'a Knútsdóttur sagði hún frá, en Oddný sagði frá Gúðlaugi múk Leifssyni, er þessa sögu hefir samansett", sowie Abt Arngrím, cap. 16, S. 31: „þessi Gunnlaugr componeraði með latínu líf hins sæla Johannis fyrsta Holensis; váttar hann þat í prologo þess sama verks, at þat efni tók hann upp í fyrstu fyrir bæn eða boð virðuligs herra Guðmundar Hólabiskups" (vergl. auch

Guðbrand Vigfússon, in seiner Vorrede zu den Biskupasögur, I, S. XXXIX—XL). Weiterhin erzählt aber noch Arngrímur, cap. 38, S. 77: „svá sem hann hafði diktat, novam historiam sancti Ambrosii, fór hann norðr til Hóla þann tíma sem biskup var heima, gekk fram í kór næsta kveld fyrir Festum Ambrosii, ok hefr upp at úspurðum biskupinum þat nýja dikt, er hann hafði samanborit; en er þat kemr fyrir herra Guðmund biskup, gengr hann fram í kór, ok fyrirbýðr honum undir forboðs pínu at leiða inn nökkura nýjung orlofslausa í sína kirkju, segir mikla lofligra ok kirkjunni makligra þat kompon, er sæmdi blessaðr faðir Gregorius páfi í Róma. Lætr bróðir Gunnlaugr þá niðr falla, ok fékk fyrir dirfð heyriligan kinnroða." Schliesslich bemerke ich noch, dass Gunnlaugur auch die Geschichte des Þorvaldur víðförli behandelt haben muss, ohne dass sich doch mit Sicherheit entscheiden liesse, ob diess nur in seiner Biographie K. Ólafs beiläufig geschehen sei, oder ob wir etwa ihm den uns noch erhaltenen Þorvalds þáttur víðförla seiner ersten Anlage nach zuzuschreiben haben. Ein paar Stellen in der ausführlicheren Ólafs saga Tryggvasonar beziehen sich nämlich ausdrücklich auf Gunnlaug; so heisst es, cap. 132, S. 266 (F.M.S. I): „þenna atburð segir Gunnlaugr múnkr, at hann heyrði segja sannorðan mann Glúm Þorgilsson, en Glúmr hafði numið at þeim manni, er hét Arnór, ok var Arndísar son"; — cap. 136, S. 272: „þenna laxveiði gaf hann undir kirkjuna í Holti, ok segir Gunnlaugr múnkr, at sú veiðr hafi þar jafnan síðan tillegit"; — endlich cap. 225, S. 224 (ang. O., II): „þat segja flestir menn, at Þorvarðr Spakböðvarsson hafi skírðr verit af Friðreki biskupi; en Gunnlaugr múnkr getr þess, at sumir menn ætli hann skírðan hafa verit í Englandi, ok þaðan hafa flutt við til kirkju þeirrar, er hann lét gera á bæ sínum." Die beiden ersteren Stellen finden sich nun auch in unserem Þorvalds þáttur víðförla (Biskupa sögur, I, S. 42 und 46), die dritte aber nicht; umgekehrt findet sich gerade die letztere Stelle in der Flateyjarbók, I, S. 436, während die beiden ersteren in derselben fehlen (vgl. I, S. 269 und 271), wie denn überhaupt Þorvalds Geschichte in dieser Hs. nur sehr verkürzt zu finden ist. Man möchte hiernach fast vermuthen, dass Gunnlaugur neben seiner Ólafs s. noch einen besonderen Þorvalds þátt geschrieben habe, — dass die erste und zweite der oben angeführten Stellen in dem letzteren, die dritte dagegen in dem ersteren Werke gestanden habe, — dass endlich die Flateyjarbók die Ólafs saga ziemlich vollständig, den Þorvalds þátt aber nur in einem dürftigen Auszuge aufgenommen habe (vgl. noch Guðbrands Bemerkungen in seinem Vorworte zu den Biskupa sögur, I, S. XXIV—V). Ueber die von Gunnlaug gedichtete Merlinus spá aber vgl. unten, Anm. 44.

Anm. 16.

Eine Bezugnahme auf Ari und Sæmund zugleich findet sich bei Odd, cap. 15, S. 22—23: „Þat segir Ari enn froðe ok margir menn þat at Olafr hafe II. vetr ok XXX. haft er hann kom i land ok tók rikit oc réð laudino fim vetr. Ok ero þeir sumir riker menn oc froðer er þat segia at hann hefðe II. vetr ok XX. er hann tok rikit ok þat ma nv heyra hversug þeir telia. Ok þat segia þeirr þa er Tryggvi konungr var veginn at Olafr veri þa eigi fǿddr ok veri hann enn fyrsta vetr með Eirike moðvrr feðr sinum ok siþan feri hann i Svíþioð til Hakonar gamla ok var þar II. vetr ok for þaþan i bravt III. vetr. oc þa er hann var hertekin ok i a nauð selldr ok var hann i þeirri a nauð VI. vetr. En i Gavrðum avstr var hann IX. vetr oc i Vinlande III. vetr ok þa for hann til Irlans ok tók skirn ok var hann i vestr löndvm IX. ár. ok eptir þat feri hann af Englandi oc hefðe þa II. vetr ens fiorða tigar. ok þa er þorir klakka var davðr eptir sitt velreþi ok siþan Hakon jarl ok Olafr kom i Noreg oc tok rikit sem nv var sagt. ok þessir menn samþykkiaz Sæmvndr enn froðe ok Aron froðe þorgils sonr. At Hacon hafe styrt rikeno þria vetr ens fiorþa tigar. siþan er Haralldr fell grafelldr ok þat þyker saman koma ok þesse fra sogn. þat kalla menn at Olafr hefi III. ar tiðer hafðar. Sv en fyrsta er hann var i vfrelsi ok aþian ok avnnor til flies: tið alldrs hans var með hirti ok fregð ok en III. með tign ok a hyggio. er fyrir mavrgvm var at bera. Ok þat ma vera at Einar þambaskelmir oc Astriðr syster hans eða Erlingr Skialgs sonr magr

Olafs konungs. hafa ecke hygleitt þessi IX. ár eða tiu er hann var i anauð er margir hugðu hann dauðan. Ok þa er Olafr var fundin af frendrnom. var sem hann veri reistr af dauða ok fagnoðv allir honom ok talðv þui til alldrs honom VI. ár ok XX. en hvartvegge vitni synaz oss merkilig ok hafe hverr slikt af þvi sem synis." Ich habe diese Stelle nach der Stockholmer Recension vollständig mitgetheilt, weil sie zugleich recht deutlich die unbeholfene Art charakterisirt, in welcher der Verfasser die Chronologie behandelt; sie findet sich übrigens in allem Wesentlichen gleichmässig auch in der Kopenhagener Recension, cap. 22, S. 275—76. Eine zweite Berufung auf Sæmund findet sich aber in cap. 27, S. 30 der Stockholmer, und cap. 32, S. 289 der Kopenhagener Recension; anderntheils nimmt die Stockholmer Recension, cap. 30, S. 33, gelegentlich der Bekehrung Islands auf Ari Bezug mit den Worten: „sem seger i Islendinga bok", während die Kopenhagener Recension, cap. 37, S. 297—300, ohne sie anzuführen, dieselbe Quelle ausführlich ausschreibt. Weiterhin sagt die Kopenhagener Recension, cap. 42, S. 310: „Oc segir sva Ruphus prestr frá þvi er konungr leiddi hana ábrot, oc aðr hann hvarf aptr, þá mælti hann: sé ec nú", u. s. w.; die Stockholmer Hs. hat übrigens die Worte nicht, und die Upsalaer Bruchstücke reichen nicht soweit zurück. Allerdings wird in der ausführlicheren Ólafs saga Tryggvasonar, cap. 267, S. 34—5, und cap. 284, S. 63—64 (F. M. S., III, Flateyjarbók, I, S. 501—2, und S. 516) unter Berufung auf das mündliche Zeugniss eines Orkneyischen Mannes von einer schriftlichen Lebensbeschreibung des Königs Ólaf Tryggvason gesprochen, welche dieser selbst von Jerusalem aus an den englischen König Æðelræd geschickt, und aus welcher dann König Eadweard seinen Hofleuten vorgelesen haben sollte; aber man sieht leicht, dass dieser nur vom Hörensagen her gegebenen, ganz apokryphen Nachricht in keiner Weise zu glauben ist, zumal da der Anhang zur Kopenhagener Recension Odds, cap. 74, S. 371—2, auf Grund der Schrift Gunnlaugs zwar eine im Uebrigen ganz entsprechende Erzählung, aber ohne alle Berufung auf irgend welche schriftliche Aufzeichnung kennt (vgl. auch die Stockholmer Recension, cap. 66, S. 63). Die alten Upsalaer Fragmente dagegen wissen zwar allerdings wider von dieser Autobiographie K. Ólafs, cap. 64, S. 71, aber in wesentlich kürzerer Fassung, und an einer Stelle, an welcher der Kopenhagener Text sowohl, cap. 74, S. 370, als der Stockholmer, cap. 64, S. 63, unter ausdrücklicher Anführung der Worte Odds von einer solchen Nichts melden; es ist demnach wohl anzunehmen, dass in jene Fragmente die Angabe erst durch eine Interpolation auf Grund jener späteren Bearbeitungen hineingekommen sein werde. — Von den Gewährsleuten, aus deren Mund Oddur und Gunnlaugur geschöpft haben sollen, ist bereits in der vorigen Anmerkung die Rede gewesen; dagegen mag hier noch mit ein paar Worten davon gesprochen werden, wieweit ältere Gedichte in dem Werke Odds (von Gunnlaug kann, da seine Schrift uns nicht in ihrer selbstständigen Gestalt vorliegt, nicht die Rede sein) sich benützt finden. Es entlehnt aber die Kopenhagner Recension, cap. 37, S. 298, der Íslendingabók Ari's die Spottverse, welche Hjalti Skeggjason am Alldinge sprach, und schreibt, cap. 61, S. 341, dem Sigvaldi jarl einen Vers zu, welcher in Wahrheit den Bersöglisvisur des Sighvatur skáld angehört (vgl. die Magnúss saga góða, in der Heimskringla, cap. 17, S. 22, und in den F. M. S., VI, cap. 22, S. 44, Anm. 5), und welchen sie noch obendrein missversteht; da indessen an der ersteren Stelle die Stockholmer Recension einfach auf Ari verweist, ohne ihn auszuschreiben, und an der zweiten die Bezugname auf den Vers einfach weglässt (cap. 30, S. 33, und cap. 53, S. 49), so ist klar, dass es sich beidemale nur um spätere Interpolationen handeln kann. Unzweifelhaft ächt ist dagegen die Bezugnahme auf die Verse, welche Stefnir Þorgilsson auf Sigvaldi jarl dichtete, und welche uns beide Recensionen sogar mit den lateinischen Worten Odds mittheilen (Munch, cap. 58, S. 49—50; F. M. S., cap. 61, S. 342); ob aber dasselbe auch von ein paar weiteren Versen desselben Mannes gelte, welche nur die Stockholmer Recension mittheilt (Munch, c. 58, S. 50), lasse ich dahingestellt, wiewohl solche ungleich mehr einer Interpolation gleichsehen. Weiterhin wird noch eine Reihe von Strophen angeführt, welche einer Erfidrápa entnommen sind, die Hallfreður vandræðaskáld auf K. Ólaf dichtete (bei Munch, cap. 56, S. 53, cap. 58, S. 55, cap. 60, S. 58, cap. 61, S. 60 und 61; in den Upsalaer Fragmenten, S. 64, 67 und 68, und F. M. S. cap. 64, S. 349, cap. 67, S. 354, cap. 69, S. 360, und cap. 70, S. 365, wozu noch eine Halbstrophe kommt, welche nur bei Munch, cap. 61, S. 61, dagegen in keiner der anderen Recensionen sich findet; das ganze Lied siehe in den Fornsögur von Guðbrand Vigfússon und Theodor Möbius, S. 207—10), — eine Reihe von Strophen aus einer Eiríksdrápa des Halldórr ókristni (Munch, cap. 60, S. 57—58, Upsalaer Fragmente, S. 66—67, und F. M. S., cap. 69, S. 359 und 362, wozu noch cap. 62, S. 344 kommt, welches letztere Citat in den übrigen Texten fehlt), — endlich eine Strophe des Skúli þorsteinsson (Munch, cap. 56, S. 54, und F. M. S. cap. 64, S. 351), welcher am Svolderer Kampfe selber Antheil genommen hatte (Munch, cap. 59, S. 56; Upsalaer Fragmente, S. 66, und F. M. S., cap. 68, S. 356), und welcher demgemäss auch sonst als Zeuge hinsichtlich desselben angeführt wird (Munch, cap. 53, S. 49, und cap. 62, S. 61; die letztere Stelle auch in den Upsalaer Fragmenten, S. 69, und in den F. M. S., cap. 70, S. 365). Anhangsweise werden endlich in den F. M. S., cap. 77, S. 375, noch Strophen aus einer weiteren Ólafsdrápa Hallfreðs angeführt (vgl. die Fornsögur, S. 206), welche aus einer anderen Quelle als Odds Schrift, doch kaum aus dem Werke Gunnlaugs, geschöpft sein mögen; aber auch bei jenen andern aus älteren Liedern genommenen Strophen lässt genauere Betrachtung eine spätere Einschaltung wahrscheinlich erscheinen, bei welcher nur auffallen muss, dass solche bezüglich mehrerer Verse sich auf die sämmtlichen Recensionen gleichmässig erstreckte. Man beachte z. B., wie die Strophe des Skúli þorsteinsson im Grunde nicht zu dem Texte passt, in welchen sie eingeschoben ist, vielmehr denselben berichtigt, — wie eine der Strophen Hallfreðs (Munch, cap. 58, S. 55, u. s. w.), in unserer Sage offenbar ganz verkehrt ausgelegt ist, um sie mit dem Texte der letzteren in Uebereinstimmung zu bringen, u. dgl. m.

Anm. 17.

Die Herausgeber der legendarischen Lebensbeschreibung des heil. Ólafs, Keyser und Unger, haben sich auf S. IV—V ihrer Vorrede (1849) für deren norwegischen Ursprung und deren Entstehung in den Jahren 1160—80 erklärt, und der erstere hält an dieser Annahme auch noch in seiner Litteraturgeschichte fest (Efterladte Skrifter, I, S. 480). Munch schliesst sich in seiner norwegischen Geschichte, I, 2, S. VI, sowie in der Vorrede zu der von ihm und Unger gemeinsam herausgegebenen geschichtl. Ólafs saga ens helga, S. IV—V (1853) derselben Annahme an, und zwar an letzterer Stelle mit dem Zusatze, dass eine ältere und kürzere Recension der Sage, von welcher noch einzelne Bruchstücke erhalten sind, wohl gar schon der ersten Hälfte des 12. Jahrhunderts angehören möchte; dagegen nimmt er im zweiten Bande seiner Geschichte, S. 1036, (1855) für die ältere Recension erst ungefähr die Mitte des 12. Jahrhunderts als Entstehungszeit an, und lässt dahingestellt, ob die Sage von einem Norweger oder von einem Isländer verfasst sei. Anderntheils hat sich Jón þorkelsson in einer zwar etwas übertrieben advokatenmässig gehaltenen, aber immerhin sehr beachtenswerthen Abhandlung „um Fagrskinnu ok Ólafssögu helga", welche im Safn til sögu Íslands, I, erschienen ist (1853), und von welcher zunächst S. 172—83 hieher gehört, für deren isländischen Ursprung und eine ungleich spätere Abfassungszeit, das Ende etwa des 13. Jahrhunderts, ausgesprochen. Frage ich nun zunächst nach der Entstehungszeit der Sage, so ist meines Erachtens daraus Nichts zu schliessen, dass in deren cap. 119, S. 85, für ein dem Jahre 1152 angehöriges Wunderzeichen ein Mönch Namens Hallur als Gewährsmann angeführt wird. Die Stelle sagt ja nicht, dass dieser Mönch bei dem Wunder selbst gegenwärtig gewesen sei, sondern nur, dass er den durch dasselbe Geheilten geheilt gesehen habe; dies konnte aber recht wohl erst Jahrzehnte nach seiner Heilung der Fall gewesen sein. Ebensowenig sagt die Stelle, ob der Mann sein Zeugniss mündlich oder schriftlich, und ob er es ersteren Falls unmittelbar dem Verfasser der Sage, oder aber irgend einem Mittelsmanne gegenüber abgelegt habe, welcher dann vielleicht erst lange nach Halls Tod Jenem davon erzählte. Endlich können wir zwar allenfalls vermuthen, dass unser Mönch mit jenem Hallur múnkur identisch sei, welchen das Skáldatal der Uppsalabók (bei Möbius, Catalogus, S. 172) als einen Hofdichter des Königs Haraldur gilli († 1136) nennt, aber weder ist diese Vermuthung vollkommen sicher, noch vermögen wir auch nur die Lebensdauer dieses Dichters genauer festzustellen; der ansprechende Einfall des Jón þorkelsson, dass derselbe mit jenem Hallur Hrafnsson dieselbe Person sein möge, welcher im Jahre 1190 als Abt des Klosters zu Múnkaþverá starb, würde dessen Leben sogar bis in eine ziemlich späte Zeit herabbringen. Wenn ferner die Herausgeber sich ausserdem noch auf den Styl und die Sprachformen der Sage, sowie auf den Geist und Ton ihrer Darstellung berufen, welche mit Bestimmtheit auf eine Zeit hinweisen sollen, da sich die Sagenschreibung noch in ihrer Kindheit befand, so dürfte dieser Schluss doch kaum eine nähere Prüfung aushalten. Dass der Verfasser unserer Sage mehrfach ältere Aufzeichnungen benützt hat, wird unten noch des Näheren nachgewiesen werden; wie leicht können nun einzelne Proben älterer Darstellungsweise, können einzelne Archaismen, selbst wenn sie, was nicht der Fall ist, an sich ganz geeignet wären, auf das hohe der Sage beigelegte Alter schliessen zu lassen, einfach darin ihre Erklärung finden, dass deren Verfasser seinen älteren Vorlagen sklavisch folgte? In der That hat Jón þorkelsson meines Erachtens zur Genüge bewiesen, dass wenigstens der Schluss unserer Sage, welcher mit einem uns erhaltenen Homilienbuche aus einer gemeinsamen Quelle schöpfte, gar manche in jenem noch beibehaltene ältere Ausdrücke durch neuere ersetzt, und theilweise sogar missverständlich ersetzt zeigt, und somit immerhin erst einige Zeit nach jener gemeinsamen Quelle entstanden sein kann, welche letztere doch ihrerseits wider, wie sich unten noch zeigen wird, jedenfalls nicht vor der zweiten Hälfte des 12. Jahrhunderts geschrieben worden sein konnte. So gewährt denn auch der handschriftliche Befund der Annahme der Herausgeber keine Stütze, wenn er gleich eine so späte Entstehungszeit der Sage, wie sie Jón þorkelsson für möglich hält, unbedingt ausschliessen dürfte. Die einzige vollständige Hs. der Sage, nr. 8, fol. in der Delagardie'schen Sammlung in Upsala, ist nach Unger, Vorrede, S. VII, im 13. Jahrhunderte, vielleicht sogar in dessen ersterer Hälfte, geschrieben; indessen hatte Jón Sigurðsson (Antiquarisk Tidsskrift, 1846—48, S. 97—98) dieselbe nur als nicht jünger als die ersten Jahrzehnte des 14. Jahrhunderts bezeichnet, und auch Guðbrandur Vigfússon will dieselbe, wie er mir freundlichst mittheilt, wenigstens nicht weiter als etwa die Mitte des 13. Jahrhunderts hinaufsetzen. Nun ist zwar allerdings richtig, dass diese Hs. bereits ältere Vorlagen voraussetzt; mehrfach hat sie Abkürzungen, welche sie in diesen vorgefunden hatte, falsch aufgelöst, oder sonstiger Missverständnisse derselben sich schuldig gemacht (vgl. z. B. cap. 5, S. 4: „Olafr konongr sonr haralls“, statt: „sonr hennar“; cap. 6, S. 4: „Sigurðr konongr syr son Halfdanar Sigurðr son rise Haralls sonar hins harfagra“, statt: „Sigurðar sonar“; cap. 47, S. 35 steht „engi friðr“, während der Zusammenhang, sowie die Vergleichung der Fagursk. § 98, S. 78, zeigt, dass „ofriðr“ oder etwas Aehnliches gelesen werden muss; cap. 57, S. 43: „þorgrimr Kolbrunaskalld“ für: „þormóðr“; cap. 62, S. 46: „þormor“, für: „þorfinnr“; cap. 71, S. 54: „Áslákr af Fitjum“, statt: „af Finneyjum“, wie die Flateyjarbók, III, S. 245, in Styrmir's Werk fand, und auch die Fagursk., § 109, S. 90, und das Ágrip, cap. 25, S. 393, richtig geben, u. dgl. m.), und überdiess sind uns neben jener Haupths. noch ein paar weitere Bruchstücke erhalten, die unzweifelhaft etwas älterer Entstehung sind. Im norwegischen Reichsarchive aufgefunden, sind die meisten dieser Fragmente in der Ausgabe, S. 90—95, bereits mitabgedruckt, nachdem Munch schon früher, in Lange's Norsk Tidsskrift for Videnskab og Litteratur, I, S. 32—34 (1847) über dieselben berichtet hatte; einige wenige erst später entdeckte, über welche die Vorrede zu Munch's und Unger's Ausgabe der geschichtlichen Ólafs saga ens helga, S. IV—V, Anm. 3, Nachricht giebt, sind dagegen meines

Wiesens noch nicht veröffentlicht. Nach Unger, S. X, sollen dieselben vielleicht sogar bis in den Schluss des 12. Jahrhunderts hinaufreichen; nach Guðbrands Mittheilungen dagegen dürften sie erst dem Anfange des 13. Jahrhunderts angehören, indem sie zwar eine Reihe von Kennzeichen der ältesten Hss. an sich tragen (so z. B. die Passiv- und Reflexivendung — sk, nicht — z oder — zt, — die Endung der zweiten pers. plur. auf — it, — oþ nicht auf — iδ, — uδ, oder — it, — ut; — die Form ér statt des späteren þér; — die folgerichtige Scheidung der Umlaute ę von ó, ǫ von a, ø von o, und ö von a, sowie deren Bezeichnung durch verschiedene Schriftzeichen), aber doch auch wider in so manchen anderen Punkten von dem Gebrauche derselben abweichen (z. B. findet sich in unseren Fragmenten, während die ältesten Hss. nur ein þ kennen, bereits auch das erst später aufgenommene δ, und zwar im Anlaute sowohl als im Inlaute und Auslaute mit jenem wechselnd; — während für die ältesten Hss. der Gebrauch des z für r geradezu charakteristisch ist, findet sich hier höchstens einmal ganz vereinzelt, cap. 53, S. 92, ein bars für bar er; — die suffigirte Negation kommt in den Fragmenten überhaupt nicht vor u. dgl. m.). Also auch so führt uns der handschriftliche Befund keinenfalls über den Anfang des 13. Jahrhunderts hinauf, und überdiess können wir bei dem geringen Umfange der uns erhaltenen Membranfragmente nicht einmal mit Sicherheit bestimmen, ob deren Text überhaupt ein mit dem unserer Haupths. wesentlich gleichartiger gewesen sei, oder ob nicht vielleicht in demselben lediglich eine von mehreren älteren Quellen erkannt werden müsse, aus deren Compilation erst jener spätere Text als ein selbstständiger und neuer entstanden wäre. — Gehe ich aber zu der Frage nach dem Entstehungsorte unserer Sage über, so glaube ich zunächst wider darauf, dass in derselben ein paarmal (cap. 77 und 78, S. 61) Ausdrücke wie „herlenzkr, hér í landinu", in Bezug auf Norwegen gebraucht werden, nicht das entscheidende Gewicht legen zu dürfen, wie die Herausgeber es thun; aus derartigen Wendungen kann man meines Erachtens höchstens schliessen, dass die Hs., welche sie enthält, in Norwegen geschrieben, aber nicht, dass die betr. Quelle hier verfasst worden sei, und noch viel weniger ersehen, ob sie, wenn ja in Norwegen verfasst, nicht etwa einem hier sich aufhaltenden Isländer ihre Entstehung verdanke, wie denn z. B. der Abt Karl seine Grýla nachweisbar in Norwegen schrieb. In der That ist zwar unsere Haupths. nach Ungers Versicherung in Norwegen geschrieben, und auch Guðbrandur schliesst sich seiner Ansicht an, aber die älteren Membranfragmente, bezüglich deren Unger unentschieden gelassen hatte, ob sie isländischen oder norwegischen Ursprungs seien, erklärt der letztere für unzweifelhaft isländisch, und sogar der handschriftliche Befund gewährt somit positive Anhaltspunkte für die Annahme, dass das Original, nach welchem unsere Haupths. geschrieben, oder doch ein guter Theil der älteren Quellen, aus welchen sie in unselbstständigster Weise compilirt worden ist, vielmehr aus Island als aus Norwegen herstamme. Eben dahin weist der wiederholte Gebrauch der isländischen Tagnamen statt der norwegischen (föstudagr, cap. 50, S. 37, und cap. 83, S. 68; annarr dagr, cap. 110, S. 80), wenn ich auch diesen Umstand nicht für so absolut entscheidend halten möchte, wie Jón Þorkelsson diess thut, da auch einen norwegischen Verfasser sein geistlicher Stand oder die Benutzung einer lateinischen Vorlage allenfalls zur Befolgung jenes kirchlicheren Sprachgebrauches bestimmen konnte; wirklich bietet an einer mit der letztangeführten correspondirenden Stelle das oben angeführte Homilienbuch, S. 156, denselben Ausdruck, und auch das Breviarium Nidrosiense (bei Langebek, Script. rer. Dan. II, S. 548) hat dafür die Worte: „feria secunda." Bedeutsam möchte ferner allenfalls auch die Ausdrucksweise in cap. 110, S. 80, erscheinen: „en Norekr menn hallda alltvel messodaga", sofern man etwa fragen möchte, ob wohl ein norwegischer Verfasser in so fremder Weise von seinen eigenen Landsleuten gesprochen haben würde? Indessen ist doch zu beachten, dass einerseits keine der entschieden isländischen Quellen jene Bemerkung enthält, obwohl sie alle den betr. Vorfall ebenfalls erzählen (vergl. die geschichtliche Ólafs s. ens helga, cap. 186, S. 197, die Heimskringla cap. 201, S. 328, die in den F. M. S., V, S. 105, benützten Hss. und die Flateyjarbók, II, S. 323), während andererseits jenes Homilienbuch, das Breviarium Nidrosiense (mit den Worten: „observabant enim in

Norvegia cum magna diligentia dies festos"), sowie ein altes schwedisches Legendenbuch (Ett fornsvenskt Legendarium, ed. George Stephens. Stockholm, 1858; es heisst hier, S. 870: „thy at j hans lifdaghum giordes vel hælghe daghs i norrighe") dieselbe wiedergeben; zu beachten ferner, dass jene Worte in jenem zweiten Theile unserer Sage stehen, welcher wie oben bereits bemerkt unzweifelhaft mit jenem Homilienbuche, und sicherlich auch mit dem schwedischen Legendenbuche und dem Drontheimer Breviare, mittelbar oder unmittelbar, aus einer gemeinsamen Quelle geflossen ist. Nur auf den nichtnorwegischen Ursprung des Wundercataloges lassen also die in Bezug genommenen Worte schliessen, welchen der Verfasser unserer Sage dieser einverleibt hat, nicht aber auch auf den nichtnorwegischen Ursprung desjenigen Theiles seiner Arbeit, welcher einen mehr historischen und zugleich selbstständigeren Charakter trägt; gerade bezüglich dieses Wundercataloges aber scheint Manches, wie unten noch darzulegen sein wird, darauf hinzudeuten, dass derselbe ursprünglich in lateinischer Sprache geschrieben, und wenn zwar nicht von einem Norweger, so doch vielleicht auch nicht von einem Isländer, vielmehr von irgend einem ausländischen Kleriker verfasst worden sei. Vollkommen entscheidend scheint mir dagegen die fortwährende einlässliche Berücksichtigung solcher Vorgänge und Persönlichkeiten in unserer Sage, welche für einen Isländer bedeutsam, für einen Norweger aber ohne alle Erheblichkeit sein mussten. Selbst die Herausgeber der Sage gestehen den isländischen Ursprung einer in diese eingeschalteten Erzählung zu, welche von Egill Síðu-Hallsson und dessen Tochter Þorgerður handelt (cap. 58, S. 39—41); selbst sie mochten eine auf den Bischof Jón Ögmundarson von Hólar bezügliche Weissagung des heil. Ólafs doch nicht einem norwegischen Schriftsteller zumuthen, zumal da solche in ganz unzweifelhaft von isländischen Verfassern herrührenden Quellen wesentlich gleichmässig widerkehrt (vgl. die Flateyjarbók, II, S. 142—8, sowie ein in die F. M. S., V, S. 321—29, aufgenommenes Stück der Thómasskinna, vergl. IV, S. 9 und 20—21 der Vorrede; kürzer steht die Erzählung auch in der geschichtlichen Ólafs saga helga, cap. 147, S. 168—9, der Heimskringla, cap. 165, S. 277—8, und in den F. M. S., IV, S. 368—9; endlich in selbstständiger Fassung in der älteren Jóns biskups saga, cap. 2, S. 152—3, und Gunnlaugs Bearbeitung, cap. 4, S. 218). Aber ganz dasselbe muss auch von einer langen Reihe anderer Erzählungen gelten, in welchen sammt und sonders dieselbe Neigung des Verfassers der Sage sich ausspricht, die Thaten und Geschicke seiner isländischen Landsleute der Vergessenheit zu entreissen, und diese Erzählungen sind zum Theil so vollständig in dessen Darstellung verwoben, dass an eine spätere Einschaltung derselben in einen älteren kürzeren Text unmöglich gedacht werden kann. Ich rechne dahin, was über K. Hrærek's Sendung nach Island erzählt wird (cap. 24, S. 18), oder über die Vermittlerrolle, welche Hjalti Skeggjason zwischen den Königen von Norwegen und Schweden übernam (cap. 42—44, S. 29—32); ferner was über Þórarinn Nefjúlfsson (cap. 50, S. 30—37), Óttarr svarti (cap. 60—62, S. 45—47), Steinn Skaptason (cap. 63, S. 48; vgl. cap. 57, S. 48) und Gizurr svarti (cap. 85, S. 64, und cap. 90, S. 67) gesagt ist; ganz besonders aber auch alles Das, was an so vielen Stellen der Sage über den tapferen Dichter Þormóð Kolbrúnarskáld zu lesen steht.

Anm. 18.

Dass die legendarische Sage aus älteren schriftlichen Aufzeichnungen schöpfte, lässt sich im Mindesten nicht bezweifeln; wenn aber auf die Beschaffenheit dieser ihrer Vorlagen näher eingegangen werden soll, müssen zwei Bestandtheile der Sage wohl unterschieden werden. Der Schluss derselben nämlich, cap. 103—126, S. 76—89, umfassend und von den Wunderzeichen des heil. Ólafs handelnd, stimmt, wie schon gelegentlich angedeutet wurde, in auffälligster Weise mit dem zweiten Theile einer Homilie zusammen, welche, zum Gebrauche „in die sancti Olavi regis et martiris" bestimmt, in einem von Unger neuerdings herausgegebenen Homilienbuche sich findet (Gammel Norsk Homiliebog, Codex Arn. Magn. 619, qv., Christiania, 1864), wogegen der erste Theil unserer Sage, welcher die ausführliche Biographie ihres Helden enthält, mit der kurzen Lebensgeschichte desselben, welche allerdings auch die Homilie in ihrem ersten Theile (S. 146—49 bei Unger) voranschickt, keine wesentliche Uebereinstimmung verräth. Die Eingangsworte freilich, welche jenen Wundercatalog der Homilie (S. 149—68) einführen, sind in unserer Sage durch andere ersetzt, da es eben galt, hier und dort an verschieden geartete Werke denselben anzureihen; dagegen finden sich von den 20 Nummern jenes Cataloges die 5 ersten in der Sage ganz gleichmässig, und in derselben Reihenfolge wider (cap. 103—107), ebenso nr. 7—12, (cap. 108—113), nr. 13—14 (cap. 116—117), endlich nr. 15—20 (cap. 120—125, wobei indessen zu bemerken ist, dass die Homilie in Folge eines weggerissenen Blattes eine Lücke zeigt, die am Schlusse von nr. 17 beginnt und bis in die Mitte von nr. 20 hineinreicht; nur aus dem Umfange der Lücke lässt sich schliessen, dass sie eben hinreichte, die betr. Stücke der Sage zu umfassen), wogegen nr. 6 in der Sage versetzt ist (cap. 114), und drei in der Sage enthaltene Stücke (cap. 115, dann cap. 118—119) dem Homilienbuche fremd sind; die Schlussworte endlich, mit welchen das ganze Wunderverzeichniss endigt, sind wieder in beiden Quellen völlig dieselben. Prüft man aber die vier Stücke, bezüglich deren die Sage von der Homilie sich scheidet, etwas näher, so ergeben sich folgende, nicht unwichtige Thatsachen. Offenbar erzählt cap. 115 unserer Sage nur in sehr unbedeutend abweichender Wortfassung genau denselben Vorfall, welchen schon vorher cap. 108 in genau derselben Reihenfolge gebracht hatte, in welcher denselben auch die Homilie aufführt; der Compilator unserer Sage muss demnach verschiedene Quellen neben einander für seinen Wundercatalog benützt haben, und zwar mit solchem Unverstande, dass ihm die geringste Abweichung in der Darstellung bereits genügte, um mittelst derselben die Zahl der von ihm einzustellenden Wunderzeichen zu vermehren. Die beiden anderen in der Homilie fehlenden Stücke (cap. 118—19) bringen drei Wundergeschichten, deren erste einen nach der Olafskirche zu London gewiesenen Krüppel betrifft, — deren zweite die wunderbare Heilung eines gewissen Kolbeinn erzählt, welchem eine vornehme Frau hatte die Zunge ausschneiden lassen, — deren dritte endlich einen Mann, Namens Halldórr bespricht, welchem im Jahre 1152 von den Wenden die Zunge ausgeschnitten worden war. Alle drei Erzählungen finden sich auch in anderweitigen isländischen Quellen wider, nämlich die erste in der geschichtlichen Ólafs s. ens helga, cap. 269, S. 244, deren späterer Bearbeitung in den F.M.S. V, cap. 252, S. 140, und der Flateyjarbók, II, S. 381—2, sowie in der Heimskringla, Haralds s. harðráða, cap. 59, S. 116 (hier freilich nur aus Peringskjölds Ausgabe, welche möglicherweise lediglich aus der geschichtlichen Ólafs s. ens helga und deren späterer Ueberarbeitung geschöpft hat), — die zweite in der geschichtlichen Ólafs s. ens helga, cap. 276, S. 248—9, und deren späterer Bearbeitung in den F.M.S. V, cap. 259, S. 149 und der Flateyjarbók, II, S. 385—6, dann der Heimskr., Sigurðar s. Jórsalafara, cap. 37, S. 266—7, jedoch so, dass an allen diesen Stellen Þóra, die Mutter des K. Sigurður Jórsalafari, als die Grausame bezeichnet wird, während die legendarische Sage nur eine „Þora Guðþorms dotter moðer Sigurðar" und der an jenen Stellen in Bezug genommene Einarr Skúlason (in seinem Geisli, Str. 34—36) gar keinen Namen nennt, — die dritte endlich in der geschichtlichen Ólafs s., cap. 277, S. 249, deren jüngerer Bearbeitung in den F.M.S. V, cap. 260, S. 149—50, und der Flbk., II, S. 386, sowie der Heimskr., Sigurðar s. Jórsalafara, cap. 38, S. 267—90 (doch hier nur bei Peringskjöld); alle drei Erzählungen fehlen dagegen, in ihrer charakteristischen Ausprägung wenigstens, in den sämmtlichen specifisch kirchlichen Quellen. Aber dafür zeigt die zweite Erzählung wider eine auffällige Aehnlichkeit mit nr. 5 der Homilie oder cap. 107 unserer Sage, die dritte aber mit nr. 6 der Homilie oder cap. 114 der Sage, so dass auch in Bezug auf sie wider der Verdacht sich regen mag, dass eben nur ein und derselbe Vorfall aus verschiedenen Quellen in etwas verschiedener Fassung neben einander aufgenommen, und damit gewissermassen in zwei verschiedene Vorfälle zerlegt worden sein möge. Wunderlicher noch ist, dass eben diese nr. 6 der Homilie, dem cap. 114 der Sage entsprechend, augenscheinlich nur ein dürftiger Auszug derselben Erzählung ist, welche die nr. 12 der Homilie und das cap. 113 der Sage ungleich weitläufiger uns geben; giebt doch Peringskjölds Heimskringla an der oben angeführten Stelle den Vorgang geradezu in dieser ausführlicheren Fassung, und wenn deren Bericht zwar möglicher Weise lediglich aus der geschichtlichen Ólafs s. cap. 275, S. 246—8, und deren jüngerer Bearbeitung in den F. M. S. V, cap. 256, S. 145—6, und Flateyjarbók, II, S. 363—5, genommen sein mag, so bestätigt doch schon die blose Möglichkeit einer solchen Herübernahme die enge Berührung zwischen beiden Stücken, gegen welche natürlich der Umstand nicht geltend gemacht werden darf, dass spätere Quellen beide verschiedenen Zeitpunkten zuweisen wollen. Ich schliesse aber aus den Ergebnissen dieser Vergleichung, dass dem einschlägigen Abschnitte unserer Sage, wie diess auch schon deren Herausgeber, S. 122, angenommen haben, im Grossen und Ganzen eine mit der Homilie gemeinsame Quelle zu Grunde gelegen haben müsse, indem die andere Annahme, dass die Homilie selbst unserer Sage, oder umgekehrt diese jener als Quelle gedient habe, schon durch die Haltung der Darstellung in beiden Werken ausgeschlossen zu sein scheint, welche bald hier bald dort das unverfälschtere Gepräge zeigt. Ich finde sodann, dass der gemeinsame Bestand beider Quellen in der Sage durch einige Erzählungen vermehrt ist, welche von anderwoher deren Verfasser zugeflossen sind; da seine neuen Einschaltungen sich vorwiegend als abweichende Versionen im Wundercataloge bereits eingestellter Erzählungen erweisen, nehme ich an, dass solche einer von jener gemeinsamen Quelle völlig unabhängigen Vorlage entnommen seien, und da dieselben sämmtlich in den entschieden isländischen Geschichtswerken sich finden, dagegen in den specifisch kirchlichen, mit dem Homilienbuche näher zusammenhängenden Aufzeichnungen fehlen, folgere ich weiter, dass jene Vorlage eine isländische, ausserhalb jenes specifisch kirchlichen Kreises stehende gewesen sein werde. Nehme ich an, dass der Mönch Hallur, welchen gerade diese Einschaltungen in Bezug nehmen, der spätere Abt zu Munkaþverá gewesen sei, so müsste jene Vorlage etwa vor dem Jahre 1181 geschrieben sein, als in welchem dessen Vorgänger, der Abt Björn Gilsson, starb, da bei späterer Entstehung derselben Hallur als Abt, nicht mehr als bloser Mönch bezeichnet worden sein würde. Die Uebereinstimmung endlich, welche zwischen nr. 6 und 12 der Homilie (cap. 113 und 114 der Sage) hinsichtlich der Grundzüge der Erzählung besteht, lässt mich vermuthen, dass auch die von beiden Quellen gemeinsam benützte Vorlage auch nicht das ursprüngliche Original, sondern dass auch sie wider das Produkt einer Compilation aus verschiedenen, neben einander herlaufenden Bearbeitungen der Wundergeschichten des heil. Ólafs gewesen sein werde. Dass aber wirklich verschiedene Ueberlieferungen bezüglich dieser letzteren gleichzeitig umliefen, und dass somit die Behauptung der Herausgeber der legendarischen Sage, S. 122, die ganze Legende habe bereits kurz nach der Mitte des 12. Jahrhunderts ihren vollständigen Abschluss erlangt, eine durchaus unstichhaltige ist, lässt sich leicht erweisen. Einerseits findet man bei Langebek, II, S. 529—552, und III, S. 636—38, 639—42 und 643—45, eine ziemliche Zahl von Legenden über den heil. Olaf gedruckt, welche aus isländischen und norwegischen, schwedischen und finnischen, dänischen und deutschen Quellen geflossen, sammt und sonders dem kirchlichen Gebrauche bestimmt, und darum auch in lateinischer Sprache geschrieben sind; nur ein einziges Stück wird in plattdeutscher Uebersetzung gegeben, während sich andererseits auch ein gelegentlich schon erwähntes mittelschwedisches Legendenbuch hier anreiht, welches bereits am Ende des 13. Jahrhunderts entstanden zu sein scheint (siehe das Nachwort von Stephens, S. 1293—96 seiner Ausgabe). Andererseits handelt von den Wunderzeichen K. Ólafs bereits ein Ehrenlied, welches der isländische Priester Einarr Skúlason im Jahre 1153 in Norwegen, durch K. Eysteinn aufgefordert, auf diesen Heiligen dichtete, und welches bald als Ólafsdrápa, bald als Geisli, d. h. Strahl angeführt wird (gedruckt steht dasselbe unter Andern in den F. M. S. V, S. 349—70, die Zeitbestimmung aber ergiebt sich aus einem F. M. S. VII, S. 355, mitgetheilten Stücke der Morkinskinna, sowie aus Str. 8 und 9 des Liedes selbst, welche die Könige Sigurð, Eysteinn und Ingi, sowie den Erzbischof Jón als anwesend begrüssen; vergl.

Munch, II, S. 866, Anm.); ferner ein Anhang, welchen sowohl die geschichtliche Ólafs s. ens helga, als deren spätere Bearbeitung durch eine eigene Bemerkung eingeführt enthalten (sie lautet in der geschichtlichen Sage, cap. 248, S. 233: „Enn nu skal þat eigi niðri liggia. er honom er þo mest vegsemð i, at segia fra iartegnagorð hans"; ebenso in den F. M. S. V, cap. 252, S. 115, und wenig amplificirt in der Flateyjarbók, II, S. 374), während in der Heimskr., cap. 260, S. 394, dieselbe Bemerkung mit einer Verweisung auf die späteren Abschnitte des Werkes schliesst („enn nú skal þat eigi niðri liggia, er hónom er þó mest vegsemð í, at segia frá jártegna gerð hans, þótt þat se siðarr ritat í þessari bók"), in welche denn auch wirklich die einzelnen Wunder je nach den Zeitpunkten sich eingereiht finden, in welchen sie sich ereignet haben sollen. Trotz aller Verwandtschaft besteht zunächst zwischen beiden Kategorieen von Quellen gar manche Abweichung hinsichtlich der hier und dort aufgenommenen Wundergeschichten, und zwar nicht etwa blos in Folge einer allmähligen Vermehrung des ursprünglichen Vorrathes durch später hinzugekommene neue Stücke, sondern umgekehrt auch wohl in der Art, dass einzelne Stücke, welche in älteren Quellen sich finden, in neueren fehlen, wie denn z. B. das Wunder auf der Hlýrskógsheiði, oder wider das andere von dem Schwerdte Hneitir bereits im Geisli, Str. 27—30 und 40—47, erwähnt und auch in den übrigen isländischen Geschichtsquellen erzählt wird (geschichtl. Ólafs s. ens helga, cap. 265, S. 240—1, und cap. 248, S. 231—2; spätere Bearbeitung, F. M. S. V, cap. 248, S. 133—4, und cap. 230, S. 110—12; Heimskr. Magnús s. góða, cap. 28, S. 33, und Hákonar s. herðibreiðs, cap. 21, S. 407—8, hier freilich nur bei Peringskjöld; endlich auch Hrafns s. Sveinbjarnarsonar, cap. 1, S. 639—40), dagegen weder in die legendarische Sage, noch in die Homilie oder die andern beiden verwandten Quellen Aufnahme gefunden hat; geringere Abweichungen aber zeigen sich auch wider hinsichtlich des Stoffes und der Darstellung in den einzelnen zu dieser oder jener Kategorie gehörigen Quellen unter einander. — Noch ein weiterer Umstand dürfte die vorhin gezogenen Schlüsse bestätigen, und zugleich unsere Untersuchung um einen Schritt weiter voranbringen. Unsere Sage, cap. 89, S. 66, erzählt einen Traum, welchen K. Olaf vor der Schlacht bei Stiklarstaðir geträumt haben sollte, und schliesst diese ihre Erzählung mit den Worten: „Oc var þat auðsynt sagðe sa er ritaðe sagona af þesse vitran, at sia hinn helgi guðs dyrlingr hevir aðr lengi verit a heiri himirikis gatu er ha var at enda komet. oc hanum var þa ambun ætlað firir sitt erveðe af almatkom guði." Die Sage beruft sich also ausdrücklich auf eine ältere Aufzeichnung, und führt sogar eine Bemerkung dieser ihrer Vorlage wörtlich an; aber wenn zwar sowohl die isländischen Geschichtsquellen (Geisli, Str. 15 bis 18; geschichtl. Olafs s. ens helga, cap. 211, S. 210—11; Heimskr., cap. 220, S. 358—4; jüngere Bearbeitung, F. M. S. V, cap. 200, S. 66, und Flateyjarbók, II, S. 346—7; nicht unwesentlich abweichend die jüngere Bearbeitung der Olafs s. Tryggvasonar, in den F. M. S. III, cap. 290, S. 50—51), als auch unsere Homilie in ihrer dem Wundercataloge vorangehenden Geschichtserzählung, S. 149, und wenn auch mit manchen Abweichungen, die übrigen specifisch kirchlichen Quellen (Fornsvenskt Legendarium, S. 863—4; De Sancto Olavo & Breviarium Nidrosiense, bei Langebek, II, S. 534 und 543; Missale Aboense, Breviarium Scarense & Missale Hafniense, ebenda, III, S. 637, 641—2 und 644), sowie ein paar auswärtige Geschichtswerke (Schol. 42 zu Adam von Bremen, bei Pertz, Scriptores, VII, S. 327; Theodoricus Monachus, cap. 19, S. 328) der Traumerscheinung auch ihrerseits gedenken, so hat doch keine dieser Quellen den obigen Beisatz, und keine von ihnen kann somit als völlig identisch mit der von unserer Sage benützten Vorlage betrachtet werden. Da aber andererseits der salbungsvolle Ton jenes Beisatzes eher auf eine legendarische als historische Quelle hinweist, und da überdies die Art, wie die ganze Erzählung mit augenscheinlicher Unterbrechung des geschichtlichen Berichtes mitten in diesen eingeschaltet wird, darauf schliessen lassen dürfte, dass unser Compilator sie aus einer anderen Quelle geschöpft haben werde, als derjenigen, aus welcher er seine übrige Geschichtserzählung entnommen hatte, so glaube ich mit ziemlicher Sicherheit annehmen zu dürfen, dass demselben wenigstens zwei verschiedene Aufzeichnungen neben einander vorlagen: eine vorwiegend historische Biographie des K. Ólaf, welcher freilich derselbe halbwegs legendarische Anstrich kaum gefehlt haben wird, wie ihn Odds und Gunnlaugs Lebensbeschreibungen des Ólafur Tryggvason zeigen, und welche zumal anhangsweise gewiss auch auf die Wunderzeichen ihres Helden eingegangen war, — sodann aber eine Homilie, welche ähnlich wie die uns erhaltene, aber in ihrer Wortfassung von ihr verschieden, den Wunderkatalog als die Hauptsache behandelt, und nur eingangsweise eine kurze Geschichtserzählung ihm vorangeschickt hatte; aus der Homilie hatte er dann jene Traumerscheinung in seine Geschichtserzählung heraufgenommen, und umgekehrt aus der Biographie die wenigen Wundergeschichten gezogen, mit welchen er den aus der Homilie genommenen Catalog bereicherte. Woher dabei auch der Wunderkatalog genommen sein mochte, die Biographie wenigstens scheint specifisch isländischen Ursprunges gewesen zu sein, da gerade die ihr entnommenen Wunderzeichen lediglich für die entschieden isländischen Quellen charakteristisch sind. — Der handschriftliche Befund stimmt mit diesen Ergebnissen recht wohl überein, wenn er auch, leider, nicht gerade eine entschiedene Bestätigung derselben zu gewähren vermag. Wir haben in der vorigen Anmerkung erwähnt, dass die Haupths. unserer legendarischen Sage aus der Mitte des 13. Jahrhunderts stammt, während die neben ihr erhaltenen älteren Fragmente noch etwas weiter hinauf, bis in die ersten Jahre desselben Jahrhunderts reichen, und dass letztere auf Island, nicht auf Norwegen zurückweisen, ist ebenfalls bereits bemerkt worden; da dieselben indessen, wenigstens soweit sie veröffentlicht sind, kein zum Wunderverzeichnisse gehöriges Stück enthalten, lässt sich nicht bestimmen, ob die Hs., zu welcher sie gehörten, nur die Biographie K. Ólafs mit ein paar angehängten Wundergeschichten, oder ob sie ebenfalls bereits den ganzen aus kirchlichen Quellen stammenden Wundercatalog unserer Haupths. enthalten habe. Anderentheils ist der Cod. Arnam. 619 in 4to, nach welchem Unger das oft angeführte Homilienbuch herausgegeben hat, unzweifelhaft gegen Ende des 12. oder Anfang des 13. Jahrhunderts in Norwegen geschrieben (Unger, Vorrede, S. III; Konráð Gíslason, um frumparta, S. XLVII); aber auch hier sind uns wider Bruchstücke einer ungleich älteren isländischen Hs. erhalten, welche, soweit sie reichen, mit jener Haupths. vollkommen übereinstimmen, und unstreitig der zweiten Hälfte des 12. Jahrhunderts angehören (Unger, S. VIII; Konráð Gíslason, S. XVII—VIII). Aber leider fallen auch diese Fragmente wider nicht in den auf den heil. Ólaf bezüglichen Abschnitt herein, und wenn zwar nicht anzunehmen ist, dass in einem nordischen Homilienbuche aus dem Ende des 12. Jahrhunderts K. Ólaf vergessen sein konnte, welcher bereits seit dem Jahre 1031 als Nationalheiliger Norwegens in allen Landen gleicher Zunge der höchsten Verehrung genoss, so ist doch damit noch keineswegs erwiesen, dass die in der isländischen Hs. enthaltene Olafshomilie der des norwegischen Homilienbuches völlig gleichgeartet war, und dass sie insbesondere auch die geschichtliche Einleitung dieser letzteren in völlig gleicher Fassung enthalten habe. Dass aber unser Homilienbuch ebensogut wie unsere Sage bereits durch verschiedene Hände gegangen sein müsse, ehe sie die Gestalt angenommen haben, in welcher sie uns nunmehr vorliegen, darf immerhin als auch durch den Zustand unseres handschriftlichen Materiales bestätigt gelten. — Vielleicht gelingt es aber, der Entstehungszeit und dem Entstehungsorte unserer Homilie von anderer Seite her noch etwas näher zu kommen. Da sowohl die Homilie, S. 158, als unsere Sage, cap. 111, S. 81, des Erzbischofes von Drontheim und seines Domcapitels gedenkt, so kann die beiden gemeinsame Quelle jedenfalls erst nach dem Jahre 1152 entstanden sein, da erst in diesem Jahre das norwegische Erzbisthum begründet wurde; da andererseits die Haupths. unserer Homilie bereits etwa dem Jahre 1200 angehört, kann die Entstehung jener ihrer Vorlage auch nicht weiter als ungefähr bis zu diesem Jahre herabgerückt werden. Beachtenswerth ist sodann, dass in der geschichtlichen Einleitung zu der Homilie, S. 148, der russische König, zu welchem der heil. Ólafur floh, Jerczellauus genannt wird, nicht wie in den nationalisländischen Quellen, und auch in der legendarischen Sage, Jarizleifer (Jaritlavur, im Ágrip), und dass derselbe

Name, verschiedentlich verunstaltet, auch in den sämmtlichen übrigen kirchlichen Quellen wiederkehrt (Gerzellaws, im Fornsvenskt Legend., S. 869; Gerzellavus, im Breviar. Nidros., S. 542; Jacellavus, in der Legenda de St. Olavo, S. 531; Narsellanus im lübischen Passion., S. 537; Venzellanus, De S. Olavo, S. 585; Geraslaus, im Breviar. Scarense, S. 640); man sieht daraus, dass der nordischen Abfassung unserer Homilie eine lateinische vorangegangen sein muss, welche den Namen in jener ungewöhnlichen Form geboten hatte. Aus der Chronik Theodorichs kann dabei diese Namensform nicht geflossen sein, denn bei ihm lautet sie Wirtslavus; näher steht dagegen bereits der dänische Saxo Grammaticus, welcher die Form Gerithaslavus zeigt; vollkommen entspricht endlich Adam von Bremen, welcher den Namen Gerzleff gewahrt (II, cap. 37, S. 819), welchen er vielleicht auch aus dänischem Munde vernommen hatte. Ferner. Der Mönch Theodorich, welcher wie wir sehen werden in den Jahren 1176—88 seine norwegische Königsgeschichte schrieb, stellt in deren cap. 18 (bei Langebek, V, S. 321—22) dreierlei Berichte über des heil. Olafs Taufe sich gegenüber: „secundum quosdam" sei derselbe in einem Alter von 3 Jahren in Norwegen selbst durch K. Ólaf Tryggvason zur Taufe gebracht worden, — nach Anderen („alii contendunt") hätte er in England die Taufe empfangen, endlich nach einer „historia Normannorum", welche der Verfasser selber eingesehen habe, hätte ihn Erzbischof Robert von Rouen getauft, und Theodorich lässt dahingestellt, welche dieser Nachrichten die bessere sei. Nun wissen wir, woher derselbe jene erste Version hatte, von den Isländern nämlich, auf die er sich so vielfach beruft, und die sammt und sonders des heil. Olafs Taufe auf seinen Namensvetter zurückführen (legendarische Sage, cap. 6, S. 4; geschichtliche Sage, cap. 18, S. 15; spätere Bearbeitung, F. M. S. IV, cap. 20, S. 34, und Flbk., II, S. 10—11; ebenso auch der Prolog zu Odds Ólafs s. Tryggvasonar, S. 1, in Munchs Ausgabe, die Heimskr. Ólafs s. Tryggvasonar, cap. 66—67, S. 265, sowie die jüngere Bearbeitung dieser Sage, F. M. S. II, cap. 194, S. 129—30, und Flbk., I, S. 370—1; endlich die isländischen Annalen, a. 998, während das Ágrip, cap. 19, S. 395, sich allein unbestimmter äussert); die Quelle seiner dritten Nachricht nennt er selber, und wirklich findet sich die betreffende Angabe in einem um die Mitte des 12. Jahrhunderts geschriebenen Werke des Guilelmus Gemeticensis, welches theils unter dem Titel „de gestis ducum Normannicorum libri 8", theils unter dem Titel „historiae Normannorum libri 8", erhalten ist (V, cap. 12, bei Duchesne, Hist. Norm. Script., S. 254—55). Woher aber Theodorich jenen zweiten Bericht hatte, wird uns nicht gesagt; da derselbe indessen, cap. 20, S. 330, bezüglich der Translation und der Wunder des heil. Olafs sich auf mehrfache ältere Aufzeichnungen beruft, unter welchen doch wohl nur der unsrigen mehr oder minder ähnliche Homilien verstanden werden können, liegt es nahe, auch jene Angabe auf solche zurückzuführen. Nun findet sich in unseren sämmtlichen kirchlichen Quellen die übereinstimmende Angabe, dass K. Ólaf in England den christlichen Glauben angenommen, und in Rouen die Taufe empfangen habe, und sagt unsere Homilie, S. 146: „á Englande toc hann á guð at trua, oc í borg þeirri er Rym heitir, þar let hann cristnaz sic", — das schwedische Legendenbuch, S. 860: „Tha then helghe herren sanctus olafwus hafdhe hørt oc vidhertakit the hælgho tro j englande han var døptir j enom stadh som heet rothomagus", — de S. Olavo, S. 533: „Gloriosus Rex Olavus Evangelicae veritatis sinceritate in Anglia comperta, fidem toto admisit pectore, et ad baptismi gratiam in urbe Rothomagi devota animi alacritate convolavit", — ebenso das Breviar. Nidrosiense, S. 541, und das Breviar. Scarense, S. 640, sowie das Segmentum de S. Olavo, S. 580, wo nur statt: „evangelicae veritatis sinceritate in Anglia comperta", verschrieben steht: „evang. verit. sincer. angelica comperta". — das lübische Passionale, S. 536: „Olauus was eyn Konnynk in Norwegen. Do he noch eyn heyden was, vnde in Engelant den cristen louen ghelered hadde, leet he sik dopen in der Stat Rowan"; wenn endlich in der Legenda de S. Olavo, S. 530, des Ortes der Bekehrung und der Taufe gar nicht gedacht wird, so muss doch, wie die vorhergehenden Worte: „gloriosus rex Olavus, qui, licet gentilis, natura tamen benignus erat", andeuten, dieselbe Angabe sich ursprünglich auch hier gefunden haben, und möchte dieselbe vielleicht nur darum gestrichen worden sein, weil gerade diese, aus Island stammende, Legende sie mit den nationalen Ueberlieferungen also unvereinbar glaubte. Von Vorneherein hat diese Gegenüberstellung Englands als des Bekehrungsortes und Rouen's als des Tauforts etwas Befremdliches, und nach der Art, wie Theodorich sich ausdrückt, kann überdies zu seiner Zeit von einer Taufe in Rouen noch nicht allgemein in Norwegen gesprochen worden sein; mag also sein, dass in den dazumal verbreiteten Legenden nur England genannt war, und dass erst hinterher, vielleicht gerade auf seine Autorität hin, Rouen miteingeschaltet wurde. Wie dem aber auch sei, aus Island kann jene Angabe jedenfalls weder in der einen noch in der anderen Fassung herstammen, denn dort galt ja schon seit Odds Zeiten der heil. Ólaf als durch seinen älteren Namensvetter bekehrt und getauft. Nicht minder dürften auch chronologische Gründe verbieten an die Herkunft unserer kirchlichen Stücke aus Island zu denken. In sechs der hier einschlägigen kirchlichen Stücke wird nämlich der Tod des heil. Ólafs übereinstimmend in das Jahr 1028 gesetzt (so im schwedischen Legendenbuche, S. 868, der Legenda de S. Olavo, S. 532, dem Stücke de S. Olavo, S. 581, dem lübischen Passionale, S 538, dem Breviarium Nidrosiense, S. 543, und dem Brev. Scarense, S. 641), und wenn die norwegische Homilie, S. 149, dafür das Jahr 1024 nennt, so ist darin zwar vielleicht eine Correctur auf Grund des irrigen, in der Húngurvaka zu Grunde gelegten chronologischen Systemes zu sehen (vgl. oben, Anm. 13), vielleicht aber auch nur ein blosser Lese- oder Schreibfehler (IIII statt VIII). Dem gegenüber lässt nicht nur Ari hinn fróði den König erst im Jahre 1030 fallen (Íslendingabók, cap. 7 und 8, S. 13; auch die Berechnung der den einzelnen Gesetzsprechern zukommenden Amtsdauer stimmt hiemit überein), sondern auch die Angaben der Magnúss s. Eyjajarls, cap. 25, S. 500, und cap. 26, S. 504, über den Tod des heil. Magnús, dann der Sturlúnga, VII, cap. 45, S. 92, über den Haugsnessfunder gehen von jener Jahrzahl aus, welche auch die sämmtlichen isländischen Annalen festhalten; andererseits setzen die legendarische Sage, cap. 101, S. 75, und das Agrip, cap. 27, S. 399, vielleicht auch die Ingvars s. víðförla (oben, Anm. 13), Ólafs Tod in das Jahr 1029 und auch Theodorich, cap. 19, S. 329, erklärt sich nach reiflicher Prüfung („ut nos certius indagare potuimus") mit der letzteren Angabe einverstanden. Mag sein, dass diese letztere Berechnung, neben welcher übrigens die legendarische Sage, cap. 53, S. 34, gelegentlich auch noch jener anderen, verbreiteteren Annahme erwähnt, dass zwischen dem Tode der beiden Ólafe volle 30 Jahre in Mitte liegen, lediglich aus der doppelten Ueberlieferung hervorgegangen ist, dass K. Ólaf 15 Jahre regierte und seine Regierung im Jahre 1014 angetreten habe, wobei dann leicht ein halbes Jahr mehr oder weniger zu einem irrigen Ergebnisse führen konnte (vgl. meine Schrift: „Die Bekehrung des norwegischen Stammes zum Christenthume", II, S. 540—42, und unten, Anm. 28); wie dem aber auch sei, die Jahrzahl 1028 wenigstens kann unmöglich aus isländischen Quellen in jene Legenden gekommen sein. Aber auch die englischen Geschichtsquellen, die Angelsächsische Chronik voran, lassen den König erst im Jahre 1030 fallen, und auch aus England kann demnach die unseren kirchlichen Quellen gemeinsame Chronologie nicht bezogen sein, so nahe es auch läge, bei dem beträchtlichen Einflusse an dergleichen zu denken, welchen der englische Klerus auf die Begründung des Christenthumes in Norwegen nachweisbar geübt hat. Da aber andererseits die in der vorigen Anmerkung schon erörterte fremde Art, in welcher unsere Homilie die Norweger bespricht, doch wohl auf einen ausländischen Verfasser derselben schliessen lässt, und da überdiess der Name, welchen dieselbe dem russischen Grossfürsten beilegt, dieselbe oder doch eine ähnliche Form zeigt, in welcher ihn Meister Adam und Saxo Grammaticus bieten, so darf vielleicht die Vermuthung gewagt werden, dass es ein deutscher oder dänischer Kleriker gewesen sein möge, welcher das lateinische Original der Olafslegende verfasste, wie denn auch zwei Stücke ihres Wundercataloges, nr. 4 und 12, auf dänische Männer sich beziehen.

Wenden wir uns aber nunmehr zur Prüfung der ersten und grösseren Hälfte der legendarischen Saga, so zeigt sich sofort, dass auch diese nicht nur kein Original, sondern auch keine einfache Abschrift eines Originales sein kann, dass vielmehr bereits auch sie eine Reihe von Wandelungen durchgemacht haben muss, ehe sie diejenige Gestalt erlangte, in welcher sie uns nunmehr vorliegt. Schon die Vergleichung unserer Haupths. mit den dürftigen älteren Bruchstücken, soweit diese bisher veröffentlicht sind, ergiebt mancherlei Abweichungen zwischen beiden. Nur zum Theil lassen sich diese darauf zurückführen, dass unsere Haupths. ihre Vorlage unrichtig abgeschrieben hat, wie etwa in cap. 62, S. 48, wo irrthümlich þormóðr steht, während S. 93 richtig þorðr sváld genannt ist, — oder in cap. 75, S. 58—9, wo unter den Männern, welche K. Ólaf nach Russland begleiteten, nur ein þorleifr genannt wird, während S. 95 „þorleifr tveggia bvárr“ steht, was verglichen mit cap. 71, S. 55, offenbar zugleich auf þorleifr hviti und þorleifr hvækr geht, — wo ferner dort Finnur Hárekson und þórður fehlen, weil der Schreiber über dem folgenden Finnur Árnason irre wurde, — wo für den Kolbjörn der Fragmente þorbjörn geschrieben, endlich Egill sowohl als Tofi weggelassen ist. Ein andermal hat die Haupths. ihr Original missverstanden; wenn es nämlich cap 66, S. 94, in den Fragmenten heisst: „eftir orrostona heimtisc saman herr svia konvngs oc norvegs konvngs avstr fir gatland firir a f l i t svia konvngs dana konvngr vicyc aftr“, während S. 80 gesagt wird: „æftir orrestuna hæimtisk samau Syia herrenn oc Noreks konongs herr austr firir Gautland firir o f l i ð i Syia konongs. Dana konongr vwik aftr“, so darf man nicht mit den Herausgebern an letzterer Stelle für Syia konongs emendiren: Dana konongs; vielmehr zeigt die übereinstimmende Lesart der geschichtlichen Sage, cap 141, S. 165, der Heimskr., cap. 161, S. 273, und der jüngeren Bearbeitung, F. M. S., IV, cap 147, S. 363, und Flateyjarbók, II, S. 281: „fyrir Svia konúngs v e l d i“, dass afl in den Fragmenten im Sinne von veldi genommen werden muss, also als Bezeichnung desjenigen Landestheiles, welcher dazumal die Hauptstärke des Schwedenköniges ausmachte, und dass somit das Wort ofliði = ofrliði, in unserer Haupths. nur aus einem Missverständnisse hervorgegangen sein kann. Widerum lässt diese letztere einmal eine Notiz weg, welche die Fragmente geben; wenn es nämlich in den letzteren, cap. 75, S. 95, heisst: „oc dvalþisc þar mioc lengi. meþ sigtryggvi faþr ivars. faþor sona faþor karls“, so steht dafür S. 59 nur: „oc dvaldisc þar miok længi með Syktrygg.“ Beachtenswerther noch scheint, dass wenn zwar die Fragmente mehrentheils dem Inhalte nach mit der Haupths. übereinstimmen, doch ihre Darstellung jederzeit die kräftigere, ausführlichere, und zumal auch eine ungleich persönlicher gefärbte ist, wogegen die Fassung der letzteren sich als ein, oft recht unbehülflicher, Auszug zu erweisen pflegt; man vergleiche z. B. cap. 58, S. 92: „Drecinn brvnar ov fram váno bráþara, sem ec gat áþr, oc gengr nær scipino þeira þormoþar, oc er þat sagt at stafnbvinn a drekanom bregþr sverþi oc hoggr til þormoþar“, mit S. 45: „Drekann brunar fram vano bráðare. Stambuinn bregðr sværði oc hoggr til þormos“, — cap 59, S 93: „þessi maþr er ec gat aþr“, und wieder: „annan dag pascanna, þa er þat sagt, at konvngs menn“, u. s. w., mit S. 45, wo beidemale der Beisatz fehlt, — cap. 63, S. 94: „oc svá var oc at steinn var þar siþan scamma hriþ. oc fór hann a bravt, oc er þat her eigi sagt, hvat hann“, u. s. w., mit S. 48: „oc var þar skamma rið siðan“, — cap. 64, S. 94: „Ný væri mart fra olafi at segia þat er hann drýgþi i margo lagi er stormerkiom setti. meþan hann var ifir lande. oc má ecci of þat ryþa. eftir þvi sem var at eigi ero sva vitni vmb þa all er tocilig ero“, mit S. 48: „Nu var mart sact fra Olave konongs þat er hann hafðesk at i margu lage or stormærkium sætte. meðan er hann var firir lande, oc ma ækci um þat roeða æftir þvi sem þat var“, — endlich cap. 75, S. 95: „þessir vóro i ferþ meþ olafi konvngi þeirra manna er vér cunnom nefnom markia. sem nú mvn ec telia“, mit S. 58, wo einfach gesagt wird: „þesser menn foro með konongenom.“ In zwei Fällen aber nemen die zwischen den Fragmenten und der Haupths. bestehenden Abweichungen auch einen inhaltlich bedeutsamen Charakter an. Wenn nämlich die Haupths., cap 62, S. 46—48, an des Dichters Óttars erste Begegnung mit K. Ólaf anknüpfend, zuerst Óttars Schwerdtweise giebt, dann erzählt, wie der König Sighvats Tochter über die Taufe hebt und wie letzterer dabei eine Weise spricht, weiterhin eine von K. Ólaf selbst auf die

Ingibjörg Finnsdóttir gedichtete Weise bringt, sodann zwei Weisen Ottars und des Königs auf den Bauern Karli mittheilt, endlich zwei von Sighvat und Óttar über vom Könige ihnen geschickte Nüsse gedichtete Weisen anführt, um zuletzt mit einer von Þormóður (soll heissen Þorfinnur) auf des Königs Geheiss über eine Tapetenwirkerei gedichtete Strophe zu schliessen, so wissen die Fragmente, S. 95, nur von den Strophen Ottars über die Schwerdter und über die Nüsse, sowie von der Strophe Þorfinns über die Tapete, sodass also Sighvats Strophe über die Gevatterschaft, K. Ólafs Strophe über Ingibjörg, die Weisen über Karli, sowie Sighvats Strophe über die Nüsse, einfach fehlen. Ferner. Wenn die Fragmente, cap. 75, S. 95, den K. Ólaf vor seinen Gegnern im Slygsfjörður in Sunnmœri seine Schiffe verlassen, von hier aus nach den Upplönd ziehen und dort Ding halten lassen, so erzählt die Hauptbs. zwar auch, cap. 71, S. 55, wie im Slygsfjörður die Schiffe verlassen werden, und cap. 75, S. 68, wie in den Hochlanden Ding gehalten wird, zwischen diese beide Endpunkte aber schiebt sie eine lange Erzählung hinein, die damit beginnt, wie K. Knútur nach Norwegen kommt, K. Ólafur vor ihm nach Sunnmœri flieht und hier seine Schiffe verlässt, dann berichtet wie der letztere, nicht ohne mancherlei Wunder zu thun, über den bösen Bergweg nach Lesjar zieht, und zuletzt noch beschreibt, wie der flüchtige König in aller Eile das vom Christenthume wieder abgefallene Volk in den dortigen Thälern gewaltsam nochmals bekehrt. Offenbar hat der Compilator der Hauptbs. hier in die sonst von ihm benützte Vorlage, deren kurzem Berichte die Fagurskinna, §. 107, S. 88, ebensogut folgt, wie unsere Fragmente diess thun, eine andere parallel laufende Erzählung aus einer anderen Quelle um ihrer grösseren Ausführlichkeit willen eingeschaltet, und zwar so ungeschickt, dass er sogar unterliess, deren Anfang mit Dem in Uebereinstimmung zu bringen, was er auf Grund jener ersteren Vorlage bereits unmittelbar vorher erzählt hatte: offenbar hat derselbe aber überdiess mit dieser seiner ausführlichen Beschreibung der Flucht des heil. Ólafs auch noch einen anderen Bericht verbunden, welcher sich auf die Bekehrung der Thäler durch denselben bezog, und auch diess wieder so ungeschickt, dass er dabei vergass, dass er in cap. 33—39, S. 23—28, diese letztere bereits besprochen hatte. Die Herausgeber der legendarischen Sage haben bereits, S. 113—14, darauf aufmerksam gemacht, dass die Heimskringla, cap. 188—89, S. 308—18, und die jüngere Bearbeitung der Sage, in den F. M. S. V, cap. 170—71, S. 16—25, zwar im Uebrigen wesentlich dem ausführlicheren Berichte unseres Compilators über Ólafs Flucht folgen, aber doch den auf die Bekehrung der Thäler bezüglichen Theil desselben bereits an jener früheren Stelle bringen, an welcher diese im Uebrigen mit jenem früheren Berichte der legendarischen Sage conform erzählt wird, nämlich Heimskr. cap. 117, S. 170, und F. M. S. IV, cap. 106, S. 239—40, und habe ich hiezu nur noch beizufügen, dass auch die geschichtliche Sage, cap. 98, S. 105—6, und cap. 174—5, S. 185—8, sowie die Flbk., II, S. 187 und S. 312—14, denselben Weg gehen. Munch, I, 2, S. 757—8, Anm., und die Herausgeber der geschichtl. Sage, Vorrede, S. V, Anm. 1, haben den Punkt sodann noch weiter ausgeführt, aber dennoch, wie mir scheint, noch keineswegs erledigt, oder genügend gewürdigt. Keinem Zweifel kann nämlich allerdings unterliegen, dass die beiden auf die Bekehrung der Thäler bezüglichen Stücke ursprünglich Bestandtheile eines Ganzen bildeten, und nur willkürlich von unserem Compilator auseinandergerissen, dagegen mit vollem Rechte in den späteren Quellen wieder zusammengestossen wurden; lässt doch sogar unser Compilator in cap. 33, S. 23, den Dala-Guðbrand schon von K. Ólafs Ankunft in Lóar hören, wohin er denselben doch erst in cap. 74, S. 58, gelangen lässt! Aber wenn hiernach zwar anzunehmen ist, dass der Compilator unserer legendarischen Sage einen ihm vorliegenden älteren Bericht willkürlich in zwei Theile getheilt, und an zwei verschiedenen Stellen seiner Erzählung einverleibt hat, so scheinen doch auch die späteren Quellen ganz derselben Willkürlichkeit, nur in etwas anderer Weise sich schuldig gemacht zu haben. Von Vornherein ist es unwahrscheinlich, dass K. Ólaf zweimal von Mœri aus nach Lesjar hinübergegangen sein sollte, und der Verdacht, dass die Heimskringla sammt den übrigen späteren Quellen rein willkürlich das einemal denselben über den Raumsdalr, das anderemal aber über den Valdaler dahin gehen liess, um die Wiederholung des Zuges minder unwahrscheinlich zu machen, wird dadurch verstärkt, dass unser unbeholfenerer Compilator von einer solchen Verschiedenheit des Weges Nichts weiss, vielmehr das erstemal den König ganz unversehens nach Lóar versetzt, weil er weder einen neuen Weg, ihn dahin zu bringen, erfinden, noch den überlieferten hier erwähnen wollte, den er für einen späteren Ort aufbewahrt hatte; dazu kommt aber noch weiter, dass das erste Stück in der legendarischen Sage, welches den Schluss der Bekehrungsgeschichte der Thaler enthält, ausdrücklich erwähnt, wie der König über die Soleyjar weiter zieht, und nicht eher rastet, als bis er in Schweden angekommen ist (cap. 39, S. 28), ein Beisatz, der offenbar darauf hinweist, dass die ganze Erzählung ursprünglich mit K. Ólafs Flucht nach Schweden in Zusammenhang gestanden war, der aber eben darum in den späteren Quellen einfach weggelassen ist. Wenn also unser Compilator es darin versah, dass er einen Theil der Bekehrungsgeschichte aus ihrem Zusammenhange mit dem anderen Theile derselben riss, und dass er diese nur halb, nicht ganz im Zusammenhange mit Ólafs Flucht nach Schweden liess, so haben die späteren Quellen dafür darinn gefehlt, dass sie jene ganze Bekehrungsgeschichte von der Erzählung dieser Flucht loslosten, und als ein Ganzes an einem früheren Orte einschalteten; besser durchdacht und geschickter durchgeführt ist freilich diese letztere Anordnung, aber der vorauszusetzenden älteren Vorlage gegenüber immerhin gleich gewaltthätig. Auffällig bleibt dabei nur, dass die späteren Quellen ebenso wie die legendarische Sage zu einer Spaltung dieser letzteren gelangten; möglich dass dabei ein Zufall waltete, indem hier wie dort die Erwähnung der Eiđsifjalög, welche König Ólaf neu geordnet hatte, Veranlassung geboten haben konnte, die Bekehrung der Hochlande an der früheren Stelle einzuschalten, wie denn dieser Gesetzgebung in der legendarischen Sage unmittelbar vor, in den späteren Quellen aber unmittelbar nach jener Interpolation gedacht wird, — möglich aber auch, und vielleicht wahrscheinlicher, dass ein äusserer Zusammenhang zwischen beiden Darstellungen bestand, indem die späteren Quellen entweder aus unserer legendarischen Sage selbst, oder aus irgend einer auch von dieser letzteren benützten älteren Vorlage geschöpft haben mochten, von deren muthmasslichem Aussehen es freilich schwer hält sich einigen bestimmteren Begriff zu machen. Wie dem aber auch sei, jedenfalls widerlegt die Art, wie unser Compilator zwei ganz verschiedene Darstellungen eines und desselben Vorfalles in einander einschachtelt, in schlagendster Weise die Annahme, dass derselbe in diesem Theile seiner Arbeit nur aus verschiedenen mündlichen Ueberlieferungen geschöpft habe (wie R. Keyser, Efterladte Skrifter, I. S. 480, diess behauptet); wer mündliche Erzählungen combinirt, kann unmöglich dazu kommen, unmittelbar hintereinander zweimal anzusetzen, um dasselbe zu berichten, wie diess beim flüchtigen Abschreiben verschiedener Berichte allerdings geschehen kann, und nur beim Abschreiben älterer Vorlagen konnte es geschehen, dass unser Compilator in cap. 74 die Ankunft K. Ólafs an einem Orte erzählen kann, an welchem er ihn in cap. 33 bereits anwesend hatte sein lassen. Die Art seines Verfahrens in diesem Falle lässt aber zugleich auf einen Mangel an Geschick und einen Grad von Unbehülflichkeit Seitens desselben schliessen, wie wir solchen höchstens bei den Sammlern der Flateyjarbók wieder in ähnlichem Masse finden; eine Thatsache, die man wohl thun wird, sich zu merken, wenn es gilt, die Untersuchung über die Genesis der legendarischen Sage weiter zu führen. — Wir finden nämlich noch an einer ziemlichen Reihe anderer Stellen in unserer Sage eine ähnliche unbedachte Nebeneinanderstellung verschiedener Versionen eines und desselben Vorganges, und mag auf einige der auffallenderen Vorkommnisse dieser Art hier aufmerksam gemacht werden. So heisst es z. B. cap. 65, S. 64: „Nu sia konungsmenn skip þat er atte Rutr a Viggiu Lođens sunr. Sigurđr ullstrengr var sunr hans er stađenn setti i Niđarose. Man oc þat segir konungr at Rutr var mestri vinr var. Nu ferr hann til Kalfs međ liđi oc vopnom i mote oss. Konongr mælti til Gizurar svarta. Er þat titt a Islande at værkmenn heimta slagar um haustum er þeir hafa unnit. Ia herra segir hann þat er þar mioc titt. Konongrenn sagþe. Æ em ec þui meiri maðr en bonndr a Islande at ek skal storfenngilegare til raða siganum. Tok þa reitenn oc alla þa er honum fylgþu oc drap þa alla. Æigi var hann trauðr þa. drap þa Rut oc hundrað manna með honum." Und wieder in cap. 90, S. 67: „Gizor ein svarte mællti. þat er titt sagðe hann með oss at herrarnir sigrar oc vinna til. hvat gere ek þat til herra er þar til mege metnaþ. Konongr svarar. Mena stande þriogavert þar tvæir oc er atvær rammare at afle. oc fry oc þer migi ef þu fellir þa. Gizor sleer undan aðrum fotenn. en annan drap hann aðr en bardagenn være." Unverkennbar ist hier eine und dieselbe Anekdote an zwei verschiedenen Stellen vorgetragen, und nur beidemale an verschiedene Vorgänge angeknüpft; dass dabei in der That hier und dort aus verschiedenen Quellen geschöpft wurde, wird überdiess recht auffällig dadurch bestätigt, dass unsere Sage denselben Hrút, welchen sie in cap. 86, S. 64 auf dem Zuge nach der Walstätte von K. Ólafs Leuten hatte todtschlagen lassen, in cap. 89, S. 66 dennoch zu den Häuptlingen zählt, welche in der Schlacht selbst an der Spitze der aufständischen Bauern gestanden seien. Ferner. Nachdem die Sage in cap. 48, S. 35 der Strenge Erwähnung gethan hat, mit welcher K. Ólaf gegen die unbotmässige Aristokratie seines Landes vorgegangen sei, sowie des Hasses, welchen er dadurch auf sich geladen habe, erzählt sie, wie þórir hundur auf einer Bjarmalandsfahrt den Karli getödtet und dadurch sich mit dem Könige verfeindet habe; darum sei er mit vielen anderen Landherren aus dem Lande gewichen, und dem Könige untreu geworden. Hierauf wird, cap. 49—52, S. 35—38, die Erzählung von Ásbjörn Selsbani eingeschoben, welche eben jenen þórir, der soeben Norwegen verlassen haben sollte, als noch dort anwesend zeigt. Nach längerem Zwischenraume wird sodann, cap. 68, S. 52, erzählt, wie K. Knút einen Theil der norwegischen Grossen durch Bestechung auf seine Seite zu ziehen wusste, und wie K. Ólaf dafür 4 angesehene Männer, darunter einen gewissen Grjótgarð und einen Schwestersohn des þórir hundur, erschlagen liess; aus diesem Grunde habe þórir dem Könige 3 seiner vertrautesten Leute erschlagen, und sei, von ihm geächtet, nach den Finnmarken geflohen, um hier zwei Winter zu bleiben. Nach Ablauf dieser Frist kehrte derselbe, cap. 69, S. 52, im Vertrauen auf die Zauberkunst der Finnen nach Norwegen zurück, und erwies sich fortan als K. Ólafs erbittertster Feind; das geschah aber unmittelbar vor des Königs Flucht aus dem Lande. In der Schlacht bei Stiklastaðir stand þórir nach cap. 91, S. 69 mit 11 Genossen ausserhalb der Schlachtreihe der Aufständischen, alle mit Wolfspelzen bekleidet, welche nach cap. 92, S. 70, von zauberkundigen Finnen gegen Eisen festgemacht worden waren. Offenbar liegt auch dieser Darstellung wieder ein doppelter Bericht über þóris Flucht zu Grunde, und hat der Compilator wider beide Versionen combinirt, statt dass er sich für die eine oder andere derselben zu entscheiden gehabt hätte; der Gegensatz zwischen beiden Berichten stellt sich dabei sehr klar heraus, wenn man die Darstellung der Fagurskinna, § 99, S. 79 zu Hülfe nimmt. Fast mit denselben Worten wie unsere Sage erzählt diese von des Königs Strenge gegen seine Grossen, von þóris Fahrt nach Bjarmaland und der Tödtung Karli's, endlich von þóris Flucht ausser Lands und dem Verrathe so mancher anderer Landherren; späterhin finden wir den þórir dann, § 109, S. 90, unter den Führern der Aufständischen bei Stiklastaðir genannt, aber weder von der Geschichte Ásbjörns, noch von der Tödtung Grjótgarðs und seiner Genossen, sowie von der von þórir dafür genommenen Rache, von dessen Flucht nach den Finnmarken oder den dort bereiteten Nothhemden ist hier mit einem Worte die Rede. Aehnlich kurz fassen sich auch Theodorich und das Ágrip; bei ersterem figurirt þórir unter den von K. Knút bestochenen Verräthern, dann unter den Führern der Bauern bei Stiklastaðir (cap. 16, S. 325, und cap. 19, S. 329), und auf diese beiden Angaben beschränkt sich auch die letztere Quelle (cap. 23, S. 397, und cap. 25, S. 399—400), nur dass im Detail beide sich unter einander mehrfach selbstständig verhalten. Bemerkenswerth ist aber dabei, dass schon die älteren Fragmente dieselbe combinirte Erzählung enthalten zu haben scheinen wie unsere Haupths.; wenigstens geben dieselben nicht nur die der letzteren mit der Fagurskinna gemeinsame Erzählung wider, sondern sie lassen auch wie jene sofort die Erzählung von Asbjörn folgen, von welcher die Fagrskinna Nichts weiss (S. 90—91), während sich allerdings bei dem geringen Umfange der Fragmente nicht bestimmen lässt, wie weit diese Uebereinstimmung auch auf den weiteren Verlauf der Erzählung sich erstreckt haben mag. Endlich noch ein dritter Beleg. Gelegentlich ihrer Beschreibung des Todes des þormóður Kolbrúnarskáld sagt die legendarische Sage, cap. 96, S. 71—72: „þormoðr ohorgðest miok saren. þar varo oc margar aðrer sarer. Kona ein geoc imote þormoðe með varfatn. Kimbi het sa er binnda skilldi um sar manna. alldraðr maðr oc ængi ræystimaðr verit oc otrur veret kallaðr. þormoðr fecc ekci rum hia daranum stoð ibia vandbælki nokcorom oc studisc afram. Nu var um rett hværir bezt gengo fram oc urðo menn ægi asatter. Gængr kona hia þormoðe oc spurði með hvarom er hann være. Hann svarar", u. s. w. Nach einigem Gespräche mit dem Weibe, welchem der Dichter seine Fragen in einzelnen Weisen beantwortet, heisst es dann weiter: „þormoðr mællte til Kimba at hann mindi ægi vera drængr. er hann amællte konongs mannum. ægir at hann man ægi þola værr (?) saren. Nu ser Kimbi hvar fram komr gullringr undan ermi þormoð. oc rænner Kimbi til augum. þormoðr mællte. þikci þer fagr ringrenn fostre sagðe hann þormoðr. Kimbi queðr fagran vera. Tak þa Kimbi sægir þormoðr. Kimbi retter til hondena. En þormoðr brigðr saxe oc hoggr af hanum hondena. Nu man ræyna hvesso saren er at þola. Kimbi veinar miok oc æper. En þormoðr queðr hann ægi skula með þeiri hendi nokcon man svikia. Nu gengr þormoðr ibraut. Maðr gengr imot hanom ungr af husi nokcoro. biðr hann ægi inn ganga. sægir þar vera op oc veinan. þormoðr spyr. Vartu i orrostunni i dag sagðe hann. Var ec vist sagðe hinn með bondum er bætr var. Við hvarom vartu sægir hann. Vist með konongenom er bætr var sægir þormoðr. Ertu sar sægir þormoðr. Sar er ok sagðe hinn. Eigi ferr yðr væl til konongsens sagðe þormoðr. Oc rekr nu at hanom saxet. Hann þolde illa. þormoðr biðr hann nu þola væl oc amæl þa konongs mannum. Nu do sa vanu braðare." U. s. w. Offenbar sind auch hier wieder zwei verschiedene, unter sich parallel laufende Erzählungen combinirt, wie sich diess zumal darinn ausspricht, dass in die Begegnung þormóðs mit Kimbi Züge eingemischt werden, welche sich mit dem berühren, was von dessen Begegnung mit dem ungenannten Bauern berichtet wird. Glücklicher Weise hat uns die Hauksbók die eine der zu Grunde liegenden Erzählungen in ihrer Reinheit aufbewahrt; es heisst nämlich in ihr, Fóstbræðra saga, cap. 10, S. 110—112 (ed. Konráð Gíslason): „Hann gengr til einnar bygghlöðu. þar er margir konungsmenn voro inni sárir. Kona ein vermdi vatn i katli til þess at þvá sár manna. þormóðr gengr at einum vandbálk ok styz þar við. Konan mælti við þormóð: Hvárt ertu konungsmaðr? eða ertu af bónda liði? þormóðr kvað visu", u. s. w. Nun folgt das Gespräch mit dem Weibe ziemlich wie in der legendarischen Sage, und zumal sind die dichterischen Antworten þormóðs beidemale dieselben; dann aber wird weiter gefahren: „Margir menn voro i hlöðunni þeir er mjök voro sárir, ok lét hátt i holsárum, sem náttúra er til sáranna. Nú er þormóðr hafði kveðit þessar visur, þá kom maðr einn af bóndaliðinu i hlöðuna inn; ok er hann heyrir, at hátt lætr i sárum manna, mælti hann: Ekki er þó undarligt, at konunginum hafi ekki vel gengit bardaginn við bændr, svá þróttlaust folk sem þetta er, sem konunginum hefir fylgt; þvi at mér þikkir svá mega at kveða, at þeir menn, sem hér eru inni, þoli varla úæpandi sár sin. þormóðr svarar: Sýniz þér svá sem ekki sé þróttigir þeir menn, sem hér eru inni? Hann svarar: Svá sýniz mér vist, at hér sé margir menn þreklausir saman komnir. þormóðr mælti: Svá má vera, en sé hér nakkvarr maðr i hlöðunni inni, er ekki sé þrekmikill, ok ekki mun þér sýnaz sár mitt mikit? Bóndi gengr at þormóði ok vildi sjá sár hans. Enn þormóðr sveipar sverðinu til hans ok sníðr hann miklo sári. Sá kvað við hátt ok stundi fast. þormóðr mælti þá: þat vissa ek, at vera mundi nakkvarr sá maðr inni, er þreklauss mundi vera: er þér illa saman farit, leitar á þrek annarra manna, þvi at þú ert þreklauss sjálfr: eru hér margir menn mjök sárir, ok stynr engi þeira; enn þeim er úsjálfrátt, þótt hátt láti i sárum þeira: enn þú stynr ok kveinar, þó at þú hafir fengit eitt litit sár. Nú er þormóðr mælti þetta, stóð hann við vandbálkinn þann". u. s. w. Man sieht deutlich, wie hier die Erzählung einheitlich in sich zusammenhängt, und wie aus ihr in die legendarische Sage die Eingangs erwähnte Begegnung Þormóðs mit der Frau am Wassergeschirre, dessen Gespräch mit ihr, dann aber auch der Vorfall mit dem jungen Bauern herüber genommen ist; die Fóstbræðra s., wie sie uns vorliegt, kann dabei allerdings nicht als die Vorlage unserer Sage betrachtet werden, da deren Vortrag sichtlich ein amplificirter, der unserer Sage dagegen der einfachere und ursprünglichere ist, aber eine gemeinsame ältere Quelle muss hier und dort benützt worden sein, welche in ihrer Grundanlage durchaus der Darstellung in der Hauksbók entsprochen haben muss. Aus einer völlig anderen Quelle muss dagegen geflossen sein, was unsere Sage über Kimbi berichtet. Während die Fóstbræðra s. jenes Weib die Verwundeten pflegen lässt, lässt diese den Kimbi für dieselben sorgen; mit ihm muss demnach auch das Gespräch über die Haltung der Leute im Gefecht geführt, und bei dieser Gelegenheit von ihm eben der Spott über des Königs Leute geübt worden sein, welchen die Fóstbræðra s. in anderer Verbindung einem ungenannten Bauern in den Mund legt; nur unter dieser Voraussetzung erklärt sich, dass Kimbi von Þormóð wegen solcher Lästerung gescholten werden kann, während wir ihn doch kein Wort in dieser Richtung sprechen hörten. Die Verwundung des Kimbi endlich durch Þormóð ist zwar im Detail anders erzählt als die Verwundung jenes Bauern in der Fóstbræðra s., aber auch in diesem Punkte laufen der Hauptsache nach beide Darstellungen immerhin auf dasselbe hinaus. Offenbar lagen demnach auch hier wider zwei parallel laufende Berichte vor, deren einer ein Weib die Verwundeten besorgen und mit Þormóð sprechen liess, die Verspottung derselben aber einem ungenannten Bauern in den Mund legte, welcher denn auch von Þormóð dafür blutig bestraft wird, während der andere den Kimbi die Verwundeten sowohl pflegen als verspotten, und demnach auch für deren Verspottung büssen liess; beide Berichte haben einen und denselben Vorfall im Sinne, den sie nur im Detail verschieden motivirt und ausgemalt erzählen. Unser Compilator hat aber wider beide in ungeschicktester Weise combinirt, und theils dadurch, dass er die eine Erzählung stückweise in die andere hineinschob, theils auch dadurch, dass er beide heillos flüchtig excerpirte, um allen Zusammenhang und alle Verständlichkeit gebracht (so sind z. B. die Worte: „segir að hann man eigi þola verr sárin", offenbar falsch widergegeben; soll „hann" auf Kimbi bezogen werden, müsste betr statt verr gelesen, — soll es auf Þormóð gehen, müsste ein ausgelassener Satz ergänzt werden). Woher der Bericht über Kimbi stammte, weiss ich nicht mit Sicherheit anzugeben, — jedenfalls weder aus Theodorich, noch aus den von der Fagurskinna und dem Ágrip benützten Quellen, da alle diese Werke von Þormóð und seinem Ende nicht das Mindeste wissen; vermuthen möchte ich indessen, dass derselbe jüngeren Ursprunges als der in die Hauksbók übergegangene sein möge. Schon die Unklarheit der Motivirung von Þormóðs Vorgehen gegen Kimbi scheint mir hierauf zu deuten, indem dabei zugleich auf dessen Spott über die Verwundeten, und auf dessen Treulosigkeit hingedeutet wird, so dass man fast annehmen möchte, es liege schon der unmittelbaren Vorlage unserer Sage eine Verschmelzung zweier noch älterer Versionen zu Grunde; ausserdem aber auch der Name Kimbi selbst, welcher meines Wissens sonst nur ein einziges Mal (in der Sturlúnga, IX, cap. 32, S. 249; Variante: Kumbi), und ausserdem noch einmal als Beiname (so Þorleifur Kimbi Þorbrandsson, in der Eyrbyggja und öfter) vorkommt, und nach Björn Halldórsson soviel als Spottvogel bedeutet, also recht wohl durch irgend welches Missverständniss erst hinterher zum Eigennamen geworden sein mag. Leider lässt sich nicht bestimmen, ob auch die älteren Fragmente bereits die combinirte Erzählung enthalten haben oder nicht, da dieselben schon lange vor deren Beginn abbrechen; immerhin dürften indessen die bisherigen Erörterungen genügen, um folgende Ergebnisse als vollkommen gesichert oder doch dringend wahrscheinlich erscheinen zu lassen. Der Compilator unserer Hauptbs. benützte zunächst neben einer in Island verfassten Biographie des heil. Ólafs, welche auch einzelne Wundergeschichten enthielt, noch eine Homilie, welche neben einem Wundercataloge auch eine kurzgefasste geschichtliche Einleitung, vielleicht ausländischen Ursprungs, enthielt; er entnahm dabei aus der letzteren Quelle sein Wunderverzeichniss, welches er nur mit einzelnen aus der ersteren Quelle entlehnten Stücken bereicherte, seine Geschichtserzählung dagegen schöpfte er wesentlich aus der ersteren Quelle, doch so, dass er mindestens in einem einzelnen Falle, vielleicht öfter, dieselbe mit einzelnen der Homilie entnommenen Geschichtchen ausschmückte. Für seine Geschichtserzählung aber benützte er neben jener Hauptvorlage, dann neben der, wie es scheint nur in sehr geringem Umfange gebrauchten Homilie, auch noch eine oder mehrere weitere Quellen, und zwar jedenfalls eine zweite Biographie des Königs, welche gutentheils jener ersteren parallel laufende, aber im Detail vielfach von ihr abweichende Berichte enthielt; seine Quellen selbst scheinen zum Theil bereits auf noch ältere Vorlagen zurückzuweisen, und die Art wie er selber sie gebrauchte und combinirte, war jedenfalls eine überaus unbehülfliche und rohe. Die älteren Fragmente der Sage scheinen dabei eine Mittelstufe in diesem Gestaltungsprocesse zu bezeichnen; ob dieselben bereits den Wundercatalog enthielten und überhaupt aus der Homilie geschöpft hatten, lässt sich weder bejahen noch verneinen, und ebenso wenig lässt sich bestimmen, in welcher Fassung in ihnen die auf Hrút, dann auf þormóð bezüglichen Vorfälle figurirt haben mögen, — da dieselben aber einerseits so manche auf K. Ólafs Hofdichter bezügliche Stücke nicht enthalten, und auch von des Königs Flucht nach Schweden nur einen einfachen, nicht doppelten Bericht geben, andererseits aber über des þórir hundar Zerwürfnisse mit diesem bereits dieselbe combinirte Erzählung gekannt zu haben scheinen wie unsere Haupths., dürfte immerhin anzunehmen sein, dass sie die unmittelbare Hauptvorlage bildeten, welche von dem Compilator der Haupths. nur noch mit einigen anderweitigen Zuthaten vermehrt wurde, anderentheils aber selbst wider aus der Benützung mehrfacher älterer Berichte hervorgegangen seien.

Anm. 19.

Hinsichtlich der Ólafs saga hins helga des Styrmir ist die Hauptstelle Flateyjarbók, III, S. 237: „þessir smáir articuli sem her eru samanlesnir standa i sialfri lifssaughu hins heilaga Olafs konungs Haralldssunar þeirri sama er Styrmir prestr hinn frodi hefir saman sett þott þeir se eigi sua fulliga skrifadir her fyrr i bokinni“; es folgen sofort auf S. 237—48 diese Zusätze unter 11 Nummern. Vgl. aber auch Bd. II, S. 67: „Suo segir Styrmir hinn frode at Olafr konungr Haralldsson hafi tekit riki af XI. konungum a Upplondum firir Olafi Suiakonungi. en hann segir at þui ætti Olafr sænski Uppland at Æirekr Hakonarson hefde þui heitit honum til lidueitslu ser þa er hann bardizst med honum moti Olafi konungi Trygguasyni. ok er þat lygtekit er hann hefir saman sett.“ S. 68: „þa er Olafr konungr hafde undir sig lagit þat riki er þessir V. konungar hofdu haft adr ok adrir VI. þeir er Styrmir reiknar j sinne bok.“ S. 118: „þuiat þat er jafnan sagt at hann tok riki af fim konungum a einum morgne en alls tæki hann af IX. konungum þar innanlands eftir sogn Styrmis hins froda.“ Die letztere Stelle gehört zum Eymundar þáttur; der 5 Könige aber, welche Ólaf an einem Morgend gefangen genommen haben soll, wird noch an zwei weiteren Stellen der Ólafs saga hins helga gedacht, nämlich Flateyjarbók, II, S. 89 und 110. Es ist, beiläufig bemerkt, unbegreiflich, wie P. E. Müller, Undersögelse om Kilderne til Snorros Heimskringla, S. 256—7, diesen letzteren Stellen gegenüber behaupten will, der Verfasser der Ólafs s. ens helga in der Flbk. habe Styrmir's Werk nicht gekannt, weil der Schreiber der Hs. sonst nicht in die Lage hätte kommen können, jene Nachträge aus demselben folgen zu lassen! Warum sollte der, höchst mechanisch verfahrende, Compilator nicht hinterher bereut haben, Einzelnes aus dem Werke nicht benützt zu haben, warum vollends nicht séra Magnús þórhallsson, von dessen Hand die Nachträge geschrieben sind, über den Punkt anderer Meinung gewesen sein, als séra Jón þórðarson, der die Ólafs s. selbst geschrieben hatte? — Bezüglich der Lebensgeschichte Styrmis bemerke ich zunächst, dass derselbe als Kárason nicht bloss in dem Lögsögumannatal der jüngeren Melabók bezeichnet wird (Íslendinga sögur, I, 1843, S. 338 und 339), sondern auch in dem der Uppsalabók, welches um das Jahr 1280 verfasst zu sein scheint und jedenfalls um das Jahr 1300 geschrieben, somit vollkommen glaubwürdig ist (Diplom. Island., I, S. 501); da überdiess auch noch jener Styrmir Kárason, welcher um das Jahr 1226 eine auf das Kloster zu Viðey bezügliche Urkunde als Zeuge unterschreibt (ang. O. S. 496), augenscheinlich mit unserem Schriftsteller dieselbe Person ist, darf der von Munch, III, S. 1040, und Rudolf Keyser, Efterladte Skrifter, I, S. 459, Anm. 1, hinsichtlich der Verlässigkeit jener Angabe erhobene Zweifel füglich als erledigt betrachtet werden. Wenn man dagegen den Mann bald mit dem Geschlechte der Viðdælir, bald mit dem der Gilsbekkingar, bald mit dem der Skógverjar in Verbindung bringen wollte so bietet allen derartigen Versuchen lediglich der einzige Umstand einigen Anhaltspunkt, dass in diesen drei Geschlechtern der sonst sehr seltene Name Styrmir sich nachweisen lässt. Das Gesetzsprecheramt bekleidete Styrmir zweimal, nämlich in den Jahren 1210—14 und wider 1232—35; die Belege dafür stehen bei Jón Sigurðsson, im Safn til sögu Íslands, II, S. 27—28 und 30. Ausserdem berichtet uns die Sturlúnga, IV, cap. 50, S. 102 und V, cap. 11, S. 123, dass derselbe im Jahre 1228 von Snorri Sturluson als dessen Bevollmächtigter zu einer Vergleichsverhandlung geschickt, und dass er im Jahre 1230 von eben demselben beauftragt wurde, für ihn am Alldinge den Gesetzsprecherdienst zu versehen; gelegentlich beider Commissionen wird er überdiess, wie auch sonst öfter und z. B. auch in der oben zuerst angeführten Stelle der Flateyjarbók, ausdrücklich als Priester bezeichnet. Wir erfahren ferner aus einer Urkunde (Diplom. Island. I, S. 518), dass Styrmir im Jahre 1235 Prior des Klosters zu Viðey wurde, und als Prior lassen ihn denn auch die Annalen im Jahre 1245 sterben; das Necrologium Islando-Norvegicum (bei Langebek, Script. rer. Dan. II, S. 506) nennt uns den 20. Februar als seinen Todestag, und dass er den Snorri († 1241) überlebte, bestätigt auch die Sturlúnga, VI, cap. 23, S. 232, indem sie erzählt, dass und wie er dessen Todestag verzeichnet habe. Vgl. über den Mann Jón Sigurðsson, ang. O.; der Stammbaum desselben, welchen Sveinbjörn Egilsson entworfen hat (Scripta historica Islandorum, X, Tab. 3; vgl. Praef., S. XII—XIII), steht im Widerspruche mit ausdrücklichen Quellenzeugnissen, und was Finnur Magnússon über dessen Leben bemerkt (Grönlands historiske Mindesmærker, I, S. 19—29) ist, wie fast alle Angaben dieses Verfassers, nur zur kleineren Hälfte in den Quellen begründet. — Endlich die schriftstellerischen Leistungen Styrmis betreffend, ist zunächst daran zu erinnern, was oben (Anm. 10) über seine Betheiligung an der Entstehung unseres Textes der Sverris s. zu bemerken war. Ausserdem werden wir unten noch darzulegen haben, dass derselbe auch die genealogischen Aufzeichnungen überarbeitet hat, welche zu Ari's älterem Isländerbuche gehört hatten, und dass er von hier aus zu den Verfassern der Landnáma zu zählen ist. Man hat ferner nicht ohne Wahrscheinlichkeit vermuthet, dass Styrmir auch die Kristni saga überarbeitet, die Ólafs s. Tryggvasonar Odds übersetzt und den Þorvalds þáttur víðförla auf Grund eines von Gunnlaug herrührenden Originales redigirt habe (vgl. Guðbrand Vigfússon, in seiner Vorrede zu den Biskupa sögur, I, S. XX—XXI, XXIII und XXIV). Wenn aber in der Hólmverja s., cap. 40, S. 117—18, sein Zeugniss angeführt wird, so möchte ich hieraus nicht (mit Bischof Finnur Jónsson, historia ecclesiastica Islandiæ, I, S. 213, Anm. d, und anderen Zeitgenossen, über welche Schönings Vorrede zur älteren Ausgabe der Húngurvaka, fol. b, dann Hálfdan Einarsson, historia literaria Islandiæ, S. 121, zu vergleichen sind, endlich Finn Magnússon, ang. O., S. 29) schliessen, dass er diese Sage verfasst, vielmehr höchstens annehmen, dass er etwa an einer der mehreren Ueberarbeitungen Hand angelegt haben möge, welche der uns vorliegende Text dieser Sage augenscheinlich durchgemacht hat (vgl. P. E. Müller, Sagabibliothek, I, S. 280, und Jón Sigurðsson, in der Vorrede zu den Íslendinga sögur, II, 1847, S. IV; auch Guðbrandur Vigfússon, im Safn til sögu Íslands, I, S. 306 und 310, dann N. M. Petersen in den Annaler for Nordisk Oldkyndighed, 1861, S. 211, sprechen sich in ähnlichem

Sinne sei). Vollkommen verkehrt ist aber jedenfalls, wenn Finnur Magnússon, ang. O., S. 22, den Styrmir zum Verfasser der geschichtlichen Ólafs s. ens helga machen will, wie solche in den F. M. S., IV—V, und in der Flateyjarbók vorliege; keinem Zweifel kann unterliegen, dass diese Gestalt der Sage eine ungleich spätere ist, später zumal als die, welche sie in der Heimskringla zeigt, und dass die von Styrmir verfasste Biographie dieses Königs jenen späteren Bearbeitungen zwar gutentheils zu Grunde liegt, ja in die Flateyjarbók stückweise sogar wörtlich übergegangen ist, keineswegs aber mit denselben irgendwie identificirt werden darf.

Anm. 20.

Unter den 11 Stücken, welche die Flateyjarbók, III, S. 237—48, ausdrücklich als aus Styrmis Werk genommen aufführt, finden 7 auch in der legendarischen Sage ihr Analogon, nämlich die Nummern 2, 3, 5, 7, 9, 9 b (nr. 6 ist in der Ausgabe übersprungen, dafür aber nr. 9 zweimal gesetzt) und 11. Nr. 2 legt dem K. Ólaf ein Gedicht in den Mund, welches er nach der Eroberung Londons gemacht haben soll, und dasselbe Gedicht steht auch in unserer Sage, cap. 10, S. 8—9, als bei derselben Gelegenheit von dem Könige gedichtet, nur dass hier die prosaischen Schlussworte fehlen, welche die Flbk. den Versen folgen lässt. Die Uebereinstimmung der beiden Quellen ist aber um so auffälliger, als nicht nur keine der übrigen Olafssagen dasselbe kennt, sondern überdiess die Knytlinga, cap. 14, S. 197 (F. M. S. XI), indem sie einige der zu denselben gehörigen Strophen anführt, ausdrücklich beifügt: „svá segir í flokki þeim, er þá var ortr af liðsmönnum", also, gewiss richtiger, jeden Gedanken an K. Ólafs Verfasserschaft ausschliesst. Nr. 3 erzählt eine Begegnung des Königs mit ein paar Leuten in Drontheim völlig ebenso wie unsere Sage, cap. 59, S. 45, während keine der übrigen Quellen derselben gedenkt, und zwar findet sich diese Erzählung auch schon in deren älteren Fragmenten, S. 92. Nr. 5 erzählt ein paar Vorfälle, welche sich zwischen K. Ólaf und seinem Hofdichter Sighvatur begaben. Die voranstehende Geschichte, wie Sighvatur einmal auf einem kalten Bergritte dem Könige sich hilfreich erweist und ihn hinterher gelegentlich hieran erinnert, fehlt in unserer Sage, wogegen sie sich nicht nur in wenig veränderter Fassung schon vorher in die Flbk., II, S. 111—12, eingestellt, sondern auch in einige andere Hss. der späteren Bearbeitung der Ólafs s. ens helga aufgenommen findet (F. M. S., V, S. 178—80); ein paar weitere Geschichten aber, wie der König eine Tochter Sighvats über die Taufe hebt — eine Weise, welche der König auf die Ingibjörg Finnsdóttir dichtet, — endlich ein Gespräch des Königs mit dem Dichter über dessen Begegnisse mit dem isländischen Bauern Karli finden sich auch in der legendarischen Sage, cap. 62, S. 47, nur dass diese bei dem zuletzt genannten Vorfalle statt Sighvats den Óttar svarti nennt, sowie in ein paar Hss. der späteren Bearbeitung (F. M. S., V, S. 176—8), ja zum Theil sogar schon an jener früheren Stelle in der Flbk. selbst. Dabei ist aber zu beachten, dass die älteren Fragmente, S. 93, wie bereits bemerkt (Anm. 18, S. 559), von dem ganzen Stücke, soviel sich erkennen lässt, Nichts enthielten. Nr. 7 erzählt Mancherlei von dem isländischen Dichter Óttarr svarti, und nebenbei auch wieder von Sighvatur: in kürzerer Gestalt, jedoch in ihren Grundzügen analog geartet, findet sich die Erzählung in der legendarischen Sage, cap. 60—62, S. 45—48, wider, und theilweise auch in den älteren Fragmenten, S. 92—3, dann aber auch noch in einigen Hss. der späteren Bearbeitung (F. M. S., V, S. 173—6), und zwar hier in der Fassung Styrmis, nicht unserer Sage, jedoch so, dass hier von Óttars Hofuðlausn 8 Verszeilen angeführt werden, während unsere Sage nur eine einzige, der Nachtrag der Flbk. aber gar keine giebt. Beachtenswerth ist, dass dieser Nachtrag nur von einem Aufenthalte Óttars in Schweden als seiner Ankunft in Norwegen vorhergehend zu berichten weiss, während unsere Sage (ob auch die älteren Fragmente ist nicht zu ersehen) auch noch von einem Aufenthalte desselben in Dänemark erzählt, und zwar in so drastischer und mit dem Ganzen so wohl zusammenhängender Weise, dass man deutlich sieht, wie hier das Original und dort die Kürzung vorliegt; möglich wäre freilich, dass diese Kürzung erst von dem Sammler der Flbk. vorgenommen worden wäre und dass Styrmir noch die unverkürzte Erzählung enthalten hätte, aber doch nicht wahrscheinlich, da sonst doch wohl diese in irgend eine der späteren Bearbeitungen übergegangen wäre, was nicht der Fall ist. Nr. 9 handelt von einer Reihe von Hofdichtern K. Ólafs; dabei legt aber unsere Sage, cap. 62, S. 46—48, sammt den älteren Bruchstücken, S. 98, einige dort dem Bersi Skáldtorfuson zugeschriebene Verse dem Óttar, einige andere dem þorfinnur skáld zugeschriebene dem þormóður bei, doch so, dass anstatt des letzteren die Fragmente richtig den þorfiðr nennen, also wohl nur eine falsche Lesung der Hauptbs. anzunemen ist. In nr. 9 b ist die Uebereinstimmung mit unserer Sage, cap 71, S. 54—55, eine nur sehr theilweise. Eine dem K. Ólaf zugeschriebene Weise findet sich hier wie dort; eine dem Sighvat beigelegte war dagegen in unserer Sage schon an einem etwas früheren Orte, cap. 69, S. 53—54, angeführt worden. Auf diese Abweichung ist übrigens wenig Werth zu legen, da der Compilator der Flbk. hier offenbar ohne Rücksicht auf den Zusammenhang ganz fragmentarische Notizen zusammengestellt hat; zu beachten ist dagegen, dass zwar K. Ólafs Weise auch in die geschichtliche Ólafs s. ens helga, cap. 178, S. 186, die Heimskr., cap. 187, S. 307, die jüngere Bearbeitung (F. M. S., V, S. 10) und die Fagurskinna, § 107, S. 87—88, übergegangen ist, nicht aber die Weise Sighvats, so dass also bezüglich ihrer nur Styrmir mit unserer Sage stimmt. Dagegen fehlt eine sofort sich anschliessende Erzählung über þórir hundur und dessen Verbindung mit dem Finnenkönige Möttull unserer Sage völlig, wie sie denn auch in keiner der anderen Bearbeitungen der Ólafs s. sich findet; die Aufzählung der Häuptlinge, welche den K. Ólaf verriethen, kommt zwar auch in unserer Sage, cap. 71, S. 54 vor, aber mit einigen Abweichungen, und da sich dieselbe überdiess mit einer anderen berührt, die in der legendarischen Sage, cap. 89, S. 66, zu lesen ist und welche, wenn auch nicht völlig gleichmässig, auch in der Fagurskinna, § 109, S. 90, und dem Ágrip, cap. 26, S. 399, widerkehrt, ist selbst auf jene theilweise Uebereinstimmung nur wenig Gewicht zu legen. Was Styrmir endlich über eine wunderliche Erörterung K. Ólafs mit K. Knút bezüglich ihrer Zerwürfnisse berichtet, findet wider in unserer Sage keinerlei Analogon. Endlich nr. 11 enthält zunächst eine kurze Bemerkung über die Stiftung und Dotirung von Kirchen durch den heil. Ólaf, welche in unserer Sage sowohl, cap. 47, S. 35, als in der Fagurskinna, § 98, S. 78—9, in ganz anderer und zwar unter sich völlig übereinstimmender Verbindung vorkommt. An sich zwar möchte diess gleichgültig erscheinen, da ja der Compilator der Flbk. möglicherweise hier wie sonst öfter abgerissene Excerpte nach eigener Willkür zusammengestossen haben könnte; auffällig ist aber, dass in unserer Sage, cap. 59, S. 45, dieselben Worte, welche an jener ersten Stelle in derselben, dann in der Fagurskinna jene Notiz einführen, ganz gleichmässig widerkehren, und man möchte fast annemen, dass beidemale aus verschiedenen Quellen geschöpft sei, die doch ihrerseits wider auf eine gemeinsame letzte Urquelle zurückweisen würden. Es folgt sofort in der Flbk. eine Personalbeschreibung des heil. Ólafs, welche in cap. 30, S. 22, unserer Sage gutentheils, aber doch nicht ihrem vollen Umfange nach ebenfalls zu finden ist. Die Worte „Ólafr konungr var vænn madr — þa var nockud hætt“, kehren nämlich bis auf ganz geringfügige Varianten in unserer Sage wider, und ebenso die Worte „Konungr virdi mikils kirkiur — at rettsynna manna aliti“; aber während diese beiden Stücke, mit Ausname eines der Form nach ihr eigenen Schlusssatzes, den ganzen Inhalt des cap. 30 der Sage ausmachen, schiebt der Anhang der Flbk. zwischen beide noch ein weiteres in die Mitte, welches zunächst von der Ausdehnung des Reichs unter K. Ólaf in einer Weise handelt, die annähernd, aber nicht vollständig, dem in cap. 40, S. 28, der Sage Bemerkten entspricht (vgl. auch cap. 29, S. 21), — dann von dessen Vorgehen gegen das Heidenthum, und von den Bischöfen, die ihn dabei unterstützten, — endlich von den christlichen Tugenden des Königs, und fügt derselbe überdiess dem zweiten Stücke noch eine weitere Auseinandersetzung bei, welche Ólafs Fürsorge für Island, seine Vortrefflichkeit und Gottseligkeit, sowie die Tüchtigkeit seiner Regierung preist, dann auf die ihm von Gott verliehene Ehre und die von ihm verrichteten Wunder übergeht, und zuletzt mit einer Bemerkung schliesst, die sich als ein Nachwort zu der ganzen Biographie des Königs darstellt (sie lautet: „Hafit nu þat af samsettri sogu Olafs konungs alliri saman sem ydr lits sannligt vera. þuiat i fornum sogum verdr morgu saman blandat, er þat ok eigi vilikligt þar er menn hafa sogusogn eina til. en þui trui menn fastliga at þat man allt sannast er fra Olafui konungi er bezt sagt. vaentir ek þess ok at hinn heilagi Olafr man eigi fyrirkunna menn þo at nockut se fabligt i. þuiat menn hafa þat meirr gert fyrir sakir skemtanar monnum enn til aleitni vid konunginn edr nockurra illenda.“). Die Personalbeschreibung K. Olafs, oder vielmehr der grössere Theil dessen, was von ihr in der legendarischen Sage zu finden ist, ist übrigens auch in die spätere Bearbeitung der Sage übergegangen (F. M. S. IV, cap. 60, S. 111—12), wogegen sich im Agrip, cap. 22, S. 397, der Heimskr., cap. 3, S. 2—3, und cap. 56, S. 60—1, der geschichtlichen Sage, cap. 20, S. 16, und cap. 43—44, S. 43—4, endlich zwei weiteren Stellen der späteren Bearbeitung (F. M. S. IV, cap. 26, S. 58—9, und cap. 58—59, S. 108—9) Notizen über des Königs Persönlichkeit und Gewohnheiten finden, die, wiewohl in einzelnen Stücken mit jenen ersteren übereinstimmend, doch offenbar einer anderen Quelle entstammen. — Schon das Bisherige zeigt, dass zwar ein guter Theil der aus Styrmir in die Flbk. übergegangenen Stücke auch in der legendarischen Sage zu finden ist, dass aber die Uebereinstimmung der hier und dort vorfindlichen Erzählungen doch immerhin nur eine sehr theilweise ist. Darauf zwar lege ich nicht viel Werth, dass unsere Sage (sammt den älteren Fragmenten) die Weise: „Sverð standa hér sunda“, u. s. w. dem Óttar beilegt, während die Flbk. sie dem Bersi, die Heimskr. cap. 172, S. 386, sowie die geschichtliche Saga, cap. 154, S. 173, aber dem Sighvat zuschreibt, — dass unsere Sage die Begegnung mit Karli dem Óttar, die Flbk. dagegen dem Sighvat nacherzählt, — oder dass jene die Weise: „Geisli stendr til grindar“, u. s. w. dem þormoð, diese dagegen dem þorfinn in den Mund legt. Haben doch an der letzteren Stelle die älteren Fragmente richtig den Namen þorfiðr scáld, sodass als feststehend betrachtet werden darf, dass der Schreiber der Hauptha. nur einen, in seiner Vorlage wahrscheinlich abbrevirten, Namen falsch gelesen hat; wie leicht konnte ihm auch in jenen anderen Fällen ein ähnliches Versehen begegnet, wie leicht auch wohl von ihm eine für falsch gehaltene Angabe auf Grund anderweitiger Nachrichten kurzweg verändert worden sein? Für ebenso bedeutungslos halte ich, dass unsere Sage bei der Erzählung der ersten Berührungen Óttars mit K. Ólaf den Anfang des von Ersterem auf Letzteren gedichteten Lobliedes aufführt, während die Flbk. von diesem Liede Nichts mittheilt. Da nämlich sowohl die Thómasskinna als die Stockholmer Bergsbók volle 8 Verszeilen dieses Liedes geben (vgl. die Vorrede zu F. M. S. IV, S. 18 u. 20), während sie im Uebrigen nahezu wörtlich mit der Flbk. übereinstimmen, steht zu vermuthen, dass dasselbe bei Styrmir zu finden war, und nur der Kürze wegen von dem Compilator der Flbk. weggelassen wurde. Um so erheblicher scheint mir aber, dass hin und wider ganze Erzählungen in der legendarischen Sage fehlen, welche bei Styrmir stehen, wie z. B. der Bericht über die Hülfe, welche Sighvatur dem frierenden Könige angedeihen lässt (nr. 5), über die Beziehungen des þórir hundur zum Finnenkönige, sowie über K. Ólafs Erörterung mit K. Knút (nr 9, b), über K. Ólafs kirchliche Fürsorge für Island (nr. 11), u. dgl. m.; solche Differenzen lassen sich nämlich auf zufällige Textescorruptelen oder vereinzelte Correcturen eines Copisten offenbar nicht mehr zurückführen. Bestätigt wird aber das hiemit gewonnene Ergebniss durch die weitere Thatsache, dass in der legendarischen Sage nicht das Mindeste zu finden ist, was den Nummern 1, 4, 8 u. 10 der Flbk. entspräche. Unter diesen beziehen sich nr. 1 u. 4 gleichmässig auf eine angebliche Geliebte K. Ólafs, Namens Steinvör; beide Stücke sind dem Werke Styrmir's ganz ausschliesslich eigen, beide aber auch, wie sich unten noch zeigen wird, sehr zweifelhaften geschichtlichen Werthes. Nr. 8 leitet des Königs Beziehungen zu isländischen Männern ein, und erzählt sodann die wunderbare Art, wie Sighvatur skáld zu seiner hervorragenden dichterischen Begabung gelangt sei. Die letztere Erzählung ist zwar in ein paar Hss. der späteren Bearbeitung übergegangen (F. M. S. IV, cap. 52, S. 89), jedoch offenbar erst durch nachträgliche Einschaltung, da weder die Heimskr. cap. 41, S. 45, noch die geschichtliche Sage, cap. 38, S. 35, noch die Flbk. II, S. 39, dieselbe kennen, mit welchen doch jene Bearbeitung im Uebrigen stimmt; sie stand dagegen bei Styrmir augenscheinlich in Verbindung mit den nächstfolgenden Nummern, welche doch in unserer Sage theilweise ihr Analogon finden, und ist zumal zu beachten, dass die Zählung der isländischen Hofdichter Ólafs bei Styrmir durch alle Nummern durchläuft. Endlich nr. 10 erzählt eine Anekdote von K. Ólaf als Fährmann, welche sich noch in einzelnen Hss. der späteren Bearbeitung findet (F. M. S. V, S. 181—2), sonst aber nirgends.

Mit voller Bestimmtheit lässt sich hiernach annehmen, dass unsere legendarische Sage eine entschiedene Verwandtschaft mit dem Werke Styrmir's zeigt, dass sie aber unmöglich selbst dieses Werk sein kann, wie diess N. M. Petersen für denkbar hält (Annaler for nordisk Oldkyndighed 1861, S. 231), und auch der sonstige Inhalt der Flbk. stimmt hiemit recht wohl überein. Wiederholt spricht z. B. unsere Sage (cap. 24, S. 18, und cap. 45, S. 32) von 11 Königen, welche K. Ólaf in den Hochlanden unterdrückt habe, während die Heimskr. cap. 74, S. 95, und cap. 90, S. 120, die geschichtliche Sage, cap. 54, S. 63, und cap. 73, S. 78, die spätere Bearbeitung (F. M. S. IV, S. 152 und 184), die Kopenhagener Recension Odds, cap. 48, S. 318 und die isländischen Annalen, a. 1017, deren nur 5, die Fagurskinna, § 94 und 95, S. 77, aber und die Stockholmer Recension Odds, cap. 39, S. 39, deren wenigstens nur 9 nennen; die Flateyjarbók aber beruft sich gerade bezüglich der Elfzahl der Könige wiederholt auf Styrmir als auf ihren Gewährsmann (vgl. oben, Anm. 19), so dass ihre Uebereinstimmung mit unserer Sage in diesem Punkte wenigstens auf ihn zurückzuführen ist. Die Flbk. II, S. 199—203 lässt ferner den Þormóð Kolbrúnarskald zunächst nach Dänemark und von hier aus erst nach Norwegen hinübergehen, unsere Sage aber, cap. 57—58, S. 43—45, stimmt hierin mit ihr, zum Theil sogar bis auf die Wortfassung herab, überein (so auch schon die älteren Fragmente, S. 91—2); auch in diesem Falle stehen dabei beide Quellen allen übrigen völlig isolirt gegenüber, indem die beiden älteren Recensionen der Fóstbrœðra saga den Mann unmittelbar von Island aus nach Norwegen hinübergehen lassen, und die späteren Ólafssagen derselben Version zu folgen scheinen (die, fälschlich so genannte, Kálfalækjarbók, cap. 18, S. 58 und die Hauksbók, cap. 5, S. 77 der Ausgabe von Konrad Gíslason, Kopenhagen 1852, wobei ich ein für allemal bemerke, dass die neuere Recension der Fóstbrœðra s., wie solche der Kopenhagener Ausgabe von 1822 zu Grunde liegt, im Wesentlichen aus der Flbk. geflossen und demnach deren Uebereinstimmung mit dieser cap. 24—26, S. 115—27, ohne alle Bedeutung ist; vgl. ferner die Heimskr. cap. 133, S. 204, die geschichtl. Sage, cap. 113, S. 125, und die jüngere Bearbeitung, F. M. S. IV, cap. 121, S. 280). Auch in diesem Falle mag demnach die gemeinsame Darstellung der Flbk. und unserer Sage auf Styrmir's Werk zurückgeführt werden, obwohl solches von jener bei dieser Gelegenheit nicht ausdrücklich angeführt wird; allein alle diese und ähnliche Schlussfolgerungen bestärken eben doch nur den oben ohnehin schon geführten Beweis dafür, dass unsere Sage zu Styrmis Geschichtswerk in den engsten Beziehungen gestanden haben müsse, während sie die nicht minder wichtige, und einer näheren Erörterung ungleich mehr bedürftige Frage, wieweit zwischen beiden Werken Abweichungen bestanden und von welcher Bedeutung diese waren, ihrer Lösung um Nichts näher zu bringen vermögen. Auf einem anderen Wege also müssen wir suchen, dieser Lösung näher zu kommen.

Ich habe oben (Anm. 18, S. 560—1) darauf aufmerksam gemacht, dass die legendarische Sage eine Anekdote in zweifacher Gestalt bringt, welche mit dem isländischen Gebrauche, die Heuarbeiter durch eine besondere Gabe (slægjur, vgl. Jón Árnason, Íslenzkar þjóðsögur og æfintýri, II, S. 578—9) zu belohnen, zusammenhängt. Genau dieselbe Wiederholung ist nun aber auch in der Flateyjarbók zu finden. Es heisst hier zunächst, Bd. II, S. 311: „þeir sa huar for sumt manna ofan or Uerdal ok hofdu þeir þar verit a niosn ok foru nær þui er lid konungs var ok fandu mægi fyrr en skamt uar a mille þeirra suo at menn matta kennaast. þar uar Hrutr af Uiggiu med 30. manna. Hrutr atti kona ok son er Lodinn het hans son var Sigurdr ullstreingr er stad setti j Nidarholmi. Sidan mællti konungr. þat man ek at Hrutr taldizst uera uinr uil ek at Gizsyrr ok Egill Hallzson fari med gesta suæit j mot Hruti ok taki hann af lifsi. Voru menn til þess fliotir. þa mællti konungr enn til Islendinga. suo er oss sagt at þat se sidr ydnar at bændr se skylldir a haustum at gefa huskollum sinum slagassud. nu uil ek þar gefa ydr hrut til slatra. þeir snorudu uel helldr þo konungr a glediordum til minnis astuinum þinum. Hinir islenzsku voru þessa verks audeggiadir foru þegar at Hruti med ydrum monnum uar Hrutr drepinn ok yll suæit hans toka þeir þar uopnn ok fe ok skiptu med ser." Ferner S. 353: „Gizsorr gullbrarfostri tok til orda. þat er tytt vi a Islande at hafua akuedisverk þikiazst þeir þa komnir til huillдar eftir erfuide sitt er uerki er lokit. Konungr suarar. þar standa gegnt þer j fylkingu bændr 2. ok er annar rammr at afli enn annar fiolkunnigr þa verr þu þig fryiu ef þu feller þa bada. Gizsorr suarar. þar skal at snua sem þu visar sa tveggr mun hardslægr en stand ecki laung þo mun rada huerru jarnn bita." Endlich S. 355: „þa fello ok þar þorfinnr munnr ok Gizsorr gullbrarfostri ok hafde hann sokun att uid þa 2. menn er honum voru ætladir ok drap hann annan þeirra en særde annan adr hann fell. Suo sagde Hofgardarefr" u. s. w. Nun wird uns allerdings nirgends gesagt, dass die Flbk. an diesen Stellen aus Styrmir's Werk geschöpft habe, und es wäre demnach bei der späten Entstehung und bunten Zusammensetzung dieser Hs. an sich recht wohl denkbar, dass dieselbe unserer Sage selbst oder irgend welcher anderweitigen Quelle ihren Bericht entnommen hätte; indessen dürfte doch ein näheres Eingehen auf dessen Einzelnheiten diese wie jene Möglichkeit ausschliessen. Zunächst weicht nämlich die Darstellung der Flbk. von der Darstellung der legendarischen Sage nicht nur ihrer Wortfassung nach sehr erheblich ab, sondern sie zeigt auch ihrem Inhalte nach grosse Selbstständigkeit, wie denn z. B. die Flateyjarbók den Hrút zu Land, die Sage aber zu Schiff daherkommen lässt, — jene nur 30, diese dagegen volle 100 Leute ihm zu Begleitern giebt, — jene an ihrer ersten Stelle den Gizur und Egil Hallsson sammt der ganzen gestasveit, und an der zweiten den Gizur gullbrárfóstri nennt, diese dagegen beidemale nur den Gizur svarti. Sodann aber zeigt zwar die Heimskr., cap 221, S. 349, die geschichtliche Sage, cap. 206, S. 209, und die spätere Bearbeitung (F. M. S. V, cap. 195, S. 61—2) die Erzählung von dem Ende Hrúts in mehrfach ähnlicher Gestalt wie die Flbk. (sie lautet in der Heimskringla: „þeir sá hvar sveit manna fór ofan or Verdal, oc höfdo þeir á niósn verit, oc fór sva nær því sem lid konungs var, at þeir kendoz; þar var Hrútr of Viggio med 30. manna. Sídan mællti konungr at gestir skylldo fara at móti Rúti, oc taka hann af lífi, voro menn þess verks fliótir. þá mællti konungr til þeirra Islendinga: sva er mer sagt, at þat se sidr á Islandi, at bændur se skylldir á haustom at gefa húskárlom sinom slátra saud, nú vil ec þar gefa ydur rút til slátra. þeir enir Islendsko voro þess verks audeggiadir, oc fóro þegar at Rúti med ödrom mönnom, var Rútr drepinn, oc öll sveit sú er hönom fylgdi"); aber auch diese Quellen weichen von dem Berichte der Flateyjarbók wieder in manchen Punkten ab, und zwar nicht nur in solchen, welche die letztere mit der legendarischen Sage gemein hat, sondern auch in anderen, in welchen jene von dieser unabhängig ist. Wie die Flbk. lassen zwar auch die drei geschichtl. Sagen den Hrút zu Land und mit nur 30 Genossen daherziehen, und ihre Ausdrucksweise stimmt nahezu wörtlich mit der Ausdrucksweise jener Hs. überein; aber die Bemerkung über Hrúts Geschlecht, sowie die Erinnerung des Königs an seine früheren guten Beziehungen zu Hrút fehlt in jenen 3 Sagen, während die legendarische Sage beide giebt wie die Flbk., und anderseits gedenken jene nur der Isländer im Allgemeinen, ohne einen Namen zu nennen, so dass die Flbk. den Egill Hallsson aus ihnen so wenig als aus der legendarischen Sage genommen haben kann, — endlich weicht die Flbk. in ihren, jenen 3 Sagen völlig fehlenden, Bemerkungen über Hrúts Geschlecht von der legendarischen Sage erheblich ab, indem sie den Loðin zu einem Sohne, den Sigurð zu einem Enkel Hrúts macht, während diese den Sigurð als den Sohn, den Loðin aber als den Vater desselben Mannes bezeichnet, und indem sie den Ort des von Sigurð gestifteten Klosters genauer als die Sage angiebt (Niðarhólmar statt Niðarós). Ich folgere aus diesen Thatsachen, dass die Flbk. an der betreffenden Stelle weder aus unserer legendarischen Sage allein, noch aus einer unserer geschichtlichen Sagen allein geschöpft haben, und dass sie auch nicht etwa blos den Bericht der legendarischen Sage aus dem der historischen corrigirt haben konne, dass ihrer Darstellung vielmehr eine altere Quelle zu Grunde gelegen haben müsse, welche vorwiegend die Gestalt gezeigt haben muss, welche die geschichtl. Sagen an sich tragen, jedoch mit Zusätzen, welche der legendarischen näher standen und welche erst hinterher von den geschichtl. Sagen ausgeschieden wurden, indem aus der in der Flbk. erhaltenen Erzählung zwar recht wohl die kürzere Darstellung der geschichtl. Sagen, aber nicht umgekehrt jene aus dieser hervorgegangen sein konnte. Bestätigt wird diese Folgerung dadurch, dass die geschichtlichen Sagen von jener zweiten in der Flbk. enthaltenen Erzählung Nichts wissen, während dieselbe doch in ihrer Vorlage enthalten gewesen sein muss, da auch sie die nur unter jener Voraussetzung verständliche Bemerkung über Gizurs Tod ganz wie die Flbk. bringen (Heimskr. cap. 239, S. 367: „þá fello þar oc þorfiðr mudr, oc Gitzor Gullbrárskáld, oc höfdo hann sótt tveir menn, drap hann annan þeirra, en særdi annan, ádr hann fell. Sva segir Hofgarda-Refr" u. s. w.; ebenso die geschichtl. Sage, cap. 225, S. 217, und F. M. S., V. cap. 211, S. 80, nur dass Gizurs Beiname dort gullbrá lautet, während hier die verschiedenen Hss. theils gullbrá, theils gullbrárskáld, theils gullbrárfóstri gewähren.). Man sieht, die von den historischen Sagen benützte Quelle hatte die zweite Erzählung, wie sie die Flbk. und die legendarische Sage übereinstimmend geben, ebenfalls enthalten, und zwar, da sie mit der ersteren den Gizur als gullbrárfóstri, gullbrárskáld oder gullbrá, nicht mit der letzteren als den Schwarzen bezeichnen, in einer jener näher stehenden Gestalt; aber ihre Verfasser waren hinreichend kritisch gewesen, um das Unpassende der Widerholung einer und derselben Anekdote zu fühlen, und hatten darum diese letztere zu beseitigen gesucht. Jene gemeinsame Quelle aber, welche, unserer legendarischen Sage parallel laufend, sowohl der Flbk. als den geschichtl. Sagen zu Grunde lag, und von der ersteren ziemlich getreu, von der letzteren dagegen nur mit mancherlei kritisch motivirten Auslassungen wieder gegeben wurde, kann doch wohl nur Styrmir's Werk gewesen sein, von welchem wir ja wissen, dass es in der Flbk. so reichlich benützt wurde. Styrmir's Werk also enthielt bereits dieselbe zweifache Version einer und derselben Anekdote, wie sie unsere legendarische Sage bietet, nur freilich in etwas anderer Abfassung: auch er muss demnach bereits, mittelbar oder unmittelbar, älteren Vorlagen gefolgt sein, da nur aus der ungeschickten Benützung mehrfacher früherer Aufzeichnungen solche Vorkommnisse sich erklären lassen. — Eine ähnliche Bemerkung war oben (Anm. 18, S. 562—3) hinsichtlich des Berichtes zu machen, welchen die legendarische Sage über den Tod des Þormóður Kolbrúnarskáld giebt, und auch bei dieser Gelegenheit wiederholt sich die dort beobachtete auffällige Erscheinung wider in der Flateyjarbók. Es heisst hier, Bd. II, S. 363—4: „en Þormodi ohægdist miog sarit sem von var. Þormodr gengr þa heim til husanna ok at einne bygghlǫdu er menn Olafs konungs hofdu inn verit færdir þeir er sarir voru. Þormodr hafde bert suerd j hende ok er hann gek inn þa kom madr j mot honum. Þormodr spurde hann at nafni en hann kuetzst Kimbe heita. Þormodr spurde. vartu j bardaganum. Var ek segir hann med bondum er betr var. Ertu nockut sarr segir Þormodr. Litt segir Kimbe edr huort vartu nockut j bardaganum. Þormodr suarar var ek med þeim er betr hofdu. Kimbi sa at Þormodr hafde gullhring a hende hans mællti. þu munt vera konungs madr fa þu mer gullhringinn en ek mun leyna þer. bondr muno launa þer ospekt of þu uerdr a uegi þeirra edr ertu nockut sárr. Þormodr suarar. ecki er ek sárr suo at lækuningar þurfui enda hafdu hringinn ef þu uill. latit hefui ek nu meira þui at mer tekr nu at þikia minna gaman at gulli en uar. Kimbi retti fram hondina ok uillde taka hringinn. Þormodr sueiflade til suerdinu ok hio af Kimba hondina ok quat hann eigi þeirre munda stela sidan. Kimbi bolde illa. Þormodr quat hann reyna skyllda huersu sarin veri at þola. sidan for Kimbi a brott en Þormodr stod eftir. þa hleypr madr innan or blodsanc ok sæker vidarfang. kona ein vermde vatna j katle til þess ath færgia sar manna. þormodr gek at einum sandlæik ok stoddiast þar vid. þa mællti konan vid þormod" u. s. w. Nun folgt das Gespräch mit dem Weibe, jedoch so dass dasselbe mit dem Texte der Fóstbrœðra saga, nicht mit dem der legendarischen Sage übereinstimmt, und zumal die nur in jener stehende Frage: „hui lætr þu eigi binda sar þin", sammt der Antwort þormóðs hier sich ebenfalls findet; dass die in der legendarischen wie in der Fóstbrœðra s. enthaltene Weise: „Haraldr var bitr at berjaz" u. s. w. sammt der nächstfolgenden Frage an dieser Stelle der Flbk. fehlt, ist wie der Zusammenhang zeigt augenscheinlich mehr durch ein Versehen des Compilators veranlasst, also ohne Bedeutung. Weiter heisst es dann: „Bonde einn kom þa j kornshlodune er þar tyldu þetta hann for at forvitnazst huat tijtt væri um konungsmennina. þar voru margir menn miog sarir ok let hatt j holsarum manna eda hofutsarum sem nattura er til morsara. Bonde sa stadar j hlodunne ok hlyddiast þadan um ok er hann heyrde at hatt let j holsarum manna þa mællti hann. þat er sou at konungsmenn hafui litt gengit bardaginn vid bændr suo þrottlaust lid sem þetta er at honum hefir fylgt þuiat mer þikir suo mega at kunda at þeir þoli eigi uæpande sar sin ok eru þetta fylur en ecki dugandi menn. þormodr suarar. synizst þer suo felagi sem þeir se eigi þrottmykler en her eru inne. þa segir hann suo synizst mer sem her se flestir menn of þrekiausaztir saman komnir. þormodr suarar. vera kann þat at nockurr sem her inne at eigi se þrekmikill ef til er reynt ok eigi mun þer mitt sar mikit þikia þott þu hyggir at þui. Bondi suarar. ok ætla þa uæri betr at þu hefdir bæde morg ok stor. Snyrr bonde þa utar eftir hlodunne ok ætlade ut at ganga. j þui hoggr þormodr eftir honum. þat hogg kom a lukit ok hio hann af honum bada þionapppana. Styn þu eigi nu quat þormodr. Bondi quat ut hatt med myklum skræk ok þræf til þionappanna badum hondum. þormodr mællti. þat visea ek at vera munde her inne nockur madr sa er eit munde þrottigr reynazst. er þer illa saman farit er þu finur at þrek annars manna þar er þu ert þrottlaus sialfr. eru her margir menn miogh sarir ok uelar einge þeirra en þu hræktir sem geit blæsma ok væinar sem merr þo at þu hafir eina uglusskæinu litla." Also auch hier dieselbe doppelte Erzählung wie in der legendarischen Sage, jedoch hier in gar vielfach abweichender Fassung. Dass dabei die zweite Hälfte der Erzählung, von „kona ein vermdi vatn" angefangen, aus einer Vorlage genommen ist, welche mit der Fóstbrœðra s. nach der Hauksbók durchaus verwandt, wenn auch nicht völlig übereinstimmend berichtete, ergibt sich sofort aus einer Vergleichung derselben mit der oben, S. 562, mitgetheilten Stelle dieser letzteren; aber ebensowenig als die zweite kann auch die erste Hälfte der Erzählung aus der legendarischen Sage geflossen sein, obwohl sie in einzelnen Wendungen sich mit dieser entschieden berührt, vielmehr findet diese ihr Gegenstück sichtlich in der Heimskr., cap. 246, S. 374—5, der geschichtl. Sage, cap. 233, S. 222 und der späteren Bearbeitung, c. 218 (F. M. S. V, S. 90—91). In der Heimskr. lautet nämlich der Bericht: „þá var hann lostinn med öro i sidona vinstri, braut hann af ser örvar skaptit, oc geck þá brot frá orrosto heim til húsanna, oc kom at hlodo nockorri, var þat mikit hús. þórmódr hafdi sverd bert i hendi, oc er hann geck inn, þá geck madr út imóti honom, sá mællti: furdo ill læti ero her inni, veinan oc gaulan, skömm mikill er at karlmenn hraustir skuli eigi þola sár sin, oc vera má at konungs menn hafi vel framgengit, enn illa þola þeir sár sin, segir hann. þórmódr svarar: hvert er nafn þitt? hann nefndiz Kimbi. þórmódr sagdi: varto i bardaga? var ec, segir hann, med bændom, er betr var: ertu nockot sárr, segir þórmódr; litt, sagdi Kimbi, eda varto i bardaga? þórmódr svarar: var ec med þeim er betr hofdo; ertu nockut sár, segir Kimbi; litit er um þat, segir þórmódr. þá sá Kimbi at þórmódr hafdi gullhring á hendi, hann mællti: þu munt vera konungs madr, fá þú mer gullhringinn, enn ec man leyna þer; bændor muno drepa þic, ef þú verdr á veg þeirra. þórmódr segir: haf þú hring ef þú náir, látit hefir ec nú meira. Kimbi rétti fram hendina, oc villdi taka hringinn. þórmódr sveifladi til sverdino, oc hió af hónom hondina, oc er sva sagt, at Kimbi bar sár sitt engum mun betr, enn hinir er hann hafdi fyrr álestat. Fór Kimbi brot, en þórmódr settiz nidr i hlódunni." Weiterhin folgt dann nur noch, jedoch sehr abgekürzt, das Gespräch über die

Schlacht, aber nichts der zweiten Erzählung irgendwie Aenliches. Man sieht, während die geschichtl. Sagen von Ólaf dem Heiligen einerseits und die Hauksbók in ihrer Fóstbrœðra s. andererseits nur je die eine Erzählung darbieten, hat die Flbk. beide combinirt, wie ja auch die legendarische Sage eine solche Combination beider Erzählungen zeigt; aber die Fassung der combinirten Erzählung ist in der Flbk. eine wesentlich andere als in der legendarischen Sage, und nähert sich ungleich mehr der Darstellung der geschichtl. Sagen einerseits und der Fóstbrœðra s. andererseits, während die Fassung der legendarischen Sage sich zugleich selbstständiger und in manchen Wendungen zwar unvollkommener, aber auch alterthümlicher zeigt, als jene. Was die legendarische Sage über die Persönlichkeit des Kimbi in passendster Weise vorausschickt, ist z. B. aus den sämmtlichen übrigen Quellen verschwunden; in keiner dieser letzteren ist mehr von dessen Verwendung zur Pflege der Verwundeten die Rede; die zweifache Motivirung der Verwundung desselben ist zwar allen hier einschlägigen Quellen gemeinsam, jedoch so, dass in der legendarischen Sage und in der Flbk. dessen Treulosigkeit und Habsucht, in den geschichtl. Sagen dagegen dessen Spott über die Verwundeten mehr betont ist, letzteres wohl damit zusammenhängend, dass hier die zweite Erzählung fehlt, und somit ihr angehörige Züge mit der ersten verschmolzen werden konnten. Auch in diesem Falle also weist Alles darauf hin, dass eine ältere, der Flbk. sowohl als den übrigen geschichtl. Sagen zu Grunde liegende Darstellung der einschlägigen Begebenheiten der unserer legendarischen Sage zur Seite stand, wie diese aus einer Combination zweier parallel laufender älterer Berichte über einen und denselben Vorfall hervorgegangen, jedoch in selbstständiger Fassung dieser gegenübertretend; auch in diesem Falle hat die Flbk. jene ältere Vorlage getreuer widergegeben, während die anderen geschichtl. Sagen dieselbe mit verständiger Kritik umzugestalten suchten; auch in diesem Falle endlich möchte ich in jener Vorlage der Flbk. und der übrigen historischen Quellen wider Styrmir's Werk erkennen, als ein Werk, von welchem wir bestimmt wissen, dass es der Flbk. als Quelle gedient hat, und dessen Verfasser zugleich nach Allem, was wir von seiner litterarischen Wirksamkeit wissen, hinreichend unkritisch und geschmacklos war, dass wir ihm eine so ungeschickte Darstellung füglich zutrauen dürfen. Bemerkenswerth ist aber, dass in diesem sowohl, als in dem vorhin besprochenen Falle weder Theodorich, noch die Fagurskinna, noch das Ágrip irgend Etwas von der zweifachen Doppelerzählung wissen; bemerkenswerth ferner, dass in beiden Fällen sich nicht erkennen lässt, ob dieselbe bereits den älteren Fragmenten der legendarischen Sage bekannt war oder nicht. Endlich darf auch noch darauf aufmerksam gemacht werden, dass das wiederholte Vorkommen im Wesentlichen gleichmässig combinirter Erzählungen bei Styrmir und in unserer legendarischen Sage deren Wortfassung doch eine selbstständige ist, darauf schliessen lässt, dass diese Erzählungen aus einer gemeinsamen Vorlage geflossen seien, welche selbst wider aus verschiedenen noch älteren Quellen geschöpft haben muss. — Widerum hatten wir (Anm. 18, S. 561) hervorzuheben, wie die legendarische Sage mit dem einfachen Berichte, welchen die Fagurskinna über des Þórir hundur Beziehungen zu K. Ólaf enthält, einen anderen combinirt hat, welcher ungleich detaillirter und zugleich ungleich romantischer als jener, mit demselben durchaus unvereinbar sich erweist. Vergleichen wir aber zunächst mit dieser ihrer Darstellung die Heimskringla, so ergibt sich, dass auch ihr jene combinirte Erzählung zu Grunde liegt, nur dass sie dieselbe in pragmatischem Geiste mehrfach umgestaltet hat. Zunächst wird hier nämlich die Geschichte des Ásbjörn Selsbani erzählt (cap. 123–128, S. 182–95, und cap. 132, S. 200–203), und berichtet, wie Þórir, um ihn zu rächen, den Karli auf der Fahrt nach Bjarmaland erschlägt, (cap. 143, S. 217–25); dann erfahren wir, wie Þórir darüber von K. Ólaf hart bedrängt wird, und mit genauer Noth zu K. Knút nach England entkommt (cap. 149, S. 241–45), der um diese Zeit ohnehin bemüht war, durch gute Worte und Bestechungen die norwegischen Grossen sich geneigt zu machen (vgl. cap. 166, S. 278–9), — wie K. Ólafur um solchen Verrathes willen den Þórir Ölvisson, einen Schwestersohn Þórir's, und dessen Bruder Grjótgarð tödten liess, welcher jenen zu rächen suchte (cap. 175—6, S. 289—92), und wie þórir kurz darauf den K. Knút nach Norwegen begleitete, und von ihm nach dessen Wahl zum Könige dieses Reiches zugleich mit Hárek von þjóttá grosse Lehen und zumal auch die Finnfahrt erhielt (cap. 180, S. 295—6), — wie endlich die hiedurch mit den Finnen angeknüpften Verbindungen, zwei Jahre während, diesem die Gelegenheit verschafften, sich 12 zauberkräftige Rennthierfelle von ihnen bereiten zu lassen (cap. 204, S. 330), welche sich dann in der Schlacht bei Stiklastaðir als fest gegen Eisen bewähren (cap. 240, S. 368—9). Offenbar ist in dieser Darstellung, mit welcher die der geschichtlichen Sage (cap. 104—108, S. 112—20; cap. 112, S. 123—5; cap. 122, S. 133—7; cap. 129, S. 147—9; cap. 148, S. 169, cap. 157—60, S. 175—7; cap. 164, S. 179; cap. 169, S. 198; cap. 226, S. 218) und die spätere Bearbeitung (F. M. S. IV, cap. 112—116, S. 254—70; cap. 120, S. 275—9; cap. 129, S. 286—305; cap. 135, S. 325—330; cap. 153, S. 369—70; cap. 161, S. 382—6; dann V, cap. 166, S. 4; cap. 182, S. 42; cap. 211, S. 82—3) vollkommen übereinstimmen, mit vielem Geschick ausgeglichen, was durch die Verbindung zweier unvereinbarer Berichte Anstössiges in die Erzählung hereingekommen war: durch die Voranstellung der Geschichte Asbjörn's ist die Tödtung Karli's gehörig motivirt, welche die Fagurskinna unmotivirt gelassen hatte, und die Flucht þórir's nach England, wie sie auch die letztere voraussetzt, entspricht ohnehin dem wirklichen Verlaufe der Begebenheiten vollkommen. — bei solcher Anordnung der einzelnen Vorfälle ist es vollkommen in der Ordnung, dass þórir in Norwegen noch anwesend ist, als Asbjörn getödtet wird, wogegen die Rache um seinen Schwestersohn, welche er nunmehr nicht mehr selber übernehmen kann, ganz verständig dem Grjótgarð überwiesen wird, — die Verleihung der Finnfahrt endlich durch K. Knút ist offenbar darum erfunden, weil sie die Erlangung der Nothemden erklären musste, nachdem die mit der Flucht þóris nach England unvereinbare Flucht desselben nach den Finnmarken aufgegeben worden war. Wenden wir uns sodann zur Flateyjarbók, so finden wir zwar, dass diese zunächst den geschichtlichen Sagen folgt, indem sie wie diese Asbjörns Geschichte voranstellt (II, S. 226—34 und 237—9), dann die Tödtung Karli's (S. 255—60) und þóris Flucht nach England folgen lässt (S. 267—9), hierauf der Bestechungen K. Knúts (S. 285), der Tödtung des þórir Ölvisson und Grjótgarðs (S. 301—303) und der Belehnung þóris mit der Finnfahrt gedenkt (S. 305), um zuletzt noch die Bereitung der 12 finnischen Rennthierfelle (S. 325) und deren Bewährung in der Schlacht bei Stiklastaðir zu erzählen (356); aber wir finden auch, dass der aus Styrmir's Werk geschöpfte Nachtrag (III, S. 244—45) einen völlig anderen Bericht giebt. Wir erfahren hier, wie der König, nachdem die Tödtung Karli's ihn gegen þórir hundur aufgebracht hatte, den þórir, einen Verwandten jenes Ersteren, schmachvoll tödten liess, und wie der letztere hiefür durch Erschlagen einiger Leute des Königs sich rächte. — wie þórir dann in Folge dieser Vorgänge nach den Finnmarken flieht, zu dem heidnischen Finnenkönige Möttul, — wie er bei diesem selbzwölft einen Winter über bleibt, Zauberei lernt, und endlich bei seinem Abschiede jene 12 zu Nothemden verarbeiteten Rennthierfelle erhält, welche er später bei Stiklastaðir mit seinen Leuten trug. Hier ist also die Tödtung des þórir Ölvisson als Anlass für die Flucht des þórir hundur bezeichnet; von einer Flucht desselben nach England ist keine Rede, vielmehr wird diese durch dessen Flucht nach den Finnmarken ersetzt, was natürlich nicht hindert, dass þórir nichtsdestoweniger zu den Häuptlingen gezählt werden mag, welche den K. Ólaf an den K. Knút verkauften; endlich von einer Verleihung der Finnfahrt an þórir durch K. Knút kann in dieser Version der Erzählung wohl kaum die Rede gewesen sein, da man hier derselben in keiner Weise bedurfte, um des Mannes Beziehungen zu den Finnen zu erklären. Keinem Zweifel kann unterliegen, dass wir in dieser Darstellung den zweiten Bestandtheil wiedererkennen haben, aus welchem sich neben dem Berichte der Fagurskinna die combinirte Erzählung der legendarischen Sage, und in weiterem Abstande auch der geschichtl. Sagen zusammensetzte; während die Fagursk. die Tödtung Karli's und die dadurch veranlasste Flucht þóris nach England erzählt, dafür aber weder von dessen Verbindung mit den Finnen noch von seinen Nothemden Etwas weiss, lässt ihn Styrmir, weil er den Karli und ein paar andere Männer erschlagen hat, nach den Finnmarken fliehen und hier seine Fellpanzer erwerben, ohne hinwiderum ihrerseits für eine Flucht nach England Raum zu lassen. Bei genauerer Betrachtung zeigt sich aber, dass das Werk Styrmis selbst trotzdem nicht die unmittelbare Quelle der legendarischen Sage gebildet haben konnte. Die Erzählung von Ásbjörn Selsbani zwar möchte immerhin aus diesem genommen sein: sie konnte hier, wie in den geschichtl. Sagen, als Einleitung zu der Tödtung Karli's figurirt haben, und begreift sich ebensowohl, dass der Compilator der Flbk. in jenem Nachtrage sie nicht wiederholen mochte, nachdem er sie schon an einer früheren Stelle auf Grund jener späteren Sagen gebracht hatte, als auch dass der Compilator der legendarischen Sage ihren Schluss wegliess, weil er die Tödtung Karli's nicht zum zweitenmale berichten wollte, die er schon zuvor in der Version der Fagurskinna erwähnt hatte. Aber beachtenswerth ist, dass Styrmir ebenso wie die geschichtl. Sagen die Nothemden des Þórir und seiner Genossen aus Rennthierfellen bereiten lassen, während die legendarische Sage statt dessen Wolfspelze nennt; auffallend ferner, dass diese letztere ebensowenig als irgend eine der historischen Sagen den Finnenkönig Möttul nennt oder von dessen Gespräch mit Þórir irgend welche Erwähnung thut, obwohl der legendarischen Sage sonst nichts weniger als eine Scheu vor dem Abenteuerlichen oder Wunderbaren nachzusagen ist. Ich möchte hiernach annehmen, dass eine ältere Quelle vorlag, in welcher statt der Rennthierfelle nur Felle schlechthin genannt waren, wie diess auch in einer weiteren der Flbk. durchaus ausschliesslich eigenen Stelle (II, S. 372—3), dann in der Ólafs ríma des Einarr Gilsson, Str 30 (Flbk., I, S. 9), einem um die Mitte des 14. Jahrhunderts gedichteten Liede (vgl. Jón Sigurðsson, im Safn til sögu Íslands, II, S. 67; nicht, wie Möbius, Catalogus, S. 179, angiebt, um die Mitte des 18. Jahrhdts.) der Fall ist, während eine einschlägige Strophe Sighvats gar nur in allgemeinsten Worten von finnischem Zauber spricht (Heimskr. cap. 240, S. 308—9; geschichtl. Sage, cap. 228, S. 216; spätere Bearbeitung, F. M. S. V, cap. 211, S. 82, und Flbk., II, S. 356); Styrmir hätte dann, während die legendarische Sage die in älteren Ueberlieferungen so oft genannten Wolfspelze eingestellt hatte, seinerseits die für die Finnen passlicheren Rennthierfelle gewählt, und die historischen Sagen wären ihm gefolgt. Ausserdem möchte die Erzählung von Möttul wohl eine von Styrmir selbst erfundene Zuthat sein, welche der Compilator der legendarischen Sage in seiner Vorlage noch nicht vorfand, und welche die Bearbeiter der geschichtl. Sagen entweder als allzu abenteuerlich wieder beseitigten, oder auch darum ausschlossen, weil sie dieselbe in den neben Styrmir's Werk ihnen vorliegenden älteren Quellen nicht berichtet fanden; wie weit aber bei Styrmir und in der ihm und der legendarischen Sage gemeinsamen Quelle auch die aus der in der Fagursk. erhaltenen Version geschöpften Züge etwa bereits enthalten gewesen waren oder nicht, lässt sich mit voller Sicherheit nicht bestimmen, da ja immerhin möglich wäre, dass schon hier die beiden an sich nicht vereinbaren Berichte in derselben rohen Weise nebeneinandergestellt gewesen wären, wie sie diess in der legendarischen Sage in der That noch sind. Berücksichtige ich die Analogie der beiden früher schon erörterten Fälle, und ziehe ich überdiess in Betracht, dass bereits die älteren Fragmente der letzteren Sage den combinirten Bericht zu kennen schienen, so möchte mir in der That das Letztere wahrscheinlicher vorkommen. — Endlich möchte ich auch darauf noch aufmerksam machen, dass Styrmir's Darstellung, wo sie sich mit den Erzählungen unserer Sage berührt, zumeist nicht nur die wortreichere und inhaltsreichere, sondern nicht selten auch die besser geordnete und in sich selbst besser zusammenhängende ist. So bildet zumal die Personalbeschreibung K. Ólafs sammt der mit ihr verbundenen Aufzählung seiner Verdienste und dem Hinweise auf ihre Belohnung im Jenseits bei Styrmir ein wohlgeordnetes Ganzes, welches offenbar völlig passend am Schlusse seines gesammten Werkes, oder doch, falls dasselbe einen solchen enthielt, unmittelbar vor dem dasselbe abschliessenden Wunderverzeichnisse stand (Flbk., III, S. 246—8); in unserer Sage dagegen unterbricht jener Excurs über des Königs Persönlichkeit und Leistungen in ungeschicktester Weise die Geschichtserzählung (cap. 30, S. 22), und nimmt sich zumal die Hinweisung auf den Lohn, welcher demselben zu Theil wurde, wunderlich genug an einer Stelle aus, welche denselben kaum erst zur Regierung gelangt weiss!

Nach allem Dem möchte ich der Hauptsache nach weder annehmen, dass Styrmir unsere legendarische Sage ausgeschrieben habe, wie Munch diess behauptet (vgl. die Vorrede zur geschichtl. Ólafs s. ens helga, S. XIII–XVIII; Det norske Folks Historie, III, S. 1040), noch auch, dass umgekehrt unsere Sage aus seinem Werke geschöpft habe, wie diess Jón Þorkelsson für möglich hält (Safn til sögu Íslands, I, S. 179), vielmehr glauben, dass beide gleichmässig einer älteren Quelle gefolgt seien, welche uns leider nicht mehr erhalten ist, falls wir nicht etwa, was ich weder behaupten noch verneinen möchte, dieselbe in den älteren Fragmenten unserer Sage zu erkennen hätten, unter welcher letzteren Voraussetzung dann allerdings auch die Möglichkeit sich eröffnen würde, dass Zusätze zu der Darstellung in diesen Fragmenten, wie sie unsere Hauptbs. z. B. hinsichtlich der isländischen Hofdichter K. Ólafs, dann wider bezüglich der Bekehrung der Thäler und der Flucht des Königs nach Schweden enthält (vgl. oben, Anm. 18, S. 558–60), aus einer nachträglichen Benützung der Arbeit Styrmir's hervorgegangen sein konnten. Wie dem aber auch sei, gewiss ist jedenfalls soviel, dass bereits jene gemeinsame Vorlage mehrfach combinirte Berichte enthalten haben muss, was auf das Vorhandensein noch älterer Aufzeichnungen mit Sicherheit schliessen lässt; ich will versuchen, das in der Hauptbs. der legendarischen Sage enthaltene Wunderverzeichniss für diessmal bei Seite lassend, die Entstehung auch dieser letzteren noch etwas näher in's Auge zu fassen. — In Odds Ólafs s. Tryggvasonar cap. 15, S. 21 der Ausgabe Munchs, wird ausdrücklich auf eine Lebensbeschreibung des heil. Ólafs Bezug genommen („sem i hans sogo gœir“), und man sollte sonach annehmen, dass eine solche bereits aufgezeichnet war, als jene erstere geschrieben wurde; die Stelle ist aber allerdings nicht völlig entscheidend, da die betreffenden Worte in der Kopenhagener Recension, cap. 13, S. 272, fehlen, und somit dem Uebersetzer der Sage statt ihrem Verfasser angehören können. Zu beachten ist ferner, dass Odds Vorrede zu jenem Werke (bei Munch, S. 1–2), und wider eine spätere Stelle desselben Werkes (cap. 39, S. 39–40 bei Munch; cap. 48, S. 318–9 der Kopenhagener Recension), die beiden Ólafe in einer Weise zusammenstellt und vergleicht, welche anzudeuten scheint, dass dessen Verfasser bereits vor der Lebensgeschichte des älteren Ólafs die des jüngeren behandelt habe, wie denn auch bei dem vorwiegend erbaulichen Charakter jener Ólafs s. Tryggvasonar kaum anzunehmen ist, dass deren Verfasser mit einer anderen als mit der Lebensbeschreibung des heiligen Ólafs seine schriftstellerische Thätigkeit werde begonnen haben. Geradezu entscheidend scheint mir aber, dass Oddur zwar in seiner oben angeführten Vorrede zur Ólafs s. Tryggvasonar erwähnt, dass deren Held in eigener Person die Taufe des heil. Ólafs angeordnet und bei derselben Pathenstelle vertreten habe, aber in seiner Geschichtserzählung selber auf diese Thatsache mit keinem Worte mehr zurückkommt; es ist diess vollkommen erklärlich, wenn man annimmt, dass der Verfasser in einem älteren, von ihm selber geschriebenen Werke den Vorgang bereits des Näheren besprochen habe, abgesehen von dieser Voraussetzung aber auch vollkommen unerklärlich. Mancherlei Einzelnheiten in unserer legendarischen Sage sowohl als in der Flateyjarbók und manchen anderen Hss. der späteren Bearbeitung der Ólafs s. ens helga, ja auch manche Einzelnheiten in den uns allein vorliegenden isländischen Bearbeitungen der Ólafs s. Tryggvasonar Odds, dürften noch auf jene Ólafs s. ens helga dieses Letzteren hinweisen, und mag hier beispielsweise nur Folgendes erwähnt werden. In Odds Ólafs s. Tryggvasonar, cap. 15, S. 21, der Stockholmer, und cap. 13, S. 272 der Kopenhagener Recension wird die Ausdehnung des norwegischen Reiches fast ebenso angegeben wie in der legendarischen Sage, cap. 29, S. 21 und cap. 40, S. 28. Bei Oddur cap. 4, S. 7 der Stockholmer Recension, wird von dem Schwedenkönige Eirik und seiner ersten Frau Folgendes erzählt: „Oc ła hafðe skilit við hann samfarar. Sigriðr en storraða dotter Skoglar

Tósta. ok var þat orð á af alþýðo at hann þóttis eigi mega tela um skap hennar. en hitt var þo ravnar at þat voro lavg Svia ef konungr misti við at konv skyldi setia i havg hia honom. en hon vissi at konungr hafðe heitiz Oþni til sigrs þa er hann barðiz við Styrbiorn oc átti fa vetr ólifat." In wenig anderer Wortfassung berichtet die Kopenhagener Recension, cap. 2, S. 219—20 „þá váro skilð ráð þeirra Sigriðar stórráða, dóttur Scoglar-Tosta En þat bar til at summa manna sögn, at hon var stórráð oc þó ráðgiörn, en konúngr villdi eigi hava ofsa hennar: en sumir segia at hon villdi firir því eigi með honum vera, at þat váro lög í landi, ef misdauði yrði hióna, at konu scylldi setia i haug hiá honum, en hon visai at þat lá á konúngi at hann scylldi eigi liva um 10. vetr, oc hèt hann því til sigrs sér, þá er hann barðiz við Styrbiorn, at hann scylldi eigi lengr liva siþan en 10 vetr." Widerum heisst es in derselben Recension, cap. 26, S. 263: „Í þann tima er rikði yfir Noregi Hákon jarl var Eiríkr konúngr í Sviþióð. Oc eptir þá hina frægia orrostu er hann hafði att við Styrbiörn oc fèck sigr með þeim hætti, at Oddiner gaf honum sigrinn, en hann hèt því til at hann gafsc Oddineri til eptir hit 10da ár, oc siþan var hann callaðr Eiríkr hin sigrsæli. — Eiríkr konúngr átti Sigriði hina stórráðu, oc var þeirra son Olafr svænski. Þat segia menn at konúngrinn villdi skilia við Sigriði drotningu, oc villdi eigi hava ofsa hennar oc ofmetnað, oc setti hana drotningu yfir Gautlandi." Die Stockholmer Recension hat dagegen an der entsprechenden Stelle, cap. 24, S. 29, nur die Worte: „Ok a davgum Hakonar iarls er hann reð Norege. Þa var Eirikr Svia konungr i bernaðe ok eptir orrosto þa er þeir Eirikr ok Styrbiorn borðvz, lifðe Eirikr konungr 10 vetr hann lagðe a ser sverðo i höfuðv sva sem hann hafðe heitiz Oðni til sigrs ser." Auffällig ist hier nun zunächst, dass die Kopenhagener Recension an zwei verschiedenen Stellen dieselbe Erzählung widerholt; da deren erste Stelle ganz entsprechend auch in der Stockholmer Recension sich findet, während die zweite in dieser fehlt und da überdiess in der Flbk., I, S. 88, jene erste Stelle fast wörtlich mit der Stockholmer Recension übereinstimmend dem, freilich nicht genannten, Odd nacherzählt wird als eine von den geschichtlichen Berichten über Olafs Tryggvason's Jugend abweichende Nachricht, liegt der Schluss nahe genug, dass nur jene erstere in Odds Ólafs s. Tryggvasonar gestanden haben, die letztere dagegen erst von einem Ueberarbeiter derselben in diese eingeschaltet worden sein möge. Nun finden wir aber, dass gerade diese zweite, verdächtige Stelle noch einen weiteren Beisatz hat, welcher ebenfalls in der Stockholmer Recension fehlt, und folgendermassen lautet: „En þá báðu Sigriðar Visivaldr Austrvega konúngr, oc Haralldr grenski Upplendinga konúngr. En henni þótti sér litilræði i því, er smákonúngar báðu hennar, en þeim dirfð í, er þeir ætluðu sér þvílíka drotningo; oc firir því brendi hon þá inni báða á einni nótt, oc þar lèt oc lif sitt gøfugr maðr er hèt Þórir, faþir Þóris hunds, er barðiz við hinn helga Ólaf konúng á Sticlastöðum, oc eptir þetta verk var hon cölluð Sigrið hin stórráða." Es ist klar, dass diese Notiz ohne alle Beziehung zur Lebensgeschichte K. Ólafs Tryggvason's ist, während sie mit der des heil. Ólafs auf das Genaueste zusammenhängt: war doch K. Haraldur grænski dieses letzteren Vater, und Þórir hundur, der Sohn eines mit K. Harald Verbrannten, einer der bittersten Gegner des heil. Königs. Dazu kommt, dass die legendarische Ólafs saga ens helga, cap. 5, S. 4, wenn auch in abgekürzter Form, einen vielfach wörtlich gleichlautenden Bericht über die einschlägigen Vorgänge bringt (Es heisst hier z. B.: „En i þann tima reð firir Sviþiuð Sigrið en storaða er att hafðe Æirikr enn sværle. Hon var dotter Skoglartosta. — Oc marger segia hana firir Gautlande hava raðet. firir þui at konongr matte æigi hera hennar ofsa — Þar kœmr oc annar konongr af avstrvegom sa het Visavalldr. hann biðr oc Sigriðar — Er hon kallað Sigrið en storaða heðan af"); nahe genug liegt hiernach die Vermuthung, dass Oddur, dem wir ja ohnehin aus anderen Gründen die Autorschaft einer Biographie des heil. Ólafs zu vindiciren hatten, in dieser von Sigrið ebenfalls gesprochen habe, und dass von hier aus sowohl in die legendarische Sage als in die Kopenhagener Recension seiner Ólafs s. Tryggvasonar die oben angeführten Stellen herübergenommen worden seien. Ferner. In seiner Vorrede zur Ólafs s. Tryggvasonar sagt Oddur ausdrücklich, dass der heil. Ólafur im 5. Regierungsjahre K. Ólaf Tryggvason's getauft worden sei und die legendarische Ólafs s. ens helga, cap. 6, S. 4, berichtet ihrerseits, dass derselbe als 3jähriges Kind die Taufe empfangen habe; dem gegenüber lassen alle anderen Quellen den jungen Ólaf 3jährig und im dritten Regierungsjahre seines älteren Namensvetters taufen (Heimskr. Ólafs s. Tryggvasonar, cap. 67, S. 265, und spätere Bearbeitung, cap. 194, F. M. S., II, S. 129—30; Flbk., II, S. 101, und liegt demnach Odds Zeitrechnung offenbar auch jener älteren Geschichte des heil. Ólafs noch zu Grunde, während die späteren Quellen einer anderen folgen. Endlich. Wir wissen, dass schon der Dichter Óttar svarti von 5 Königen in den Hochlanden sprach, deren Reich der heil. Ólafur an sich gerissen habe, und dass unter ausdrücklicher Bezugnahme auf ihn die geschichtlichen Sagen zu widerholten Malen derselben Thatsache gedenken, mit dem Beifügen, dass jene 5 Könige an einem einzigen Morgend gefangen genommen worden seien (Heimskr. Ólafs s. ens helga, cap. 74, S. 84—5, cap. 85, S. 113, und cap. 90, S. 120; geschichtliche Sage, cap. 58, S. 63; cap. 69, S. 74, und cap. 73, S. 78; jüngere Bearbeitung, cap. 73, 81 u. 85, in den F. M. S. IV, S. 151—2, 173 und 182; ebenso die isländischen Annalen). Wir erfahren ferner aus der Flateyjarbók, II, S. 66—8, 89 u. 110, welche im Uebrigen den Angaben der Heimskringla folgt, dass Styrmir in seiner Lebensbeschreibung des heil. Ólafs von 11 hochländischen Königen spreche, welche dieser unterdrückt habe (siehe oben, Anm. 19, S. 564), und wenn dabei neben Óttars Versen eine Strophe Sighvats angeführt wird, in welcher „ellifu eyðar hella mildings máls“ als unterworfen genannt werden, so ist wohl auch dieses, meines Wissens sonst nirgends erhaltene, Citat aus Styrmir's Werk entlehnt. Aehnlich berichtet die legendarische Sage, cap. 21, S. 18, dass der König an einem Morgend in aller Früh („milli rismáls ok dagmáls“) „11. konúnga eða konúngborna menn“ gefangen habe, und erwähnt noch an einer zweiten Stelle, cap. 45, S. 32, der gefangenen 11 Könige. In ihrem Eymundar þáttur spricht aber die Flbk. II, S. 118, noch einmal von dem Vorgange, und erzählt, dass nach der gemeinen Sage 5 Könige an einem einzigen Morgende gefangen worden seien, nach Styrmir aber Alles in Allem 9, und diese letztere Zahl wird auch in der Fagurskinna, § 94 und 95, S. 77, festgehalten, und zwar hier mit dem Beisatze, dass alle 9 Könige an einem Morgende gefangen worden seien. Odds Ólafs s. Tryggvasonar endlich nennt in ihrer Stockholmer Recension, cap. 39, S. 89, wider 9 Könige als von K. Ólaf überwältigt, während sie in ihrer Kopenhagener Recension, cap. 48, S. 318, deren nur 5 von ihm unterdrückt werden lässt, diese aber in einem Herbste. Nun kann kaum einem begründeten Zweifel unterliegen, dass die Eilfzahl lediglich einer unrichtigen Deutung der Verse Sighvats durch Styrmir, oder vielleicht richtiger noch einer ungenauen Angabe der Flbk. über dessen Worte ihre Entstehung verdankt; die „eilf Vergeuder der Rede des Hohlenkönigs“ brauchen keineswegs alle Könige gewesen zu sein, und Sighvats Zählung lässt sich somit recht wohl mit der seines Neffen Óttars vereinigen, wenn wir annemen, dass neben 5 Königen gleichzeitig noch 6 andere Personen fürstlichen Ranges gefangen genommen worden seien. In der That weist die legendarische Sage an ihrer ersteren Stelle bestimmt genug auf diesen Sachverhalt hin; da wir nicht wissen, ob in der älteren Redaction, welcher deren Fragmente angehörten, bereits die gleiche Angabe sich fand, dürfen wir vielleicht vermuthen, dass der Compilator der Haupths. hier aus Styrmir selbst geschöpft habe, obwohl auch möglich wäre, dass in des letzteren Vorlage bereits die von der Flbk. auf seinen Namen citirte Angabe sich gefunden hätte. Aber auch die Neunzahl dürfte nicht so unerklärlich sein, wie diess Munch (Norwegische Geschichte, I, 2, S. 579, Anm.) annimmt. Der Eymundar þ. deutet sehr bestimmt an, dass zwar die 5 Könige, aber nicht alle 9, an einem einzigen Tage gefangen sein sollten, und wohl zu beachten ist, dass zwar von den 5 Königen der Kopenhagener Recension Odds gesagt wird, sie seien in einem Herbste unterdrückt worden, nicht aber auch von den 9 Königen, welche die Stockholmer Recension nennt; nirgends ist gesagt, dass mit der Unterdrückung jener 5 an einem Tage gefangenen Könige auch schon alle und jede Kleinkönige in den Hochlanden abgethan gewesen seien, vielmehr zeigt eine weitere Erzählung in der Flbk., II, S. 67, dass noch nach der ersteren Unterwerfung Olafs Stiefvater, Sigurđur sýr, sammt einigen weiteren Kleinkönigen ihre eigene Unterdrückung zu erwarten hatten. So mochte demnach Styrmir allerdings die dreifache Angabe gemacht haben, dass an einem Herbsttage 5 Könige und 6 andere fürstliche Personen, also zusammen 11 tignarmenn gefangen genommen, und dass im Ganzen genommen 9 Könige in den Hochlanden um ihr Reich gebracht worden seien; irrig ist es freilich, wenn die Fagrsk. die Neunzahl auf die an einem Tage Gefangenen bezieht, aber glücklicher Weise lässt sich auch dringend wahrscheinlich machen, dass bei ihr diese Zahl erst hinterher für die ältere Fünfzahl eingeschoben wurde. Wie die geschichtl. Sagen erzählt nämlich auch sie, wie einmal die Gefangennahme der hochländischen Könige durch den norwegischen Olaf mit einer glücklichen Vogeljagd seines schwedischen Namensbruders verglichen wird; aber während in jenen ersteren der erlegten Vögel wie der gefangenen Könige gleichmässig 5 sind, welchen Parallelismus das Ebenmass der Erzählung auch offenbar fordert, sind hier zwar der Könige 9 geworden, die 5 Vögel aber stehen geblieben. Aus einer älteren Quelle also, welche beide Angaben neben einander enthalten hatte, hat die Fagurskinna die unrechte entlehnt, als es galt die Zahl der an einem Tage gefangenen Könige anzugeben, während sie hinsichtlich der Zahl der erlegten Vögel den älteren ihr vorliegenden Text ungeändert liess, und nicht minder hat der eine Uebersetzer von Odds Ólafs s. Tryggvasonar die eine, der andere die andere Zahl gewählt, Beide indessen mit richtiger Unterscheidung der Voraussetzungen, unter welchen die eine und die andere Zahl die richtige war. Kraniche (trönur) sind ferner in der Fagurskinna, Auerhähne (orrar) in den geschichtlichen Ólafssagen die erlegten Vögel, während die legendarische Sage nur von Vögeln schlechthin spricht; auch das gemeinsame Original mag sich der genaueren Bezeichnung enthalten, oder wenn es etwa in lateinischer Sprache geschrieben war, eine von den verschiedenen Uebersetzern verschieden ausgelegte gebraucht haben. Dieses gemeinsame Original aber, welches allen den genannten Quellen gleichmässig zu Grunde liegt und von ihnen allen in verschiedenster Weise benützt und excerpirt worden ist, dürfte widerum kein anderes gewesen sein, als die von Odd verfasste Biographie des heil. Königs. U. dgl. m. — Die Existenz einer von Odd geschriebenen Ólafs saga ens helga, und deren Zusammenhang mit unserer legendarischen Sage sowohl als mit Styrmir's Werk dürfte hiemit genügend erwiesen sein. Von einer entsprechenden Schrift Gunnlaugs vermag ich dagegen allerdings keinerlei bestimmte Spuren nachzuweisen, und stützt sich demnach meine Vermuthung, dass auch er eine solche verfasst haben möge, lediglich auf den Umstand, dass die bereits wiederholt besprochenen combinirten Erzählungen bei Styrmir sowohl als in der legendarischen Sage die Annahme einer beiden gemeinsamen, zwischen ihnen und Odd in der Mitte liegenden weiteren Vorlage absolut nothwendig machen, während andererseits alle Wahrscheinlichkeit dafür spricht, dass ein geistlicher Autor, welcher dem Odd die Lebensgeschichte des halbheiligen Königs Ólaf Tryggvason nacherzählte, um so weniger unterlassen haben werde ihm auch die Geschichte des vollheiligen Königs Ólaf Haraldsson nachzuerzählen. Möglich dass die uns erhaltenen älteren Fragmente der legendarischen Sage Ueberreste gerade dieser Arbeit Gunnlaugs sind.

Zum Schlusse mag noch erwähnt werden, dass Styrmir sowohl als die legendarische Sage neben derartigen Vorarbeiten mehrfach auch noch ältere Gedichte benützt haben, diese freilich wie es scheint nicht immer mit gehörigem Verständnisse. Wir haben oben, S. 566, bereits gesehen, wie beide Quellen übereinstimmend dem Könige Ólaf ein Lied in den Mund legen, welches doch nach der Knytlinga ganz andere Leute gedichtet hatten (Flb., III, S. 237—8; legendarische Sage, cap. 10, S. 8—9). Erwähnt wurde auch bereits, wie Styrmir und die legendarische Sage auf eine Strophe Sighvats, welche der erstere anführt, die Angabe bauten, dass K. Ólaf an einem Tage 11 hochländische Könige, oder doch fürstl. Personen gefangen genommen habe (Flbk., II, S. 67—8; legendarische Sage, cap. 24, S. 15; vgl. oben, S. 578). Ebenso wurde einer Reihe von Strophen gedacht, welche beide Quellen gelegentlich einer Reihe von Anekdoten über K. Ólafs isländische Hofdichter mittheilen (Flbk., III, S. 240—44; legendarische Sage, cap. 62, S. 46—48). Styrmir erwähnt ausserdem noch einiger Verse, welche K. Ólafur auf die Steinvör, seine Geliebte, gedichtet habe (Flbk., III, S. 237 u. 239—40); aber auch diese Strophen sind dem Könige, wie die Herausgeber der geschichtl. Ólafs s. ens helga, Vorrede, S. XV—XVII, und Munch, Norwegische Geschichte, I, 2, S. 493, Anm., dargethan haben, mit Unrecht beigelegt. Das zwar lässt sich gegen deren Aechtheit nicht geltend machen, dass K. Ólafur sonst nicht als Dichter aufzutreten pflege; vielmehr legen die legendarische Sage, cap. 62, S. 47 und Styrmir (Flbk., III, S. 241) ihm ausdrücklich eine Weise auf die Ingibjörg Finnsdóttir, und eine zweite auf den Bauern Karli in dem Mæri, und eine andere von ihm gedichtete bietet die legendarische Sage, cap. 71, S. 56, Styrmir (Flbk. III, S. 244), die Heimskr. cap. 187, S. 307, die geschichtl. Sage, cap. 173, S. 185, und deren spätere Bearbeitung, cap. 169 (F. M. S., V, S. 16—17), sowie die Fagurskinna, § 107, S. 87—88, und wenn hier wie dort zwar beigefügt wird, dass man sage, oder dass einige Leute sagen, dass der König der Dichter der betreffenden Strophen sei, so ist doch damit immerhin dargethan, dass dieser schon frühzeitig als der Dichtkunst mächtig galt. Anderntheils zeigt der Haufôlfs þ., cap. 5 (F. M. S. V, S. 311; Flbk. II, S. 207—8) auch, dass gerade die Neigung zum weiblichen Geschlechte als des Königs schwache Seite galt, und auch von dieser Seite her stünde also der Aechtheit jener Verse Nichts im Wege; aber da Ólafur 12jährig von den Hochlanden aus auf die Heerfahrt ging, und erst nach Norwegen heimkehrte, um den dortigen Königsthron zu besteigen, ist es rein unmöglich anzunehmen, dass er inzwischen in England bereits um eine in der Landschaft Sunnmœri zurückgelassene Geliebte sich sollte erkundigt haben, und ein chronologischer Verstoss wenigstens muss somit von Styrmir begangen worden sein. Uebrigens führt die legendarische Sage neben den bereits genannten Strophen K. Ólafs (cap. 10, S. 8—9; cap. 62, S. 47; cap. 71, S. 55), dann ein paar Weisen Háreks ór Þjóttá (cap. 67, S. 51), noch eine ziemliche Reihe von Versen der Dichter Sighvatur Þórðarson (cap. 10, S. 8; cap. 12, S. 10; cap. 26, S. 20; cap. 27, S. 20; cap. 62, S. 47; cap. 64, S. 49; cap. 66, S. 50; cap. 68, S. 53—4; cap. 101, S. 85), Óttarr svarti (cap. 48, S. 35; cap. 60, S. 40; cap. 61, S. 46; cap. 62, S. 47—8; cap. 66, S. 50), Þormóður Kolbrúnarskáld (cap. 58, S. 44—5; cap. 62, S. 48; cap. 88, S. 66; cap. 89, S. 66—7; cap. 90, S. 67; cap. 91, S. 69; cap. 96, S. 72; cap. 97, S. 73), Þorfinnur munnur (cap. 89, S. 67), Þórður Háreksson (cap. 66, S. 50), und Þórarinn loftunga (cap. 76, S. 59) an; in ihren älteren Fragmenten figuriren ebenfalls bereits gar manche Verse, und nicht minder kennt auch Styrmir noch andere neben den oben schon angeführten, nur dass sich bei dem geringen Umfange jener Fragmente sowohl als der mit voller Bestimmtheit auf Styrmir zurückzuführenden Stücke weder hier noch dort eine erschöpfende Aufzählung der benutzten Dichter herstellen lässt. Immerhin lässt sich indessen ersehen, dass die Bedeutung der herangezogenen Verse für die Geschichtserzählung in beiden Quellen eine vergleichsweise geringe ist.

Anm. 21.

Das Alter und die Entstehungsgeschichte der Jómsvíkinga saga festzustellen, hat seine besonderen Schwierigkeiten. Peter Erasmus Müller lässt dieselbe, wie er zu thun liebt, aus verschiedenen Stücken zusammengesetzt sein, deren erstes cap. 1—12, S. 1—41 (ich citire durchaus nach der Ausgabe in den F. M. S. XI) von den Dänenkönigen bis auf Haraldur Gormsson, deren zweites, cap. 14—23, S. 43—75, und drittes, cap. 24—34, S. 75—99, von Palna-Tóki handelt, deren viertes, cap. 35—38, S. 99—116, den Anlass zu der Heerfahrt nach Norwegen, und deren fünftes, cap. 39—49, S. 116—58, diese Heerfahrt selbst sammt der Schlacht im Hjörúngavogur bespricht (Sagabibl. III, S. 43—48, 62—62, 66—73, 75—81 und 90—94); dabei soll zunächst der Bericht über die Schlacht selbst auf Grund gleichzeitiger Gedichte und mündlicher Erzählungen von Augenzeugen, dann etwa auch mündlicher Ueberlieferungen von Männern einer wenig späteren Zeit sich festgestellt haben, ohne dass sich doch mit Sicherheit bestimmen liesse, wie viel oder wie wenig von demselben bereits durch Ari fróði aufgezeichnet worden sein möge, — soll ferner am Anfange des 13. Jahrhunderts bereits nicht nur das vierte und fünfte, sondern auch schon das zweite und dritte Stück zu einem Ganzen verbunden gewesen sein, weil Snorri die Sage insoweit bereits in ihrer derzeitigen Gestalt vor sich gehabt und excerpirt habe, wenn auch der von ihm benützte Text in manchen Stücken von dem uns erhaltenen abgewichen sei, — soll endlich das erste Stück erst am Anfange des 14. Jahrhunderts dem Ganzen beigefügt worden sein, wie dasselbe denn durchaus unhistorischen Inhaltes sei, in einzelnen Hss. fehle, in anderen aber seinen besonderen Titel führe, endlich auch mit dem Beginne des nachfolgenden Stückes nicht recht zusammenpasse (ang. O., S. 94—97). Aber ein Hauptpunkt ist in dieser ganzen Auseinandersetzung ausser Acht gelassen, die Feststellung nämlich des handschriftlichen Befundes. Soll nun, wie billig, vor Allem dieser in's Auge gefasst werden, so sind auf Grund der im Nachworte zu der Kopenhagener Ausgabe von 1824, sowie im Vorworte zu der Ausgabe in den F. M. S. (1828) enthaltenen Angaben 4 Classen von Hss. zu scheiden. Die erste Classe bildet die Hs. nr. 7 in 4to der königl. Bibliothek in Stockholm, und liegt eine Abschrift von ihr dem, übrigens unvollständigen, Abdrucke von 1824 zu Grunde; die zweite Classe vertritt AM. 291 in 4to, und liegt diese Hs. der Ausgabe in den F. M. S. zu Grunde; die dritte Classe bildet die Flateyjarbók sammt den von ihr abhängigen Hss.; die vierte Classe endlich liegt in AM. 510, in 4to vor sammt einigen von ihr abhängigen Hss., und bildet die Grundlage der Stockholmer Ausgabe von 1815. Kein Zweifel besteht dabei darüber, dass die dritte Classe sich zunächst an die zweite anschliesst, und nur ungleich wortreicher und in ihrer Ausdrucksweise moderner ist, als jene, — dass ferner die vierte Classe, durch Zusätze und zumal eingeschobene Verse vermehrt, auch in den Redewendungen modernisirt, im Ganzen aber der dritten am Nächsten stehend, die jüngste Redaction von allen bildet, und dass AM. 510 erst im 15. Jahrhundert geschrieben ist; aber während das Nachwort zur Ausgabe von 1824 die Stockholmer Recension für die älteste, noch im 12. Jahrhunderte entstandene hält, wenn auch die betreffende Hs. selbst erst viel später geschrieben sei, und AM. 291 als jener zunächst stehend, aber wortreicher und erst im 14. Jahrhundert geschrieben bezeichnet, soll nach der Vorrede zu der Ausgabe von 1828 umgekehrt die Stockholmer Recension durch Kürzung aus der zweiten Version der Sage hervorgegangen sein, und AM. 291 wird nicht nur als am Ende des 13. oder am Anfange des 14. Jahrhunderts geschrieben, sondern sogar, was freilich zu dieser Angabe wenig passen will, als zu den ältesten existirenden isländischen Hss. gehörig bezeichnet. Die Stockholmer Hs. wird ferner in Arwidsson's Verzeichniss der isländischen Hss. der königl. Bibliothek zu Stockholm, S. 20 (1848), als im Anfange des 14. Jahrhunderts geschrieben bezeichnet; bezüglich der Kopenhagener Hs. 291 aber erklärt Munch, dass dieselbe kaum viel jünger als 1280 sei (Norwegische Geschichte, II, S. 1042, Anm. 3) und dass die Jomsvíkinga saga nach dem Alter der Hss. zu schliessen bereits am Ende des 12. Jahrhunderts entstanden sein müsse (Vorrede zur Ausgabe Odds, S. X), und unter dieser Voraussetzung begreift es sich dann auch, wenn in den Antiquités Russes, II, S. 126, diese Hs. „un des manuscrits les plus anciens de l'Islande" genannt wird. N. M. Petersen freilich meint (Annaler, 1861, S. 263), Munchs Ansicht über die Entstehungszeit der Sage scheine auf einer unrichtigen Schätzung des Alters ihrer Hss. zu beruhen; ich möchte dagegen Munchs Angaben für richtig halten, und zwar aus zweifachen Gründen. Einmal nämlich zeigt die Kopenhagener Recension Odds, cap. 12, S. 245—53, ganz augenfällig die Jómsvíkinga s., cap. 8—12, S. 26—41, als benützt, und auch cap. 15, S. 257—8 Odds stellt sich augenscheinlich als ein Excerpt aus dieser Sage dar; da die Kopenhagener Hs. Odds erst dem 14. Jahrhd. angehört, und die Stockholmer Hs. von solcher Benützung unserer Sage Nichts weiss, lässt sich allerdings ein völlig gesicherter Schluss aus dieser Thatsache nicht ziehen, indessen immerhin die höchste Wahrscheinlichkeit dafür gewinnen, dass wenigstens im 13. Jahrhd. die Jómsvíkinga s. schon wesentlich so vorhanden war, wie sie uns vorliegt. Sodann aber, und diesen Punkt möchte ich für entscheidend halten, stimmt das in den F. M. S. XI. mitgetheilte Facsimile von AM. 291, sowie was in der Vorrede zu diesem Bande über die Schreibweise dieser Hs. gesagt wird, vollkommen mit Munchs Schätzung ihres Alters überein. Die Hs. zeigt z. B. þ. im Inlaute und im Auslaute so gut wie im Anlaute, wogegen ð soviel ich sehe von ihr nicht gebraucht wird; c. wird noch öfter für k. gesetzt; der Umlaut von ó lautet noch œ, nicht æ (also z. B. brœðra, nicht bræðra); in den Endungen hält sich e, o, wo später i, u eintritt (z. B. þotte, minne, scipom, nicht þótti, minni, skipum); die Passivendung lautet gewöhnlich — z, zuweilen aber auch noch — zk (das Facsimile bietet gerzk, neben beraz, verjaz, berklæþaz u. dgl.); das Pronomen erster Person findet sich noch dem Verbum angehängt (cap. 46, S. 153: ef ek kemmag í Noreg); gelegentlich steht noch einmal die Form þars (cap. 43, S. 132) u. dgl. m. Stammt aber AM. 291 wirklich schon aus den ersten Jahren des 13. Jahrhdts., so fällt damit Müller's ganze Theorie von selber zusammen, da diese Hs. bereits ebenso gut wie alle andern älteren Hss. die von ihm geschiedenen Bestandtheile der Sage zu einem Ganzen vereinigt zeigt. Insbesondere hat bereits diese Hs. den ersten, von den Dänenkönigen handelnden Abschnitt, und setzt ihn durch die Ueberschrift: „fyrri þáttrinn", dem folgenden Stücke entgegen, welches in seiner Ueberschrift als „annarr þáttr" bezeichnet wird; die Stockholmer Hs. giebt dem Ganzen die Ueberschrift: „hèr hefr upp Jómsvíkinga saga" (Vorrede zur Ausgabe von 1815), während vor dem zweiten Abschnitte eine ähnliche Ueberschrift sich zu widerholen scheint (F. M. S. XI, S. 43, not. 2); in der Flateyjarbók findet sich, freilich zerstückelt und in manchen Punkten umgestaltet, wie es eben dessen Einfügung in ein grosseres, aus den verschiedensten Quellen zusammengetragenes Ganzes mit sich bringen musste, der erste Abschnitt ebenfalls, und zwar mit der Ueberschrift: „her hefr vpp Jomsvikinga þatt", an seiner Spitze (I, S. 96–106 = cap. 1–5, S. 1–18 der Sage; vgl. ferner S. 54, 64–5, 68–70, 81–88, endlich 152–3, welche Stellen nach anderen Quellen ungefähr die in cap. 6–7, S. 18–26, erzählten Vorgange berichtet hatten oder berichten; endlich S. 107–114 und S. 152, welche cap. 8–12, S. 26–41, entsprechen), während dann der zweite Haupttheil in geschlossenerer Weise nachfolgt (I, S. 153–205), und höchstens zweifelhaft sein kann, ob cap. 50–52, S. 158–62 (= Flbk. I, S. 203–6) lediglich ein Zusatz dieser Hs., oder noch zu der Sage selbst zu rechnen seien, soferne AM. 291 am Schlusse defect ist, die Stockholmer Hs. aber und AM. 510 die Sage mit cap. 49, S. 158 schliessen; nur die jüngste Recension, AM. 510, lässt den ersten Abschnitt weg, ihr kann aber begreiflich ein entscheidender Werth in keiner Weise beigelegt werden. Wenn also die Flbk. I, S. 113, gelegentlich eines von Bischof Poppo angeblich verrichteten Wunders auf eine in cap. 11, S. 37, der Sage enthaltene Stelle als auf einen Theil der Jómsvíkinga saga sich beruft, und somit den Otta þátt als zu dieser Sage gehörig bezeichnet, so dürfen wir hierinn keineswegs, wie Müller thut (ang. O., S. 96, und 112–13), eine Neuerung des 14. Jahrhdts. erblicken, vielmehr erledigen sich des Letzteren Scrupel einfach dahin, dass er irrthümlich auf Hammarskölds schlechter Ausgabe (S. 24) fusste, welche den betr. Abschnitt der Sage auf Grund von Hss. der neuesten und schlechtesten Art sehr verkürzt brachte.

Im Uebrigen weiss zunächst die Jómsvíkinga saga selbst, cap. 42, S. 127–30, von 4 isländischen Männern, welche in der Schlacht im Hjörúngavogur auf Hákon jarls Seite fochten, nämlich von Einarr skálaglam (Skjaldmeyjar-Einarr), Vigfús Vígaglúmsson, þorðr orvahönd und þorleifr skúma; der jüngste Text, AM 510, fügt als fünften noch den Tindr Hallkelsson hinzu, und nimmt wiederholt auf dessen Lieder Bezug. Dabei wird von Einarr erzählt, wie er die zauberkräftigen Wagschalen erhielt, welche ihm seinen Beinamen eintrugen, und werden ihm ein paar Verse in den Mund gelegt, welche ihn freilich die Egla, cap. 82, S. 206–7, unter etwas anderen Umständen sprechen lässt, von þorleif wird berichtet, wie er vor dem Kampfe sich eine schwere Keule herrichtete, und von dem Jarle darum angesprochen, mit einer hübschen Strophe antwortete; hinsichtlich des Vigfús Vígaglúmsson, welchen auch die Vigaglúmss. cap. 17, S. 364, als einen muthigen und kräftigen, aber auch übermüthigen Gesellen schildert, welcher sich viel ausser Lands herumgetrieben habe, fügen die drei jüngeren Redactionen (Cod. Holm. 7; Flbk. und

AM. 510) bei, wie er einen Speer schärfte und dabei gleichfalls eine Strophe sprach. Weiterhin wird dann noch erzählt (cap. 44, S. 133), wie Vigfús dem Aslák hólmskalli, der gegen Waffen fest war, mit einem Ambosse erschlägt, und wie þorleifr den Vagn mit seiner Keule schwer trifft, aber auch seinerseits von ihm verwundet wird; auch wird berichtet, wie der Letztere an dieser Wunde starb, und eine Strophe angeführt, welche Einarr bei dieser Gelegenheit gesprochen habe (cap. 45, S. 144—5); endlich wird noch erwähnt, dass þórðr und Einarr es gewesen seien, welche die genauesten Berichte über die einschlägigen Vorgänge nach Island gebracht hätten (cap. 49, S. 158). Allerdings findet sich diese letztere Angabe, während alle andern ziemlich übereinstimmend in allen vier Recensionen der Sage wiederkehren, nur in deren beiden jüngsten und selbst in diesen nicht völlig übereinstimmend; die Flbk., I, S. 203, sagt nämlich: „En Skialldmeyiar Æinar for til Islands ok drukknade a Breidafirde. ok beita þar af þui Skaleyiar at þar rak skalirnar a land þær sem jall gaf honum. En þordr auruaund for heim j Dyrafiord til þorkels fodur sins j Aluidru. ok werdr her sua sagt at þeir þorleifr skuma ok þordr oruaund hafui brædr verit ok hio þordr j Aluidru eftir fodur sinn ok er mart manna fra honum komit j Fiordum westr. ok sogdu þeir Æinarr gloggwast fra þessum tidendum vt til Islandz“, — in AM. 510, fehlt dagegen der letzte Satz (ok sögðu þeir Einarr, u. s. w.), und heisst es dafür: „Vigfús Vígaglúmsson fór ok til Íslands, ok sagði þar fyrstr manna þessi tíðindi til Íslands, ok lýkr hér Jomsvíkinga sögu“, — in der Stockholmer Hs. endlich fehlt, wie aus der Ausgabe von 1824 zu ersehen ist, die ganze Bezugnahme auf die Gewährsleute, und ob dieselbe in AM. 291 zu finden gewesen sei, lässt sich nicht erkennen, da diese Hs. an ihrem Schlusse völlig unleserlich, und wahrscheinlich überdiess defect ist. Indessen kann doch nicht bezweifelt werden, dass jene Notiz im Wesentlichen bereits in dem ursprünglichen Texte gestanden hat und in der überhaupt, und zumal an ihrem Schlusse vielfach abgekürzten Stockholmer Hs. erst hinterher beseitigt wurde, denn ganz abgesehen davon, dass das über Einars Ende Berichtete in durchaus selbstständiger Fassung durch die Landnáma, II. cap. 11, S. 95, bestätigt wird, und dass wir aus der Melabók (ebenda, III. cap. 16, S. 222, Anm. 4, vgl. S. 325) und der Sturlúnga, II. cap. 7, S. 58, wissen, dass Vigfús Vígaglúmsson auf Island Nachkommen hinterliess, also doch wohl nach der Schlacht im Hjörúngavogur dahin zurückgekehrt sein musste, da er solche vor derselben Alters halber kaum erzeugt haben konnte (vgl. Guðbrand Vigfússon, im Safn til sögu Islands, I. S. 396), bietet auch die Fagurskinna eine der obigen im Ganzen entsprechende Nachricht, sofern hier, § 61, S. 49, gesagt wird: „þessir váru islenskir menn með Hákoni jarli: Skúmr ok þórðr er kallaðr var örvhönd, synir þorkels auðga vestan af Mýrum í Dýrafirði, ok Vigfúss Vígaglúmssonr, Tindr Hallkelssonr (dieser fehlt in der zweiten Hs., so dass hier die folgenden Worte irrthümlich auf Vigfús bezogen sind), hann orti drápu um Hákon jarl, ok í þeirri drápu er mart sagt frá Jómsvíkingum ok þeirra orrostu; frá þessara manna orðum hafa menn minni haft á því landi frá þeima tíðendum, sumir með kveðskap ok sumir með frásögn annarri.“ Man sieht, im Wesentlichen stimmt diese Angabe mit der obigen überein; daneben aber enthält sie freilich auch manche Abweichungen von derselben, — Abweichungen, die für uns kaum minder werthvoll sind als jene Uebereinstimmung, deren nähere Erörterung aber noch ein vorgängiges Eintreten auf ein paar weitere hieher bezügliche Angaben der Fagurskinna fordert. Es legt diese nämlich (§ 61, S. 49) dem Vigfús nicht nur jene beim Speerschärfen gesprochene Strophe bei, welche ihm auch die drei jüngeren Redactionen der Jómsvíkinga s. zuschreiben, sondern sie lässt auch ihn die Keule herrichten und die hierauf bezügliche Strophe sprechen, welche diese Sage, und zwar in allen ihren Recensionen, dem þorleif skúma beilegt. Sie erzählt ferner (§ 62, S. 50), wie þórðr und Skúma mit dem Áslákr hólmskalli und Hávarð höggvandi kämpfen, — wie letzterer dem þórð die rechte Hand abhaut und auch den Skúma schwer verwundet, schliesslich aber selber beide Füsse verliert, — endlich wie Vigfús Vígaglúmsson gleichzeitig dem Áslak mit einem Ambosse den Hirnkasten einschlägt. Eine Strophe, welche wenig später (§ 62, S. 51) demselben Vigfús in dem Mund gelegt wird, kennt nur die jüngste Recension der Jómsvíkinga s., cap. 45, S. 163, Anm. 1, und ebenso hat nur diese, cap. 42, S. 126, Anm., ein paar Strophen aus der Belgskakadrápa des þórður Kolbeinsson, welche die Fagursk., § 59, S. 46, mittheilt. Endlich kennt die Fagursk., § 64, S. 53. auch noch das Zwiegespräch des Jarles Hákon mit dem sterbenden Skúm ziemlich in derselben Fassung wie die Jómsvíkinga s., nur dass die Strophe, welche diese letztere den Einar skálaglam sprechen lässt, von jener dem Sterbenden selbst in den Mund gelegt wird. Sollen nun die erheblicheren Abweichungen der Fagurskinna von der Jómsvíkinga s. hervorgehoben werden, so bemerke ich zuförderst, dass die erstere den Bruder des þórður immer nur als Skúmur oder Skúms bezeichnet, also zum Hauptnamen des Mannes macht was in unserer Sage doch nur sein Beiname ist; das Letztere ist entschieden das Richtigere, da der Name þorleifur bereits in der Jomsvíkinga drápa des Bischofes Bjarni Kolbeinsson († 1222) bezeugt ist, welche doch bei ihrer vielfach erotischen und jedenfalls höchst unklerikalen Haltung vor dem Jahre 1188 gedichtet sein muss, in welchem deren Verfasser sein Bisthum antratt (Munch, I, 3, S. 111, Anm. 1), — aber allerdings kommen derartige Vertauschungen von Namen und Beinamen auch sonst öfter vor, so dass auf diesen Punkt wenig Werth zu legen ist. Ungleich bedeutsamer ist das Auseinandergehen beider Quellen bezüglich der Kampfscenen. Dass die Fagursk. statt þorleifs den Vigfús die Keule zurichten lässt, ist ein entschiedener Irrthum; die Holzkeule würde ihm genügt haben um den gefrorenen Áslák zu erlegen, und wenn er demnach am diesen zu bemeistern des Ambosses bedurfte, so ist klar, dass nicht er der Keulenträger gewesen sein kann. Ebenso unterlässt die Fagursk. mit Unrecht zu bemerken, dass Áslák gegen Waffen fest gewesen sei, was doch der Zusammenhang fordert, und neben unserer Sage auch die Heimskr. Ólafs saga Tryggvasonar, cap. 40, S. 238—9 ausdrücklich hervorhebt; entschieden richtig ist es dagegen, wenn die Fagursk. neben þorleif auch þirð am Kampfe sich betheiligen und dabei seine rechte Hand einbüssen lässt, da des letzteren Beiname örvahönd, d. h. Linkshand, doch nur aus diesem in der Schlacht erlittenen Verluste sich erklärt. — richtig ferner, wenn sie beide Brüder mit Hávarð kämpfen lässt, während unsere Sage dem von ihr allein genannten þorleif den Vagn gegenüberstellt, denn bereits die Jómsvíkinga drápa, Str. 33, erwähnt neben Ásláks Tod durch Vigfús's Hand auch Hávarðs Verwundung an den Füssen durch þorleifs Keule, und die Sage selbst weiss hinterher, cap. 46, S. 145, den Hávarð beider Füsse beraubt, ohne doch gesagt zu haben, wie er um solche gekommen sei. Die letztere Differenz hängt aber unzweifelhaft damit zusammen, dass die Fagursk., § 58, S. 45, den Áslák und Hávarð als Genossen und Diener des Búi bezeichnet, und demnach auch von dessen Schiff aus des Jarles Schiff angreifen lässt, ganz wie diess die Jomsvíkinga drápa, Str. 12, 25 und 33, thut, während unsere Sage, cap. 38, S. 115—6, nur den Hávarð dem Búi, den Áslák dagegen dem Vagn als Diener beigesellt, und demzufolge den letzteren mit Vagn von des letzteren Schiff aus angreifen lassen muss. Vielleicht erklärt sich die in der Sage beliebte Abweichung von jener ersteren, offenbar älteren, Tradition auf folgendem Wege. Dieselbe theilt, cap. 44, S. 141, eine Strophe mit, in welcher Vagn dem fliehenden Sigvaldi zornig vorwirft, dass er ihn und die Seinigen „und kylfu", was sich verstehen lässt: unter der Keule, lasse, sich selber aber davon mache; hieraus könnte nun allenfalls der Bearbeiter unserer Sage Veranlassung genommen haben, gerade Vagn dem Keulenträger þorleif kämpflich gegenüberzustellen, was ihn dann von selber nöthigen musste, ihn in Hávarðs Rolle einrücken, und den Áslák als seinen Diener auftreten zu lassen. Vielleicht sind aber die Worte „und kylfu" auf das Gebälk am Vordersteven des Schiffes zu beziehen, wie denn in der Fagursk. § 93, S. 75, von einer skeiðarkylfa, und ebenda, S. 76, in einer Strophe Sighvats von kylfur die Rede ist (ebenso in der geschichtlichen Ólafs s. ens helga. cap. 40, S. 40, u. s. w.; vgl. die Wörterbücher von Sveinbjörn Egilsson und Fritzner h. v.), und wäre solchenfalls die Meinung die, dass Sigvaldi den Vagn und seine Leute am Vordersteven kämpfen lasse, während er sich selber flüchte. Endlich ist aber auch noch zu beachten, dass die Fagursk. unter den isländischen Mitstreitern

Hakon jarls den Tind Hallkelsson nennt, und dafür den Einar skálaglam weglässt, während die drei älteren Recensionen unserer Sage umgekehrt diesen letzteren, nicht aber jenen nennen; dass ferner jene, offenbar richtiger, den sterbenden Skúm selber die Verse sprechen lässt, welche die Sage dem Einar seinerseits zuschreibt. Auch abgesehen von diesem letzteren, sehr untergeordneten Punkte scheint mir dabei die Fagurskinna wider entschieden im Rechte zu sein. Dass die jüngste Recension der Jómsvíkinga s. den Tind als den fünften in der Schlacht mitstreitenden Isländer nennt, konnte allerdings dahin gedeutet werden, dass deren Bearbeiter die Fagurskinna selbst benützt hätte, und es würde hiezu recht wohl stimmen, dass eben jene Recension auch eine Strophe des Vígfús und zwei Strophen des þórðr Kolbeinsson bietet, welche aus derselben Quelle entnommen sein könnten; die Verse Tinds aber, welche AM 510 wiederholt mittheilt (cap. 44, S. 137—9, Anm. und S. 140, Anm. 2), sind in der Fagurskinna nicht zu finden, wogegen eine Strophe derselben in der Snorra Edda, Skáldskaparm. cap. 49, S. 412 (ed. Arnam. I), eine zweite in der Heimskr. Ólafs s. Tryggvasonar, cap. 47, S. 241, endlich ein paar weitere ebenda, cap. 43, S. 237, wiederkehren (wenn an der letzteren Stelle Einr Hallkelsson statt Tindr genannt ist, so kann dabei nur ein Schreib- oder Druckfehler zu Grunde liegen; ein Theil der hier angeführten Verse wird in der eben genannten Stelle der Snorra Edda ausdrücklich auf Tinds Namen citirt, und an den entsprechenden Stellen der jüngeren Sage steht hier wie dort derselbe Name, F.M.S., I, S. 173 und 183). Die Existenz eines Gedichtes von Tind über die Schlacht ist hiernach mehrfach und vollkommen genügend bezeugt, und da das Gedicht die genaueste Kenntniss aller einzelnen Vorgänge in der Schlacht voraussetzt, gewinnt durch dasselbe auch die Angabe der Fagursk. und der jüngsten Redaction der Sage über Tinds Betheiligung am Kampfe die entschiedenste Wahrscheinlichkeit. Andererseits findet sich, von der einen Strophe abgesehen, welche unsere Sage ihm statt dem sterbenden þorleif zuweist, in den Versen Einars nirgends die geringste Spur von einer Theilnahme desselben an der Schlacht, und spricht demnach schon aus diesem Grunde alle Wahrscheinlichkeit dagegen, dass er in dieser mitgekämpft habe; überdiess dürfte sich aber auch in diesem Falle nachweisen lassen, welcher Umstand unsere Sage zu ihrem Irrthume veranlasst habe. Die Egla erzählt an einer bereits angeführten Stelle, wie Einarr seine Vellekla auf Hakon jarl dichtete, und dann, als dieser über ihn erzürnt das Lied lange Zeit nicht anhören wollte, in ein paar heftigen Strophen seinem Unmuthe Luft machte und den Vorsatz aussprach den Jarl zu verlassen; daraufhin habe ihm dieser Geber geschenkt, und später einen Schild gegeben, welchen Einarr dann hinterher an den Egil Skallagrímsson verschenkt habe. Nirgends wird hier angedeutet, dass sich der Vorfall unmittelbar vor der Schlacht im Hjörúngavogr ereignet habe; es lässt sich vielmehr umgekehrt feststellen, dass derselbe einer ungleich früheren Zeit angehören müsse. Aus dem Inhalte der Vellekla steht zu entnehmen, dass dieselbe ungefähr um das Jahr 976 gedichtet sein muss (vgl. Guðbrand Vigfússon, im Safn, I, S. 321); mögen wir nun des Jarles Weigerung, das Lied zu hören noch so lange währen lassen, und mögen wir überdiess die Schlacht im Hjörungavogr mit Munch (Norwegische Geschichte, I, 2, S. 103—7) schon dem Jahre 994 oder mit den älteren Quellen erst dem Jahre 991 zuweisen, so erscheint es doch immerhin rein unmöglich, Einars Drohung, den Jarl zu verlassen, mit der Heerfahrt der Jomsvikinger in Verbindung zu bringen, und genau auf dasselbe Ergebniss führt auch die andere Erwägung, dass Egill Skallagrímsson, welcher Einars Schild noch zu Borg wohnend erhalten haben soll, von diesem Orte kaum viel später als im Jahre 980 weggezogen sein kann. Nun enthält die zweite der beiden Strophen, welche der gereizte Dichter sprach, die Drohung, dass er von Hákon weg zu Sigvaldi gehen wolle, der als ein tapferer Heerfürst ihn gut aufnehmen werde; diese Worte, welche natürlich recht wohl lange vor der Schlacht im Hjörungavogr gedichtet sein konnten, da Sigvaldi sich längst durch Heerfahrten ausgezeichnet haben musste, ehe es ihm gelingen konnte, sich zum Anführer der Jomsvikinger aufzuschwingen, könnten es aber sein, auf welche der Irrthum unserer Sage zurückzuführen wäre. Neuere Schriftsteller haben sich durch sie hin und wider zu der Annahme bestimmen lassen, dass der ganze Vorfall nur irrthümlich in die Eigla eingestellt worden sei, während er in der That jener späteren Zeit angehöre, welcher ihn unsere Sage zuweist (vgl. Guðbrand, ang. O., S. 321, Anm. 1, und danach Eigla, S. 290); warum sollten sie nicht umgekehrt den Bearbeiter dieser Sage zu der Meinung verführt haben können, dass der ganze Vorgang zwischen Einar und Hakon jarl unmittelbar vor der Schlacht im Hjörúngavogur sich zugetragen haben müsse? Die Einschaltung desselben an diesem Orte musste dann freilich die Weglassung jeder Bezugnahme auf die Vellekla zur Folge haben, und andererseits zu der weiteren Annahme führen, dass Einar am Kampfe mit betheiligt gewesen sei; übersehen wurde aber dabei allerdings von dem Bearbeiter der Sage, was auch alle Neueren übersehen haben, dass eine unmittelbar vor dem Beginne der Schlacht ausgesprochene Drohung zum Feinde überzugehen den Jarl sicherlich nicht zum Nachgeben, sondern nur dazu hätte bestimmen können, den die Treue brechenden Dienstmann hängen zu lassen!

Mit Sicherheit dürfte aus dem Bisherigen hervorgehen, dass der Darstellung der Fagrskinna und unserer Jómsvíkinga saga eine gemeinsame ältere Quelle zu Grunde lag, welcher bald diese bald jene getreuer gefolgt ist, und dass diese beiden gemeinsame Quelle isländischer, nicht norwegischer Herkunft war. Die Betrachtung zweier weiterer Thatsachen wird dieses Ergebniss noch bestärken und zugleich näher entwickeln. Einmal nämlich gewährt unsere Jómsvíkinga s., cap. 13, S. 42—43, einen Bericht über einen Heerzug, welchen der Dänenkönig Haraldur Gormsson gegen Island beabsichtigt habe, und von welchem ausser ihr auch noch die Heimskr. Ólafs saga Tryggvasonar, cap. 36—37, S. 227—9, sammt den späteren Bearbeitungen in den F. M. S., I, cap. 83, S. 153, und der Flbk., I, S. 152, sowie die Knytlinga s., cap. 3, S. 181—2 wissen. Die Vergleichung dieser verschiedenen Berichte zeigt aber, dass nicht nur die jüngere Ólafs s. lediglich eine Ueberarbeitung der Heimskringla ist, welche dann selbst wider in abgekürzter Gestalt in die Flateyjarbók aufgenommen wurde, sondern dass auch die Knytlinga aus derselben Quelle geflossen ist, wogegen unsere Jómsvíkinga s. der Heimskr. gegenüber eine gewisse Selbstständigkeit verräth. Während unsere Sage z. B. nur oben hin berichtet, dass den Anlass zum Heerzuge ein Spottgedicht gegeben habe, welches die Isländer auf den Dänenkönig verfasst hatten, weil einer seiner Beamten sich am Gute isländischer Männer vergriffen und der König dessen Gewaltthat nicht wieder gut gemacht habe, erzählt die Heimskr. des Näheren den Vorwand, unter welchem das Gut genommen, und das Gesetz, durch welches auf Island verfügt worden sei, dass man für jeden Kopf im Lande einen Spottvers dichten lassen solle. Von dem zauberkundigen Finnen, welchen der König als Kundschafter nach der Insel fahren liess, weiss ferner nur die Heimskringla; dagegen bietet nur die Jómsvíkinga s. eine Strophe, welche der isländische Häuptling Eyjólfur Valgerðarson gelegentlich der seiner Heimat drohenden Kriegsgefahr gesprochen haben soll. Auch hier also zeigen sich Spuren einer älteren und in mancher Beziehung vollständigeren Quelle, aus welcher die Heimskr. sowohl als unsere Sage geschöpft haben muss; auch hier aber bewährt diese ältere Quelle ihren specifisch isländischen Charakter. — Beachtenswerth ist zweitens, dass die Flateyjarbók, I, S. 194, hinsichtlich eines einzelnen Vorganges in der Schlacht im Hjörúngavogur sich auf die „sögnn Hallbjarnar hala hins fyrra ok Steingríms Þórarinssonar ok frásögnn Ara prests froda Þorgilssonar“ bezieht (vergl. oben, Anm. 8, S. 532). Für welche Angabe diese Gewährsleute einstehen sollen, ist allerdings nicht recht klar. Die Jómsvíkinga drápa, Str. 35 und 36, nämlich erwähnt nur, dass Búi mit seinen Goldkisten sich über Bord gestürzt, und seine Leute aufgefordert habe ihm zu folgen, wobei sie noch hinzufügt, dass man seitdem den Mann oftmals als Wurm auf dem Golde habe liegen sehen; nicht mehr berichtet die dem 10. Jhdt. angehörige Búa drápa des Þorkell Gíslason (F. M. S. I, cap. 90, S. 178), und Tindur Hallkelsson weiss vollends nur von dem Ueberbordgehen des Búi (Jómsvíkinga s., cap. 44, S. 140, Anm. 2). Ebenso berichtet unsere Jómsvíkinga s., cap. 44, S. 140, nur, dass Búi unter dem Rufe: „fyrir borð, allir Búa liðar!“ mit seinen Goldkisten über Bord gegangen sei, indem sie sich für jenen Ausruf auf die Sage einiger Leute beruft, und hinterher trägt sie dann noch, cap. 49, S. 156, die Erzählung vieler Leute nach, dass Búi sich in einen Wurm verwandelt auf sein Gold gelegt habe; die Heimskr., cap 45, S. 289, und die Fagursk., §. 62, S. 50—1, lassen ihn einfach mit seinen Kisten sich in's Meer stürzen, ohne dieser Sage oder jenes Ausrufes zu gedenken, während die Kopenhagener Recension Odds, cap 15, S. 258, im Uebrigen zwar ganz unserer Jómsvíkinga s. folgt, aber doch bereits andeutet, dass Búi mit abgehauenen Händen über Bord gegangen sei. Dem gegenüber erzählt die Færeyinga s., cap. 27, S. 129—30, dass Sigmundur Brestisson dem Búi beide Hände abgehauen habe, ehe er über Bord gegangen sei, aber ohne dabei der Goldkisten oder jenes Rufes zu gedenken; die jüngere Bearbeitung der Ólafs s. Tryggvasonar, cap. 90 (F.M.S., 1, S. 178), erzählt zuerst in gewöhnlicher Weise, wie Búi mit seinen Kisten und dem erwähnten Rufe sich ins Meer stürzt, fügt aber sodann bei, dass manche Leute sagen, Sigmundur Brestisson habe ihm beide Hände abgehauen, worauf er, die Handstummeln durch die Ringe der Goldkisten steckend,' über Bord gegangen sei; die Flbk., I, 193—4, endlich combinirt den Bericht der Færeyinga s. mit dem gewöhnlichen, und lässt somit dem Búi durch Sigmund beide Hände abhauen, dann aber diesen, die Handstummeln durch die Handhaben seiner Goldkisten steckend, mit diesen über Bord gehen, und zugleich seine Leute zum Folgen aufrufen. Ob nun die Bezugnahme auf Hallbjörn, Steingrím und Ari der Heldenthat Sigmunds, oder nur dem Ueberbordgehn des Búi gelten soll, ist nicht gesagt; doch ist wohl das letztere anzunehmen, da Sigmunds Betheiligung am Kampfe nur den späteren Quellen bekannt, und auch aus chronologischen Gründen unglaubhaft ist, oder vielleicht sogar, worauf die Jómsvíkinga s. hinzudeuten scheint, nur die Nachricht von dem Ausrufe des Búi auf jene Gewährsleute zurückzuführen. Wie dem aber auch sei, gewiss ist soviel, dass bereits des Ari uns verlorenes Werk Nachrichten über die Schlacht enthalten hatte, und wenn wir berücksichtigen, dass Björn Breiðvíkingakappi bereits unter Styrbjörn auf der Jomsburg diente (Eyrbyggja, cap. 29, S. 52), und þorvaldur Koðransson lange Zeit mit K. Sveinn der Heerfahrt oblag (þorvalds þ. víðförla, S. 36—37), also Nachrichten über die Jomsvikinger auf Island jedenfalls verbreitet sein mussten, — wenn wir uns ferner erinnern, dass der alte Ari auch über jene Begegnung des Stefnir þorgilsson mit Sigvaldi jarl berichtet haben soll, welche dem ersteren sein Leben kostete und bei welcher auch auf den vom Jarle an K. Svein geübten Verrath Bezug genommen wurde (Kristni s., cap. 12, S. 26), so lässt sich immerhin als feststehend betrachten, dass die Hauptzüge unserer Jómsvíkinga saga, einschliesslich der Angaben über die Dänenkönige und über die früheren Verhältnisse der Jomsburg, bereits bei ihm zu finden gewesen waren. Auf Grund seiner Angaben mag dann unter Benützung weiterer mündlicher Ueberlieferungen eine ausführlichere Darstellung der auf jene Burg bezüglichen oder doch an deren Geschicke sich anschliessenden Ereignisse verfasst worden sein (ob durch den Mönch Odd Snorrason?), aus welcher dann wider einerseits der Bericht der Fagurskinna, andererseits aber auch der der Heimskringla und unserer Jómsvíkinga s. hervorgegangen ist. Beachtenswerth aber, und für die frühe Entstehung selbst dieser letzteren bezeichnend ist immerhin noch die Sparsamkeit, welche dieselbe in der Benützung älterer Lieder zeigt. Ausser ein paar zur Geschichtserzählung selbst gehörigen Versen, nämlich dem Jarlsníð und der sich ihm anschliessenden Strophe des Eyjúlfur Valgerðarson (cap. 13, S. 42—3), dann einigen Strophen des Einarr skálaglam (cap. 42, S. 127—8 und cap 45, S. 141—5), þorleifur skúma (cap. 43, S. 130), Vigfús Vígaglúmsson (cap 43, S. 130, Anm. 2, und cap. 44, S. 142, Anm. 1), und Vagn Akason (cap. 44, S. 141), führt nur die jüngste Redaction der Sage noch ein paar Strophen des þorður Kolbeinsson und Tindur Hallkelsson an (cap. 42, S. 126, Anm.; dann cap. 44, S. 137—9, Anm. und S. 140, Anm. 1), und nur diese letzteren können etwa als vom Bearbeiter gebrauchte geschichtliche Quellen in Betracht kommen. Hinsichtlich eines nur in Hammarsköld's Ausgabe vorfindlichen Citates des Sæmundur fróði endlich vgl. oben, Anm. 7, S. 530.

Anm. 22.

Ueber des Snorri Sturluson Leben und schriftstellerische Wirksamkeit ist von Vielen gehandelt worden; ich erwähne nur der Vita Snorronis Sturlæi des Bischofes Finnur Jónsson, welche im ersten Bande der Kopenhagener Ausgabe der Heimskringla, S. XXVII—XLV, gedruckt steht, sowie der Bemerkungen über den Mann und seine Schriften, welche Gerhard Schöning ebenda, S. II—XXII, mitgetheilt hat, — der „Udsigt over Snorre Sturlesöns Liv og Levnet", welche Finnur Magnússon in den Skandinaviske Literaturselskabets Skrifter, Bd. XIX, S. 223—74, gegeben hat, und welche bei Mohnike, Heimskringla, I, S. 815—40, übersetzt steht, — der ersten 5 Abschnitte von Ferdinand Wachter's Einleitung in seine Uebersetzung der Heimskringla I, S. III—CLXVII, — der mancherlei hier einschlägigen Bemerkungen, welche Sveinn Skúlason, æfi Sturlu lögmanns þórðarsonar, im Safn til sögu Islands, I, S. 503—639, Jón Sigurðsson, lögsögumannatal og lögmanna, ebenda, II, S. 28—30 und S. 29—30, Munch, det norske Folks Historie, III, bringen, u. dgl. m. Speciell über die Heimskringla sind ausserdem noch zu vergleichen: Peter Erasmus Müller in seinem „Undersögelse om Kilderne til Snorres Heimskringla og disses Troværdighed" (nebst einer lateinischen Uebersetzung auch in Bd. VI der Kopenhagener Ausgabe der Heimskringla, S. 245—338, eingerückt), sowie in seiner Sagabibliothek, III, S. 398—413; Munch und Unger, in ihrer Vorrede zur geschichtlichen Ólafs s. ens helga, zumal S. XXXI—XLV; N. M. Petersen, in den Annaler for nordisk Oldkyndighed og Historie, 1861, zumal S. 234—62; Rudolf Keyser, Efterladte Skrifter, I, S. 452—459, u. dgl. m. Dass Abraham Cronholm's Abhandlungen „de Snorronis Sturlonidis historia" (Lund. 1841) ohne erheblichen Werth sind, wird, da dieselben nicht leicht zugänglich sind, vielleicht Manchem zu erfahren lieb sein; dasselbe gilt aber auch von Emil Bosselot's Abhandlung „de Snorrone Sturlæo" (Berlin, 1853).

Anm. 23.

Die Sturlúnga, V, cap. 11, S. 123, sagt: „Sturla lagdi mikinn hug á at láta rita sögubækr eptir bókum þeim er Snorri setti saman." In den Annalen, a. 1241, heisst es ferner von Snorri: „Hann samsetti Eddu ok margar aðrar fræðibækr, íslenzkar sögur", wobei der letztere Ausdruck ebensowohl in isländischer Sprache geschriebene, als auf Island bezügliche Sagen bezeichnen kann; doch findet sich die ganze Angabe nur in einem einzigen Annalentexte, den sogenannten Annales breviores, deren Abfassung Bischof Finnur vor das Jahr 1400 setzt (Historia eccles. Island., I, S. 204. Anm.). — Die Bezugnahmen auf Snorri sind folgende. Jüngere Ólafs s. Tryggvasonar, cap. 250 (F. M. S. II, S. 310): „Nú segir svá Snorri Sturluson ok flestir menn aðrir, at Sveinn Danakonúngr lagði fyrst með sitt lið at Orminum lánga ok hinum stærstum skipum Ólafs konúngs. En Hallarsteinn segir í Ólafs drápu hinni tvískeldu, at Ólafr sænski hafi fyrr lagt til móts við Ólaf Tryggvason, en Sveinn Danakonúngr siðarr. Svá segir Snorri, at Sveinn konúngr lagði sín skip at Orminum lánga, en Ólafr sænski lagði út frá ok stakk stöfnum at yzta skipi Ólafs Tryggvasonar, en öðrum megin lagði at Eiríkr jarl." Die Flbk., I, S. 461, stimmt hiemit überein, nur dass sie das angeführte Gedicht, die Rekstefja, dem Gesetzsprecher Markús Skeggjason zuschreibt (vgl. über diesen Punkt Sveinbjörn Egilsson, in den Scripta historica Islandorum, III, S. 232); die in Bezug genommene Stelle steht aber in der Heimskr., cap. 123, S. 338: „Sidan greida konungar atrodrinn: lagdi Sveinn konúngr sitt scip móti Orminom lánga, enn Ólafr konungr Sænski lagdi þar út frá, ok stack stöfnom at yzta scipi Olafs konungs Tryggvasonar, enn ödrom megin lagdi at Eiríkr jarl." Jüngere Sage, ang. O., S. 314 (vgl. Flbk., I, S. 483): „Svá segir Snorri Sturluson, at Ólafr sænski lagði þá at í staðinn, er Sveinn konungr lagði frá; tókst þá enn af nýjo hin harðasta orrosta", u. s. w.; vgl. Heimskr., cap. 124, S. 339—40: „þá lagdi þar at í stadinn Olafr Svía konungr; oc þegar er þeir komo nær stórscipunom, þá for þeim sem hinom", u. s. w. Jüngere Sage, cap. 256 (F. M. S. III, S. 1—2; vgl. Flbk. I, S. 492—3):

„Nú ero þar margar frásagnir um þá atburði, er þar gerðust. Snorri Sturluson segir svá: at þá er Ólafr konúngr sá, at flest hans lið var fallit, en Eiríkr jarl ok fjöldi hans manna husti aptr at lyptingunni, at Ólafr konúngr ok Kolbjörn stallari ljópu þá báðir fyr borð, ok á sitt borðit hvárr, en jarls menn höfðo lagt utan at smáskútor, ok drápu þá menn, er á kaf ljópu. Ok þá er konúngr sjálfr hafði á kaf laupit, vildo þeir, er á skútunum voro, taka hann höndum ok færa hann jarli, en Ólafr konúngr brá yfir sik skildinum ok steyptist í kafit; en Kolbjörn stallari skaut sínum skildi undir sik ok hlífði sér svá við spjótum, er lagt var af þeim skipum, er undir lágu, ok féll hann svá á sjóinn, at skjöldrinn varð undir honum, ok komst hann af því eigi í kafit, áðr hann varð handtekinn. þessi er sögn Snorra." Vgl. die Heimskr., cap 129, S. 345: „Nú þótt þeir menn væri bæði stercir oc fræknir, þá fello uð flestir á litilli stundo. Enn Olafr konungr sialfr, oc þeir Kolbiörn Stallari báðir, liópo þá fyrir bord, oc á sitt bord hvarr; enn Jarls menn höfdo lagt at utan smáskútor, oc drápo þá er á kaf liópo. Oc þá er konungr sialfr hafdi á kaf laupit, villdo þeir taca hann höndom, oc færa Eiríki Jarli. Enn Olafr konungr brá yfir sic scilldinom, oc steyptiz í kaf: enn Kolbiörn Stallari scaut undir sic scilldinom, oc hlífdi ser sva vid spiótom, er lagt var af scipom þeim er undir lágo, oc fell hann svá á sióinn, at sciölldrinn vard undir hánom; oc komz hann því eigi í kaf sva sciótt: oc vard hann handtekinn, oc dreginn upp í skútona, oc hygdo þeir, at þar væri konungrinn." Jüngere Sage, aug 0., S. 5 (Flbk. I, S. 494): „er þat altsaman siðan haldit til likinda um brautkvámu Ólafs konúngs, hvat þeir menn hafa siðast sèð til hans, er þar voro í bardaganum, ok þær frasagnir, er Snorri Sturluson váttar at gjörvar hafi verit siðan um ferðir Ólafs konúngs"; vgl. die Heimskr., cap. 130, S. 346: „oc ero þar margar frásagnir um ferdir Olafs konungs gervar sidan af sumom mönnum." Es sagt ferner die Magnúss s. Eyjajarls, cap 8, S. 456 (und ähnlich die Orkneyinga s., S. 116; Flbk. II, S. 429): „summer menn segia at Erlingr Erlendsson, bróder hins helga Magnus, hafdi fallit í Aungulseyiar sundi, enn Snorri Sturluson segir hann fallit hafa a Ulastiri med Magnusi kongi"; vgl. die Heimskr. Magnúss s. berfætts, cap 27, S. 229: „Erlingr son Erlends Jarls fell á Irlandi med Magnusi konungi."

Auf die eigenthümliche Bedeutung, welche in der Heimskringla der Berufung auf ältere Lieder zukommt, hat mich Guðbrandur Vigfússon freundlichst aufmerksam gemacht. Während in den meisten übrigen Sagen, soweit solche nicht etwa unter dem Einflusse jenes Werkes stehen, wohl auch Verse oft genug sich eingestreut finden, spielen dieselben in ihnen, mögen sie nun als integrirende Bestandtheile der Geschichtserzählung selbst auftreten, oder nur einen unwesentlichen Schmuck derselben bilden, oder endlich als Belege für die Wahrhaftigkeit des Berichtes herangezogen sein, doch immerhin nur eine ziemlich untergeordnete Rolle; sie könnten zumeist recht wohl völlig fehlen, ohne dass dadurch der Grundcharakter der Darstellung in den betr. Quellen irgendwie verändert würde. Zu einer derartigen Verwendung dichterischer Werke scheint nun aber die Art ihrer Benutzung in der Heimskr. und in anderen, ihr mehr oder minder verwandten Werken in einem bestimmten Gegensatze zu stehen. Wir sehen hier die Lieder älterer, mit den zu erzählenden Ereignissen gleichzeitiger oder doch annähernd gleichzeitiger Dichter geradezu als Träger und Stützen der gesammten Darstellung verwendet, während die mündlich umlaufenden Erzählungen, und zum Theil sogar ältere Schriftwerke, nur zur Ausfüllung und allenfalls auch zur Berichtigung des so gebildeten Gerippes gebraucht werden. Ganz wie die neuere Geschichtschreibung sich in erster Linie auf Urkunden zu stützen sucht, alle anderen Arten von Quellen dagegen nur als secundäre Behelfe mit heranzieht, soweit jene überhaupt nicht vorhanden sind oder doch nicht in genügendem Masse Aufschluss gewähren, genau ebenso sucht unsere Heimskr. ihre Geschichtserzählung vorab auf die Lieder älterer Skalden zu begründen, und in dem ihr vorgesetzten Prologe spricht sie sich über diesen Punkt ganz unzweideutig aus. Nun liegt es allerdings nahe, die Erfindung einer derartigen Weise die Dichtung zu benützen auf Snorri zurückzuführen. Wir wissen aus der Sturlúnga (IV, cap. 21, S. 46), dass

Snorri als ein guter Dichter galt und wir erfahren aus derselben auch (IV, cap. 25, S. 56, und cap. 26, S. 61—62), dass er sich auf diese seine Eigenschaft nicht wenig zu gut that: da die Südländer einmal mit einem Ehrenliede, welches er auf Skúli jarl gedichtet hatte, ihren Spott trieben, und die etwas steif gerathene Dichtung muthwillig genug parodirten, nam er solche Verhöhnung bitter übel auf, und liess sie von den Seinigen durch eine Rückparodie rächen. Wir ersehen ferner aus der jüngeren Edda, welcher ungeheueren Menge von Skaldenliedern Snorri mächtig war, und mit welch ungewöhnlich scharfer Kritik er die Dichter anzugeben wusste, welchen jeder einzelne Vers angehörte; wir finden überdiess in diesem Werke hinsichtlich der Benützung von Liedern ganz dasselbe System befolgt wie in der Heimskringla. Wohl hatte schon vor ihm þóroddur Gamlason ein paarmal einzelne Verse älterer Dichter angeführt, ganz wie er sonst prosaischer Sprüche zur Verdeutlichung grammatischer Regeln sich bediente (Snorra Edda, II, S. 22 und 26); aber die systematische Art, in welcher Snorri auf Schritt und Tritt ältere Verse und ganze Lieder heranzieht, um auf sie seine mythologischen sowohl als metrischen Lehren zu begründen, ist von solchem vereinzeltem Gebrauche ganz ebenso verschieden, wie die Benützung der Verse in der Heimskr. von ihrer Verwendung in den sonstigen Geschichtsquellen, und ist erst von Snorri aus auf seine Nachfolger (Ólaf hvítaskáld z. B., und den Verfasser der vierten grammatischen Abhandlung im Anhange zur jüngeren Edda) übergegangen. Aus verschiedenen Gründen darf angenommen werden, dass Snorri seine Edda, oder doch deren grösseren Theil früher verfasst habe, als seine geschichtlichen Werke (vgl. Munch, III, S. 1041—42), und es begreift sich recht wohl, dass die eigene dichterische Anlage und längere liebevolle Beschäftigung mit fremden wie eigenen Dichtwerken ihm vorab den Gedanken eingeben mochte, durch eine solche Anleitung zur poetischen Technik angehenden Dichtern sich hülfreich erweisen zu wollen; nicht minder liegt andererseits auf der Hand, dass gerade bei der Ausarbeitung eines Compendiums der Poetik die fortlaufende Bezugnahme auf ältere Meister und Autoritäten sich am Ersten empfehlen musste. Hatte sich aber der Verfasser über diesem Werke erst einmal daran gewöhnt, die ihm so reichlich zu Gebot stehenden älteren Dichtwerke als Hülfsmittel gelehrter Forschung zu verwerthen, so konnte es ihm nicht allzu ferne liegen, das gleiche Verfahren auch auf die Geschichtschreibung zu übertragen, als er sich zu dieser hinüberwandte. Auf die mündlichen Aussagen bestimmter Gewährsmänner zurückzugehen, wie diess Ari fróði oder Eiríkur Oddsson gethan hatten, war für Snorri bei dem weiten Zeitabstande nur noch in geringem Umfange thunlich, der ihn gutentheils von den zu schildernden Begebenheiten trennte; war für die Zeit des Haraldur hárfagri oder vollends seiner Vorgänger auf diesem Wege absolut nicht mehr voranzukommen, so mochte derselbe sogar für die Geschichte der folgenden Könige einem Verfasser nicht genügen, dessen dichterische Phantasie zu reich war, um ihn bei einer dürren Chronographie oder Annalistik sich beruhigen zu lassen, und dessen scharfer kritischer Verstand ihn doch zugleich von dem abenteuerlichen Inhalte blosser Legenden oder Volkssagen sich abkehren hiess. Eine andere, annähernd ebenso verlässige Quelle für die ihm nicht mehr zugängliche zu substituiren musste hiernach Snorri's nächste Sorge sein; warum sollte er sie nicht in dem reichen Schatze älterer Lieder finden, über welchen er verfügte, und mit dessen Hülfe er bereits seine Edda zu Stande gebracht hatte, deren Inhalt doch selbst bereits mehrfältig in die Geschichte der nordischen Vorzeit eingriff? Man sieht, wie kein Anderer war Snorri der Mann dazu, die älteren Skaldenlieder bewusst und kritisch zur Grundlage der geschichtlichen Forschung und Darstellung zu erheben; wenn wir demnach in der Heimskringla ein Geschichtswerk besitzen, welches gerade auf dieser Grundlage in auffälligster Weise sich erhebt, so ist allerdings die Vermuthung nahe gerückt, dass er und kein Anderer dessen Verfasser sein werde.

Die ältesten directen Zeugnisse für Snorri's Verfasserschaft gewähren endlich zwei Uebersetzer der Heimskr. Es ist uns aber in einer Kopenhagener Hs., A. M. 93, *fol.*, eine Uebersetzung dieses Werkes aufbewahrt, welche im Jahre 1550 oder 1551 von einem gewissen Laurits Hansson verfasst ist, aber freilich nur bis zum Tode des Hákon Hlaðajarl herabreicht; Werlauff hat über sie und die nächstfolgenden Werke bereits einige Nachricht gegeben (Nordisk Tidsskrift for Oldkyndighed. I, S. 346—51), welche ich nunmehr auf Grund freundlicher Mittheilungen Guðbrands, sowie eigener Nachforschungen mehrfach zu ergänzen vermag. In seiner Widmung an den erwählten König Friedrich (d. h. Friedrich II, 1559—88) nennt sich der Uebersetzer „Laurits Hanssøn Bonde pa et. N (d. h. Eders Naadis) Gaard Skough", und giebt an, dass er bereits vor drei Jahren, also im Jahre 1547 oder 1548, im Beisein zweier dänischer Gelehrten, des Hans Svaninge nämlich (seit 1540 Informator des Prinzen Friedrich, und später Reichshistoriograph) und des Christen Therkelsen Morsing (seit 1537 Professor der Medicin, und seit 1544 Vicekanzler der Kopenhagener Akademie), auf Schloss Akershuus den Auftrag erhalten habe, aus altnordischen Handschriften etliche Alterthümer auszuschreiben; zugleich entschuldigt er die Mängel seiner Uebersetzung damit, dass er sein Dänisch ziemlich verlernt habe, seitdem ihn K. Friedrich I. (1523—33) an seinen fürstlichen Hof genommen habe (siehe die Originalstellen bei Werlauff, S. 349 und 351). Nun finde ich unter dem 1. Mai 1537 einen „Laurits Hanssøn, som kaldes Nordmand" mit dem Krongute „Stødle i Bergenhuus Len" belehnt (Norske Rigsregistranter, I, S. 50—51), unterm 6. Juni 1554 aber einen „Laurentz Hansssenn" als Lagman in Stavanger genannt (Diplom. Norveg. VI, S. 812—13), und unterm 18. Januar 1557 einen „Lauritz Skriver i Stavanger" unter den „Lagmænd Nordenfields" aufgeführt (Norske Rigsreg. I, S. [illegible]); die Identität der beiden letzteren Personen wenigstens dürfte dabei von Vornherein keinem Zweifel unterliegen, und wird auch noch durch weitere Documente bestätigt. Unterm 4. October 1565 finde ich nämlich einen „Laurits Hanssøn Skriver paa Bergenhuus Slot" mit dem Krongute Herlof belehnt (ang. O., I, S. 474), und unterm 31. October 1578 diese Belehnung auch auf dessen Ehefrau für den Fall ihres Ueberlebens erstreckt (ang. O. II, S 296); die letztere Urkunde bezeichnet den Mann dabei als Bürger der Stadt Bergen. Unterm 12 November 1573 muss ferner „Laurits Skriver" eine Præbende an der Domkirche zu Bergen, in deren Genuss er sich befunden hatte, an einen Andern abtreten (ang. O., II, S. 76—77), und auch den Hof zu Stødle kann der Mann nicht lange besessen haben, da derselbe schon unterm 12. October 1559 einem Andern verliehen wurde (ang. O., I, S. 276); indessen scheint derselbe immerhin bei Hof gut angeschrieben gewesen zu sein, da „Laurits Hanssøn" unterm 18. November 1574 schon wieder einen Hof zu Follo, unter Schloss Akershuus gelegen, zu Leben erhält (ang. O., II, S. 144—45) und unterm 17. October 1579 zum „Tolder og Sisemester" zu Bergen ernannt wird, (ang. O., II, S. 355), wovon die unterm 2. October 1583 und 31. Juli 1584 erfolgte Belehnung mit dem, zum Amte gehörigen, Hofe Fitje eine weitere Folge war (ang. O., II, S. 545 und 565; die erstere Urkunde schreibt den Namen Fredie, aber beidemale scheint doch derselbe Hof gemeint zu sein, wiewohl ein Grund der wiederholten Verleihung nicht ersichtlich ist). Inzwischen wird „Laurits Hanssøn", unterm 15. Juni 1583, als Rathmann von Bergen genannt (ang. O., II, S. 528), und unterm 28. April 1589 heisst „Laurits Skriver" bereits Bürgermeister dieser Stadt (ang. O., III, S. 35—36); die Erhebung der Accise wird er nun freilich, unterm 31. August 1591, angewiesen dem Schlossschreiber von Bergenhuus zu überlassen (ang. O., III, S. 213—14), und auch den Hof zu Fitje erhält er, unterm 12 Mai 1592, Befehl als mit der Acciseerhebung verbunden Jenem zu übergeben (ang. O., III, S. 246), aber Bürgermeister war er noch ein paar Jahre später, wie ein unterm 19. April 1596 ergangener Erlass zeigt (ang. O., III, S. 413—14), und er scheint es bis an seinen bald darauf erfolgten Tod geblieben zu sein, da unterm 14. April 1597 die Weisung erging, das Krongut Herlö zum Schlosse Bergenhuus einzuziehen, mit welchem der verstorbene Bürgermeister von Bergen „Laurits Skriver" belehnt gewesen sei (ang. O., III, S. 490), und da auch noch unterm 20. Januar 1600 ein weiterer Erlass über die Erbschaft des verstorbenen Bürgermeisters zu Bergen „Laurits Skriver" erging (ang. O., III, S. 590—91). Es scheinen sich aber diese Nachweise mit dem, was der Uebersetzer der Heimskr. in seiner Widmung über sich selber sagt, recht wohl vereinigen zu lassen. Ein geborener Norweger, dürfte Laurits Hanssøn, worauf seine eigenen Worte hindeuten, in früher Jugend an K. Friedrichs I. Hofe seine Erziehung genossen haben, dann aber zunächst mit dem einen und andern Krongute belehnt, und später zum Lagmanne befördert worden sein. Am deutsch-dänischen Hofe mochte der junge Mann um seiner Heimat willen den Beinamen des Nordmannes getragen haben, welchen er ablegte, sowie er in das Land seiner Geburt wider zurückkehrte; der Beiname Skriver mag sich auf seine litterarische Thätigkeit bezogen haben, um derentwillen er wohl auch so mancher Gunstbezeugungen des Hofes sich erfreut haben mag. Beachtenswerth ist, dass er den ersten Hof, mit dem er soviel bekannt belehnt wurde (1537), gerade auf die Fürbitte des holsteinischen Hofmarschalles Johann Rantzau erhielt, was jedenfalls auf besondere Beziehungen zu den Deutschen am Königshofe schliessen lässt; beachtenswerth auch, dass dem jungen Manne sein litterarischer Auftrag unter Mitwirkung zweier Kopenhagener Gelehrter ertheilt wurde, die ihn somit doch wohl von früher gekannt, und dem Prinzen empfohlen haben dürften. Wie dem aber auch sei, gewiss ist, dass Laurits Hansen das von ihm übersetzte Werk auf dem Titel seiner Uebersetzung als „thenn norske Kronik som kalles Koninghelaghen" bezeichnet, und dass er sich in seiner Widmung über dasselbe dahin ausspricht, dass dasselbe ein in Norwegen verfasster Auszug aus älteren Biographieen der einzelnen Könige sei, an deren Spitze dasjenige stehe, was K. Haraldur hárfagri über seine Vorfahren von deren Einwanderung aus Asien an habe sammeln lassen; später habe, wie in der Vorrede gesagt sei, der Isländer Ari alle diese Nachrichten zusammengestellt, und ihm folgend habe man dann in Norwegen die Chroniken aller späteren Könige aufgezeichnet bis auf Magnús lagabœtir herab, nach dessen Zeit keine weitere Königssage mehr in der Landessprache aufgezeichnet worden sei (die, nicht ganz deutlichen, Worte lauten, soweit Werlauff, S. 350, sie mittheilt: „Jeg haffuer iegh sidenn taget mig for enn Kronick som paa gamell Norske Maall er scriffuin som her kalledes udi gamell Tijd Koungabogh, och thenn var seneste her i Norrighe udtdragenn aff alle andre hueres serdeelis Kongers Sangebögher och begynner först paa thett som Harald Konning then Harfagre led samble aff sine framfarne Forældrene och begynner först aff the Asianer etc. udi thenn neste Bogsens eigin Fortale. Her effter thett som thenn kloghe . . . . Man . . . . Aare Prest i Ysland tilhobe samlet i sine langsomelige Dauge, saa och i same Fortalenn bemeles. Effter hannem (Are) toghe de her i Landett opp att schriffue hueres Kongers Kronicker paa Pergmen, alt thett som vitnisfast war och almennilige tale war om Herrer og Hölddinge, indh till Magnus Konings tijdh Son Hakouns Koninges thenn som Sonesön Swerris war. Effter thenne Magnus Konings tijdh bleff her inge Kronicker skriffue thet ieg wedh paa Norske aff nogle Norske Konger"). Daneben aber bezeichnet Hansen wiederholt den Snorri als den Verfasser des von ihm übersetzten Werkes, und lauten seine Worte einer freundlichen Mittheilung Guðbrands zufolge: „som staae i samme fortalen Snorris Sturlis Historiographi Norwag.", und wider: „Her endis fortalen Snorris Sturlasenn udi kounghebogiun." — Im Jahre 1594 wurde sodann von Jens Mortensen ein Auszug aus der Heimskr. in dänischer Sprache herausgegeben, über dessen Beschaffenheit P. E. Müller in seiner Sagabibliothek, III, S. 407—8, näheren Bericht giebt. Der Verfasser dieses Auszuges war aus Schonen gebürtig und eine Zeit lang Amanuensis bei Arild Hvitfeld gewesen, welcher denn auch das Werk herausgab; später wurde er Rector in Herlufsholm und zuletzt Pfarrer in Slangerup, was er bis zu seinem Tode blieb († 1595). Er scheint den Snorri nicht als Verfasser der Heimskringla zu nennen, da Suhm (Critisk Historie af Danmark, IV, S. XXI) ausdrücklich erklärt, man habe damals noch nicht gewusst, dass Snorri der Verfasser sei, und da auch P. E. Müller mit Ole Worm's gleich anzuführender Vorrede übereinstimmend sagt, Mortensen habe das von ihm edirte Werk fälschlich für einen Auszug aus Bischof Ísleifs Schriften gehalten, während es doch in Wahrheit aus Snorri's Chronik geschöpft sei. — Eine dritte Uebersetzung der Heimskringla endlich wurde von Peder Claussön, einem geborenen Norweger, welcher seit 1566 Pfarrer zu Undal war, und daher auch wohl den Namen Undal oder Undalinus führte, um das Jahr 1599 verfertigt, aber erst lange nach ihres Verfassers Tod († 1623), nämlich erst im Jahre 1633, durch Ole Worm herausgegeben und dann im Jahre 1757 zum zweitenmale aufgelegt. In diesem Werke wird wider ausdrücklich Snorri als der Verfasser des Originales genannt. Schon der Titel der ersten Ausgabe bezeichnet das übersetzte Werk als „Snorre Sturlesöns Norske Kongers Chronica", während die alte Vorrede die Ueberschrift „Snorre Sturlesön's Fortale paa sin Chrönicke", und die Ynglinga saga die Ueberschrift „Norske Kongers Chronica, sammendragen ved Snorre Sturlesön paa Island" trägt; ausserdem spricht sich aber auch Ole Worm sowohl in der dem Buche vorgesetzten Widmung, als auch, und zwar noch weit einlässlicher, in der auf die Widmung folgenden Vorrede über diesen Punkt aus. Er erzählt hier, dass als der erste von Allen Ari fróði über die norwegische Geschichte geschrieben habe, worüber die Vorrede zur Chronik des heil. Óláfs ein Mehreres berichte, und dass dann sowohl in Norwegen als auf Island zahlreiche weitere Geschichtswerke in der Landessprache verfasst worden seien, von denen einige nur die Geschichte einzelner Könige, wie etwa Óláf Tryggvason's, des dicken Óláfs, Sverrir's, u. dgl. behandelt, andere aber die Begebnisse einer Mehrzahl von Fürsten, wie die Skjöldúnga saga, wider andere endlich die Geschicke der ganzen Königsreihe, vom ersten bis zum letzten, sich zur Aufgabe gewählt hätten. Die Werke der letzteren Classe seien dabei selbst wider von zweifacher Art, indem auf der einen Seite ein Königsbuch (Kongebogen) sich finde, welches mit Harald hárfagri beginne und Vieles über die Besiedelung Islands und anderer Inseln berichte, welches aber freilich nicht wie Manche meinen von Bischof Ísleif, vielmehr von Ari fróði verfasst zu sein scheine, — andererseits aber die nach ihren Anfangsworten sogenannte Kringla heimsins, welche bereits mit Óðins und der Seinigen Einwanderung von Asien her anhebe, und von Snorri verfasst sein solle („Den anden som de kalde Kringla Heimsens, aff de to förste Ord i Bogen, skal være beskreffuen aff Snorre Sturlesön, fordum Lagmand paa Island"); — das letztere Werk sei es nun, welches hier übersetzt herausgegeben werde, aber freilich gegen das Ende zu verbessert und fortgesetzt, denn die isländischen Hss. der Kopenhagener Universitätsbibliothek reichten nicht weiter herab, als bis auf K. Magnús Erlingsson, und umfassten nicht einmal mehr dessen ganze Regierungszeit, wogegen in den besten vorhandenen Uebersetzungen die Geschichte des Königs Hákon Hákonarson die letzte sei, welche freilich im Jahre 1263 verfasst zu sein angebe, und somit keinenfalls von dem im Jahre 1240 erschlagenen Snorri geschrieben sein könne. Weiterhin giebt Worm noch einige Notizen über Snorri's Leben und sonstige litterarische Thätigkeit, sowie einige Bemerkungen über die Glaubwürdigkeit seiner Geschichtswerke; dann aber kommt er auf den Verfasser der von ihm herausgegebenen Uebersetzung zu sprechen, in welchem er aus triftigen Gründen den oben genannten Peter Clausen erkennt. Dabei ist aber nicht zu übersehen, dass Worm aus desselben Clausen's „Norrigis Beskriffuelse", welche er nur um ein Jahr früher (1632) gleichfalls zum Drucke befördert hatte, die Worte anführt: „Denne samme Snorro Sturlesöns gamle Norske Chrönicke, haffuer Jeg vdset paa Danske anno Christi 1599", woraus sich nicht nur das Jahr der Abfassung der Uebersetzung, sondern auch noch die andere Thatsache ergiebt, dass auch schon der Uebersetzer selbst den Snorri für den Verfasser der Heimskr. gehalten hatte. In der mir allein vorliegenden zweiten Ausgabe von Clausen's Topographie (1727) vermag ich die Stelle allerdings nicht aufzufinden; indessen über ihre Incorrectheit hat schon Árni Magnússon geklagt (vgl. Werlauff, ang. O., S. 348, Anm. 3).

Anm. 24.

Was die Sturlúnga und die Annalen über Snorri's litterarische Thätigkeit berichten, lässt eher auf die Abfassung mehrerer einzelner Geschichtsbücher schliessen, als auf die eines Gesammtwerkes wie unsere Heimskringla, und die wenigen Verweisungen auf Snorri als Geschichtschreiber stellen zwar fest, dass die in der Heimskringla enthaltene Óláfs s. Tryggvasonar und Magnúss s. berfætts, oder doch ihnen sehr nahe verwandte Texte bereits im 14. Jahrhunderte als von ihm verfasst galten, aber in alle Weite nicht darf man daraus folgern, dass sofort auch die ganze Heimskringla sein Werk sein müsse, wie diess z. B. Rudolf Keyser, S. 454, neuerdings noch thut, und ältere Schriftsteller, nur in unbewussterer Weise, durch die Bank zu thun pflegten. Aber auch aus der Art, wie in der Heimskr. Lieder als geschichtl. Beweisdocumente verwendet werden, scheinen mir auf Snorri's Verfasserschaft massgebende Schlüsse nicht ohne Weiters gezogen werden zu dürfen. Von Vornherein schon steht das in dieser Beziehung von der Heimskr. beobachtete Verfahren keineswegs so vollständig isolirt, wie diess oben vorläufig angenommen worden war; eine Reihe anderer Quellen benützt vielmehr die Dichtung wesentlich in demselben Umfange und derselben Weise wie sie, und nicht in allen Fällen lässt sich dabei mit Bestimmtheit behaupten, dass solche unter dem Einflusse der Heimskr. selbst stehen (vgl. zumal was noch über die Fagurskinna zu sagen sein wird). Ueberdiess ist die Gränze, welche für die überhaupt hieher zu rechnenden Geschichtswerke zu ziehen ist, von Haus aus keine haarscharfe, vielmehr eine gar vielfach flüssige. Von denjenigen Sagen, welche gar keine, oder doch nur ganz vereinzelte und zur Geschichtserzählung wesentlich gehörige Verse enthalten, zieht sich eine ununterbrochene Kette von anderen, die solche mehr oder minder reichlich aufgenommen haben, bis zu denjenigen herüber, welche solche als bewusst gewählten Fundament ihrer Darstellung benützen. Nicht immer lässt sich dabei mit Sicherheit scheiden, wie weit die mitgetheilten Strophen für den geschichtlichen Bericht wesentlich oder nur zu dessen Ausschmückung bestimmt, oder aber als Belege für die Wahrheit des Erzählten angeführt, und wider wieweit sie ächt oder nur vom Verfasser der Sage hiezu gedichtet sind, etwa in der Art, wie Thukydides seine Standreden selbst gefertigt hat; ja sogar das lässt sich nicht immer mit Bestimmtheit feststellen, ob die mitgetheilten Verse bereits dem ursprünglichen Texte der Sage angehörten, oder aber erst von einem späteren Ueberarbeiter derselben hinzugefügt worden seien. Halte ich mich aber auch ausschliesslich an solche Fälle, da Verse unzweifelhaft als Beweisbehelfe angeführt sind, so finde ich doch bereits in der Páls biskups saga, welche in den Jahren 1216—20 geschrieben scheint, zweimal in prägnantester Weise solche benützt (cap. 12, S. 138: „en af því guð mælir svá í guðspjalli, at allt mál skal standa í tveggja eðr þriggja vitni, þá ber ek fram með mér vitni Ámunda smiðs, er bæði var merkr ok réttorðr. Hann kvað vísu þessa“, u. s. w.; ferner cap. 19, S. 146: „en þessa sögu mína styrkti vitr maðr, Ámundi Árnason, smiðr Páls biskups, ok kvað vísur þessar.“ u. s. w.); ebenso in der Hrafns saga Sveinbjarnarsonar, deren Abfassung wohl in die Jahre 1213—28 fällt (cap. 4, S. 641: „þetta sannar Guðmundr Svertingsson, í drápu þeirri, er hann orti um Hrafn“, und öfter), in der Kristni saga (cap. 12, S. 25: „Svá segir Brandr hinn víðförli: Hefi ek þar komit.“ u. s. w.), der Gunnlaugs saga ormstúngu (cap. 12, S. 267: „þetta sannar þórðr Kolbeinsson í kvæði því, er hann orti um Gunnlaug ormstúngu“), der Fóstbræðra s. (sogenannte Kálfalækjarbók, cap. 3, S. 10: „sem þormóðr kvað í erfidrápu þorgeirs“, und öfter; aber auch Hauksbók, cap. 2, S. 66: „Svá segir þormóðr í þorgeirsdrápu“), der Eyrbyggja (cap. 17, S. 20: „Svá kvað Oddr skáld í Illugadrápu“, und gleich darauf nochmals: cap. 44, S. 83: „Svá sagði þormóðr Trefilsson í Hrafnsmálum“, und öfter), der Njála (cap. 78, S. 126: „Um vorn hans orti þorkell elfaraskáld í vísu þessi“, und S. 117: „En svá segir þormóðr Ólafsson“; doch findet sich die dem letzteren zugeschriebene Weise nur in einzelnen Hss., und ist demnach vielleicht erst später eingeschoben), in der Arons saga Hjörleifssonar, welche in den Jahren 1265—70 geschrieben scheint (cap. 15, S. 631: „Ólafr hét maðr ok var þórðarson, hann var vinr Arons; hann kvað vísu um Aron ok útferð hans“; ferner S. 527, vgl. 620: „Svá segir þormóðr prestr Ólafsson“, und öfter), und der so vielfach aus ihr entlehnenden Guðmundar biskups saga, endlich auch in der Sturlúnga, und zwar muss in ihr eine Strophe des Ólafur hvítaskáld Beweis machen für des Aron Hjörleifsson Pilgerfahrt nach Jerusalem (IV, cap. 42, S. 87; vgl. die angeführte Stelle der Arons saga), eine Reihe von Strophen wird angezogen aus einem Liede, welches Ingjaldr Geirmundarson auf den Flóabardagi (1244) dichtete, (VII, cap. 30, S. 64—5 und 68—9; vgl. S. 63: „gékk ok engi ísmdiarfliga fram af mönnum þórðar sem hann sjálfr, svá sem segir Ingjaldr Geirmundarson í atlögufiokki, þeim er hann orti um bardagann á flóa. Nú er þetta merkiligt, at Ingealdr var sjálfr í bardaganum, ok orti þetta kvæði þegar um vetrinn eptir"), und aus einem Brandsflokkr desselben Dichters, diese um über den Haugsnessfundr (1246) Beweis zu machen (VII, cap 39, S. 79: „Svá segir Ingealdr Geirmundarson í flokki þeim er hann orti um Brand Kolbeinsson", und ähnlich cap. 42, S. 88; dann cap. 43, S. 90: „Sva segir Ingealdr í Brandsflokki"), — einige weitere Strophen werden beigebracht aus einer Brandsdrápa des Skáld-Hallur über dieselbe Schlacht (VII, cap. 41, S. 82: „sva segir Skáld-Hallr í drápu þeirri er hann orti um Brand Kolbeinsson"; vgl. cap. 42, S. 84—5, und S. 87: „sva segir Hallr í Brandsdrápo"), endlich noch ein paar Strophen aus der Sturla Þórðarson Þorgilsardrápa" (VIII, cap. 5, S. 132: „sva sem Sturla Þordarson hefir kvedit í erfidrápo þeirri sem hann orti um Þorgils"; vgl. IX, cap. 32, S. 246 und S. 247: „Þessa getr Sturla í Þorgilsardrápu") und Þverárvisur (IX, cap. 32, S. 246: „Segir Sturla sva í Þverárvisum"; vgl. über beide Lieder Svein Skúlason, im Safn. I, S. 506—8). Wende ich mich vollends von den Íslendingasögur zu den norwegischen Königssagen hinüber, so ist zwar soviel gewiss, dass Ari seine Geschichtserzählung in nüchternster Weise auf mündliche Ueberlieferungen sachkundiger Gewährsmänner zu stützen suchte, und was wir von Sæmunds Werk wissen, lässt auf ein ähnliches Verfahren bei dessen Abfassung schliessen; als gewiss kann auch gelten, dass im Hryggjarstykki, der Sverris saga, und den zwischen beiden in Mitte liegenden Sagen ganz ebenso mündliche Berichte die Grundlage der Darstellung bildeten, während die Berufung auf das Zeugniss von Liedern erst den späteren Bearbeitungen angehören dürfte, in welchen uns jene älteren Werke allein erhalten sind (vgl. oben, Anm. 12, S. 539—40, und unten, Anm. 34), endlich wurde auch bereits hervorgehoben, dass erst in der jüngsten Recension der Jómsvíkinga saga ein paar Skaldenlieder als Beweisbehelfe sich angeführt finden (Anm. 21, S. 557). Wenn ferner in der Ólafs saga Tryggvasonar Odds eine umfassendere Benützung älterer Lieder sich zeigt, so mag immerhin, da uns diese nur in späterer Bearbeitung vorliegt, angenommen werden, dass solche erst ihren Uebersetzern beizumessen sei, worauf ohnehin auch manche andere Anzeichen hindeuten (Anm. 16, S. 547—8), und für Odd wie für Gunnlaug bilden jedenfalls die Erzählungen namentlich genannter Gewährsleute die Hauptquelle ihrer Geschichtschreibung. Aber doch wurde bereits für Styrmir und die legendarische Ólafs saga ens helga eine ungleich reichlichere Benützung von Liedern nachgewiesen (Anm. 20, S. 579—80), und oft genug kehrt in der letzteren die in der Heimskr. so beliebte Anführungsweise wider: „svo segir Sighvatr, svo kvað Óttarr", u. dgl.; in der Fagurskinna nicht nur, sondern auch in dem ungleich alterthümlicheren Agrip werden wir solche nicht minder zu constatiren haben, wenn auch in dem letzteren in bei Weitem geringerem Umfange als in jener ersteren, ja sogar bei dem Mönche Theodorich werden wir bereits eine ganz ernsthafte Bezugname auf alte isländische Gedichte finden. Die Orkneyinga saga ferner (nicht auch die Færeyinga saga) ist voller Bezugnamen auf Lieder und wenn wir uns zu Werken wenden wollen, die entschieden erst der Zeit nach Snorri's Tod angehören, so fehlt es auch in diesen nicht an Belegen für solche. Die Knytlinga z. B. beruft sich für die Lebensgeschichte K. Knúts des Mächtigen (1014—35) auf eine Knútsdrápa des Óttarr svarti (cap. 8, S. 186: „svá sagði Óttarr svarti í Knútsdrápu", und öfter), eine solche des Hallvarður Háreksblesi (cap. 8, S. 187: „svá segir Hallvarðr Háreksblesi í Knútsdrápu") und Sighvats (cap. 16, S. 200: „sva segir Sighvatr skáld í Knútsdrápu", und öfter), ferner auf die Togdrápa des Þórarinn loftunga (cap. 19, S. 204), die Eiríksdrápa des Þórður Kolbeinsson (cap. 18, S. 195—6: „svá segir Þórðr Kolbeinsson í Eiríksdrápu", und öfter), endlich auf ein früher schon besprochenes, von den liðsmenn in England gedichtetes Lied (cap. 14, S. 197; vgl. oben, Anm 20, S. 580); — für die Geschichte des Sveinn Úlfsson (1047—76) auf ein auf ihn gedichtetes Lied des Þorleikur fagri (cap. 22, S. 208: „svá segir Þorleikr fagri í flokki þeim, er hann orti um Svein Úlfsson", und öfter), die Magnúsardrápa des Arnórr Jarlaskáld (cap 22, S 209: „en þó segir Arnór jarlaskáld í Magnúsardrápu"), ein Lied des Kálfr Mánason auf den heil. Knút (cap. 25, S. 214: „Kálfr

Mánason segir svá í kvæði þvi, er hann orti um Knút enn helga"), und die Nizarvísur des Steins Herdísarson (cap. 25, S. 215—16: „svá segir Steinn Herdísarson í Nizarvísum, er hann orti um Harald konúng Sigurðarson"). — für die Geschichte des Haraldur Sveinsson (1076—80) auf ein Lied desselben Kálf (cap. 26, S. 216), und auf eine Strophe eines ungenannten Dichters (cap. 27, S. 222: „svá sem hér segir"). — für die Geschichte endlich des Eiríkur Sveinsson (1095—1103) auf die Eiríksdrápa des Gesetzsprechers Markús Skeggjason (cap 70, S. 295: „svá segir Markús Skeggjason í Eiríksdrápu", und öfter). Sturla Þórðarson ferner in seiner Hákonar saga gamla nicht als Beweisbehelfe einige Strophen seines Oheimes Snorri (cap. 74, S. 311 und cap. 75, S. 312) und seines Bruders Ólafur hvítaskáld (cap. 22, S. 265; cap 114, S 366; cap. 176, S. 430; cap. 177, S. 432; cap. 182, S. 440; cap. 190, S. 450; cap. 195, S. 457; cap. 199, S. 464; cap. 219, S. 492; cap. 228, S. 505; cap. 232, S. 514; cap. 234, S. 517; cap. 235, S. 519), zumal aber eine Reihe seiner eigenen Gedichte an, seine Hákonarkviða nämlich und seine Hákonardrápa, seine Hrafnsmál und seine Hrynhenda auf denselben König, sowie ein von ihm auf den jungen K. Magnús lagabœtir gedichtetes Ehrenlied (man findet nunmehr alle diese Lieder aus den einschlägigen Stellen zusammengetragen bei Sveinn Skúlason, im Safn. I, S. 598—626). Hier hört nun freilich die Berufung auf Lieder ganz und gar auf irgend welchen Sinn zu haben, denn wie sollte das eigene Gedicht des Verfassers als Beweis für die Richtigkeit seiner Geschichtserzählung dienen können? Aber doch bezeugt auch diese ungeschickte Verwendung von Versen den Geschmack der Zeit, und diess sogar dann, wenn man annemen wollte, dass Sturla seiner Hákonar saga solche darum in so grosser Zahl einverleibt habe, weil er sie den Königssagen der Heimskr. ähnlicher zu machen und gewissermassen als deren Fortsetzung nachfolgen zu lassen beabsichtigte. — Vor wie nach Snorri wurden hiernach Lieder als geschichtliche Beweisdocumente gebraucht und es ist im Grunde nur der Umfang, in welchem sie als solche benützt werden, was die Heimskr. und die ihr folgenden Sagensammlungen, aber freilich auch die Fagurskinna, von anderen Geschichtswerken unterscheidet; aber gerade auf diesen Umfang der Benützung von Liedern mochten neben der Individualität des Geschichtschreibers noch ganz andere Umstände einwirken. Auffällig ist z. B., dass in den Íslendinga sögur Verse ungleich seltener als Beweismittel angezogen werden, als in den Noregs konúnga sögur, auffällig auch, dass in den letzteren selbst die Zahl solcher Berufungen sich mindert, je näher die erzählten Vorgänge der Lebenszeit des Erzählers selber rücken; hier wie dort liegt der Grund dieses Zurücktretens der Lieder offenbar lediglich darinn, dass der Geschichtschreiber sich, sei es nun aus räumlichen oder zeitlichen Gründen, auf hinreichend ausgebreitete und sichere anderweitige Ueberlieferungen zu stützen vermochte, um der steten Bezugname auf jene gelehrteren Behelfe entbehren zu können. Dürfen wir hiernach annemen, dass jeder Isländer, der um die Mitte des 13. Jahrhunderts über ältere norwegische Geschichte schrieb, sich der Lieder in ausgedehnterem Masse bedient haben werde, so verliert schon hiedurch der Schluss auf Snorri's Verfasserschaft erheblich an Stringenz; noch mehr vermindert sich aber dessen Gewicht, wenn wir beachten, dass nicht nur in den verschiedenen Abschnitten der Heimskr. das Mass der Benützung von Liedern ein sehr verschiedenes ist, sondern dass auch zwischen den verschiedenen Hss. derselben nach dieser Seite hin erhebliche Verschiedenheiten bestehen. Nach der ersteren Seite hin sind es neben den Sagen der späteren Könige auch ein paar ältere, in welchen die Lieder auffällig zurücktreten, wie denn in der Hálfdanar saga svarta gar keine, in der Ólafs saga kyrra aber nur sehr wenige Verse angeführt werden; in der letzteren Beziehung aber zeigt vorab die Kringla, welche entschieden die älteste unter allen Hss. der Heimskr. ist, und zwar zumal in ihren späteren Abschnitten ungleich weniger Verscitate als die späteren Hss., was nur freilich in unseren Ausgaben keineswegs sorgfältig genug verzeichnet ist. Wir dürfen von hier aus annemen, dass möglicherweise auch schon die Kringla den ursprünglichen Bestand von angeführten Liedern durch spätere Einschaltungen vermehrt habe, und müssen jedenfalls auch die Möglichkeit zugeben, dass nicht alle Abschnitte derselben, ja dass vielleicht nicht ein einziger unter ihnen von Snorri verfasst, oder doch völlig in der Gestalt verfasst worden sei, in welcher sie uns vorliegen; mit andern Worten: was oben über die eigenthümliche Art der Benützung der Lieder in der Heimskr. und deren muthmasslichen Zusammenhang mit der Individualität Snorri's ausgeführt wurde, macht zwar wahrscheinlich, dass dieses Werk gutentheils auf Snorri's Arbeiten beruhe und durch diese sehr vorwiegend in seiner Gestaltung bedingt sei, beweist aber ganz und gar nicht, dass dasselbe so wie es uns vorliegt, aus seiner Feder geflossen ist, gestattet uns vielmehr recht wohl auch die andere Annahme, dass neben den Schriften Snorri's auch die irgend welcher anderer Verfasser benutzt, und weitere Zuthaten von dem Ueberarbeiter selber hinzugefügt worden seien, ohne dass sich überall ausscheiden liesse, was aus dieser und was aus jener Quelle geflossen sei.

Endlich kann ich auch den Angaben Hansen's, Clausen's und Ole Worm's über Snorri's Verfasserschaft kein entscheidendes Gewicht beimessen. Werfe ich mir die Frage auf, woher diese Leute ihre Wissenschaft über diesen Punkt hatten, so glaube ich zunächst mit Bestimmtheit annehmen zu dürfen, dass sich dieselbe nicht auf irgend welche in Island selbst erhaltene Ueberlieferung stützte. Auf Island war die Heimskr. im 16. und 17. Jahrhunderte, und ist sie noch bis auf den heutigen Tag herab vergleichsweise wenig bekannt und verbreitet. Unter den uns verfolgbaren Hss. derselben ist zunächst die von Þormóðr Torfason sogenannte Kringla, der Codex academicus primus des Árni Magnússon, der Kopenhagener Universitätsbibliothek aus Norwegen zugegangen. Im Jahre 1728 mit dieser Bibliothek verbrannt, wird diese Hs. nunmehr durch eine von Ásgeirr Jónsson genommene Abschrift ersetzt, und wurden deren beide ersten Theile, A. M. 35 und 36 fol., bei der Bearbeitung der zwei ersten Bände der grossen Kopenhagener Ausgabe, als A. bezeichnet, benützt und zu Grunde gelegt; aber erst ganz neuerdings hat Guðbrandur Vigfússon entdeckt, dass auch der dritte Theil dieser Abschrift in A. M. 63 fol. erhalten, und nur durch ein bei der Ordnung der Sammlung im Jahre 1730 von Jón Ólafsson begangenes Versehen von jenen beiden getrennt worden ist. Die Jöfraskinna Þormóðs, der Codex academicus secundus des Árni, hatte sich ebenfalls noch im Jahre 1687 in Norwegen befunden, und zwar vollständiger als man sie später hatte; damals hatte ein Norweger von ihr eine Abschrift genommen, von welcher noch ein Bruchstück erhalten ist, später aber hatte Ásgeirr, nachdem der Codex nach Kopenhagen in die Universitätsbibliothek gewandert war, von ihm eine weitere Abschrift gemacht, welche, als A. M. 38 fol. bezeichnet und in der genannten Ausgabe als D. aufgeführt, nunmehr die Stelle des im Jahre 1728 verbrannten Originales vertritt. Eine dritte Hs., von Þormóðr Gullinskinna genannt, war ebenfalls von Norwegen aus in die Universitätsbibliothek gelangt und ist nicht minder im Jahre 1728 mit dieser verbrannt; eine von Ásgeirr genommene Abschrift, A. M. 42 fol., vertritt wider das Original. Aus Norwegen stammt auch die Frissbók, oder der Codex Frisianus, A. M. 45 fol., und in der Ausgabe als E. bezeichnet; die Hs., welche ursprünglich dem Otto Friis gehört hatte, war von Árni Magnússon den Rosenkrantz'schen Erben abgekauft und dadurch vor dem Schicksale der akademischen Hss. bewahrt worden. Endlich auch der Codex Wormianus, als A. M. 37 fol. und in der Ausgabe als C. bezeichnet, ist in Norwegen geschrieben, dieser freilich erst im Jahre 1567. Dem gegenüber befindet sich, wie Guðbrandur mir mittheilt, nur eine einzige aus Island bezogene Hs. in der Arnamagnæana, und diese war bereits Fragment, als sie in Árni's Hand gelangte; sollte dieselbe mit dem für die Kopenhagener Ausgabe benützten, und gleichfalls mit E. bezeichneten Papiercodex A. M. 70 identisch sein, so wäre überdiess auf deren Existenz nicht einmal viel Werth zu legen, da dieser von einem Zeitgenossen Árni's, Magnús Einarsson von Jörfi im Haukadalur, geschrieben sein soll (vgl. Schöning's Vorrede zu Bd. I der Kopenhagener Ausgabe, S. XIX und XXIV—VI, dann N. M. Petersen, in den Annaler, 1861, S. 234—5, Anm. 2, und Antiquités Russes, I. S. 241; hinsichtlich der Gullinskinna vgl. ferner Finn Magnússon's Vorrede zu Bd. VIII der F. M. S., S. XXVII—VIII, und bezüglich der Frissbók die Vorrede zu Bd. IX, S. XIII—XV, sowie Konráð Gíslason, um frumparta, S. III—VIII; mehrfache freundliche Mittheilungen Guðbrande erlaubten mir aber diese Angaben zu ergänzen). Wir wiesen ferner, dass Arngrimur lærði unter den Isländern seiner Zeit († 1648) weitaus der tüchtigste Kenner seiner heimathlichen Litteratur, die Heimskr. kannte, da er deren Prolog gelegentlich anführt und dabei den Inhalt des Werkes selbst richtig angiebt (Crymogæa, S. 27, nach der Ausgabe von 1610); woher indessen das von ihm benützte Exemplar stammte, und wohin es gerieth, weiss ich nicht anzugeben, und auch sonst keine ältere Spur der Benützung der Quelle nachzuweisen. Es erklärt sich übrigens, beiläufig bemerkt, dieses frühe fast völlige Verschwinden der Heimskr. aus ihrer Heimat sehr einfach. Es liefen dort statt ihrer jene späteren Ueberarbeitungen derselben um, auf welche wir unten noch einzugehen haben werden, und welche noch heutzutage auf Island ungleich beliebter und gelesener sind als sie; es haben also diese späteren Bearbeitungen die Heimskr. auf Island ganz ebenso verdrängt, wie ihr selber die älteren Schriftwerke des Ari und Eiríkur Oddsson, des Oddur und Gunnlaugur, und zuletzt noch des Styrmir hatten weichen müssen, wogegen in Norwegen die älteren Werke sich leichter unverändert erhalten konnten, weil dort, wie wir sehen werden, alle litterarische Thätigkeit in der Landessprache, ja sogar deren lebendiger Gebrauch selber, schon frühzeitig erlosch. Aber ganz abgesehen von der geringen Verbreitung der Heimskr. auf Island lässt sich auch noch soviel feststellen, dass selbst die Wenigen, welche von derselben wussten, nicht die mindeste Kenntniss davon hatten, dass Snorri sie verfasst habe. Der eben angeführte Propst Arngrímur z. B. kannte den Snorri nur als Gesetzsprecher und als den Verfasser der Edda (vgl. z. B. Crymogæa, S. 62), bis er durch einen Brief Worms, der dazumal gerade Claussen's Uebersetzung herausgab und ihm einige Bogen derselben sandte, im Jahre 1632 erfuhr, dass derselbe auch jene „historia regum Norvagicorum" geschrieben habe (Olai Wormii et ad eum doctorum virorum epistolæ, S. 314); seine vom 18. August 1633 datirte Antwort zeigt, wie überraschend neu ihm diese Mittheilung war (ebenda, S. 317: „Nec quod ad Snorronem nostrum, — an vestrum potius, quibus lucem et se ipsum profunda oblivionis nocte erutum, debeat — continuandum puto apud nos repertum iri"). Ganz ähnlich äussert sich síra Magnús Ólafsson zu Laufás, welchem Worm dasselbe Werk geschickt hatte, in einem Briefe vom 29. August 1634 (ebenda, S. 367: „Tuas, una cum Historia Norvagica, hac æstate probe accepi, pro utrisque ex animo gratias agens maximas, et operæ pretium fecisse judico Clariss. Wormium, in hujus operis editione, qua Norvegiæ et nostri Sturlonii nomina multum reviviscunt"), und auch sonst ist keine Spur von irgend welcher auf Island umlaufenden Ueberlieferung über Snorri's Beziehungen zur Heimskr. zu entdecken, während doch Männern wie die Genannten eine solche, wenn vorhanden, unmöglich unbekannt geblieben sein konnte. Noch weniger kann natürlich an eine mündliche Ueberlieferung in Norwegen gedacht werden, wo man ja längst aufgehört hatte, der isländischen Litteratur und Geschichte eine allgemeinere Aufmerksamkeit zuzuwenden; man möchte somit etwa darauf verfallen, in irgend einer schriftlichen Nachricht die Quelle der fraglichen Angaben zu suchen, und wirklich theilt mir Guðbrandur eine sehr scharfsinnige Vermuthung in dieser Richtung mit. Zwar hat er sich durch sorgfältige Vergleichung davon überzeugt, dass Hansen's Uebersetzung auf die Frissbók gebaut ist, wie diess zumal daraus erhelle, dass an einer Stelle, an welcher diese Hs. ein Wort als falsch geschrieben punktirt habe, der Uebersetzer den Punkt übersehen und das getilgte Wort mit übersetzt habe; die Frissbók aber nennt nirgends Snorri's Namen, und kann somit, da in ihr ausser der Ólafs s. ens helga Nichts fehlt und zumal deren Anfang sowohl als Ende unverstümmelt ist, die Quelle jener Angabe allerdings nicht gewesen sein. Dagegen sei aber auch gewiss, dass Hansen neben jener ersteren auch noch andere Hss. zur Verfügung gehabt habe, und unter diesen möge denn insbesondere auch der Cod. acad. I gewesen sein; dieser Hs. nun habe zwar schon im 17. Jhrdte. das erste, die Vorrede enthaltende Blatt gefehlt, wie sie denn gerade darum, weil sie in Folge dessen mit den Worten Kringla heimsins beginne, von Torfæus den Namen der Kringla erhalten habe, aber doch erweise sich durch das gleichmässige Fehlen auch des 8. oder letzten Blattes der ersten Lage, welches in Ásgeirs Abschrift aus der Frissbók ergänzt sei, dass jenes Blatt und damit die

Vorrede, keineswegs von jeher gefehlt haben könne, und es sei demnach recht wohl möglich, dass Hansen diese Hs. noch vollständig gehabt, und dass er aus ihr den Namen des Verfassers des Werkes genommen haben möge, dessen Nennung gerade auf dem ersten Blatte einer sicherlich schon um das Jahr 1266 geschriebenen Hs. ohnehin mit Bestimmtheit zu erwarten gewesen wäre. So bestechend indessen diese Schlussfolgerung ist, so wenig kann ich mich doch von derselben überzeugen lassen. Nur soviel steht nämlich durch Hansen's eigene Aussage fest (vgl. Werlauff, ang. O., S. 850), dass dieser neben der von ihm zu Grunde gelegten Hs. noch eine zweite Membrane zur Hand hatte; dafür dagegen, dass diese zweite Hs. gerade unser Cod. acad. I gewesen sei, lässt sich eben doch nur eine ganz lose Möglichkeit geltend machen, und ganz ebenso steht es bezüglich der beiden weiteren Annamen, dass diese Hs. zu Hansen's Zeit noch keinen Defect gezeigt habe, und dass auf dem dazumal noch vorhandenen, aber schon zu þormóðs Zeit verlorenen Blatte derselben Snorri's Name zu finden gewesen sei. Bedenke ich, dass nach Worm's oben besprochener Vorrede zu Claussen's Uebersetzung der Name der Kringla schon im Jahre 1633, also 3 Jahre vor þormóðs Geburt oder doch wohl sogar schon im Jahre 1599 für das Werk längst gäng und gebe war, wenn ihn auch letzterer zuerst auf eine bestimmte Hs. desselben mit klarem Bewusstsein eingeschränkt haben mag, so will mir sogar wahrscheinlich vorkommen, dass der Defect in jener Hs. schon ungleich älter, als der Anfang des 17. Jhdrts. gewesen, also wohl schon zu Hansen's Zeit vorhanden gewesen sein möge, und ich möchte überdiess gar sehr bezweifeln, dass Hansen, wenn er wirklich in der einen seiner Hss. eine ausdrückliche Angabe über Snorri's Verfasserschaft vorgefunden hätte, es unterlassen haben sollte, diese Angabe mit den Worten der Hs. selber widerzugeben, und dass er sich, während er den Prolog der Frissbók richtig widergiebt, hinsichtlich jener anderen, um Nichts unwichtigeren Notiz auf jene ganz beiläufige Erwähnung beschränkt haben sollte. Mir will sich, wenn denn doch einmal auf blose Hypothesen eingegangen werden soll, vielmehr eine Vermuthung ganz anderer Art empfehlen. Dass die Heimskr. um das Jahr 1600 herum auf Island nicht völlig unbekannt war, wurde oben aus Arngrims Crymogæa erwiesen, und ebensowenig kann einem Zweifel unterliegen, dass auch die jüngere Bearbeitung der Ólafs s. Tryggvasonar und die Orkneyinga s. um dieselbe Zeit dort bekannt waren, da Arngrímur die erstere oft genug benützt, und Ole Worm gelegentlich mit síra Magnús Ólafsson über Verse verhandelt, die dieser aus der letzteren zusammengetragen hatte (ang. O., S. 865). Nun sind es gerade diese beiden Quellen, in welchen sich Stellen auf Snorri's Namen citirt finden, welche in unserer Heimskr. enthalten sind; warum sollte da nicht irgend ein gelehrter Isländer den Einfall gehabt haben können, dass eben diese Heimskr. das dort in Bezug genommene Werk Snorri's sei, und warum sollte nicht ein solcher, wenn auch noch so vereinzelter und noch so wenig begründeter Einfall nach Norwegen hinüber gelangt sein können? Aber noch mehr. In den Anmerkungen, welche Hansen seiner Uebersetzung ab und zu am Rande beigefügt hat, beruft er sich hin und wieder auch auf andere Quellen; nach Werlauff's ausdrücklicher Angabe (ang. O., S. 851) wird dabei gerade die Orkneyinga s. und die Ólafs s. Tryggvasonar von ihm ebenfalls citirt, und es ist somit recht wohl denkbar, dass er selber und kein Anderer es war, der auf jene Conjectur verfiel, die er dann sofort, wie diess ja dazumal ganz allgemein zu geschehen pflegte, ohne allen Anstand seinen Lesern für baare Münze verkaufte! Darüber dürfte jedenfalls kein Zweifel bestehen, dass Hansen's Angabe die allein in Betracht zu ziehende sei. Fraglich mag allerdings sein, ob Ole Worm, wiewohl er mehrfacher Uebersetzungen der Heimskr. gedenkt, Hansen's Arbeit selber gekannt habe; vielleicht würde er solchenfalls dessen Namen ebensogut wie den Namen Mortensson's in seiner Vorrede ausdrücklich genannt haben, und kaum hätte er, da Hansen der von ihm übersetzten und nach ihm von Snorri verfassten Heimskr. ausdrücklich den Namen des Königsbuches beilegte, unter dieser Benennung eine von der Kringla heimsins verschiedene und erst mit K. Haralds Zeit beginnende Chronik verstanden, wenn er jenes Uebersetzung vor Augen gehabt hätte, — endlich scheint auch die Art, wie Worm in jener Vorrede sich wiederholt auf den Prolog zu „S. Olafs Chrönicke" beruft, um darzuthun, dass Ari fróði und nicht Ísleifur Norwegens erster Geschichtschreiber gewesen sei, darauf hinzudeuten, dass ihm unbekannt war, dass auch der Prolog zur Heimskr. selbst die gleichen Angaben enthalte, so dass auch von hier aus sich schliessen lässt, dass ihm Hansen's Uebersetzung fremd gewesen sei, welche jenen Prolog nach der Frisbók brachte, während Clausen's Uebersetzung allerdings nur dessen erste, von Ari nicht redende Hälfte gab. Aber Worm hat seine Angabe sicherlich nur dem Clausen nachgeschrieben; Clausen aber mochte sie recht wohl von Hansen bezogen haben, den er ja, selber einer Propstei des Guladinges vorstehend, ganz gut noch persönlich gekannt haben konnte. In isländischen Kreisen war jedenfalls die ganze Conjectur selbst in etwas späterer Zeit noch wenig verbreitet, wie sich evident aus der schwedischen Bearbeitung der Heimskr. ergiebt, die unter dem Titel „Norlandz Chronika och Beskrifning" im Jahre 1670 in Visingsborg erschien und welche von dem Isländer Jón Rugmann († 1679) besorgt wurde (vgl. Dal, Specimen biographicum de antiquariis Sueciæ, Stockholmiæ, 1724, fol., N. 4, b, sowie Warmholtz, Bibliotheca historica Sveo-Gothica, V, S. 164). Ausdrücklich wird hier, und zwar sowohl in Daniel Gyldenstolpe's Vorrede, als in dem Vorworte, welches Jón Rugmann selbst seinem Auszuge aus der Ynglinga s. vorsetzte, gesagt, man könne den Verfasser des Werkes nicht mit Bestimmtheit angeben, vielmehr nur vermuthen, dass dasselbe von Einarr Oddason und Eiríkur Oddason verfasst sein werde, womit nicht in Widerspruch steht, dass in jenem Auszuge selbst, S. 3, einmal auf Snorre Sturlesson Bezug genommen wird, indem hier nur dessen jüngere Edda gemeint zu sein scheint. Einars Name beruht dabei nur auf einer falschen Lesart (Heimskr. af Sigurði, Inga ok Eysteini, cap. 7, S. 341, Anm. 12), und auch die Verfasserschaft Eiríks beruht auf einer ganz haltlosen Conjectur; jedenfalls zeigt indessen die Bemerkung, dass isländischerseits die Annahme, Snorri sei der Heimskr. Verfasser gewesen, noch um die Mitte des 17. Jhdts. in keiner Weise allgemein recipirt oder auch nur bekannt war. Hansen's, Clausen's und Worm's Nachricht ist somit sicherlich allzu schwach begründet, als dass sich auf sie irgendwie weiter bauen liesse.

Anm. 25.

Dass die Heimskringla so wie sie uns vorliegt, unmöglich Snorri's Werk sein kann, ergiebt sich mit voller Bestimmtheit aus deren Sigurðar saga Jórsalafara, cap. 9, S. 239—40. Es heisst nämlich hier: „Vilhiálmr konungr átti 3 dætur, en ongan son; hann gipti eina dóttr sína Heinriki keisara, syni Friðreks keisara, en þeirra son var Friðrekr, er fyrir skommu var keisari Romaborgar"; dass er „vor Kurzem" die römische Kaiserwürde inne gehabt habe, konnte von Fridrich II. denn doch unmöglich vor seinem Tode (1250) oder wenigstens seiner Absetzung (1245) gesagt werden, und somit sind diese Worte unzweifelhaft nach Snorri's Tod geschrieben. Auch darauf ist Gewicht zu legen, worauf nach P. E. Müller's Vorgang neuerdings wider N. M. Petersen (ang. O., S. 246—8) hingewiesen hat, dass die Heimskr. gar vielfache Spuren späterer Einschaltungen zeigt. Viel zu unbehülflich sind diese zum Theil eingestellt, als dass wir ihre Aufnahme mit dem von Snorri sonst bewiesenen guten Geschmacke vereinigen könnten, oder dass wir annehmen dürften, dieselben seien aus derselben Feder geflossen, welcher wir die Grundmasse des Werkes verdanken; da ich indessen auf diesen Punkt später noch zurückzukommen haben werde, unterlasse ich es hier bereits auf denselben näher noch einzulassen. Nicht minder ist zu beachten, dass noch in ungleich späterer Zeit neben geschlossenen Sammlungen von Königssagen auch einzelne Biographieen einzelner Könige umliefen, welche als solche gesondert benutzt, abgeschrieben und überarbeitet wurden; auch auf sie wird sich indessen später noch Gelegenheit bieten einzugehen, und mag darum auch dieses Punktes hier nur ganz im Vorübergehen gedacht werden. Dagegen scheint es hier am Platze zu untersuchen, wieweit etwa der Prolog über die Beschaffenheit und den Umfang der Arbeiten Snorri's Aufschlüsse zu bieten vermöge, welchen wir der Heimskr. sowohl als einzelnen Recensionen der geschichtlichen Ólafs saga ens helga vorgesetzt finden.

Es enthalten aber diesen Prolog von den oben, Anm. 24, aufgezählten Hss. der Heimskr. drei ganz gleichmässig in der Gestalt, in welcher er oben, Anm. 2, vollständig abgedruckt steht, nämlich die Jöfraskinna, Frisbók und Ormsbók; die Kringla dagegen war an ihrem Anfange defect, und die Gullinskinna begann erst mit der Ólafs s. kyrra, so dass aus den Abschriften beider bezüglich des Prologes Nichts zu erfahren steht. Bei genauerer Betrachtung des von jenen gebotenen Textes muss sich nun sofort der Verdacht regen, dass der Prolog, so wie er uns vorliegt, nicht aus einem Gusse geflossen, vielmehr aus mehreren verschiedenen Stücken zusammengesetzt sei. In dessen erstem Stücke (§ 1 nach meiner Abtheilung) erklärt dessen, stets in der ersten Person sprechender, Verfasser, dass er seine Geschichte auf Grund mündlicher Erzählungen kundiger Männer geschrieben habe, dann auf Grund genealogischer Ueberlieferungen und Aufzeichnungen, unter welchen ein Langfeðgatal genannt wird, endlich auch auf Grund alter Lieder; das Ynglingatal des þjóðólfur úr Hvini und das Háleygjatal des Eyvindur skáldaspillir werden dabei besonders hervorgehoben, mit dem Bemerken, dass die Geschichte der Ynglinger zunächst dem ersteren folgend geschrieben, dann aber nach den Berichten anderer Leute vervollständigt worden sei. Insoweit haben wir es offenbar nur mit einer Einleitung zur Ynglinga saga zu thun, welche den ersten Abschnitt der Heimskr. bildet. Schon der Ausdruck „fornar frásagnir", „fornkvæði", weist auf Erzählungen und Lieder aus der grauesten Vorzeit hin, und nur für diese war auch das Langfeðgatal, dann Ynglingatal als Quelle zu benützen; das Háleygjatal aber, welches allerdings bis in eine etwas spätere Zeit hinabreicht, und darum auch noch in späteren Theilen der Heimskr. sich benützt findet, wird in cap. 9 und 26 der Ynglinga s. wirklich angeführt, und zwar an der ersteren Stelle gerade in der Beziehung, welche der Prolog hervorhebt. Da andererseits ausser diesen beiden Liedern nur noch eine einzige Strophe des Bragi gamli, in cap. 5 dieses Abschnittes, sich benützt zeigt, erklärt sich auch recht gut, warum gerade nur sie hier genannt werden; die Nichterwähnung aber der in cap. 33 angeführten, uns verlorenen, Skjöldúnga saga kann schon darum nicht auffallen, weil sie unter den „sögn fróðra manna" des Prologes mitinbegriffen gedacht werden kann. Es folgt sofort (§ 2) eine kurze Bemerkung über den Gegensatz des Brandalters und Hügelalters im Norden, welche ich, da sie den meisten Recensionen des Prologes gemein ist, nicht mit Petersen, S. 250, als eine blose Interpolation zu betrachten wage; doch getraue ich mich nicht mit Bestimmtheit zu behaupten, ob dieselbe noch dem ersten Stücke desselben zuzurechnen sei oder nicht, zumal da die Ausdrücke „brúnaöld, haugaöld" in der Heimskr. nur ein einziges Mal, und zwar ganz beiläufig, vorkommen (Hákonar saga góða, cap. 17, S. 141; von hier aus auch in der jüngeren Ólafs s. Tryggvasonar, cap. 23, F. M. S. I, S. 34, und Flbk. I, S. 56; vgl. übrigens auch Ynglinga s., cap. 8, S. 12—13), also die Vermuthung nahe liegt, dass jene Worte des Prologes sich auf irgend eine aus unserem Texte verlorene Angabe bezogen haben möchten. Nun wendet sich der Verfasser (§ 3) zu K. Haraldur hárfagri, während dessen Regierungszeit Island colonisirt worden sei, und bemerkt, dass schon er seine Hofdichter gehabt habe, deren Gedichte ebensogut erhalten seien wie die Lieder, welche später zu Ehren seiner verschiedenen Nachfolger gesungen worden seien; solche Lieder aber, welche vor dem Könige selbst, dessen Thaten sie feierten, oder vor dessen Söhnen vorgetragen worden seien, habe der Verfasser als die verlässigsten Quellen betrachtet und benützt, weil der Dichter, wenn er gleich den am Meisten zu loben pflege, vor dem er gerade stehe, doch nimmermehr sich erlauben dürfe, einem Manne ins Gesicht hinein Thaten zuzuschreiben, die er nicht verrichtet habe: „denn das wäre Spott, und nicht Lob." Da dieses Stück des Prologes mit einer Bemerkung über K. Haralds Regierungszeit beginnt, und ausdrücklich erwähnt, dass man von ihm ab Ehrenlieder auf alle einzelnen norwegischen Regenten kenne, muss sich dasselbe auf die Haralds s. hárfagra beziehen, in welcher denn auch oft genug ältere Lieder in Bezug genommen werden (am Oeftesten ist þorbjörn hornklofi citirt, daneben aber auch þjóðólfur hvinverski, Eyvindur skáldaspillir und Jórunn skáldmær, sowie einzelne Strophen K. Haralds selbst, der

Hildar Hrólfsdóttir, des Jarles Torf-Einarr, des Zauberers Vitgeirr und eines unbekannten Dichters, cap. 27, S. 105), und kann sich dasselbe auch noch auf beliebig welche Sagen späterer Herrscher beziehen; keinesfalls aber kann dasselbe auf frühere Abschnitte gehen, da solchenfalls nicht abzusehen wäre, warum gerade von K. Harald der Ausgangspunkt genommen sein sollte, und wäre somit nur allenfalls ein eingangsweises Berühren früherer Könige nicht ausgeschlossen. Umfassend bespricht der Prolog sodann (§ 4) das Geschichtswerk des Ari fróði, als das erste in einheimischer Sprache verfasste; er giebt dessen Inhalt an, und nennt die Gewährsmänner, auf welche sich Ari bezüglich der norwegischen Geschichte berufen habe, wobei sich zeigt, dass dem Verfasser noch die erste und umfangreichere Ausgabe der Íslendingabók vorlag, die übrigens wie die uns allein erhaltene zweite von der Zeit der ersten Colonisation Islands bis auf Ari's Tage herabgegangen zu sein scheint, — er erklärt endlich Ari's Angaben sowohl in Anbetracht seiner eigenen Verlässigkeit als der seiner Gewährsleute für ganz besonders glaubwürdig. An und für sich könnte dieses Stück des Prologes sich auch wider auf alle Abschnitte von der Haralds saga hárfagra ab bis in das zweite oder dritte Decennium des 12. Jhdts herein beziehen, und könnte nur auf die späteren Theile der Heimskr. keinen Bezug mehr haben, weil sonst des Hryggjarstykki in demselben Erwähnung gethan sein müsste, auf welches diese letzteren sich nachweisbar vorzugsweise stützen. Aber doch scheint Das, was über Halls Beziehungen zum heil. Olaf gesagt wird, auf eine besondere Beziehung dieses Stückes zur Ólafs s. ens helga hinzudeuten, in deren Einleitung auch die Vorkommnisse aus der Geschichte Hákon jarls und Ólaf Tryggvason's berührt sein mochten, auf welche andere Notizen in demselben hinweisen; dass der Werke Odds, Gunnlaugs und Styrmis nicht ausdrücklich Erwähnung geschieht, welche doch in der Heimskr., mittelbar oder unmittelbar, ebenfalls benützt sind, erklärt sich leicht, da ja der Prolog ausdrücklich Ari's Werk nur als das beachtenswertheste bezeichnet, neben welchem also andere minder beachtenswerthe, und zumal vor der Kritik minder gut bestehende recht wohl unerwähnt bleiben konnten. Auffällig aber ist, dass dieses Stück des Prologes dem vorhergehenden ganz unvermittelt folgt; auffälliger noch, dass der sofort sich anreihende Schlusssatz (§ 5) lediglich die Bemerkung enthält, dass dem Verfasser die Lieder am Wenigsten einer Veränderung zu unterliegen scheinen, wenn sie anders correct gedichtet und richtig aufgefasst seien, — eine Bemerkung also, welche widerum mit dem unmittelbar Vorhergehenden in gar keiner Beziehung steht, während sie mit einem weiter zurückliegenden Theile des Prologes (§ 3), mit welchem sie des weiten Abstandes wegen nicht mehr in Verbindung gebracht werden kann, ihrem Inhalte nach auf das Engste sich berührt. Man möchte vermuthen, dass die 3 von einander zu scheidenden Stücke (d. h. § 1, § 3 und 5, dann § 4) ursprünglich ebenso viele selbständige Prologe einzelner Königssagen gebildet haben, und erst später, natürlich nicht ohne mancherlei Verkürzungen und Verschiebungen, zusammengestossen und dem Gesammtwerke vorgesetzt worden seien; eine Vergleichung aber derjenigen Gestaltungen des Prologes, welche sich der Ólafs s. ens helga vorgesetzt finden, dürfte diese Vermuthung ganz entschieden bestärken. — Nur 5 Hss. der isolirten Ólafs s. ens helga enthalten überhaupt einen Prolog, nämlich die in der Vorrede zu Bd. IV der F.M.S. mit D, G, H, K und S bezeichneten (vgl. S. 2 daselbst). Alle 5 geben dieselben das oben ausgeschiedene dritte Stück des Prologes der Heimskr. (§ 4) so gut wie unverändert wider, nur dass der auf die Lieder bezügliche Schlusssatz (§ 5) demselben hier fehlt; jedoch steht in allen 5 dieses Stück des Prologes ganz gleichmässig an dessen Spitze, nicht wie in der Heimskr. an dessen Ende (vgl. den oben, Anm. 3, S 526—28 nach der S gegebenen Abdruck, § 1; die Abweichungen der 4 übrigen Hss. sind ohne Bedeutung), und im Uebrigen trennen sich die Hss. in zwei Gruppen. Die eine Gruppe bilden D, eine als A. M. 325, 5 in 4to bezeichnete Membrane aus dem Schlusse des 14. Jhdts. (ang. O., S. 4), und K, eine unter dem Namen der Bergsbók unter nr. 1 fol. auf der kgl. Bibliothek zu Stockholm aufbewahrte Hs., welche von den Herausgebern eine ältere Membrane genannt, von Arwidsson aber in den Schluss des 14. oder Anfang des

15. Jhdts. gesetzt wird (ang. O., S. 18; Arwidsson, Förteckning, S. 8). Beide Hss. kennen, unter sich übereinstimmend, Nichts dem ersten Theile des Prologes der Heimskr. (§ 1—3) Entsprechendes, sondern fügen dessen § 4 nur noch eine, ebenfalls ganz persönlich stylisirte, Bemerkung darüber bei, dass der Verfasser die folgende Sage auf Grund der Lieder Sighvats und des schwarzen Óttars, der beständigen Begleiter des heil. Ólafs, habe schreiben lassen, sowie auf Grund der Angaben Ari's und anderer Geschichtskundiger, und lassen dann jenen Schlusssatz, welcher am Ende des Prologes der Heimskr. steht (§ 5), auch ihrerseits diesen schliessen (der ganze Zusatz lautet, F.M.S IV, S. 5, Anm. 1: „En bók þessa hefir ek látit rita eptir því, sem segir í kvæðum þeirra Sighvats ok Óttars svarta, er jafnan voru með Ólafi konúngi, ok sá ok heyrðu þessi tíðendi, en samt eptir sögu Ara prests ok annarra fræðimanna, ok þikki mèr kvæðin minnst or stað færð, ef þau eru rètt kveðin ok skynsamliga upptekinn“). Die zweite Gruppe umfasst die älteste Hs. von allen, nämlich S, die Stockholmer nr 2 in 4to, wie solche der zu Christiania erschienenen Ausgabe zu Grunde liegt, und wurde nach ihr der Prolog an oben angeführter Stelle (Anm. 2, S. 526—8) bereits vollständig mitgetheilt; ihr folgt mit wenigen und unbedeutenden Ausnahmen H, eine als A.M. 73 fol. bezeichnete Papierhs. sehr eigenthümlicher Art (ang. O., S. 16), und eine dritte Hs., G, welche als A.M. 325, 6 in 4to bezeichnet und kaum jünger als die Mitte des 14. Jhdts. ist, wird wohl ebenfalls hieher gehört haben, da sie im Uebrigen wesentlich mit S. zusammengeht (ang. O., S. 15), da indessen diese Hs. gegen das Ende der ersten Hälfte des Prologes abbricht, indem der Rest des Blattes weggerissen ist, also nur den Theil desselben giebt, bezüglich dessen alle Hss. übereinstimmen, lässt sich immerhin nicht mit voller Sicherheit bestimmen, ob sie weiterhin mit S und H, oder aber mit D und K übereingestimmt haben möge. Diese zweite Gruppe nun bringt unmittelbar hinter dem dritten Stücke des Prologes der Heimskr. (§ 1, Ól. s. = § 4, Heimskr.) zunächst, im Wesentlichen mit diesem übereinstimmend, nur freilich mehrfach abgekürzt, das auf die Ynglinga s. bezügliche Stück (§ 2, Ól. s. = § 1, Heimskr.), welchem sich auch hier die auf das Brandalter und Hügelalter bezügliche Bemerkung anschliesst, (§ 3, Ól. s. = § 2 Heimskr.); dann folgt, in Manchem mit dem Prologe der Heimskr. wörtlich übereinstimmend, in Anderem aber von ihm abweichend und selbstständiger gehalten, ein an K. Harald hárfagri anknüpfendes Stück, in welchem zumal die mit den sonstigen Ueberlieferungen verglichen grössere Verlässigkeit der Lieder hervorgehoben wird (§ 4, Ól. s. = § 3, Heimskr.); endlich wird noch in einem letzten Absatze auf die folgende Geschichte des heil. Ólafs insbesondere eingegangen, die häufige Erwähnung isländischer Männer in derselben damit entschuldigt, dass sie es eben gewesen seien, welche die Kunde von den betr. Vorgängen in ihre Heimat gebracht hätten, und schliesslich bemerkt, dass das Meiste doch nicht auf Grund solcher Erzählungen, sondern auf Grund der Lieder von Dichtern geschrieben sei, welche sich selber in K. Ólafs Umgebung aufgehalten hatten (§ 5, Ól. s.). Beide Gestaltungen des Prologes zur Ólafs saga bestätigen also zunächst übereinstimmend die oben ausgesprochene Vermuthung, dass das über Ari Gesagte lediglich als Einleitung zur Geschichte des heil. Ólafs zu dienen bestimmt gewesen sei, und es ist nicht zu übersehen, dass die für sich allein auftretende Biographie dieses Königs wirklich in ihren ersten Capiteln auf Hákon jarl und K. Ólaf Tryggvason hinreichend eingeht, um auch die auf sie bezüglichen Stellen des Prologes ganz genugend zu motiviren. Weiterhin ist klar, dass der kürzere zweite Theil des Prologes, wie er in D und K vorliegt, nicht das Mindeste enthält, was nicht füglich in einem Prologe zur Ólafs s. ens helga gestanden haben könnte; wenn neben Ari hier auch noch andere „fræðimenn“ als Gewährsleute in Bezug genommen werden, so mögen wir hierinn eine willkommene Verweisung auf die Werke Styrmir's und seiner Vorgänger finden, und wenn zwar in der Ólafs s. neben den Liedern Sighvats und Óttars auch noch Verse anderer Dichter in grosser Menge angeführt werden (citirt finde ich die Dichter þórður Kolbeinsson, Arnórr jarlaskáld, þórður Sjáreksson, þórarinn loftúnga, Hallvarður

Hárekblesi, þormóður Kolbrúnarskáld, Bjarni gullbrárskáld, Gizurr gullbrárfóstri, þorfinnur munnur, Hofgarða-Refur und Bersi Skáldtorfuson, dann einen Tryggvaflokkur, einen auf Klængur Brúsason und einen auf K. Sveins Alfífuson gedichteten flokkur, letzterer wohl von þórarinn loftúnga, ein paar Strophen der alten Bjarkamál, endlich einzelne Strophen von K. Ólaf selbst, von K. Haraldur harðráði, Brynjúlfur úlfaldi, Hárekur von þjótta, Jokull Bárðarson und von einem unbekannten Dichter, cap. 134, S. 159, wozu dann noch in den Eingangs- und Schlusscapiteln ein paar Verse Vitgeirs, der Jórunn und der Hildur Hrólfsdóttir, dann þjóðólfs, des Bölverkur skáld, þorgeirr flekkur und Einarr Skúlason kommen), so hat diess doch ebensowenig auf sich als dass der Prolog der Heimskr. hinsichtlich der Ynglinga s. nur des Ynglíngatal und Háleygjatal gedenkt, sofern es ja hier wie dort recht wohl genügen konnte, wenn statt aller nur die wichtigsten und am öftesten benützten Dichter genannt werden, was für die Ólafs s. ens helga in der That Óttarr und Sighvatur sind. Endlich ist auch nicht zu übersehen, dass der Schlusssatz des Prologes der Heimskr. (§ 5) hier mit dem unmittelbar Vorhergehenden in einer ganz passenden Verbindung steht, während es ihm dort an einer solchen vollständig fehlt; in der That braucht man sich nur zwischen § 4 und 5 des Prologes der Heimskr. den in D und K enthaltenen Satz „en bók þessa — ok annarra fróðramanna“ eingeschoben zu denken, um in beiden Paragraphen völlig denselben Prolog zur Ólafs s. zu erhalten, wie solchen jene beiden Hss. enthalten. Anderntheils lässt sich aber auch nicht verkennen, dass von dem Prologe, wie ihn S und H geben, ein guter Theil zur Lebensgeschichte des heil. Ólafs absolut nicht passt. Vorab gilt diess von dem auf die Ynglinga saga bezüglichen Stücke, in welchem zwar die Nennung der „æfi Ynglinga“ beseitigt, aber die Berufung auf das Háleygjatal, Ynglíngatal und Langfeðgatal stehen geblieben ist, während doch alle diese Quellen für die Geschichte des heil. Ólafs ohne alle Bedeutung und in ihr nirgends benützt sind; stehen geblieben ist ferner auch die Behauptung, dass der Verfasser die Geschichte der Regenten des Nordens von Anfang an geschrieben habe, was der Ólafs s. gegenüber eine ganz offenbare Unwahrheit ist. Ebenso wenig Bedeutung hat natürlich für diese Sage, was über den Gegensatz des Brandalters und Hugelalters bemerkt wird; aber auch das mit der Bezugname auf K. Harald beginnende Stück will hieher nicht recht passen, da dessen Lebenszeit doch allzuweit hinter der des heil. Ólafs zurücklag, als dass in der Vorrede zu einer Biographie des letzteren auf die Quellen für die Geschichte des ersteren zurückzugehen am Platze gewesen wäre. Dabei zeigt die Vergleichung dieser drei Stücke des Prologes in S mit den einschlägigen Stücken des Prologes der Heimskr. (§ 2—4, Ól. s. = § 1—3, Heimskr.), dass die Fassung der ersteren eine abgeleitete und zwar theils amplificirte und verwässerte, theils auch bewusst zu dem Ende umgestaltete ist, damit das für die Ólafs s. nicht Passende ihres Inhaltes möglichst getilgt werde; unentschieden muss dabei freilich bleiben, ob der Prolog in S. insoweit lediglich aus dem der Heimskr. geflossen sei, oder ob nicht vielleicht beiden eine gemeinsame ältere Vorlage zu Grunde liege, welche hier sowohl wie dort nicht ganz genau wiedergegeben, und zumal etwas verkürzt worden wäre. Dem gegenüber ist aber das letzte Stück des Prologes in S (§ 5) wider unverkennbar für die Ólafs s. und nur für diese geschrieben, um so auffälliger aber auch, dass dasselbe mit dem betr. Stücke in D und K nicht besser übereinstimmt; man möchte fast vermuthen, dass auch in diesem Falle wider eine gemeinsame Vorlage hier und dort in verschiedener Richtung excerpirt worden sei, und hätte man solchenfalls anzunehmen, dass die Worte „nú ritu vér — ok hafa menn síðan at þeim numit“ in S. die erste, dagegen die Worte „en bók þessa — skynsamliga uppteknu“ in D und K die zweite Hälfte des betr. Stückes der Vorlage gebildet hätten, eine Annahme, welche sich mit dem oben über das Verhältniss dieser letzteren Worte zu dem Schlusssatze des Prologes zur Heimskr. Gesagten recht wohl vereinigen lässt. — Das Gesammtergebniss, welches ich aus der Betrachtung der verschiedenen Prologe ziehe, geht hiernach dahin, dass die einzelnen Abschnitte der Heimskr., oder vielmehr eine Anzahl von solchen, ursprünglich als gesonderte Werke, deren jedes seinen besonderen Prolog hatte, entstanden und erst hinterher zu einem Gesammtwerke vereinigt worden seien, wobei dann auch aus den verschiedenen Prologen ein einziger gebildet wurde. Eine Ynglinga saga, eine Haralds saga hárfagra, oder vielleicht vielmehr eine Ólafs saga Tryggvasonar, welche, wie diess deren spätere Bearbeitungen noch thun, ziemlich ausführlich bis auf K. Haralds Zeit zurückgriff, endlich eine Ólafs saga ens helga sind uns durch die Prologe selbst als ursprünglich selbstständige Werke bezeugt, und liegt keine geringe Bestätigung dieser Thatsache darin, dass sowohl in der Ólafs s. Tryggvasonar, als in der Ólafs s. ens helga unserer Heimskr. Angaben über die benützten Quellen sich finden, welche mit dem in den Prologen Gesagten auffällig übereinstimmen (Ólafs s. Tr., cap. 90, S. 289: „Af Hallfredar qvædom tócom ver hella vísindi, oc sannindi, þat er sagt er frá Ólafi konungi Tryggvasyni"; Ólafs s. ens helga, cap. 189, S. 313: „þessa grein konungdóms hans ritadi fyrst Ari prestr þorgilsson hinn Fródi, er bædi var sann-sögall, minnigr, oc sva gamall madr, at hann mundi þá menn, oc hafdi sögor af haft, er þeir voro sva gamlir, at fyrir alldrs sakir matto muna þessi tídindi, sva sem hann hefir sialfr sagt í sínom bókom, oc nefnda þá menn til, er hann hafdi frædi afnumit"); von Biographieen späterer Könige weisen diese allerdings keine bestimmte Spur nach, indessen dürfte die Existenz einer solchen immerhin auf anderem Wege sich darthun lassen. In der Heimskr. Haralds s. hardráda, cap. 36, S. 95—96, findet sich nämlich eine Bemerkung über die von deren Verfasser gebrauchten Quellen, welche mit dem in den vorhin besprochenen Prologen Gesagten sich auf das Genaueste berührt; es heisst hier von K. Harald: „hann var sterkr oc vapnfærr hveriom manni betr, sva sem fyrr er ritat, enn þo er miklo fleira óritat hans frægdarverka; kemr til þess ófrædi var, oc þat annat, at ver viliom eigi setia á bækor vitnislauser sogur. þótt ver hafim heyrt rædor, eda getit fleira luta, þá þickir oss hedan í frá betra at vid se aukit, enn þetta sama þurfi or at taka. Er saga hans mikil sett i Kvædi þau er Íslendskir menn færdu hónom sialfom eda sonom hans, var hann fyrir þa sok vinr þeirra mikill; hann var oc hinn mesti vin hingat til allra landsmanna", u. s. w. (vgl. auch cap. 14, S. 70: „Í þessom tveim drapom Harallds, oc mörgum ödrom kvædom hans er getit þess, at Haralldr sialfr blindadi Grickia konung; nefna mætti þeir til þess hertoga edr greifa, edr annarskonar tignamann, ef þeir vissi þat sannara vera, þviat sialfr Harallldr konungr flutti þessa sögu oc þeir menn adrir er þá voro þar med hónom"). Der Verfasser der Haralds s. hardráda bekennt sich mittelst dieser Worte so bestimmt als möglich zu denselben Grundsätzen bezüglich der Benützung älterer Lieder zu geschichtlichen Zwecken, wie solche in jenen Prologen ihrerseits ausgesprochen und des Näheren motivirt sind; dass hier wie dort derselbe Mann spreche, liegt hiernach nahe genug anzunehmen, aber kaum würde eine derartige Auseinandersetzung in der Mitte der Sage von ihm nöthig befunden worden sein, wenn auch ihr ein ähnlicher Prolog vorausgeschickt gewesen wäre, wie jenen anderen Königssagen. Ueber den Verfasser dieser einzelnen Sagen, welche in unsere Heimskr. übergegangen sind, gewähren deren Prologe nun freilich keinen directen Aufschluss. Doch giebt der Ausspruch, dass Ari zuerst „hier im Lande" in einheimischer Sprache Geschichte geschrieben habe (in allen 3 Classen des Prologes), die Bemerkung über Islands Besiedelung während der Regierung des schönhaarigen Haralds (im Prolog der Heimskr., und deutlicher noch der S), sowie die ausdrückliche Entschuldigung der häufigen Bezugname auf isländische Gewährsmänner (im Prologe der S), ganz unzweideutig einen isländischen Verfasser zu erkennen; die Nichterwähnung Sæmunds neben Ari lässt auf einen Verfasser weltlichen Standes schliessen, welcher des ersteren lateinisch geschriebene Werke nicht zu benützen im Stande war, wie denn auch wirklich in der ganzen Heimskr. nirgends eine Bezugname auf Sæmund zu finden ist; endlich entspricht die bewusste Art, wie die Benützung der Lieder als historischer Beweisbehelfe gerechtfertigt, und entspricht zumal das Gewicht, welches dabei auf die Correctheit der Dichtung als Prüfstein einer unverfälschten Ueberlieferung gelegt wird, vollkommen dem, was wir von dem Verfasser der jüngeren Edda zu erwarten haben, während der von Sveinbjörn Egilsson, in den Scripta histor. Island. IV, S. VII, Anm. gegen die Annahme, dass der Prolog zur Heimskr. von Snorri herrühre, erhobene Einwand, dessen erste Hälfte (§ 1—3) passe nicht für einen Schriftsteller aus einer Zeit, da „ohne Zweifel“ der grössere Theil der norwegischen Königssagen bereits aufgezeichnet gewesen sei, sich einfach dadurch erledigt, dass diess eben nur bezüglich sehr weniger Sagen, und selbst bezüglich dieser nur in sehr ungenügendem Masse der Fall gewesen zu sein scheint. Erinnern wir uns nun, dass die Abfassung geschichtlicher Werke (nicht eines einzelnen Geschichtswerks!) durch Snorri ausdrücklich bezeugt wird, und dass die Berichte über den Untergang der Könige Olaf Tryggvason und Magnús berfætti, welche auf seinen Namen angeführt werden, wirklich in der Ólafs s. Tryggvasonar und Magnúss s. berfætta unserer Heimskr. zu finden sind, von denen die letztere recht wohl ursprünglich einen blossen Anhang zur Haralds s. harðráða gebildet haben mochte, — berücksichtigen wir ferner, dass Snorri's Lebenszeit recht wohl zu der Zeit stimmt, in welcher nach dem Alter der Hss. sowohl als nach inneren Gründen die Heimskr. sowohl, als die gesonderte Ólafs s. ens helga entstanden sein muss, so liegt äusserlich der Schluss nahe genug, dass er und kein Anderer der Verfasser jener Sagen sei, während zugleich die andere, später noch zu besprechende Thatsache, dass neben dem Gesammtwerke der Heimskr. später auch noch die Ólafs s. Tryggvasonar, die Ólafs s. ens helga und die Haralds s. harðráða als einzelne umliefen und überarbeitet wurden, ganz entschieden die Annahme bestätigt, es seien diese Sagen von Anfang an als einzelne Werke verfasst, und erst später zu einem Ganzen vereinigt worden.

Allerdings ist durch die bisherige Erörterung zunächst nur dafür eine dringende Wahrscheinlichkeit erbracht, dass Snorri 4 bestimmte einzelne Sagen verfasst habe, welche in unsere Heimskr. hinterher übergegangen sind, und wäre damit die Möglichkeit keineswegs ausgeschlossen, dass auch noch andere, und zumal spätere Abschnitte dieser letzteren auf von ihm verfassten Einzelsagen beruhen könnten. Wenn ich nicht desto weniger annehme, dass dessen Arbeiten jedenfalls nicht weiter als bis zum Jahre 1130 herabreichten, so glaube ich mich hiefür auf negative sowohl als positive Gründe berufen zu dürfen. Keine einzige Angabe wird ausdrücklich auf Snorri zurückgeführt, welche jünger wäre, als der Tod des K. Magnús berfætti (1103); keine Spur in den Prologen, und keine im Contexte selbst eingeflochtene Bemerkung weist bezüglich der späteren Abschnitte der Heimskr. auf die für Snorri charakteristische bewusst systematische Benützung von Liedern als Geschichtsquellen hin. Wie der Mönch Theodorich, so scheint auch Ari hinn fróði sein Geschichtswerk gerade bis in die Zeit des Königs Sigurður Jórsalafari herabgeführt zu haben, es lag hiernach für Snorri, der sich ja mit Vorliebe an diesen anschloss, nahe auch seinerseits in der Zeit nicht weiter herabzugehen, und zwar doppelt nahe, weil von diesem Zeitpunkte ab durch das Hryggjarstykki und die sich an dieses anschliessenden Aufzeichnungen bis zur Sverris saga herab bereits vollkommen genügend gesorgt war. Dazu kommt, dass die Art der Darstellung in der Heimskr. von der Sigurðar s. Jórsalafara ab sich unverkennbar ändert. Von hier ab beruht in ihr wie in allen anderen uns erhaltenen Sagensammlungen die Geschichtserzählung augenscheinlich nicht mehr auf älteren Liedern, welche vielmehr hier höchstens als Bestandtheile der Erzählung oder als Schmuck derselben aufgenommen, und grossentheils sogar offenbar erst hinterher in dieselbe eingeschoben worden sind, vielmehr auf jenen älteren Geschichtswerken, welche hier einfach excerpirt oder ausgeschrieben worden sind, und demgemäss berührt sich die gesammte Haltung der Darstellung von hier ab sehr genau mit der Sverris saga, aber keineswegs mehr irgendwie mit den früheren, vorwiegend auf Snorri gebauten Abschnitten des Gesammtwerkes. Endlich lässt sich auch geltend machen, dass in den späteren Abschnitten der Heimskr. die Abweichungen der verschiedenen Hss. von einander ungleich bedeutender sind, als in den früheren, soferne hieraus zu schliessen ist, dass es ihnen an einer gleich festen Grundlage fehlen mochte, wie eine solche für diese in Snorri's Werken zu finden war; ich gehe indessen auf diesen Punkt, da er später noch zu erörtern kommen wird, hier nicht des Näheren ein.

Anm. 26.

Schon der jüngere Otto Sperling († 1715) hatte gelegentlich die Ueberzeugung ausgesprochen, dass Snorri eigentlich nicht der Verfasser der Heimskr., sondern nur der Sammler und Bearbeiter verschiedener älterer Schriften über die norwegische Königsgeschichte sei (vgl. Schöning's Vorrede zur Heimskr., I, S. XI; dann Sperling's Brief an Leibnitz, bei Mohnike, Heimskringla, I, S. 357, wo das Werk als „Chronicon Norvegicum, vulgo Snorroni Sturlaei adscriptum" bezeichnet wird). In ähnlichem Sinne, aber ungleich bedächtiger, hatte sich ferner auch schon Árni Magnússon († 1730) geäussert; die Ynglinga saga, meinte er, werde wohl von Snorri selber verfasst sein, während Ari erst mit Haraldur hárfagri sein Werk begonnen zu haben scheine, und andererseits werde Jener wohl auch die Geschichte vom Tode des Sigurður slembidjákn an geschrieben haben, wogegen Alles zwischen diesen beiden Endpunkten in Mitte Liegende seinem Inhalte nach älteren geschriebenen Quellen entnommen, und nur der Form nach als Snorri's Werk zu betrachten sein möge (vgl bezüglich beider, nur handschriftlich aufbewahrter Aeusserungen Werlauff, in der Nordisk Tidsskrift for Oldkyndighed, III, S. 121—22). Dieselbe Ansicht führte aber P. E. Müller in seinen beiden früher schon angeführten Werken ungleich eingehender sowohl als schärfer aus. Er stellte (Undersögelse om Kilderne, S. 180—81) ein langes Verzeichniss älterer Schriften zusammen, aus welchen Snorri sein eigenes Geschichtswerk geschöpft haben sollte, und erklärte (Sagabibliothek, III, S. 403—4), sein Verdienst habe weder in dem mühsamen Sammeln der Materialien bestanden, welche ja schon vor seiner Zeit zusammengetragen gewesen seien, — noch im chronologischen Ordnen der Begebenheiten, wofür bereits der alte Ari gesorgt habe, — noch endlich in der lebhaften Auffassung, pragmatischen Verbindung und eigenthümlichen Einkleidung des Stoffes, indem er die Begebenheiten wesentlich ebenso vortrage, wie sie auch schon vor ihm vorgetragen worden seien, und keinerlei Anstand neme, seine Vorgänger sogar wortwörtlich abzuschreiben; vielmehr habe er wohl nur Abschriften der einschlägigen älteren Werke zusammengestossen und durchcorrigirt, dabei mit Geschmack und gesunder Kritik Einzelnes weggestrichen, Anderes als zu weitläufig gekürzt, manchmal eigene Zusätze oder Berichtigungen beigefügt, die so entstandene Umredaction aber schliesslich einfach durch Abschreiber in's Reine schreiben lassen. Die Grundpfeiler, auf welchen diese ganze Auffassung ruht, sind indessen in keiner Weise haltbar. Müller geht nämlich einerseits von der Annahme aus, dass die Heimskr. wesentlich so wie sie uns vorliegt Snorri's Werk sei; diese Annahme hat sich aber den obigen Erörterungen gegenüber als nicht stichhaltig erwiesen, und wir sind demnach ganz und gar nicht berechtigt zu behaupten, dass alle diejenigen Aufzeichnungen, welche in der Heimskr. wirklich angeführt oder benützt sind, auch wirklich bereits von Snorri gekannt und benützt worden seien. Andererseits nimmt Müller aber auch an, dass die überwiegende Zahl der isländischen Sagenwerke bereits vor Snorri, ja dass sie spätestens im Laufe des 12. Jhdts. geschrieben worden sei (Om den islandske Historieskrivnings Oprindelse, Flor og Undergang, in der Nordisk Tidsskrift for Oldkyndighed, I, S. 56), und kommt von hier aus zu dem Schlusse, dass die ganze Masse norwegischer Königssagen, welche in der Fagrskinna, Morkinskinna, Hrokkinskinna, Flateyjarbók oder sonst uns erhalten ist, dem Snorri als Quelle gedient haben müsse, da ja ihr Inhalt mit dem der Heimskr. vielfach wörtlich übereinstimme. Die völlige Haltlosigkeit der für diese Behauptung angeführten Gründe ist bereits von Petersen dargethan worden, und wird auch von mir noch weiter unten auf diesen Punkt des Näheren eingegangen werden; nicht minder wird sich aber auch noch Gelegenheit finden nachzuweisen, dass gerade umgekehrt jene anderen Sagensammlungen und einzelnen Sagenstücke aus unserer Heimskr., oder doch aus den ihr zu Grunde liegenden Arbeiten Snorri's ganz oder theilweise geschöpft haben, also erst nach Snorri entstanden sein können. Soll aber nach Beseitigung dieser verkehrten Ausgangspunkte der Versuch gemacht werden zu bestimmen, welche Quellen diesem letzteren wirklich zu Gebote gestanden sein mögen und wie er solche benutzte, so lässt sich mit annähernder Bestimmtheit etwa Folgendes behaupten. — Lieder, welche Snorri in seinem Prologe sowohl als an einzelnen Stellen seiner Sagenwerke selbst als eine von ihm mit Vorliebe benützte Quelle bezeichnet, findet man wirklich in allen denjenigen Theilen der Heimskr. sehr reichlich angeführt, welche man mit einigem Grade von Sicherheit auf ihn zurückzuführen vermag. Bezüglich ihrer ist ein Punkt wohl zu beachten, auf welchen bereits Rosselet, S. 14—16, aufmerksam gemacht hat. Ganz abgesehen von den einzelnen lausavísur, welche da und dort als integrirende Bestandtheile der Geschichtserzählung sich in diese eingestreut finden, unterscheidet nämlich Snorri zweierlei Arten von Liedern: „forn kvæði ok söguljóð", wie er sie im Prologe zur Ynglínga s. nennt, und wie sie auch Saxo Grammaticus für seine dänische Geschichte so fleissig benützte, d. h. alte Gesänge von unbekannter Herkunft, mit welchen das Volk sich trägt und unterhält, dann aber von bestimmten Dichtern auf bestimmte gleichzeitige Personen oder Vorgänge gedichtete Lieder, wie solche von der Zeit des schönhaarigen Haralds abwärts erhalten seien. Diesen letzteren misst er aus Gründen, die zumal in den Prologen des Nähern dargelegt werden, die vollkommenste Glaubwürdigkeit bei; bezüglich jener ersteren dagegen urtheilt er, dass man zwar nicht mit Bestimmtheit wissen könne, ob deren Inhalt geschichtlich wahr sei, aber doch immerhin davon überzeugt sein dürfe, dass ihn verständige Leute in der Vorzeit für wahr gehalten hätten, — eine Unterscheidung, die dem kritischen Scharfblicke des Geschichtschreibers sicherlich alle Ehre macht. Sehr häufig beruft sich die Heimskringla ferner auf die Ueberlieferung. Anders als Ari und andere Aeltere nennt sie dabei nur ausnahmsweise die Namen der in Bezug genommenen Gewährsleute (Ólafs s. ens helga, cap. 97, S. 143: „sva segir þorsteinn Fróði, at bygd só lá í Hísing", u. s. w.; Haralds s. harðráða, cap. 9, S. 63: „Halldor son Snorra Goða, hann hafði þessa frásögn hingat til lands"; ebenda, cap. 24, S. 81: „þorgils Snorrason vitr maðr segir sva, at hann sá altarisklæði þat er giört var or motliinum: enn Guðríðr dóttir Guthorms Steigar-þórissonar sagði, at hann qvað, Guthorm fóðr sinn eiga hellann sva at hon sa"), und selbst in diesen Ausnahmsfällen kann der in Bezug genommene nicht immer Snorri's unmittelbarer Gewährsmann gewesen sein. þorgils, doch wohl der in der Sturlúnga öfter genannte Sohn des im Jahre 1170 verstorbenen Gesetzsprechers Snorri Húnbogason, welcher nach den Annalén selber im Jahre 1201 starb, konnte allerdings recht wohl mit Snorri selbst gesprochen haben, womit sich Müllers Bedenken einfach erledigen (Sagabibl. III, S. 402, Anm., und Undersøgelse, S. 275; Munch, II, S. 1038, Anm. 3, vgl. S. 130—1, Anm., sowie Petersen, S. 248, haben die Stelle ebenfalls noch nicht richtig beurtheilt, wohl aber, in einer Note zu letzterem, Guðbrandur Vigfússon, und bereits vor ihm Jón þorkelsson, im Safn til sögu Íslands, I, S. 157—8); aber bei Halldórr Snorrason ist das Gleiche unmöglich, und ebenso bei þorsteinn fróði, da dieser nach der Haralds s. harðráða, cap. 29 (FMS. VI, S. 354—6) ein Zeitgenosse jenes Ersteren war. Allerdings nennt hier, nach Munch, II, S. 225, Anm. und S. 1035, Anm. 1, nur die Morkinskinna uns den Namen þorsteins, und andererseits beruft sich die Flbk., II, S. 174, in der Ólafs s. ens helga statt auf ihn auf den Ari fróði; das letztere ist vielleicht ein bloser Schreibverstoss, vielleicht aber auch dahin zu verstehen, dass Ari bereits þorsteins Gewährschaft angerufen hatte). Zuweilen wird die Allgemeinheit einer Ueberlieferung hervorgehoben, oder doch deren weite Verbreitung (z. B. „þat er albýdumál", Magnúss s. góða, cap. 29, S. 34; „þat er allra manna sögn", Ólafs s. kyrra, cap. 1, S. 179; „sva sem allir menn segja", Haralds s. harðráða, cap. 24, S. 80; — „þat var margra manna mál", Ólafs s. helga, cap. 112, S. 163—4; „er þat margra manna sögn", Magnúss s. góða, cap. 12, S. 15), zuweilen deren Alter betont, wobei dann von Vornherein die Unmöglichkeit feststeht, an einen unmittelbaren Bericht von Augenzeugen zu denken, oder auch die besondere Glaubhaftigkeit ihrer Träger („fornar frásagnir" im Prologe zur Ynglinga s.; — „sögn fróðra manna", ebenda; „sva segja fróðir menn", Haralds saga hárfagra, cap. 45, S. 122—3), oder es wird wenigstens angedeutet, von welcher Seite her dieselbe stamme („sva segja Svíar", Ólafs s. helga, cap. 6, S. 6; „sva hafa sagt Væringiar norðr hingat, þeir er verit hafa i Miklagardi á mála, at sú sögu væri þar höfd af fródom mönnom", Haralds s. harðráða, cap. 13, S. 68); in bei Weitem den meisten Fällen wird dagegen nur in ganz allgemeinen Ausdrücken auf die Tradition Bezug genommen (z. B. „svo segia menn, sem menn segia, þat segia menn, sva er sagt, þat er sagt", Ynglinga s., cap. 1, S. 5; cap. 35, S. 48; Hálfdanar s. svarta, cap. 5, S. 69; Haralds s. hárfagra, cap. 21, S. 97; cap. 35, S. 113; Hákonar saga góða, cap. 3, S. 128; cap. 13, S. 136; cap. 21, S. 147; Haralds s. gráfeldar, cap. 14, S. 183; Ólafs s. Tryggvasonar, cap. 71, S. 269; cap. 100, S. 300; cap. 103, S. 303; Ólafs s. helga, cap. 31, S. 31; cap. 75, S. 96; cap. 86, S. 116; Haralds s. harðráða, cap. 11, S. 66; cap. 32, S. 80; cap. 40, S. 99; cap. 69, S. 131; Magnúss s. berfætts, cap. 10, S. 210; cap. 18, S. 221; Sigurðar saga Jórsalafara, cap. 25, S. 268; — „þat er frásagt", ebenda, cap. 29, S. 273; — „þat er sögn manna", Ynglinga s., cap. 43, S. 53; Ólafs s. Tryggvasonar, cap. 47, S. 241; Haralds s. harðráða, cap. 83, S. 150; Magnúss s. berfætts, cap. 22, S. 224; — „er þat mál manna", Sigurðar s. Jórsalafara, cap. 26, S. 268—9; — „þat herma menn frá ordom hans", Magnúss s. berfætts, cap. 28, S. 230, u. dgl. m.). Das redliche Bestreben, zwischen verlässigen und unverlässigen Berichten, dann auch zwischen Wichtigem und Unwichtigem zu unterscheiden, tritt dabei mehrfach sehr augenfällig zu Tage. In der vorigen Anmerkung (S. 606) wurde bereits eine Stelle der Haralds saga harðráða mitgetheilt, in welcher der Verfasser ausdrücklich versichert, gar Manches, was er über diesen König erfahren habe, darum unerwähnt gelassen zu haben, weil er nicht unbezeugte Geschichten niederschreiben, und lieber der Gefahr sich aussetzen wolle zu wenig, als zu viel aufgezeichnet zu haben; ebenso erwähnt er aber auch ein andermal, dass er über die Zerwürfnisse desselben Königs mit K. Magnús nur Weniges schreibe, obwohl er mehr von ihnen wisse („mart fannz þá annat til þess, þat er konungom þótti sinn veg hvarom, þó at her se fátt ritat", Haralds saga harðráða, cap. 27, S. 84), oder dass es ihm über dessen frühere Jugend an interessanten Nachrichten fehle („öngvar frásagnir merkiligar höfo ver frá upprune hans, fyrr en hann var 15 vetra", ebenda, cap. 104, S. 175), und auch sonst bemerkt er gelegentlich, wo es ihm an Nachrichten fehlt („eigi er þá getit fleiri orda þeirra", Ólafs s. helga, cap. 75, S. 97; „eigi er þess getit, at þeir væri ættstórir menn", cap. 82, S. 108; „eigi höfom ver heyrt getit fleiri tídinda á þeim fundi", cap. 97, S. 145, ebenda), oder wo er auf ihm bekannt gewordene nicht näher eingehen will („oc ero þar margar frásagnir um ferdir Olafs konungs gervar sidan af sumom mönnom", Ólafs s. Tryggvasonar, cap. 130, S. 346; „oc vard i þeirri ferd mart til tídinda, þat er i frásögn er fært, er troll oc illar vættir glettoz vid menn hans, oc stundom vit hann sialfan; enn ver vilioin hit helldr rita um þá atburdi, er Olafr konungr kristnadi Noreg, edr önnur þau lönd, er hann com cristni á", cap. 87, S. 286, ebenda; „þó gordoz stórar deilur sidan i Færeyiom, eptir víg Karla Mærska, oc áttoz þá vid frændur þrándar i Götu, oc Leifr Özurarson; oc ero frá því stórar frásagnir", Ólafs s. helga, cap. 153, S. 260; „oc ero þar margar frásagnir oc miklar um skipti þeirra Asmundar oc sona Háreks", Magnúss s. góða, cap. 13, S. 16). Er hebt es nöthigenfalls ausdrücklich hervor, wo seine Nachrichten ihm glaubhaft scheinen („er þat sagt med sannindum, at þeir höfu oc kendu íþróttir þær", Ynglinga s., cap. 6, S. 10); aber er bemerkt auch, was blose Vermuthung sei („oc þat hyggia menn, at þeir hafi drepis þar med", Ynglinga s., cap. 23, S. 27; „oc hyggia menn, at sá lockr iartegndi Olaf konung hinn Helga", Hálfdanar s. svarta, cap. 11, S. 72; „til borgar þeirrar er Sætt het; meina sumir þat hafa verit Sidon á Syrlandi", Sigurðar s. Jórsalafara, cap. 11, S. 242, an welcher letzteren Stelle freilich das Wort „meina" verdächtig ist), und lässt seine Zweifel deutlich durchblicken, wo er nicht recht trauen zu dürfen glaubt (z. B. Ólafs s. helga, cap. 210, S. 334—5: „Dagr er madr nefndr, er sva er sagt, at hann var son Hrings konungs, þess er land hafdi flyit fyrir Olafi konungi, enn menn segia þat Hringr væri sonr Dags Hringssonar, Haralldssonar ens Hárfagra"). Ja er stellt sogar oft genug verschiedene Meinungen und Ueberlieferungen, welche ihm aufstiessen, neben einander, seinem Leser überlassend, für welche derselben er sich entscheiden möge (so Ynglinga s., cap. 1, S. 5: „en fyrir vestan kalla sumir Evropa, enn sumir Enea", und wider: „Svíþióð ena Miklu kalla sumir menn eigi minni enn Serkland hit Mikla; sumir iafna henni vid Bláland hit Mikla"; Hákonar s. góða, cap. 31, S. 159: „Oc er þat margra manna sögn, at scósveinn Gunnhildar, sá er Kispingr er nefndr, hlióp fram í þysinom, oc kalladi: gefit rúm konungs banaanom, oc scaut fleininom til Hákonar konungs; enn sumir segia, at engi viti hverr scaut: má þat oc vel vera", u. s. w.; Ólafs s. Tryggvasonar, cap. 87, S. 284: „þá let konungr taca hvannnióla trumbo, oc setia í munn Raudi; enn sumir menn segia, at konungr leti lúdor sinn setia í munn hánom"; cap. 128, S. 342: „þá mælti Jarl vid þann mann, er sumir nefna Finn, enn sumir segia at hann væri Finnskr"; Ólafs s. helga, cap. 6, S. 6: „enn þat er sumra manna sögn, at Svíar yrdi varir vid, — enn Svíar mæla þesso ímót, oc telia hegóma"; cap. 83, S. 108: „madr er nefndr Finnr litli Upplendskr madr, enn sumir segia, at hann væri Finnskr at ætt"; cap. 180, S. 312—3: „Olafr konungr hafdi þá verit konungr í Noregi 15 vetor, med þeim vetri, er þeir Sveinn Jarl voro bádir í landi, oc þessom, er nú um hríd hefir verit frásagt, oc þá var lidin um Jól fram, er hann let skip sín, oc geck á land upp, sem nú var sagt. þessa grein konungdóms hans ritadi fyrst Ari prestr þorgilsson hinn Fródi. — Enn hitt er alþýdu sögn, at Olafr væri 15 vetor konungr yfir Noregi, ádr hann fell; enn þeir er sva segia, þá telia þeir Sveini Jarli til ríkis þann vetr", u. s. w.; cap. 195, S. 321: „Enn þat er sumra manna sögn, at skipit hafi set verit nordr fyrir Katanesi at aptni dags, í stormi miklom, oc stód vedrit út á Petlands fiord; segia þeir sva er sliko vilia fylgia, at skipit mani hafa sokit í svelginn; enn hit vita menn med sannindom, at Hákon Jarl tyndiz í hafi"; Haralds s. hardráða, cap. 83, S. 150: „læsti sidan Skríninu, enn kastadi lyklinom út á Nid; enn sumir segia, at hann kastadi utan bords fyrir Agdanesi"). Bei den meisten von diesen Citaten, deren Zusammenstellung natürlich auf Vollständigkeit keinen Anspruch machen will, ist allerdings kaum festzustellen, wieweit dieselben auf mündliche Ueberlieferungen, und wieweit sie auf schriftliche Aufzeichnungen zurückweisen sollen; nur sehr ausnahmsweise werden nämlich Ausdrücke gebraucht, welche unzweideutig auf mündliche Berichte hindeuten (wie z. B. im Prologe zur Ynglinga s. die Worte: „sem ek hefir heyrt fróda menn segia"), oder lässt sich umgekehrt bündig darthun, dass und welche ältere Schriftwerke im einzelnen Falle gemeint seien (wie etwa, dass unter den frásagnir der Ólafs s. Tr., cap. 190, S. 346, Odds und Gunnlaugs Werke verstanden seien, oder die Jarlasaga, wenn es in der Magnúss s. góða, cap. 37, S. 50, heisst: „þessi urdo upphof til deilo þeirra frænda, oc er frá því laung Saga"), die von Rosselet, S. 12, aufgestellte Behauptung aber, dass „saga" immer nur die mündliche Erzählung, dagegen „sögn" jederzeit die schriftliche Darstellung, oder doch die kunstmässige Dichtung bezeichne, ist nach beiden Seiten hin vollkommen unbegründet, wie denn nach einer Richtung wenigstens schon Werlauff (de Ario multiscio, S. 45, Anm.) die Identität beider Ausdrücke richtig erkannt hat. Indessen lässt sich immerhin soviel nicht bestreiten, dass in sehr vielen Fällen wenigstens auf mündlichem Wege fortgepflanzte Erzählungen gemeint sein müssen, und zumal dürfte die häufig wiederkehrende Bezugnahme auf bestimmte Oertlichkeiten, deren Benennung und deren Monumente auf dergleichen hindeuten. In der Ynglinga s., cap. 19, S. 22, wird z. B. der bautasteinar gedacht, welche zu Fyrisvellir für K. Domarr aufgerichtet stehen, und in der Hálfdanar saga svarta, cap. 9, S. 74, der Hálfdanar haugar; die Haralds s. hárfagra, cap. 45, S. 122, beschreibt einlässlich die Ueberreste, welche noch vom Grabe K. Haralds zu sehen seien, und cap. 46, S. 124, erwähnt der Grabhügel seiner Söhne, der Könige Ólaf und Sigrøð; die Hákonar saga góða, cap. 27, S. 152—3, bespricht die Grabhügel und Merksteine des Egill ullserk, und derer, die mit ihm gefallen waren, die Haralds s. gráfeldar, cap. 9, S. 178, aber den Steinhaufen, unter welchem K. Tryggvi Ólafsson liege; die Ólafs s. Tryggvasonar, cap. 52, S. 251, erwähnt des Jarlsdalr und Jarlshellir, cap. 70, S. 268, des Skrattasker, als bekannter norwegischer Ortsnamen, und cap. 77, S. 274, bespricht einzelne Oertlichkeiten in Drontheim, cap. 79, S. 275, aber den Skeggjahaugr in der Nähe dieser Stadt; die Ólafs s. helga, cap. 6, S. 6, erwähnt des

Konúngssund bei Stockholm als „jetzt“ diesen Namen tragend, u. dgl. m. Die sorgfältige Einziehung mündlicher Localsagen musste mit dieser aufmerksamen Beachtung geschichtlich merkwürdiger Denkmäler und Ortsnamen Hand in Hand gehen; die letzteren konnte nur die mündliche Sage mit den geschichtlichen Vorgängen in Verbindung gebracht haben, und überdiess ist rein undenkbar, dass ein Geschichtschreiber, welcher jenen sachlichen Monumenten seine Aufmerksamkeit zuwandte, der mündlichen Ueberlieferung nicht gleichfalls sein Augenmerk zugewandt haben sollte. Freilich lässt sich sofort auch die andere Frage aufwerfen, ob denn alle die Stellen, welche auf derartige Denkmäler und Ueberlieferungen Bezug nehmen, auch wirklich von Snorri selbst herrühren, und für eine Reihe von Fällen kann diese Frage mit voller Sicherheit oder doch mit grosser Wahrscheinlichkeit verneint werden. Einzelne Male lässt ein verdächtiger Ausdruck (wie etwa das „meina“ in der Sigurðar s. Jórs., cap. 11, S. 242) darauf schliessen, dass die betreffenden Worte erst von einem späteren Ueberarbeiter eingeschaltet sein möchten, und nur der Umstand, dass Snorri's Werke uns nicht mehr in ihrer ursprünglichen Gestalt erhalten sind, macht eine bestimmtere Beweisführung in dieser Richtung unmöglich; andere Male dagegen lässt sich darthun, dass Snorri seine Verweisungen nur aus älteren Quellen herübergenommen hat, und in dieser Beziehung wenigstens lässt sich da und dort ein voller Beweis erbringen. So wird z. B. des Tryggvareyrr bereits bei Oddur, cap. 1, S. 4, der Stockholmer Recension, sowie im Ágrip, cap. 13, S. 390, erwähnt, des Jarlshellir ebenda, cap. 11, S. 388, des Skrattasker bei Oddur, cap. 32, S. 35 (der Stockholmer, cap. 40, S. 304, der Kopenhagener Recension), des Konúngssund in der legendarischen Ólafs s. helga, cap. 18, S. 13; dieselbe zwiespältige Ueberlieferung über K. Hákon's Tod, wie in der Hákonar s. góða, cap. 31, S. 159, findet sich auch schon, nur etwas unklarer, im Ágrip, cap. 6, S. 384, und ebenso scheint die zweifache Angabe über den Schützen Finn in der Ólafs s. Tr., cap. 126, S. 342, auf eine zweifache Ueberlieferung, wenn nicht sprachliche Ungenauigkeit, bei Odd, cap. 60, S. 59, sich zurückführen zu lassen (nämlich auf die Form „Fiðrinn“, während doch der cap. 58, S. 56, genannte „Finnr Eyvindarson af Herlondum“ gemeint ist; in der Kopenhagener Recension, cap. 69, S. 362, fällt die Ungenauigkeit weg), u. dgl. m. Aber doch zeigt genauere Betrachtung, dass auch in den Fällen, in welchen die Heimskringla die Berufung auf Ortsnamen oder Denkmäler, oder wider die Gegenüberstellung verschiedenartiger Ueberlieferungen u. dgl. nachweisbar aus ältern Schriftwerken entlehnt hat, diese Herübernahme zumeist nicht ohne vorgängige eigene Prüfung erfolgt, und dass sie vielfach von Zuthaten begleitet ist, die doch wohl nur das Ergebniss weiterer Erkundigungen sein können; die Einschaltungen späterer Ueberarbeiter aber dürften sich durch einen mehr gelehrten Charakter und eine mit der im Uebrigen durchgehenden Darstellungsweise durchaus nicht harmonirende Fassung ziemlich leicht unterscheiden. Dass Snorri, welcher nachweisbar widerholt in Norwegen, und in Schweden wenigstens einmal war, diese seine Reisen fleissig benützte, um den dortigen geschichtlichen Ueberlieferungen und sonstigen Spuren der Vorzeit nachzugehen, dass er ferner ebenso wenig von denjenigen Erzählungen Gebrauch zu machen verfehlte, welche in seiner eigenen Familie und in so manchem anderen isländischen Häuptlingshause von einer Generation auf die andere sich vererbt haben mussten, ist ohnehin nicht mehr, als sich auch abgesehen von jeder besonderen Beweisführung von selbst verstehen würde. Schon im Bisherigen ist übrigens angedeutet worden, dass Snorri zweifellos auch älterer Aufzeichnungen sich bedient habe; indessen dürfte man sowohl die Art als den Umfang ihrer Benützung nicht unwesentlich anders sich zu denken haben, als diess von P. E. Müller und seinen Nachfolgern geschehen ist. Den Ari þorgilsson führt Snorri bereits in seinem Prologe als einen von ihm viel benützten Gewährsmann an, und auch in der Ólafs saga Tryggvasonar, cap. 13, S. 201—2 und in der Ólafs s. ens helga, cap. 189, S. 313, dann cap. 260, S. 394, wird derselbe von ihm namentlich in Bezug genommen; hier wie dort handelt es sich freilich zunächst nur um die Erörterung streitiger chronologischer Fragen, indessen ist hieraus nicht zu schliessen, dass nicht auch ganz andere Angaben aus Ari's Werk entnommen sein mögen. Ausserdem erwähnt Snorri selbst im Prologe zur Ynglinga s. eines Langfeðgatal als von ihm benützt. Ob darunter das bei Langebek, I, S. 2—6, unter diesem Titel abgedruckte Stück zu verstehen sei, wie diess Müller (Undersögelse, S. 52—3, Anm.), oder nicht, wie diess Dahlmann (Forschungen, I, S. 390—1) und Munch (Norwegische Geschichte, I, 1, S. 241—2, Anm., und S. 348) angenommen haben, mag hier dahingestellt bleiben; Munch's Annahme, dass unser Stück erst zu Anfang des 14. Jhdts. von Herrn Haukur Erlendsson aufgezeichnet sein möge, dürfte aber jedenfalls viel für sich haben. Nirgends wird dagegen Sæmundur in der Heimskringla citirt, welchen doch Müller zu deren Quellen rechnet; es dürfte aber dieses, auch sonst bemerkbare, Zurücktreten desselben hinter Ari nicht, wie Müller (Undersögelse, S. 251) meint, daraus zu erklären sein, dass derselbe sich eines geringeren Ansehens erfreut habe, wie dieser, sondern vielmehr daraus, dass er in lateinischer, nicht in einheimischer Sprache geschrieben hatte, und darum nur den geistlichen Schriftstellern zugänglich war (vgl. Dahlmann, Forschungen, I, S. 374). Müller führt ferner (Undersögelse, S. 181) noch eine Konúngabók, dann eine, mit dieser vielleicht identische, Noregs konúnga tal unter den Quellen Snorri's auf, und beruft sich (Sagabibl. III, S. 399, Anm. 14) für die Existenz von Werken über die norwegische Königsreihe, die älter als Snorri und von Ari's und Sæmund's Schriften verschieden gewesen seien, auf die Ólafs s. Tryggvasonar der Flateyjarbók, welche sich einmal auf eine „bók Noregs konúnga" (I, S. 152), und ein andermal auf die „æfi Noregs konúnga" bezieht (I, S. 217), sowie auf die Hákonar s. gamla, welche (cap. 329, S. 147, Anm. 8) ein „konúngatal frá Hálfdáni svarta, ok síðan frá öllum Noregs konúngum, hverjum eptir annan" erwähnt. Aber eine Königsgeschichte, welche K. Hákon auf seinem Todbette, also 22 Jahre nach Snorri's Tod, sich vorlesen liess, braucht darum noch nicht älter zu sein, als des letzteren Geschichtswerke, und die Konúngabók, welche die am Schlusse des 14. Jhdts. geschriebene Flbk. citirt, ist augenscheinlich unsere Heimskringla selbst, welche in der Frísbók wirklich die Ueberschrift „Konúngabók" trägt, in der schwedischen Ausgabe der Jómsvíkinga s., cap. 9, S. 24, als Konungabók, und in der Hervararsaga, cap. 20, S. 508, auf den verwandten Titel der Konúngasögur hin citirt wird, und die auf jenen Namen hin angeführte Angabe wirklich enthält (Ólafs s. Tryggvasonar, cap. 96, S. 227—8). Unter den Noregs konúnga æfi dagegen kann möglicher Weise dasselbe Werk gemeint sein (vgl. cap. 48, S. 242—4, ebenda), und auch die æfisögur Noregs konúnga, welche in der Játvarðar saga, Flbk. III, S. 469, für den Tod des Königes Haraldur harðráði angeführt werden, scheinen die Heimskr. sein zu sollen, ebenso die Noregs konúnga æfi der Orkneyinga s., S. 48, dann der Knýtlinga, cap. 1, S. 179, cap. 21, S. 206, und cap. 100, S. 343, oder die Noregs konúnga sögur, ebenda, cap. 124, S. 368, sowie die æfi Noregskonúnga, welche die eine, und die sögur Noregskonúnga, welche die andere Recension der Þórðar saga hreðu nennt, ed. Guðbrandur Vigfússon, S. 96, dann ed. Halldórr Friðriksson, S. 5); möglicher Weise aber auch die ältere Íslendingabók Ari's, von welcher ein Abschnitt nach dem Prologe der Heimskringla jenen Titel getragen zu haben scheint, und im einen wie im anderen Falle ist auch diese angebliche weitere Quelle Snorri's zu streichen. Neben den vorgenannten beiden Gesammtwerken hat dieser ferner unzweifelhaft noch einige speciellere Sagen benützt, wenn solche auch nicht ausdrücklich von ihm angeführt werden; so die Biographie K. Ólaf Tryggvason's von Oddur und Gunnlaugur, in irgend einer isländischen Uebersetzung oder Ueberarbeitung, — eine Biographie des heil. Ólafs, welche auch einen ziemlichen Vorrath auf denselben bezüglicher Legenden enthalten zu haben scheint, und wohl Styrmir's Werk gewesen sein dürfte, — die Jómsvíkinga saga, jedoch wie es scheint in einer anderen als der uns vorliegenden Redaction, — die Orkneyinga saga endlich, oder wie sie öfter genannt wird, Jarla saga, welche übrigens vielleicht selbst nur ein besonderes Werk Snorri's gewesen ist. Uebrigens kann unmöglich Alles, was aus dieser letzteren Sage in unsere Heimskr. übergegangen ist, bereits von Snorri selbst aufgenommen worden sein; vielmehr zeigt sich dieselbe, wie später noch nachzuweisen sein wird, unverkennbar in zweifacher Weise benützt, einmal so, dass einzelne Theile ihres Inhaltes je an den der Zeit nach entsprechenden Stellen der Königsgeschichte in diese hineingearbeitet sind, sodann aber auch in der Art, dass ein grösserer Abschnitt derselben als ein zusammenhängendes Ganzes in die Ólafs s. ens helga eingestellt wurde: nur die erstere Art der Benützung scheint auf Snorri, die zweite dagegen auf dessen Ueberarbeiter zurückgeführt werden zu dürfen. Möglich wäre, dass Snorri auch noch eine ältere Hákonar saga góða benützt hätte. Die Egla erwähnt einer solchen (cap 79, S. 191: „Hakon konungr fór víða í þeirri ferð um Gautland hit vestra, ok lagði þat undir sik, svá sem sagt er í sögu hans, ok finnst í kvæðum þeim er um hann hafa ort verit“), und was sie aus derselben anführt, wird genau ebenso im Ágrip, cap 5, S. 381, berichtet, wo ebenfalls der Eroberung vom „Gautland et vestra“ gedacht wird, während die Heimskr., cap 8, S 132, nur von Gautland schlechthin spricht, also zwar mit der Egla aus derselben Quelle geschöpft, aber nicht selbst die von ihr angeführte Quelle gewesen sein kann. Dazu kommt, dass die Erzählung der Versuche K. Hákons, sein Volk zum Christenthum herüberzubringen, durchaus eine Beschaffenheit zeigt, welche auf eine von geistlicher Hand geschriebene Vorarbeit schliessen lassen möchte; beides Gründe, welche bereits für Müller (Sagab. III, S. 400. und Undersögelse, S. 211), dann für Munch und Unger (Vorrede zur Ólafs s. ens helga, S. XXXVIII) bestimmend geworden sind. Petersen hat freilich eingewendet (ang. O., S 253), dass Snorri, wenn er eine ältere Quelle benützt hätte, diese wohl namhaft gemacht haben würde; aber er citirt weder Odd, noch Gunnlaug, noch Styrmir, noch die Jómsvíkinga saga, und doch hatte er alle diese, mittelbar oder unmittelbar, sehr reichlich benützt und ausgeschrieben, sodass jener Einwand sich als völlig unstichhaltig erweist. Da übrigens der Ausdruck „saga“ nicht mit Nothwendigkeit auf eine selbstständige, in sich abgeschlossene Erzählung hindeutet, wäre auch recht wohl möglich, dass das Citat der Egla auf ein umfassenderes Werk, wie etwa auf Gunnlaugs Schrift über K. Ólaf Tryggvason sich bezogen, und dass Snorri aus diesem seine Angaben über K. Hákon entlehnt hätte; der präparatorische Charakter der kirchlichen Bestrebungen dieses Königs scheint in der That auf eine Verbindung seiner Geschichte mit der eines glücklicheren Nachfolgers ziemlich bestimmt hinzuweisen (vgl. übrigens noch unten, Anm. 28). Auf eine von Snorri benützte ältere Ynglinga saga hat Müller (Sagabibl., III, S. 400; Undersögelse, S. 184—5) aus den Worten des Prologes: „eptir þjóðólfs sögu er fyrst ritin æfi Ynglinga, ok þar viðaukit eptir sögu fróðra manna“, schliessen zu sollen geglaubt; mir scheinen dieselben indessen, wie dies auch schon Munch und Unger (ang. O., S. XXXIX—XL), sowie Petersen (S. 250—1) angenommen haben, vielmehr auf die sofort folgende, von ihm selber verfasste Saga bezogen werden zu müssen. Eher möchte ich zugeben, dass die in cap. 33, S. 41, der Ynglinga saga angeführte Skjöldunga saga bereits von Snorri benützt worden sei. Da nämlich die Vorgänge, auf welche deren Citat sich bezieht, in der jüngeren Edda (Skáldskaparmál, cap. 44, S. 394—8) in völlig entsprechender Weise erzählt werden, ist wenigstens soviel klar, dass Snorri schon mit der fraglichen Saga wohl bekannt war; die Möglichkeit, dass trotzdem erst ein späterer Bearbeiter das Citat beigefügt und das ursprüngliche Werk erweitert hätte, ist dadurch allerdings nicht ausgeschlossen. Dafür, dass Snorri eine ältere Hálfdanar saga svarta zur Hand gehabt habe, ist nicht der geringste Beweis aufzubringen; mir will vielmehr scheinen, dass derselbe die Geschichte dieses Königs, welche von ihm vielleicht nicht nur, wie Müller (Undersögelse, S. 198) annimmt, als Einleitung zur Haralds s. hárfagra, sondern sogar zugleich mit dieser und den an sie zunächst sich anschliessenden Sagen nur als Einleitung zur Ólafs s. Tryggvasonar behandelt worden war, nur in aller Kürze besprochen, und dass dann erst hinterher der Bearbeiter unserer Heimskringla seine kurzen Angaben unter Zuhülfenahme der in cap. 5, S. 69, angeführten Sigurðar saga hjartar, dann aber auch mancher von Styrmir in der Einleitung zu seiner Ólafs s. ens helga gegebenen Notizen zu einem grösseren Ganzen erweitert habe (vgl. unten, Anm. 28). Ebensowenig erweisbar erscheint mir, dass dem Snorri eine ältere Haralds saga hárfagra als Quelle gedient habe, wie diess Müller (Sagabibl. III, S. 400; Undersögelse, S. 205) annimmt. Allerdings beruft sich die Landnáma einmal auf eine solche (I, cap. 11, S. 41 „Haraldr enn hárfagri herjaði vestr um haf, sem ritat er í sögu hans") und auch die ausführlichere Ólafs s. Tryggvasonar citirt dieselbe (FMS. I, cap. 1, S. 4: „þaðan af vann Haraldr konúngr, ok lagði undir sik allan Noregh, sem segir í sögu hans"; ebenso Flbk., I, S. 40); aber die letztere Bearbeitung ist ungleich jünger als unsere Heimskr., und die erstere Quelle liegt uns in keiner älteren Gestalt vor als in der, welche sie durch Styrmir und Sturla Þórðarson erhalten hat, so dass beide Citate sich ganz wohl auf den einschlägigen Abschnitt der Heimskr. oder der ihr zu Grunde liegenden Schrift Snorri's beziehen können, wenn nicht etwa gar bei denselben an jene Haralds saga Dofrafóstra zu denken sein sollte, von welcher später noch dargethan werden wird, dass sie um die Mitte des 13. Jhdts. erst entstanden sei. Auch die kleineren auf K. Harald bezüglichen Stücke, welche uns noch erhalten sind, führen zu keinem wesentlichen anderen Ergebnisse. Der þáttr skálda Haralds konúngs hárfagra zunächst hat mit dem einschlägigen Abschnitte der Heimskr. nicht das Mindeste gemein, und ist überdiess nur ein Schwank von vergleichsweise später Entstehungszeit. Zuerst in der Hauksbók sich findend, setzt sich derselbe aus lauter anderwärts vorkommenden Zügen zusammen. Das verliebte Abentheuer der 3 Dichter ist bereits aus indischen Märchensammlungen bekannt, und widerholt sich, wenn auch vielfach verstümmelt und umgestaltet, in der Litteratur der verschiedensten Länder (vgl. von der Hagen, Gesammtabentheuer, III, S. XXXV—LXI: einen Beleg aus der neueren isländischen Litteratur gewährt die „Ríma af einni bóndakonu", welche in den von Páll Sveinsson zu Kopenhagen, 1832, herausgegebenen „Nockur Gamankvæði orkt af ymsum skáldum á 18 du öld", S. 77—94, gedruckt steht); die zauberkräftige Betastung Þorfinns durch seine fóstra ist bis auf die Wortfassung herab aus älteren Quellen entlehnt (vgl. FMS. III, S. 73: „bar hvergi viðna", mit Heiðarvíga s., cap. 23, S. 343: „hvergi þykki mér við baita", dann Kormaks s., cap. 1, S. 4—6: „hún kvað hvergi stórum við hnýta"); der Wegelagerer Hama und Auðuns Begleiter Reikull kommen in der Gullþóris s. in ganz gleicher Verwendung vor, und auch der Kampf mit den Strauchdieben bei ihrer Schanze kehrt hier ganz gleichmässig wider; die ganze Sendung endlich der 3 Dichter an den Schwedenkönig, um mit ihm Frieden zu vermitteln, erinnert an die bekannte Botschaft des Hjalti Skeggjason. Die Úlfs saga Sebbasonar ok Kvígs jarls aber, welche auf S. 65 in Bezug genommen wird, ist meines Wissens sonst nicht bekannt, und dem Titel nach zu schliessen wohl selber ein späteres Product. Näher heran an die Heimskr. treten dagegen allerdings einige in der Flateyjarbók enthaltene Stücke. Unmittelbar an deren Hálfdanar þ. svarta, welcher selber schon manches auf K. Haralds Jugend Bezügliches enthält, schliesst sich hier ein Stück, welches „Upphaf ríkis Haralds hárfagra" überschrieben ist (I, S. 567—76); dann folgt ein „þáttr Hauks hábrókar" (S. 577—81), und auf diesen wider (S. 582—3) ein kurzes „Frá yfirlitum Haralds konúngs ok vexti" überschriebenes Stück, worauf dann nach einer kleinen chronologischen Bemerkung über die norwegische Königsreihe zum Haralds þ. grænska, Ólafs þ. Geirstaðaalfs und zur Ólafs s. helga übergegangen wird (II, S. 3—5, S. 6—9, und S. 10 und folgg.). Dabei hat von diesen 3 Stücken der Hauks þ. zwar mit unserer Heimskr. wider keinerlei Berührungen, und zugleich ist er wider ein reines Abentheuer, in welchem die Riesinn Heiðr, des Königs fóstra, eine Hauptrolle spielt, und welches recht wohl aus der bereits erwähnten Haralds s. Dofrafóstra entlehnt sein kann; derselbe ist aber auch sichtlich in der Flbk. rein willkürlich zwischen die beiden anderen Stücke hineingeschoben, und diese beiden letzteren stimmen wirklich z. Th. wörtlich mit der Heimskr. überein, z. Th. aber auch mit dem Ágrip und der Fagurskinna, während wider ein anderer Theil ihres Inhaltes in keinem dieser Werke zu finden ist. Berücksichtige ich nun, dass die sämmtlichen oben angeführten Stücke, vom Hálfdanar þ. angefangen, in der Flbk. offenbar eine Einleitung zur Ólafs s. ens helga zu bilden bestimmt sind, — erinnere ich mich ferner daran, dass diese Ólafs s. helga in der Flbk. nachweisbar grösstentheils auf Styrmir's

Schrift gebaut war, welcher ihrerseits wider ältere, bis auf Odd zurückführende Arbeiten zu Grunde lagen, so will mir wahrscheinlich vorkommen, dass bereits diese letzteren einleitungsweise auf K. Ólafs Vorfahren zurückgegriffen haben, und dass in ihnen die gemeinsame Quelle für die einschlägigen Angaben des Ágrip und der Fagrskinna, Snorri's und der Flateyjarbók zu suchen sei, deren Bestand nur vielleicht zumal in diesen letzteren Werken durch mancherlei weitere Zuthaten vermehrt worden wäre. Nemen wir an, dass Oddur, wie früher schon wahrscheinlich gemacht wurde, die Biographie des heil. Ólafs vor der seines älteren Namensvetters bearbeitet habe, so erklärt sich leicht, warum er in der Einleitung zu jener ersteren und nicht in der zu dieser letzteren auf die Geschichte der beiden Königen gemeinsamen Vorfahren eingegangen war; spätere Geschichtschreiber, welche entweder nur das Leben Ólaf Tryggvason's, oder auch das Leben beider Ólafe zu bearbeiten unternamen, mussten sich natürlich veranlasst fühlen, diese Darstellungsweise aufzugeben, und so mochte auch bei Snorri in den Eingang seiner Ólafs saga Tryggvasonar zu stehen gekommen sein, was Oddur, und nach ihm Styrmir in ihrer Ólafs saga helga mitgetheilt hatten. Widerum zeigt sich die Færeyinga saga in der Heimskringla benützt. Ich möchte indessen bezweifeln, ob die aus ihr entlehnten Stücke bereits von Snorri selbst aufgenommen worden seien; es ist nämlich nicht abzusehen warum dieser, wenn er nicht unbeträchtliche Stellen aus jener Sage in seiner Ólafs s. helga hätte einschalten wollen, weder in seine Ólafs s. Tryggvasonar noch in seine Haralds s. harðráða irgend Etwas aus ihr sollte aufgenommen haben, und andererseits lassen sich die in jene erstere eingestellten Stücke vollkommen gut aus der Erzählung herausnemen, ohne dass dadurch deren Zusammenhang irgendwie gestört würde. Wenn cap. 67 der Ólafs s. ens helga in der Heimskr., S. 75, die Ueberschrift trägt: „Upphaf friðgerðar sögu", so darf diess nicht (mit P. E. Müller, Undersögelse, S. 237—8) auf eine besondere Quelle Snorri's bezogen werden; trägt doch auch cap. 96, S. 133, ebenda, die Ueberschrift: „Saga Emundar lögmanns", und ist doch jene friðgerðar saga in der legendarischen Ólafs s. ens helga bereits ihrem Kerne nach enthalten. Die Erzählung von Egill Síðuhallsson, welche cap. 165, S. 277—8, ebenda, kurz giebt, ist ausführlicher bereits in der legendarischen Ólafs saga ens helga enthalten, und darf man demnach nicht annemen, dass Snorri die in der Flateyjarbók gegebene Darstellung excerpirt habe, wie Müller, ang. O., S. 243, angenommen, aber freilich, Sagabibl. III, S. 302—3, auch selbst wider berichtigt hat. Die Geschichte Rauðúlfs, welche ang. O., cap. 174, S. 287—9, unter geändertem Namen erzählt wird, mag bereits bei Styrmir zu finden gewesen sein; jedenfalls kann der Rauðúlfs þ., den die Flbk., II, S. 292—301, sowie eine Reihe anderer Hss. enthält, nicht (wie Müller, Undersögelse, S. 243, und Sagab. III, S. 299—300, will) als Quelle gedient haben. Die Fóstbræðra saga, welche Müller (Undersögelse, S. 248; vorsichtiger Sagab. I, S. 158—9) ferner benützt glaubt, scheint mir dem Snorri nicht, oder doch nur in einer von der uns erhaltenen abweichenden Fassung vorgelegen zu haben. Zweimal wird ferner eine Knúts saga angeführt, nämlich einmal in der Magnúss s. góða (cap. 23, S. 27: „iafnan síðan er Knútr konungr lét drepa Ulf Jarl föður hans, sva sem ritat er í Sögo Knúts konungs Gamla, at hann lét drepa Ulf Jarl mág sinn í Roiskelldu"; die Jöfraskinna hat dafür die Variante: „sva sem fyrr er ritat"), und dann wider in der Ólafs s. kyrra (cap. 8, S. 185; „er þat oc sagt í Knúts Sögo, at Nordmenn einir rufo eigi leiðángrinn"). Dabei bezieht sich aber die zweite Stelle augenscheinlich auf denjenigen Abschnitt der Knýtlinga, welcher von K. Knút dem Heiligen handelt (siehe deren cap. 43, S. 248—9), und diese Sage ist so, wie sie uns vorliegt, jedenfalls jünger als Snorri, während die Annahme, dass gerade jener Abschnitt derselben ursprünglich ein selbstständiges Ganzes gebildet habe und älterer Entstehung sei, sich nicht beweisen lässt, wenn auch Manches für dieselbe zu sprechen scheint; die erstere Stelle dagegen kann unmöglich dieselbe Quelle im Auge haben, da die Knýtlinga von dem betreffenden Vorgange gar Nichts weiss, bezüglich ihrer mag dagegen Petersen Recht haben, wenn er (ang. O., S. 241) vermuthet, dass hier die Heimskr., wie diess auch die Lesart der Jöfraskinna direct ausspricht, lediglich sich selber citire, nämlich ihre Ólafs s. helga, cap. 162—3, S. 275—7, wo unter der Ueberschrift: „Frá Knúti konúngi ok Úlfi jarli" die einschlägige Erzählung sich findet. Das erstere Citat möchte hiernach jedenfalls, das zweite wenigstens möglicherweise nicht von Snorri, sondern erst von seinem Ueberarbeiter herrühren. Weiterhin wissen wir zwar, dass Halldórr Snorrason einer der treuesten Begleiter K. Haralds harðráða auf seinen Heerfahrten im Osten, Berichte über diese nach Island heimbrachte (Haralds s. harðráða, cap. 9, S. 63), und wir erfahren auch, dass ein anderer Isländer, Þorsteinn fróði, eine wesentlich auf seine Erzählungen gestützte Útfararsaga vor jenem Könige vorgetragen habe, welche dieser selber als wahrheitsgetreu anerkannte (FMS. VI, cap. 90, S. 354—6); aber dass diese Útfararsaga schriftlich aufgezeichnet worden sei, wird uns nirgends gesagt, und ebensowenig haben wir irgend welchen genügenden Grund für die andere Annahme, dass dieselbe in bestimmt ausgeprägter Form von Mund zu Mund gegangen sei, vielmehr hat Munch umgekehrt bereits schlagend nachgewiesen, dass neben den Liedern einheimischer Dichter und mündlichen Ueberlieferungen anderer Art auch fremde Chroniken, wohl italienischen Ursprunges, mehrfach benützt worden sind, um der Geschichte der Züge K. Haralds im Oriente zu derjenigen Gestalt zu verhelfen, in welcher die Heimskr. und die übrigen Sammlungen von Königssagen dieselbe zeigen (vgl. dessen „Kritiske Undersögelser om vore Kongesagaers Fremstilling af Harald Sigurdssöns Bedrifter i den græske Keisers Tjeneste", in Lange's Norsk Tidsskrift for Videnskab og Litteratur, III, S. 128—72; dann Norwegische Geschichte, II, zumal S. 84—5). Der vorauszusetzenden Sprachkenntniss wegen ist diese Benützung ausländischer Quellen weit eher einem anderen Arbeiter als dem Snorri selber zuzuschreiben; an den späteren Compilator der Heimskr. zu denken, gestattet aber das wesentlich gleichmässige Widerkehren der Erzählung in den verschiedenen Bearbeitungen, und zumal in der Fagurskinna und Morkinskinna nicht, und so wird wohl Nichts übrig bleiben als die Annahme, dass Snorri hier eine ältere Arbeit irgend eines geistlichen Verfassers benützt habe, welche übrigens, wohl bemerkt, keineswegs speciell die Geschichte K. Haralds oder der norwegischen Könige überhaupt behandelt haben musste, vielmehr recht wohl eine allgemeine Weltgeschichte ähnlicher Art gewesen sein kann wie die Chronik des Erzbischofes Romuald von Salerno selbst († 1181), mit welcher die hier einschlägigen Nachrichten eine so auffällige Verwandtschaft zeigen. Man darf gegen diese Schlussfolgerung jedenfalls nicht einwenden, dass auch sonst lateinische Quellen von Snorri benützt worden seien. Allerdings nämlich hat Müller den Meister Adam von Bremen zu Snorri's Quellen gezählt (Undersögelse, S. 260), weil in der Magnúss s. góða einmal auf dessen Geschichtswerk Bezug genommen wird (cap. 29, S. 34—5: „Sva segir i Brimabók, at Rettiber Vindakonungr var drepinn af Dönum: hann átti átta sono, þeir vildu hefna föður síns, oc eyddu mikinn lut af Danmörk nordr til Ripa, oc fello þeir allir á Hlýrscógsheiði fyrir Magnúsi Góða, oc 15 þúsundir manna med þeim"); aber schon Petersen hat bemerkt (S. 247—8, Anm. O.), dass dieses Citat augenscheinlich den Zusammenhang unterbricht, welcher zwischen dem unmittelbar Vorhergehenden und Nachfolgenden besteht, und überdiess ist dasselbe, was er unbemerkt gelassen hat, lediglich in der Frísbók zu finden, während es den übrigen Hss. der Heimskringla sowohl als auch allen übrigen Bearbeitungen der Sage fehlt, so dass hier offenbar ein Einschiebsel, und zwar nicht einmal des Bearbeiters der Heimskr., sondern nur des Schreibers der Frísbók vorliegt. In gleicher Weise kommt ferner zwar auch in der Sigurðar s. Jórsalafara eine Berufung auf, nicht näher bezeichnete, Chroniken vor (cap. 9, S. 239: „þat er skrifad i Croniconom, at Rodgeir let sic fyrst kalla konung yfir Sicilien Anno Christi 1102"); aber die Stelle findet sich nur in Peringskjölds Ausgabe, und ist hier, wie schon die Namensform „Sicilien" zeigt, offenbar aus ganz modernen Hss. aufgenommen, so dass auch von dieser Seite her der Annahme Nichts im Wege steht, Snorri sei aller fremden Sprachen unkundig, und somit schon aus diesem Grunde unfähig gewesen, ausländische Chronisten unmittelbar auszubeuten.

Unentschieden muss ich lassen, wie es sich mit jener Hákonar saga Ívarssonar verhalte, in welcher Müller (Sagabibl. III, S. 401, vgl. S. 375—7; Undersøgelse, S. 282—3) eine weitere Quelle der Haralds s. harðráða Snorri's finden will. Gewiss ist zwar, dass die Darstellung unserer Heimskr. in den auf Hakon bezüglichen Stücken sehr erheblich von der Darstellung mehrerer anderer Sagensammlungen abweicht, soferne das Ágrip den Jarl gar nicht, und die Fagurskinna nur ganz beiläufig nennt, die Morkinskinna aber seine Geschichte wenigstens noch ungleich schlichter und glaubwürdiger vorträgt als die Heimskr. (vgl. die Zusammenstellung der verschiedenen Berichte bei Munch, II, S. 288—91, Anm.); gewiss auch, dass in einer Membrane, AM. 570, 4to, ein Stück einer gesonderten Hákonar s. Ívarssonar sich findet, welches im Ganzen mit der Heimskr. stimmen, aber etwas weitläufiger sein soll als diese. Vermuthen möchte ich hiernach, dass Snorri selbst, der gerade in der Haralds s. harðráða von der Fagurskinna ziemlich genau ausgeschrieben zu sein scheint, noch lediglich denselben kurzen Bericht gegeben haben möge wie diese, und dass erst später seine Darstellung auf Grund anderweitiger Quellen interpolirt worden sei, wobei der Bearbeiter der Heimskr. und der Bearbeiter der Morkinskinna etwas verschiedene Wege einschlugen: die vorneme Nachkommenschaft Hákons, dessen Enkel Hakon jarl Pálsson († um 1122) den Stamm der Jarle des Orkneys fortpflanzte, und dessen Urenkel Eiríkur lamb († 1146) gar den Dänischen Königsnamen trug, mochte den Blick auf ihn gerichtet, und zu solcher Erweiterung seiner Geschichte aufgefordert haben. Aber ob jene weitere Quelle gerade in der oben angeführten Hs. vorliege oder nicht, das wage ich weder zu bejahen noch zu verneinen, da diese bis jetzt meines Wissens weder veröffentlicht, noch auch nur eingermassen genügend beschrieben ist. Eine Berufung auf weitere, aber ungenannte Sagen findet sich ferner noch einmal in derselben Haralds s. harðráða (cap. 41, S. 99: „hann var oc hinn vinsælasti madr, oc þeir bádir frændur, sva sem vattar vída í sögom"); aber auch sie ist nur in der Frísbók enthalten, und somit als ein bloser Zusatz des Schreibers dieser Hs. zu betrachten. Wenn endlich Müller auch noch die weiteren Sammlungen von Königssagen, die Fagurskinna also und die Morkinskinna, die Hrokkinskinna und das Hryggjarstykki als Quellen Snorri's betrachten will, so gründet sich diese seine Meinung lediglich auf die beiden oben bereits hervorgeholenen fundamentalen Irrthümer, wie diess später gelegentlich der Erörterung der Entstehungszeit jener Sammelwerke noch des Näheren darzuthun sein wird. — Suchen wir uns nun zum Schlusse ein Gesammturtheil über das Mass der Selbstständigkeit, welche wir dem Snorri zuzuerkennen, und über die Art zu bilden, in welcher wir uns sein Verfahren bei der Abfassung seiner geschichtlichen Werke vorzustellen haben, so wird dieses sehr verschieden von dem Bilde ausfallen müssen, welches P. E. Müller von dessen Verfasserthätigkeit entworfen hat, und welchem auch Geijer („Svea rikes häfder", S. 380 u. folg.), Finnur Magnússon (Grönlands historiske Mindesmærker, I, S. 21), Cronholm (ang. O., S. 4—5), u. A. m. im Wesentlichen ihren Beifall geschenkt haben, dagegen durchaus mit den Ansichten übereinstimmen, welche, nachdem bereits früher Wachter, (ang. O., I, S. CV—LXII), Mohnike (ang. O., I, S. 350—55), Köppen (Litterarische Einleitung in die Nordische Mythologie, S. 131—2), Hoveist (ang. O., S. 7—12) u. A. ihre Zweifel an der Begründung der Müller'schen Lehre mehr oder minder aphoristisch ausgesprochen hatten, neuerdings von Keyser, Munch und Unger (Vorrede zur legendarischen Ólafs s. ens helga, S. III—IV; Vorrede zur geschichtlichen Ólafs s. ens helga, zumal S. XXXIV—XLII; Munch's norwegische Geschichte, III, S. 1045—50, und Rudolf Keyser's Efterladte Skrifter, I, S. 455—6), dann von N. M. Petersen (Annaler, 1861, S. 235 u. folgg.) eingehend und wohl motivirt vertreten worden sind. Einzelne Parthieen in den Schriften Snorri's, und zumal seine Ynglinga saga, sind nämlich auch nach meiner Ueberzeugung auf Grund so fragmentarischer Behelfe, wie ältere Lieder oder mündlich überlieferte Volkssagen sie boten, von ihm völlig selbstständig entworfen, und in Bezug auf sie wenigstens muss er unbedingt als der vollkommen freie Schöpfer des betreffenden Geschichtswerkes gelten. Bezüglich anderer und allerdings der meisten Parthieen konnte er sich dagegen allerdings auf ältere Aufzeichnungen stützen; aber auch bezüglich ihrer zeigt sich seine Selbstständigkeit immerhin noch viel zu gross, als dass wir ihn als einen blossen Compilator betrachten dürften. Der ganz ungewöhnlichen Liederkunde Snorri's und seiner nicht minder ausserordentlichen Sicherheit in deren Handhabung ist bereits gedacht worden; ebenso seiner fleissigen Benützung mündlicher sowohl als schriftlich überkommener Sagen, und der umsichtigen Weise, in welcher er das Glaubhafte und Unglaubhafte, das Erhebliche und das Unerhebliche in denselben abzuwägen wusste, zumal auch in den Fällen, in welchen ihm widersprechende Berichte über einen und denselben Vorgang vorlagen. Aber nicht blos in der kritischen Sichtung, verständigen Verbindung und fleissigen Ergänzung älterer Arbeiten dürfen wir des Mannes eigenes Verdienst bethätigt finden, sondern wo immer uns eine Vergleichung des von ihm Geleisteten mit den Leistungen seiner Vorgänger möglich ist, zeigt sich sein Werk von den Werken dieser letzteren so himmelweit abstehend, dass wir dasselbe auch noch in einem ganz anderen Sinne mit Fug und Recht als ein völlig Neues und Eigenartiges bezeichnen dürfen. Was ihm vorlag, waren einerseits sehr gewissenhafte, aber auch sehr dürre und dürftige Chronologieen, wie Ari hinn fróði solche verfasst hatte, und andererseits von Wundererzählungen strotzende, salbungsvolle Legenden, welche den eigentlich historischen Vorgängen nur in sehr ungenügendem Masse ihr Augenmerk zuwandten, und zumal die chronologische Correctheit in eben dem Masse ausser Acht zu lassen pflegten, in welchem sie dort zur wichtigsten, ja nahezu zur einzigen Aufgabe der Geschichtschreibung gemacht worden war. Aus solchen Ingredienzien nun hat Snorri durch die Heranziehung jener theils strenger authentischen, theils aber auch mehr volksthümlichen einzelnen Ueberlieferungen ein warmes und lebensfrisches Geschichtsbild zusammenzusetzen verstanden, wie Keiner vor ihm diess zu thun vermocht hatte. Die Ergebnisse der scrupulösen Forschungen Ari's scheint er sich dabei zumeist angeeignet zu haben, wiewohl er nur sehr ausnahmsweise denselben ausdrücklich anführt; aber anders als Ari hält er weder für nothwendig, Schritt für Schritt die Belege einzeln anzugeben, auf welche seine Darstellung sich gerade stützt, noch auch für genügend, das Wenige zu erzählen, was sich in dieser peinlich correcten Weise allein erhärten liess. Umgekehrt nimmt er aus den massigeren Werken eines Oddur, Gunnlaugur, Styrmir, mag er diese nun mittelbar oder unmittelbar benützt haben, zwar unbedenklich den breiteren Stoff herüber; aber die hier nur wenig beachtete Reihenfolge der Ereignisse wird von ihm sorgfältig an der Hand Ari's und der gleichzeitigen Dichter gewürdigt, und die kirchliche Salbung sammt dem Uebermasse der Wundergeschichten wird kurzweg beseitigt, wie einzelne Aussprüche zeigen, mit vollstem Bewusstsein ihres ungeschichtlichen Charakters. Die Zuhülfenahme der Lieder einerseits, der Volkssagen andererseits gewährt ihm dabei nicht nur sehr massenhaften weiteren Stoff, sondern zugleich auch die Möglichkeit jene specifisch kirchliche Färbung durch eine weltlich volksthümliche zu ersetzen, und auch an eigenen Zuthaten lässt er es keineswegs fehlen, sei es nun, dass es sich dabei um ein detaillirteres Ausmalen von Vorgängen handle, welche er nur ihrem nackten Kerne nach überliefert gefunden hatte, oder dass sogar mehr oder minder sinnreiche Conjecturen in Frage seien, mittelst deren er die fragmentarisch überlieferten Angaben zu erklären, zu ergänzen oder zu verbinden, ja allenfalls sogar zu berichtigen versuchte. Die Selbstständigkeit, welche Snorri in dieser letzteren Beziehung zeigt, ist eine so grosse, dass sie geradezu zwingt, seine Angaben mit doppelter Vorsicht zu prüfen, wo dieselben mit den Berichten anderer Quellen in Widerspruch stehen, wenn man nicht in Gefahr gerathen will, die Ergebnisse seiner Kritik oder seiner Combination als geschichtlich feststehende Thatsachen anzusehen, und der Werth, welcher seinen Werken als Quellen für die geschichtliche Forschung zukommt, wird demnach sogar geschmälert durch die übergrosse Freiheit, mit welcher er den überkommenen Stoff zu verarbeiten sich erlaubte. Daraus, dass Snorri ein paar Male davon spricht wie er seine Bücher habe schreiben lassen (im Prologe: „Á bók þessi lét ek rita“; Ólafs s. Tryggvasonar, cap. 57, S. 286: „þat vil ek nú næst rita láta“), darf man somit jedenfalls nicht, wie mehrfach geschah, schliessen wollen, dass seine schriftstellerische Thätigkeit im Grunde nur auf die Anordnung und Leitung excerpirender Abschreiberarbeiten sich beschränkt habe. Mag sein, dass er seine Werke einem Abschreiber in die Feder dictirte, — mag sein, dass er sein schwer leserliches Concept hinterher von einem solchen in's Reine schreiben liess; wie wenig Gewicht jenem „Schreibenlassen" beizulegen ist, ergiebt sich ganz abgesehen von den obigen mehr auf das Materielle eingehenden Ausführungen auch schon daraus, dass Snorri selbst sich anderwärts auch wider unbedenklich das „Schreiben" seiner Bücher beilegt (z. B. unmittelbar vor der zuletzt angeführten Stelle: „En vèr viljum hit beldr rita um bà atburdi"), und dass die Sturlúnga sowohl als die Annalen ihm frischweg das „Zusammensetzen" derselben zuschreiben.

Anm. 27.

Wir wissen, dass es ungefähr im Jahre 1230 war, dass Sturla Sighvatsson Geschichtswerke Snorri's abschreiben liess, und wir wissen andererseits auch, dass dieses letzteren erster Aufenthalt in Norwegen in die Jahre 1218—20 fiel, sowie dass er innerhalb derselben Jahre zum ersten und einzigen Male Schweden besuchte. Nun verrathen die sämmtlichen Abschnitte der Heimskringla, welche wir auf ihn zurückführen zu können glaubten, eine ziemlich genaue Kenntniss vieler norwegischer und einzelner schwedischer Gegenden, eigene Anschauung bezüglich mancher Denkmäler in beiden Reichen und eine einlässlichere Forschung nach deren Localsagen, als sie von der Ferne her leicht möglich gewesen wäre; wir dürfen also wohl vermuthen, dass vor dem Jahre 1220 keines der Geschichtsbücher abgeschlossen worden sein werde, während sie doch um 10 Jahre später bereits vollendet gewesen sein mussten, da sie im Jahre 1230 schon copirt werden konnten. Auf diese Anhaltspunkte hin hat Munch (Norwegische Geschichte, III, S. 1041 und 1048) bereits den Schluss begründet, dass die Entstehung dieser Werke im Wesentlichen zwischen jene beiden Endpunkte fallen müsse; indessen muss allerdings zugegeben werden, dass diese Schlussfolgerung nach beiden Richtungen hin keineswegs eine vollkommen stringente sei. Wenn nämlich Sturla im Jahre 1230 Geschichtsbücher seines Oheims abschreiben lassen konnte, so folgt daraus zwar unbedingt, dass in diesem Jahre einige, aber ganz und gar nicht, dass damals bereits alle von diesem letzteren verfassten Königssagen vollendet waren, und da wir die Reihenfolge nicht kennen, in welcher Snorri seine einzelnen Werke schrieb, lässt sich nicht einmal darüber eine Vermuthung wagen, welche unter ihnen etwa als dazumal schon beendigt zu gelten hätten; andererseits lässt sich auch bezüglich jener einzelnen, auf eine genauere Bekanntschaft mit Schweden oder Norwegen schliessen lassenden Notizen meist immer noch die Frage aufwerfen, ob solche denn auch wirklich von Snorri selber herrühren, und nicht etwa erst hinterher von seinem Ueberarbeiter beigefügt, oder umgekehrt bereits in einer älteren Aufzeichnung enthalten gewesen seien, aus welcher er schöpfte. Zum Theil mögen solche Fragen durch sorgfältigere Unterscheidung dessen, was den verschiedenen Hss. der Heimskringla selbst angehört, sowie durch genaue und gesonderte Herausgabe der wichtigeren sonstigen Sagensammlungen, noch ihre Lösung finden können; zum Theil dagegen werden sie wohl für immer ungelöst bleiben müssen, falls nicht etwa irgend ein Glücksfall unüberarbeitete Ueberreste der Geschichtschreibung Snorri's entdecken lassen sollte.

Anm. 28.

In AM. 325, 2, in 4to findet sich eine Membrane aufbewahrt, welche, früher wenig bekannt und zumal auch von P. E. Müller nicht beachtet, zuerst von P. A. Munch unter dem Titel „Brudstykke af en gammel norsk Kongesaga" (in den Samlinger til det norske Folks Sprog og Historie, II, S. 273—285; Christiania, 1834), dann aber unter dem Titel: „Ágrip af Noregs konúnga sögum" im 10ten Bande der Fornmannasögur, S. 377—421 (Kopenhagen, 1837) herausgegeben wurde, und unter der abgekürzten Bezeichnung des Ágrip nunmehr allgemein angeführt zu werden pflegt. Am Anfange wie am Ende verstümmelt, zeigt die Hs. auch noch in ihrer Mitte ein paar Lücken, und da keine zweite vorhanden ist, lässt sich das Fehlende in keiner Weise ergänzen; nur vermuthen kann man, dass dieselbe mit K. Hálfdan svarti begonnen, und etwa mit dem Tode des Königs Ingi Haraldsson (1161) oder Eysteinn meyla (1177) geendigt haben möge. Ueber die Entstehungszeit und den Entstehungsort der Quelle selbst sowohl als auch der Hs., in welcher sie uns allein erhalten ist, sind sehr weit auseinandergehende Ansichten aufgestellt worden. Munch hatte zunächst in dem seiner Ausgabe vorgesetzten Vorworte die Hs. als muthmasslich dem 14. Jhdte. angehörig bezeichnet, über das Alter der Quelle selbst dagegen nur insoweit sich ausgesprochen, als er hervorhob, dass die letzte in ihr erwähnte geschichtliche Persönlichkeit Erzbischof Eysteinn sei († 1188); die Orthographie, meinte er zugleich, lasse einen norwegischen, nicht isländischen Schreiber erkennen, und der Umstand, dass der Verfasser zumeist dem Mönche Theodorich und der Fagurskinna folge, nicht aber den isländischen Quellen, welche er doch auch kenne, erlaube auch auf den norwegischen Ursprung des Werkes selbst zu schliessen. In seiner Vorrede zu FMS. X, S. X—XI, hatte sodann auch Finnur Magnússon der Hs. sowohl als der Quelle selbst norwegischen Ursprung vindicirt, und zwar auf Grund der in derselben eingehaltenen Orthographie; über die Entstehungszeit beider sich auszusprechen hatte er dagegen unterlassen. Auch Sveinbjörn Egilsson schloss sich, in den Scripta historica Islandorum, X, S. VIII, diesem Urtheile einfach an, (1841); dagegen erklärte sich Konráð Gíslason, Um frumparta, S. XXXVIII, (1846), während er sich jedes Urtheiles über den Ursprung der Quelle selbst enthielt, mit aller Entschiedenheit für die Entstehung der Hs. im Anfange des 13. Jhdts. und auf Island, Letzteres zumal wegen ihrer Ortographie, dann aber auch darum, weil dieselbe mehrfache Glossen späterer isländischer Schreiber enthalte, und aus der Hand einer Reihe von isländischen Besitzern dem Árni Magnússon zugegangen sei, und derselben Ansicht hat sich auch Jón Þorkelsson, in seiner mehrerwähnten Abhandlung im Safn, I, S. 141—2 (1853) angeschlossen. Der zumal von dem ersteren erhobene Einspruch scheint sofort Eindruck gemacht zu haben. In der Vorrede zu der von Munch und Unger besorgten Ausgabe der Fagurskinna (1847) wird, S. VII—VIII, die mehrfache Uebereinstimmung des Ágrip mit Oddur ebensowohl als mit der Fagurskinna, Morkinskinna oder der legendarischen Ólafs s. ens helga hervorgehoben; irgend welche Folgerungen für die Geschichte der Quelle werden aber daraus nicht mehr gezogen. Ebenso haben Keyser und Unger in der Vorrede zur legendarischen Ólafs saga ens helga (1849) sich darauf beschränkt, die näheren Berührungen des Ágrip mit dieser Quelle hervorzuheben, und dasselbe neben der Fagurskinna und Morkinskinna denjenigen Sagenwerken beizuzählen, welche älter seien als Snorri; in seiner Litteraturgeschichte aber rechnet Keyser dessen Hs. zu den allerältesten „norwegisch-isländischen" Hss., indem solche ohne Zweifel bereits im Anfange des 13. Jhdts., und „wahrscheinlich" auf Island geschrieben sei, und er nimmt an, dass das Werk noch in der zweiten Hälfte des 12. Jhdts. entstanden sei, ungewiss ob in Norwegen oder Island, wiewohl „verschiedene Gründe" (welche?) für Norwegen sprächen (Efterladte Skrifter, I, S. 472). In der Vorrede zu seiner Ausgabe Odds (1853) widerholt Munch zunächst, S. VI, dass das Ágrip Einiges aus diesem entlehnt habe; er fügt aber sodann noch bei, dass dieses Compendium andere Male den Mönch Theodorich benützt habe, und dass dessen Hs. nicht viel jünger als das Jahr 1200 sein könne. Diese letztere Bemerkung kehrt auch im Vorworte zu der von Munch und Unger gemeinsam edirten geschichtlichen Ólafs s. ens helga, S. XI—XII, wider (1853); zugleich wird aber auch nicht nur die oft wörtliche Uebereinstimmung des Ágrip mit der legendarischen Ólafs s. ens helga neuerdings betont, sondern auch die Entstehung jener ersteren Schrift in die Jahre 1180—1200 gesetzt, weil dieselbe bereits der Verlegung der Marienkirche zu Drontheim gedenke, welche ungefähr um das erstere Jahr erfolgt sei. Bei dieser Annahme ist Munch auch noch in seiner norwegischen Geschichte, III, S. 1039, stehen geblieben (1857); dagegen finden sich in den Antiquités Russes wider, mögen sie nun von seiner oder von Rafn's Hand herrühren, mehrfach abweichende, und auch mit sich selbst nicht völlig harmonirende Annamen vorgetragen. Im ersten Bande dieses Werkes (1850) wird nämlich, S. 236—8, angenommen, dass das Werk in Norwegen verfasst, die Hs. dagegen wahrscheinlich von einem Isländer geschrieben worden sei, und zwar ziemlich gleichzeitig mit Theodorichs Werk, in den Jahren 1180—90 etwa; im zweiten Bande dagegen (1852) wird, S. 86, gesagt, die Quelle sei wahrscheinlich in Norwegen verfasst, die Hs. aber gegen das Ende des 12. Jhdts. auf Island geschrieben worden, sodann aber noch beigefügt, dass der Mönch Theodorich seinerseits dem Ágrip zu folgen scheine, welches mit seinem Werke ungefähr in derselben Zeit entstanden sein dürfte. Endlich N. M. Petersen, welcher früher ebenfalls norwegischen Ursprung des Werkes angenommen hatte (siehe die Annaler for Nordisk Oldkyndighed, 1842—43, S. 262—3), scheint sich schliesslich durch die gegen solchen geltend gemachten Gründe einfach überzeugen gelassen zu haben (Annaler, 1861, S. 281—2). Wenn nach allem Dem immerhin soviel als zur Zeit allgemein anerkannt betrachtet werden darf, dass unsere Hs. des Ágrip in den ersten Jahren des 13. Jhdts., und dass dieselbe von einem Isländer, nicht von einem Norweger geschrieben sei, so scheint diese Annahme nach beiden Seiten hin auch wirklich als vollkommen richtig sich erweisen zu lassen. Zunächst ist nämlich die Orthographie der Hs. entschieden isländisch, und was als von dem Gebrauche der gewöhnlichen isländischen Hss. abweichend anfänglich auf eine norwegische Schreiberhand zurückgeführt werden wollte, darf mit voller Sicherheit lediglich dem ungewöhnlich hohen Alter der Membrane zugeschrieben werden. Ganz allgemein zeigt diese im Anlaute *hl*, *hr*, *hn*, statt des bei den Norwegern üblichen *l*, *r*, *n*, dann þ im Inlaute und im Auslaute, wo diese consequent *ð* setzen; *kð*, *pð*, *nð* wird gesetzt, nicht *kt*, *pt*, *nt*, wie von norwegischen Schreibern, und der im Norwegischen so häufig fehlende Umlaut des *a* in *o* oder *ǫ* durch ein folgendes *u* wird so streng festgehalten, dass sogar die sonst nicht übliche Namensform Mǫgnus hier auftritt (z. B. cap. 29, S. 402; cap. 30, S. 403, cap. 31 und 32, S. 403, u. s. w.); ja sogar die Form vas für var findet sich einmal gebraucht (cap. 11, S. 389: „bat vas uf var"), welche niemalen in norwegischen Hss. vorkommt: da indessen sonst ausnahmslos *r* steht wo die älteren Hss. *s* setzen, ist anzunehmen, dass unser Codex trotz aller sonstigen Alterthümlichkeit seiner Schreibweise doch nicht vor dem Jahre 1200 geschrieben sei. Norvagismen finden sich in demselben keine, und dass der einmal im Sinne von norwegisch und nicht norwegisch gebrauchte Gegensatz von hérlenzkr und útlenzkr (cap. 24, S. 399) nicht für dessen norwegische Herkunft geltend gemacht werden dürfe, hat bereits Jón þorkelsson, ang. O., S. 175, dargethan; ein, noch dazu in directer Rede aufgenommenes, Citat aus einem norwegischen Gesetze konnte auch bei einem isländischen Schreiber oder Verfasser kaum anders sprechen. Endlich darf immerhin auch darauf einiges Gewicht gelegt werden, dass die Hs., soweit wir deren Geschichte verfolgen können, immer nur in den Händen isländischer Besitzer sich befunden hat, ohne dass irgend ein Anhaltspunkt für die Annahme vorläge, dass dieselbe vom Auslande her auf die Insel hinübergebracht worden wäre. Durch das Alter der Hs. ist aber zugleich auch für die Entstehungszeit der Quelle selbst eine Endgrenze gesichert; eine Anfangsgrenze dagegen ergiebt sich für diese, wie Munch nachgewiesen hat, daraus, dass in cap. 36, S. 408, der Verlegung der Marienkirche in Drontheim durch Erzbischof Eysteinn gedacht wird, welche etwa um das Jahr 1180, und jedenfalls erst nach 1176 erfolgte (Munch, III, S. 38), und in die Jahre 1180—1210 etwa hätten wir hiernach die Entstehung unserer Quelle zu setzen. Zweifelhaft muss übrigens bleiben, ob die uns erhaltene Hs. die Originalhs. des Verfassers, oder nur eine spätere Abschrift sei. Für das Letztere liesse sich anführen, dass hin und wider einzelne Worte ausgelassen sind, welche aus anderen, annähernd gleichlautenden Quellen sich ergänzen lassen (vgl. z. B. Ágrip, cap. 39, S. 411: „þa lagþi hann braut a nattar þeli oc tioldoþom scipom, oc lios under", mit Fagursk. § 223, S. 151: „þá lagði hann á brott á náttarþeli með tjölduðum skipum ok ljós undir tjöldum"; oder Ágrip, cap. 49, S. 417: „oc laugþo vistagiald a Smaland 15 C. nauta, oc toco viþ kristni, oc vendi siþan Sigurþr konungr heim meþ morgom storum gørsimum oc fiarhlutum, er hann hafði afiat i þeirri, oc var sia leiðangr callaðr Carlmarna leiðangr. Sia leiðangr var sumri fyrr enn myrcr et micla", mit Heimskr. Sigurðar s. Jórsalafara, cap. 27, S 270: „oc lögdo vistagiölld á Smálönd 15 hundrut nauta, oc tóko Smálendingar vid kristni Sídan vendir Sigurdr konungr herinom aptr, oc kom í sitt riki med mörgum störom gersemom oc fiarlutom, er hann hafdi aflat i þeirri ferd, oc var sá leidangr kalladr Kalmarna leidángr. Þat var sumri fyrr enn myrkrit micla. Þenna einn leidángr röri Sigurdr konongr medan hann lifdi, oc var konongr"); doch wäre auch möglich, dass in solchen Fällen dem Verfasser ein älteres Original vorgelegen hätte, welches er selber fehlerhaft angeschrieben hatte, und dass somit der Schreibverstoss Verstoss der Originalhs selber wäre. — Etwas weiter dürfte es führen, wenn wir das Verhältniss genauer ins Auge fassen wollen, in welchem das Ágrip zu anderen älteren Geschichtswerken steht. Da mag nun vor Allem bemerkt werden, dass in dem Werke nur sehr selten, und nicht immer in der geschicktesten Weise auf ältere Lieder verwiesen wird Von den wenigen Versen, welche in demselben angeführt werden, gehören einige geradezu zu der Geschichtserzählung; dahin die paar Strophen, welche aus den Bersöglis-visur Sighvats mitgetheilt werden (cap. 29, S. 402), der Vers, welchen Sträigar-þórir sprach, als er gehängt wurde (cap. 41, S. 412), ein von K. Sigurdur Jórsalafari gedichteter Vers, welcher als Beleg für dessen volksfreundliche Sinnesart dienen muss (cap. 49, S. 418), endlich ein in ähnlichem Sinne verwandtes Bruchstück einer, wie es scheint volksmässigen Weise auf K. Harald gráfeld (cap. 8, S. 386). Daneben wird aber allerdings auch einmal ein Vers eines ungenannten Dichters angeführt, um die Tüchtigkeit des Königes Ólafur kyrri zu bezeugen (cap. 37, S. 409), und eine Strophe eben jenes Sighvats wird als Beleg für die schwere Noth benützt, welche während der Alfífu-öld in Norwegen geherrscht habe (cap 26, S. 400), ganz wie an einer dritten Stelle, hier freilich ohne Mittheilung von Versen, das Zeugniss des Haleyggjatal angerufen wird, um die Wahrheit der Erzählung zu bekräftigen (cap. 12, S. 390: „En sannendi til þessa ma heyra i Halayiatali, er Ayvindr orti, er callaþr var scaldaspiller"). Am Auffälligsten ist aber ein ziemlich apokrypher Bericht über die Schlacht im Hafursfjörður, welcher unter Bezugname auf ein sonst völlig unbekanntes Gedicht gegeben wird; es heisst nämlich hier (cap. 2, S 377—8): „oc helt ena siþorsto orrostu viþ konung þann er Scriþarbrandr het i Hafrsvagi fur Jaþre; oc fluti Brandr til Danmarcar, oc fell i orrosto a Vinnlandi, sem segir i kvæþi þvi er heiter Oddmior, er gort er umb konungatal meþ þessom orþom:

Scioldungr rao sonþ sceildi
Sceiþarbrand or landi,
reþ sa konungr siþan
snjallr Norregi alium."

Munch hat bereits in seiner Ausgabe des Ágrip, S. 274—5, Anm., darauf aufmerksam gemacht, dass der Ausdruck Skeiðarbrandur lediglich eine dichterische Bezeichnung der Seekönige, und somit hier nur durch ein Missverständniss zu einem Eigennamen gemacht sei; nicht minder hat derselbe auch schon auf die Ólafs s. helga, cap. 236, S 119, und Magnúss s. góða, cap. 11, S. 24 (FMS., V u. VI) hingewiesen, welche aus der Hrynhenda, einem Ehrenliede des Arnórr jarlaskáld auf K Magnús góði, die Verse anführen:

Skjöldungr stökk með skæðan þokka
skeiðarbrands fyrir þér or landi.

Sveinbjörn Egilsson hat sodann (Scripta historica Islandorum, X, S. 851, Anm) dem noch die weitere Vermuthung beigefügt, dass die Strophe im Ágrip aus dem eben angeführten und einem weiteren Verse desselben Dichters combinirt sein möge, welchen dieselbe Magnúss s., cap. 20, S. 51, uns aufbewahrt hat, und welcher folgendermassen lautet:

Naði siklingr siðan
snjallr ok Danmörk allri
(máttr ox drengja drottins)
dýr Norregi at stýra.

Zu der letzteren Annahme scheint mir nun allerdings kein zwingender Grund gegeben, und da das Ágrip sich im Uebrigen als eine verlässige Quelle erweist, möchte ich ohne solchen seinem Verfasser eine so durchdachte Fälschung nicht Schuld geben, wie jene Vermuthung sie voraussetzen würde; dagegen scheint mir die Annahme eines einfachen Missverständnisses des in Bezug genommenen Liedes allerdings begründet, und genügt auch sie um eine Ungeübtheit des Verfassers in der Handhabung dichterischer Quellen zu documentiren, welche auf eine hinter Snorri entschieden zurückliegende Stufe der Geschichtschreibung hinweist. Sehr häufig werden ferner ältere Ueberlieferungen in Bezug genommen; aber auch bezüglich ihrer ist das Verhalten der Quelle ein mehrfach eigenthümliches. Ebenso wenig wie Snorri fühlt sich deren Verfasser gedrungen, seine Gewährsleute namentlich anzuführen, und scharf unterscheidet sich dadurch sein Verfahren von dem des älteren Ari; anderntheils finden sich bei ihm noch gar manche Traditionen erwähnt, welche in der späteren, vorzugsweise durch Snorri bestimmten Geschichtschreibung völlig bei Seite gelassen werden, sei es nun, weil sie als irrthümlich von deren gesunderer Kritik beseitigt worden waren, oder auch weil sie gegenüber der allmälig sich fixirenden geschichtlichen Ueberzeugung überhaupt nicht mehr in Betracht gezogen werden wollten, während sie doch, richtig erwogen, zum Theil glaubwürdiger sind, als die durch Snorri's Ansehn zur alleinigen Geltung gelangten Versionen. Da übrigens zwischen mündlichen und schriftlichen Ueberlieferungen in dem Büchlein selbst nirgends unterschieden wird, soll auch hier dieser Unterschied nur in zweiter Linie berücksichtigt werden; auf die schriftlichen Quellen, welche dessen Verfasser benützte, wird dabei aber unser nächstes Augenmerk zu richten sein, weil sie, wenigstens theilweise, der Untersuchung einen etwas festeren Ausgangspunkt zu bieten vermögen. — Munch hat bereits bemerkt, dass im Ágrip die Olafs s. Tryggvasonar Odds benützt sei, und die von ihm für diesen Sachverhalt hervorgeholene Belegstelle ist in der That eine recht sehr schlagende. Es heisst nämlich im Ágrip, cap. 17, S. 394—5: „Sumer menn geta hann á bati braut hafa comiz, oc segia at hann hafi verit senn siþan á munclífi nocquoro á Jorsalalandi; en sumer geta at hann hafi fyrir borþ fallit, en hvacki er lifi hans heifer luct, þa er þat liclilict at guþ hafi sálna." Nicht nur bezüglich der hier besprochenen Thatsachen, sondern auch bezüglich des an deren Besprechung geknüpften Raisonnements stimmt nun allerdings bereits Theodorich mit diesen Worten ziemlich genau überein (es heisst bei ihm, cap. 14, S. 322: „Ibi tunc quidam dicunt Regem scapha evasisse, et ob salutem animæ suæ exteras regiones adiisse; quidam vero loricatum in mare corruisse. Quid horum verius sit, nos affirmare non audemus: hoc tantum credere volumus, quod perpetua pace cum Christo fruatur"); indessen kann doch aus ihm jene Angabe unmöglich geflossen sein, da er von Jerusalem nicht das Mindeste sagt. Dagegen zeigt Oddur nicht nur in den hier einschlägigen Worten die auffälligste Uebereinstimmung mit dem Ágrip (Kopenhagener Recension, cap. 69, S. 363—4: „þat vilia sumir menn segia, at Olafr konungr hafi laupit firir borð, oc komiz svá íbrot, oc hafi sénn verit í útlöndum; en sumir vilia segia at hann hafi fallit í þessum bardaga; en hvar sem lifi hans hefir lokit, þá er líkligt at guð hafi tekit sálina til sín, slíca stund sem hann lagþi á, cristnina at styrkia, oc alla luti þá er guði var sæmð í"; Stockholmer Recension, cap. 60, S. 60: „ok konungr sialfr hliop fyrir borð, ok segia sumer hann braut hafa komiz, en sumir hyggia hann þar fallit hafa, en hvat sem lifi hans hefir brugðit, þa er likligt at guð hafe salina, slika stund", u. s. w.; in den Upsalaer Fragmenten fehlt die Stelle), sondern bei ihm findet sich auch jene Erwähnung von Jerusalem, welche wir bei Theodorich vermissen, (Stockholmer Recension, cap. 64, S. 68; Upsalaer Fragmente, S. 71; die Kopenhagener Recension, cap. 73, S. 371, spricht ungenauer von einem Kloster in Griechenland oder Syrien), und wir dürfen somit wohl in seinem Werke die gemeinsame Quelle erkennen, aus welcher Theodorich und unser Ágrip geschöpft haben. Auf dasselbe Ergebniss führt eine zweite Stelle, Ágrip, cap. 16, S. 393; es heisst hier: „Alt gecc efter þessi sogo, oc com hann sva til truar, þvi næst til Noregs, oc hafþi meþ ser Sigurþ byskop, er til þess var vigþr, at boþa lyþom guþs nafn, oc enn necqvera lærþa menn, þangbrand prest oc þormoþ oc enn necqver diacn." Vergleicht man auch hier wieder zunächst den Theodorich (cap. 8, S. 318: „sumpsit secum viros religiosos, Siguardum videlicet Episcopum, qui ad hoc ipsum ordinatus fuerat, ut gentibus prædicaret verbum Dei, et nonnullos alios, quos habere secum poterat, Theobrandum presbyterum Flandrensem, nec non et alium Thermonem, presbyterum etiam; habuit et Diaconos aliquos"; dazu vgl. cap. 12, S. 321: „Thermonem Presbyterum, quem illi materna lingua Thormod appellabant"), so erweisen sich beide Berichte als wesentlich gleichlautend, aber auch Odds Angabe stimmt mit denselben recht wohl überein (Stockholmer Recension, cap. 16, S. 23: „ok var þa i ferr með honom Jon byskop ok margir prestar, þangbrandr ok þormoðr ok margir kenne menn er han villde lata upp timbra guðs cristni"; Kopenhagner Recension, cap. 23, S. 276—7: „oc var þá í för með honum Jón byscup oc margir prestar, þangbrandr prestr oc þormóðr, oc margir aðrir guðs þiónar, er hann setti til at styrkia oc up at timbra guðs cristni"), und sind die wenigen Differenzen, welche zwischen den drei Quellen bestehen, ohne wesentliche Bedeutung. Dass nämlich derselbe Bischof bei Odd Jón heisst, welcher im Agrip und bei Theodorich als Sigurð bezeichnet wird, kann darum nicht beirren, weil er in der That beide Namen führte, und somit der lateinische Text Odds recht wohl an unserer Stelle beide genannt haben konnte (vgl. die Kopenhagener Recension, cap. 25, S. 280: „Jón byscup, er Sigurðr hét aðru nafni", und cap. 76, S. 373: „herra Jon byscup, er Sigurðr het aðru nafni"; freilich nennt an der ersteren Stelle die Stockholmer Recension, cap. 18, S. 25, nur den Namen Jón, und die zweite, hier völlig fehlende, ist, wie die Flbk., 1, S. 511, und folgg. zeigt, aus Gunnlaugs Werk entlehnt, so dass man annehmen könnte, auch die erstere sei nach diesem interpolirt; indessen zeigt doch die Flbk., 1, S. 516, dass auch Oddur mehr über den Mann gesagt hatte, als was unsere Texte enthalten); nennt doch auch das von Munch in seinen „Symbolæ ad historiam antiquiorem Norvegiæ" im Jahre 1850 herausgegebene Breve Chronicon Norvegiæ, S. 14, den Bischof Johannes, während es im Uebrigen mit unserm Ágrip sich so sehr verwandt zeigt. Ebenso könnte die Bezeichnung Dankbrands als eines Flämings, welche sich nur bei Theodorich findet, recht wohl in Odds Original gestanden haben. Widerum scheint die Vergleichung der beiden Olafe und ihrer Wirksamkeit für die Kirche, welche das Agrip einmal gelegentlich anstellt (cap. 19, S. 395: „En sva micla costan oc stund sem Olafr Truggvasunr lagþi a at fremia cristni, er viþ ecki vetta sparþisc, þat er guþi væri tign i oc cristninni sturer, sva lagþu þeir feþgar alt megin fram át dreckia cristninni, oc sva gerviso, ef eigi hefþi guþ þa sina miscun tilsent meþ tilqvomo Olafs granseca"), in Odds Worten ihr Vorbild zu finden (vgl. zumal Stockholmer Recension, cap 39, S. 39: „var þo miok með nafni eino cristið, ok sva myndi vera nema annarr hefðe skiott til komit með guðs forsia þar sem var en helge Olafr konungr", und Kopenhagner Recension, cap. 48, S. 317—8: „Oc var þó miök með nafni eins cristnin í mörgum stoðum, oc svá myndi oc orðit hava, nema comit hefði annarr at styrkia hana oc undir sik at brióta fólkit; oc var sá með sama nafni, er var Olafr Haralldzson"), wobei nicht zu übersehen ist, dass Theodorich, cap. 16, S. 324, bei derselben Gelegenheit ein paar anderen Sätzen desselben Vorgangers nachgeschrieben hat. U. dgl. m. Solchen wörtlichen Uebereinstimmungen gegenüber ist aber nicht weniger zu beachten, dass das Agrip dem Oddur keineswegs durchaus folgt, vielmehr theils auch wider seine eigenen, aus ihm nicht geflossenen Nachrichten hat, theils sogar gegentheiligen Ueberlieferungen folgend mit ihm geradezu in Widerspruch tritt. So wird z. B. im Agrip, cap. 13, S. 390, erzählt, dass K. Tryggvi, K. Olafs Vater, bei Sotanes erschlagen worden sei, und da begraben liege, wo man es Truggvaraur nenne; dabei wird aber zugleich angegeben, dass über die Art seines Todes verschiedene Berichte umliefen, und dass er nach Einigen wegen allzu grosser Härte von seinen Bauern am Ding erschlagen worden sei, nach einer anderen, und allgemeiner geglaubten Ueberlieferung dagegen durch die Hinterlist der Gunnhild und ihrer Söhne sein Ende gefunden habe. Nun erzählt Oddur (cap. 1, S. 3—4, der

Stockholmer Recension) den Hergang lediglich in der letzteren Weise, wie denn auch die übrigen Quellen denselben Weg gehen (in aller Kürze Theodorich, cap. 4, S. 316, und die Fagurskinna, § 35, S. 30; ausführlicher die Heimskr. Haralds s. gráfeldar, cap. 9, S. 178, und die von ihr abhängigen Sagen), mit einziger Ausnahme des Breve chronicon Norvegiæ, S. 13, welches dieselbe zweifache Erzählung bringt wie das Ágrip, jedoch mit Zusätzen, welche zeigen, dass dieses ihm nicht als Quelle gedient haben kann („Hujus dolemus necem multi aliter accidisse astruunt, denique cum ipsi prouinciales scilicet Renj eius imperialem rigorem minime ferre valerent, in dicto consilio quasi pro communi vtilitate regni in quo ipsum regem per manus quorundam tirannorum Saxa Scorra ac Svayun precio corruptorum fraudulenter necatum fecerunt"). Die letztere Version, wohl die richtigere, welche nur, weil für den Vater des gefeierten Königs minder rühmlich, hinterher bei Seite gelegt wurde, stammt hiernach aus einer älteren, uns verlorenen Quelle, während die Hinweisung auf Tryggvi's Grabhügel immerhin aus Odd geschöpft sein mag. So lässt ferner das Ágrip, cap. 14, S. 390—1, die Mutter K. Ólafs mit ihrem dreijährigen Kinde vor Hákon jarl und der Gunnhildur nach den Orkneys fliehen, und von dort aus erst den jungen Ólaf mit seinem Erzieher („með manni þeim, er sumer calla þorulf lusarsegg") nach Schweden und Russland sich wenden; das Breve chron. Norveg., S. 13, dagegen lässt die Ástrið mit drei Schiffen nach den Orkneys flüchten, dort den Olaf gebähren, und dann „cuidam cognomento Lusaskeg" zur weiteren Rettung in jene Lande übergeben, und die sämmtlichen übrigen Quellen lassen vollends die Ástrið, ohne von irgend welchem Aufenthalte auf den Orkneys zu wissen, mit dem Kinde nach Schweden u. s. w. fliehen, soweit sie nicht etwa (wie Theodorich, cap. 7, S. 317, und die Fagurskinna, §. 68, S. 55) den Punkt, wie es scheint absichtlich, ganz mit Stillschweigen übergehen. Oddur hat bereits, und zwar sehr detaillirt ausgemalt, den Weg gewiesen, dem dann Snorri und die Uebrigen folgten, und er nennt den þórólf lúsarskegg widerholt (cap. 1, S. 4, und cap. 6, S. 9, der Stockholmer Recension: die Kopenhagner lässt den Beinamen weg), ohne abweichender Angaben Anderer zu gedenken: man sieht also, dass auch hier das Ágrip mit vollem Bewusstsein von ihm abging, um einer anderweiten Quelle zu folgen. Widerum lässt Oddur (cap. 12, S. 16, und cap. 16, S. 23, der Stockholmer, dann cap. 10, S. 260—1, und cap. 23, S. 276, der Kopenhagener Recension) den K. Ólaf von Russland her nach Norwegen kommen, und dann erst von hier aus nach England gehen, um sich seine Kleriker zu hohlen; die Kristni s., cap. 6, S. 9, schreibt ihm in diesem Punkte nach, aber alle übrigen Quellen, und unter ihnen auch unser Ágrip und Theodorich, gehen von ihm ab, indem sie den König, ausdrücklich oder stillschweigend, unmittelbar von England aus nach Norwegen herüberfahren lassen. Nicht minder auffällig ist, dass unser Agrip Nichts von Hákon jarls Theilnahme an der Dänenschlacht gegen Kaiser Otto, Nichts von dessen feindseligem Verhältnisse zum Christenthume, Nichts auch von dessen Kampfe mit den Jomsvikingern weiss, während doch, um von den späteren Quellen zu schweigen, die Fagurskinna, §. 46—65, S. 39—54, sowohl als Oddur (Stockholmer Recension, cap. 11, S. 15, und cap. 13, S. 18; in der Kopenhagener Recension entspricht cap. 15, S. 257—8, und cap. 17, S. 264, während cap. 12, S. 245—53 der Jomsvikinga s. entlehnt ist) von allen drei Thatsachen Kenntniss hat, und Theodorich, cap. 5—6, S. 316—7, wenigstens der beiden ersteren unter ihnen gedenkt; man möchte fast vermuthen, es sei hier darum von jenen so überaus prägnanten Vorgängen geschwiegen, weil der Verfasser sich an eine ältere Vorlage hielt, die von denselben noch Nichts wusste. Eigenthümlich ist ferner dem Ágrip, cap. 10, S. 387, die Beschreibung der hinterlistigen Art, wie Hakon jarl sich mit Hülfe des Dänenkönigs Harald der Königinn Gunnhild entledigt haben soll; dieselbe kehrt ganz gleichmässig bei Theodorich, cap. 6, S. 317, wider, wird in mehrfach geänderter und amplificirter Fassung auch in der Jómsvíkinga s., cap. 6, S. 21—26, widerholt, und hat auch in der Flbk., I, S. 152—3, Aufname gefunden, hier jedoch wider in der ersteren, nicht in der zweiten Fassung. Keine der übrigen Quellen weiss von dem Vorgange, und in die Jómsvíkinga s. ist derselbe in unpassendeter Weise verarbeitet, in die Flbk aber ganz richtig als eine von der gewöhnlichen abweichende Version der geschichtlichen Ueberlieferung eingeschaltet, wobei nur auffällt, dass die einleitende Bemerkung „Þa hafa oss skrifuat sumir frodir menn, at med þeim Hakoni jalli ok Gunnhilldi konungamodur væri stundum kær vinatta en annat skeid beittuzt þau brögdum ok uillde hoort ödru firir koma“, mit einer bei ganz anderer Gelegenheit von der Heimskr gemachten Angabe stimmt (Haralds s. gráfeldar, cap. 6, S. 175: „þá gerdiz kærleikr mikill med þeim Hákoni Jarli, oc Gunnhildi, oc stundom beittoz þau velræðom“; ebenso jüngere Ólafs s Tryggvasonar, cap. 35, S 57, und auch Flbk., I, S. 65, mit fast denselben Worten), nicht mit der hieher gehörigen des Ágrip („hann hafði enn at nyfengno riki gagnstoðo i firstonni af Gunnhildi konunga moþur, oc la hvart umb annat meþ öllum prettum; þvíat þat scorti hvarki þeirra“); Theodorich und das Ágrip dagegen folgen hier augenscheinlich wider derselben Quelle, wobei letzteres ausdrücklich erwähnt, dass die Ueberlieferung bezüglich des erzählten Vorganges keine gleichmässige sei („oc lauo svá hon sinom dagom, at þvi sem marger segia“). In einer älteren Redaction der Jómsvíkinga s., woran man etwa denken könnte, darf diese Quelle nicht gesucht werden, denn wenn eine solche dem Verfasser des Ágrip vorgelegen hätte, so würde er sicherlich der Schlacht im Hjörúngavogur nicht vergessen, und dem K. Ólaf nicht einen längeren Aufenthalt auf der Jómsburg zugeschrieben haben (cap. 16, S. 392; nur das Breve chron. Norv., S. 14, weiss noch von diesem), und würde auch wohl die Fagurskinna, welche eine solche ältere Redaction jener Sage wirklich benützte, den Vorgang kaum unerwähnt gelassen haben. Auch in Bezug auf den Tod Hákon jarls nimmt die Darstellung des Ágrip eine eigenthümliche Stellung ein Es wird hier, cap. 11, S. 388—9, erzählt, wie der Jarl erst in eine Höhle im Gaulardalur flüchtet, „er enn heitir Jarlshellir“ und wie hier sein Knecht Karkur üble Träume hat, — wie dann nach Rimul gegangen wird, und wie sich hier der Jarl selbst von seinem Sclaven den Hals abschneiden lässt, um nicht seinen Feinden in die Hände zu fallen; von einer Betheiligung K. Ólafs bei seiner Verfolgung ist hier keine Rede, vielmehr kommt dieser nur zufällig gerade um die Zeit ins Land, da der Jarl getödtet worden war. Die Fagurskinna, §. 66, S. 54, und §. 70, S. 57, erzählt die einschlägigen Begebenheiten ungleich kürzer, jedoch in einer Weise, welche sich mit der Darstellung des Ágrip wohl vereinigen lässt, und wenigstens die Nichtbetheiligung K. Ólafs bei denselben tritt in ihr mit aller Schärfe hervor; der Sclave wird aber hier Skopti Karkr genannt, wie er auch bei anderer Gelegenheit in der Jómsvíkinga s., cap. 41, S. 135, und cap. 47, S. 147, heisst. Dem gegenüber weiss Oddur Nichts vom Jarlshellir, und verlegt Karks etwas anders erzählte Träume nach Rimul; er lässt ferner den Sclaven an seinem Herrn Verrath üben, und den K. Ólaf bei Hákons Verfolgung betheiligt sein (cap. 14, S. 20—21, der Stockholmer, cap. 18, S. 269—71, der Kopenhagner Recension). Seiner Spur folgt Theodorich, cap. 10, S. 320, nur dass sein Bericht sehr abgekürzt ist, dann das Breve chron. Norv., S. 14—5; die Heimskringla dagegen hat sichtlich beide Darstellungen zugleich benützt, und aus der ersten den Jarlshellir, aus der zweiten die Betheiligung K. Ólafs und des Sclaven Verrath entlehnt, die Träume aber aus beiden Berichten combinirt, und zwischen die Höhle und Rimul vertheilt (Ólafs s Tryggvasonar, cap. 53—56, S. 249—55; die jüngere Ólafs s. Tryggv., cap. 102—4, S. 209—19, und die Flbk., I, S. 234—9, folgen der Heimskr., und wenn sie den Sclaven Þormóð Kark nennen, so findet sich auch diese Benennung in der Friesbók). Endlich darf auch nicht übersehen werden, dass das Ágrip zwar K. Ólafs Fahrt nach Norwegen und dessen Wirksamkeit in diesem Lande ungleich kürzer abthut als Oddur und der im Ganzen an diesen sich anschliessende Theodorich, aber doch auch eine Angabe enthält, welche ihm ganz ausschliesslich eigen ist, nämlich die Nachricht von den durch den König eingeführten christlichen Trinkfesten (cap 16, S. 393). Man sieht, neben Odds Biographie hat der Verfasser des Ágrip für K. Ólaf Tryggvason's Lebensgeschichte und was mit ihr zusammenhängt vielfach noch eine oder mehrere andere Quellen benützt. Manchmal stehen seine aus ihnen geschöpfte Angaben allein, anderemale sind sie ihm mit Theodorich, der Fagurskinna oder der Flateyjarbók, und öfter noch mit dem Breve chronicon Norvegiæ gemein; aber keines dieser Werke kann von ihm benützt worden sein, vielmehr müssen ihnen allen gemeinsame ältere Quellen vorgelegen haben, welche nur von den verschiedenen Verfassern in etwas verschiedener Weise und etwas verschiedenem Umfange gebraucht wurden. — Auch eine ältere Ólafs saga ens helga wurde für das Agrip benützt. Ausdrücklich wird hier auf ausführliche Berichte über K. Ólafs Heerfahrten Bezug genommen (cap. 20, S. 395: „En mart er sagt fra víþlendi ferþar Olafs"), worunter doch wohl schriftliche Aufzeichnungen zu verstehen sind; im Vorworte zur geschichtl. Ólafs s. helga, S. XI—XII, ist überdiess bereits auf eine Reihe von Punkten aufmerksam gemacht worden, bezüglich welcher unsere Quelle mit der legendarischen Sage, und allenfalls auch mit Theodorich übereinstimmt, während die übrigen Quellen abweichen. Gelegentlich der Begegnung Hákon jarls mit dem Könige im Sauðúngasund heisst es z. B. im Ágrip, cap. 20, S. 396: „hafþi eigi Hocun liþ meira enn langscip eitt oc scuta eina", bei Theodorich, cap. 15, S. 323: „cum duabus navibus, una parva, quam nos vocamus Scuta; altera longa, quam antiqui vocabant Liburnam", endlich in der legendarischen Sage, cap. 21, S. 16: „2. skip, var annat langskip en annat skuta"; die Fagurskinna, § 89, S. 72, dagegen lässt den Jarl nur „með skeið sinni skipaðri", anrudern, und ihr folgen alle übrigen Quellen. So heisst es ferner im Ágrip, cap. 22, S. 397, vom Könige: „Olafr var friþr synom oc listulegr, iarpt har hafþi hann oc rautan skegg, riþvaxinn, meþalmaþr ecki har; hann var a 20. aldri, er hann com i Noreg, oc sundisc vitrum monnum i Noregi hann mikit afbragþ i vitzco sinni oc allom vaskleic um hvern mann fram"; in der legendarischen Sage aber, cap. 30, S. 22, lautet die Stelle: „Olafr konungr var vænn maðr oc listulegr ivirlitum, riðvaxenn oc ækki har, herðimikill oc biartøygðr, lios oc iarpr a har oc liðaðezc vel, rauðskæggiaðr oc rioðr i anlete, rettleitr oc ennibraiðr oc opinøygðr, limaðr vel oc litt fœttr, fraknutr oc fastøygðr, hugaðlatr oc raundriugr; Olafr var manna vitrastr", u. s. w.; in den Excerpten, welche die Flbk., III, S. 246, aus Styrmir bringt, kehrt ferner dieselbe Personalbeschreibung wesentlich in derselben Fassung wie in der legendarischen Sage wider, jedoch mit einzelnen Abweichungen, deren eine wenigstens näher an die Wortfassung des Ágrip herantritt („haarit liosiarpt ok liðaðizt vel enn nockuru raudara skeggit"). In die späteren Quellen sind, wie schon gelegentlich bemerkt wurde (oben, Anm. 20, S. 567—8), nur abgekürzte Theile dieser Beschreibung übergegangen; dagegen liegt jenen 3 Darstellungen offenbar eine gemeinsame Quelle zu Grunde, die nur in einer älteren Redaction der legendarischen Sage bestanden haben kann. Widerum nennt das Ágrip, cap. 23, S. 398, den „Sløyggar fiorðr" als den Ort, wo K. Ólaf seine Schiffe verliess, um nach Schweden zu fliehen; die legendarische Sage, cap. 71, S. 55, sagt: „þar sem Slyes heitir", und die Fagurskinna, § 107, S. 88: „þar sem heitir Slygsfjörðr", aber von den übrigen Quellen kennt keine den Namen. Die Uebertragung der Regierung von Norwegen an Sveinn und seine Mutter Alfifa, dann die harten Gesetze, welche beide erliessen, werden im Ágrip, cap. 24, S. 398—9, fast mit denselben Worten erwähnt wie in der legendarischen Sage, cap. 77, S. 60—1, und beide Quellen verlegen jene noch vor die Schlacht bei Stiklastaðir; dagegen hält zwar Theodorich, cap. 18, S. 326, an Sveins Einsetzung vor dieser Schlacht fest, aber ohne der drückenden Gesetzgebung zu gedenken, und die Fagurskinna, § 110—11, S. 90—91, gedenkt gleichfalls nur in ganz allgemeinen Worten der Harte der neuen Regierung, während sie noch überdiess Sveins Ankunft erst nach der genannten Schlacht erfolgen lässt; die Heimskringla endlich sammt den späteren Quellen besprechen zwar die Gesetzgebung wider ausführlicher, wenn auch in etwas anderer Wortfassung, folgen aber hinsichtlich der Reihenfolge der Ereignisse der Fagurskinna (Heimskr., cap. 253, S. 384—5; geschichtl. Sage, cap. 239, S. 226—7; FMS., V, cap. 238, S. 101—2; Flbk., III, S. 369—70). Ebenso steht, was das Agrip, cap. 26 und 27, S. 400, über die Hungersnoth während der Alfífuöld, dann über K. Ólafs

Alter und Regierungszeit sagt, fast völlig mit denselben Worten in der legendarischen Sage, cap. 101, S. 75, und auch in der Flbk., II, S. 393, wird in fast gleicher Wortfassung die schwere Zeit geschildert, hier doch wohl nach Styrmir; in allen übrigen Quellen fehlt dagegen jede entsprechende Notiz. Auch die chronologischen Angaben unserer Quelle müssen dahei beachtet werden. Es wurde bei anderer Gelegenheit (oben, Anm. 18, S. 567) bereits bemerkt, dass das Ágrip ebenso wie die legendarische Sage und Theodorich das Jahr 1029 als des heil. Olafs Todesjahr nennen, während das altnordische Homilienbuch das Jahr 1024, alle anderen Legenden das Jahr 1028, endlich Ari fróði sammt den ihm folgenden Quellen das Jahr 1030 angeben; hier ist auf diesen Punkt nochmals zurückzukommen. Es lauten aber die Worte unseres Ágrip, ang. O., mit welchen die der legendarischen Sage wesentlich übereinstimmen: „En inn helgi Olafr har þessa heima 15. vetr konungs nafn i Noregi, til þess er hann fell; þa var hans halfertogr at aldri. Oc var þa er hann fell fra burþ drottens vars þushundraþ vetra oc 9. vetr oc 20"; bei Theodorich dagegen, cap. 19, S. 329: „Occubuit autem Beatus Olauus quarto Kal Augusti, quod tunc erat quarta feria, anno ab incarnatione Domini millesimo vicesimo nono, ut nos certius indagare potuimus", und cap. 20, S. 330: „Regnavit autem Beatus Olauus annis quindecim, quorum tredecim solus obtinuit regnum. Nam primo anno cum Suinone, filio Hacon Mali, pugnam habuit, et eum a patria expulit, ut superius meminimus: ultimo vero a Suinone, filio Kanuti Regis Angliæ, nec non et Daciæ, de quo satis dictum est, rebellionem passus est et inquietum fuit regnum." Nun wissen wir, dass die 15jährige Dauer der Regierung K. Olafs auf alter Ueberlieferung beruhte, da Sighvatr skáld sie unmittelbar bezeugt (Heimskr., cap. 260, S. 393—4; geschichtliche Sage, cap. 248, S. 282; FMS., V, cap. 252, S. 113—4; Flbk., II, S. 374), þjóðólfr skáld aber mittelbar, indem er dem Haraldr harðráði zur Zeit der Schlacht von Stiklastaðir ein Alter von 15 Jahren beilegt, während wir doch andererseits erfahren, dass derselbe in der Wiege lag, als Ólaf seinen ersten Winter in Norwegen zubrachte (Heimskr. Haralds s. harðráða, cap. 1, S. 53; geschichtl. Ólafs s. ens helga, cap. 232, S. 221; FMS., V, cap. 217, S. 88; Fagursk., §. 109, S. 89; vgl. mit FMS. IV, cap. 49, S. 85), und da auch noch Einarr Skúlason einfach an derselben festhält (Geisli, V. 14); nicht überliefert scheint dagegen der Anfangspunkt gewesen zu sein, von welchem ab jene Frist laufen sollte, und ebenso das Todesjahr des Königs, mit welchem sie zu Ende gieng. Dass in der letzteren Beziehung Meinungsverschiedenheiten bestanden, deutet bereits Theodorich ausdrücklich an; er sagt uns aber andererseits auch, dass er als das erste jener 15 Jahre dasjenige zähle, in welchem der König nach Norwegen gekommen sei. Ebenso wird wohl auch das Ágrip und die legendarische Sage gerechnet haben; ob auch die Fagurskinna, erscheint zweifelhaft, aber für unseren Zweck auch gleichgültig, da dieselbe des Königs Todesjahr nicht angiebt. (Wenn diese Quelle, §. 108, S. 88, den König nach Ablauf von 13 Wintern von der Schlacht bei Nesjar an gerechnet ausser Lands gehen, und in Neriki überwintern, dann einen zweiten Winter in Russland zubringen, und im folgenden Frühjahre und Sommer nach Norwegen heimkehren und hier fallen lässt, so ergeben sich, da jene Schlacht im nächsten Jahre nach seiner Ankunft in Norwegen stattfand, 16 Winter für seine Regierung, wenn man den Wortlaut jener Angabe streng festhält; dagegen ergeben sich nur 15, wenn man annimmt, dass der Winter, in dessen Beginn K. Olaf ausser Landes floh, selbst erst der 13te seit der Schlacht bei Nesjar gewesen sei.) Dagegen rechnet die Heimskringla sammt den ihr folgenden Quellen jene 15 Jahre erst von dem Jahre an, in welchem Sveinn jarl das Land verliess, obwohl Olaf bereits das Jahr zuvor in den Hochlanden den Königsnamen angenommen hatte, und von hier aus wird dann der Winter, in welchem derselbe nach Schweden floh, der 15te, und der Winter, welchen er in Russland zubrachte, der 16te, während dessen er den Königsnamen trug; ausdrücklich sagen dabei auch diese Quellen, dass die gewöhnliche Ueberlieferung nur von der 15jährigen Dauer seiner Regierung wisse, und nicht minder ausdrücklich berufen sie sich für ihre eigene Berechnungsweise auf die Autorität des Ari fróði. (Heimskr., cap. 189, S. 312—3: „Olafr konungr hafdi þá verit konungr í Noregi 15. vetor, med þeim vetri, er þeir Sveinn Jarl voro bádir í landi, oc þeimom, er nú um hríd hefir verit frásagt, oc þá var lidin um Jól fram, er hann let skip sin, oc geck á land upp, sem nú var sagt. Þessa grein konungdóms hans ritadi fyrst Ari prestr Þorgilsson hinn Frodi; — Enn hitt er alþýdo sögn, at Olafr væri 15. vetor konungr yfir Noregi, ádr hann fell; enn þeir er sva segia, þá telia þeir Sveini Jarli til ríkis þann vetr, er hann var sidarst í landi, því at Olafr var sídan 15. vetor konungr, sva at hann lifdi"; ferner cap. 260, S. 393—4: „Sva segia menn þeir er glöggligst telia, at Olafr konungr enn Helgi væri konungr yfir Noregi 15. vetra, sídan er Sveinn Jarl fór or landi; enn ádr um vetrinn tók hann konungsnafn af Upplendingom. Sva qvad Sighvatr: — Olafr konungr enn Helgi var þá hálffertogr at alldri er hann fell, at sögo Ara prests ens Fróda"; vgl. dazu die geschichtliche Sage, cap. 175, S. 166, und cap. 248, S. 232; FMS., V, cap. 171, S. 23, und cap. 252, S. 113—4; Flbk., II, S. 314 und 374). Nun wissen wir aus der Islendingabók, dass Ari selbst sowohl als eine Reihe anderer isländischer Quellen das Jahr 1030 als Olafs Todesjahr betrachtete; von ihm also wurde dessen Ankunft in Norwegen dem Jahre 1014, Sveins Flucht dem Jahre 1015, Ólafs Flucht nach Schweden aber dem Winter 1028—29 zugewiesen, während Theodorich und die mit ihm stimmenden Quellen Ólafs Ankunft zwar auch in das Jahr 1014 setzen, aber von hier ab bis zu dessen Tod um ein Jahr weniger rechnen. Vergleichen wir aber das versificirte Konúngatal mit den letzteren Angaben, so zeigt sich in ihm völlig dieselbe Art der Berechnung, sofern dasselbe, V. 26—29, den Eirik jarl 12 Winter, und nach dessen Abgang den Sveinn und Hákon 2 Winter regieren lässt, ehe der dicke Olaf in's Land kam, und von hier ab 15 Winter auf des letzteren Regierungszeit rechnet, V. 32; weisen wir, wie billig, die Svolderer Schlacht dem Herbste des Jahres 1000 zu, so erhalten wir auch hier für Olafs Ankunft und Tod wie dort die Jahre 1014 und 1029. Nach der ausdrücklichen Angabe der Quelle ist dabei ihre Chronologie die des Sæmundur fródi: von ihm also hatte die legendarische Sage, und ihr folgend auch Theodorich und unser Ágrip, die obige Berechnung. Es ist nicht dieses Ortes zu untersuchen, welche dieser verschiedenen Berechnungsweisen die richtigere sei, oder wie man sich deren Auseinandergehen zu erklären habe, und nur ganz beiläufig soll darum bemerkt werden, dass mir im Widerspruche mit dem, was ich früher einmal auszuführen gesucht hatte (vgl. Bekehrung des norwegischen Stammes zum Christenthume, II, S. 540—44), nunmehr am Richtigsten scheint die Jahre 1015 und 1030 für Anfang und Ende der Regierungszeit Olafs festzuhalten, wie dies Munch (I, 2, S. 488—94, Anm.) schon früher ausgeführt hat, und scheint mir Ari das richtige Todesjahr, 1030, aus englischen Quellen entnommen, zu der mit aller Ueberlieferung im Widerspruche stehenden Verlängerung der Regierungszeit des Königs aber durch den Glauben sich bestimmen gelassen zu haben, dass an dem von Sæmund gelehrten Jahre seiner Ankunft nicht gerüttelt werden dürfe. Beachtenswerth für unseren Zweck ist dagegen die Art, wie unser Ágrip sammt den anderen ihm verwandten Quellen mit Sæmunds Zeitbestimmungen andere mischt, die aus Ari's Werk entnommen sind und mit jenen keineswegs übereinstimmen. Die legendarische Sage wie unser Ágrip lassen, ang. O., den König zur Zeit seines Todes 35 Jahre alt sein, welche Angabe doch nach der Heimskringla von Ari herrührt, und beide lassen denselben demgemäss 20jährig nach Norwegen kommen (Ágrip, cap. 22, S. 397; legendarische Sage, cap. 29, S. 21), während die erstere überdiess gelegentlich bemerkt (cap. 53, S. 36), dass nach der gemeinen Annahme 20 Winter zwischen dem Tode der beiden Olafe in Mitte lägen, was doch auch nur unter der Voraussetzung richtig ist, dass Ari's Chronologie hier zu Grunde gelegt werde; während ferner Sæmundur dem Svein Alfífuson 6, und dem Magnús góði 12 Regierungsjahre zuweist (Konúngatal, V. 36 und 38), lässt unser Ágrip den letzteren bereits 4 Winter nach seines Vaters Fall ins Land kommen, und dann 13 Jahre lang regieren (cap. 29, S. 401, und cap. 34, S. 405; die 4 Winter hat auch schon die legendarische Sage, cap. 102, S. 75—6), so dass jener vom Jahre 1029, dieser vom Jahre 1030 ab zu dem richtigen Todesjahre, 1047, gelangt, während Theodorich, indem er der Dänenherrschaft 5, dem K. Magnús aber 11 Jahre zuweist (cap. 20, S. 380, und cap. 27, S. 386), mit dem Todesjahre dieses letzteren um zwei Jahre zu kurz kommt, falls nicht etwa bezüglich seiner Angaben ein Schreib- oder Druckfehler vorliegt. Endlich erwähne ich noch, dass unter den Häuptlingen, welche den Magnús góði in Russland aufzusuchen giengen, Sveinn bryggjufótur wie in der legendarischen Sage, so auch im Ágrip, cap. 28, S. 401, und bei Theodorich, cap. 21, S. 330, genannt wird, während die übrigen Quellen denselben nicht erwähnen (Fagursk., § 121, S. 94; Heimskr., cap. 265, S. 399; geschichtl. Ólafs s. ens helga, cap. 251, S. 284; FMS., V, cap. 236, S. 117); dass aber dabei die legendarische Sage wider die Quelle ist, aus welcher die beiden anderen Werke geschöpft haben, ergiebt sich deutlich daraus, dass in einem Satze wenigstens sich die auffälligste Uebereinstimmung in der Wortfassung aller 3 Werke ergiebt (vgl. legendarische Sage, cap. 102, S. 75: „Vilia nu menn beta a sono hans þat er þeir gerðo við faður hans“, mit Agrip, cap. 28, S. 401: „oc vildo þa þat bœta a syni hans, er þeir hafþo a sialfum honum brotit“, und Theodorich, cap. 21, S. 330: „cupientes saltim filio restituere, quod patri crudeliter abstulerant“), nur dass man vermuthen möchte, es sei eine ältere als die uns vorliegende Redaction der legendarischen Sage benützt worden, da unser Agrip, ganz wie Theodorich, auch den Rögnvald jarl unter den Gesandten nennt, welchen doch die übrigen Quellen schon viel früher mit Harald harðráði ausser Lands gehen lassen, und wiederum wie Theodorich, die Königinn Ingigerð von den Gesandten den Eid fordern lässt, wovon die übrigen Quellen nur sehr theilweise wissen. Aber neben allem Gemeinsamen hat das Ágrip doch auch unserer legendarischen Sage gegenüber manches Besondere. Nur im Agrip findet sich z. B., cap. 20, S. 398, die Notiz, dass nach der Angabe einzelner Leute K. Ólaf dem Hákon jarl, als er ihn im Sauðungasund gefangen genommen hatte, gegen dessen eidlichen Verzicht auf Norwegen die Suðreyjar überlassen habe; nur hier auch die andere Angabe, cap. 22, S. 397, dass der König in seiner Ehe mit der Ástríð mehrere Kinder erzeugt habe, von welchen freilich der Verfasser nur die einzige Gunnhild, soll heissen Ulfhild, nennen zu können erklärt, welche anderwärts als das einzige Kind aus dieser Ehe bezeichnet wird (so von Theodorich, cap. 16, S. 321; Fagursk., § 97, S. 78, u. dgl. m.). Am Auffälligsten aber ist, dass unsere Quelle gänzlich schweigt über des heil. Ólafs Taufe. Während die legendarische Ólafs s. ens helga sowohl als Odds Biographie K. Ólaf Tryggvason's den König bereits als Kind durch diesen seinen Namensvetter zur Taufe bringen, die sämmtlichen kirchlichen Legenden dagegen ihn erst später auf der Heerfahrt in England oder in der Normandie den Glauben annehmen lassen, äussert sich das Ágrip in einer so unbestimmten und zweideutigen Weise, dass unverkennbar die Absicht durchleuchtet, den Punkt unentschieden zu lassen (cap. 19, S. 395: „með tilqvomo Olafs grænsca, er þat mund hafþi hug sinn mioc a veraldar sœmð, sem her ma heyra, oc vendi siþan tru sinni til cristni, oc laut af staþfesto trunar eilifa sælo oc helgi“). Also auch hier, nur versteckter, dasselbe Verfahren wie bei Theodorich, welcher ja auch nicht zu entscheiden wagt, welche der verschiedenen Ueberlieferungen, die er sämmtlich kannte, die richtige sei (vgl. oben, Anm. 18, S. 556—7), und wie in einem vorhin besprochenen Falle unser Agrip zwischen den chronologischen Angaben Ari's und Sæmunds unsicher hin- und herschwankte, so hier zwischen den kirchlichen Legenden und der nationalen isländischen Geschichtschreibung; ein geistlicher Verfasser scheint sich hier wie dort zu verrathen, und zugleich eine Zeit, in welcher die legendenmässige Darstellung der einschlägigen Ereignisse noch mit der geschichtlichen im Kampfe lag. — Wende ich mich nun von der Zeit der beiden Ólafe weg zur älteren Geschichte Norwegens, so fällt mir zunächst die ungewöhnliche Ausführlichkeit auf, mit welcher unsere Quelle (cap. 5—7, S. 380—85) die Lebensgeschichte des Königes Hákon góði behandelt; eine ältere Hákonar saga ens góða, deren Spur bereits früher zu verfolgen gewesen ist (vgl. oben, Anm. 26, S. 618), dürfte demnach auch hier als Quelle gedient haben. Theodorich hat diese sicherlich noch nicht gekannt, da er sich sonst über den König nicht so kurz gefasst haben, und zumal, als norwegischer Mönch, dessen Versuche das Christenthum in seiner Heimat einzuführen nicht unerwähnt gelassen haben würde (vgl. dessen cap. 2, S. 314, und cap. 4, S. 315). Saxo Grammaticus, welchem ebenfalls isländische Gewährsleute zu Gebote standen, giebt zwar im Uebrigen dessen Geschichte (X, S. 476—9), wenn auch mehrfach eigenthümlich umgestaltet, ziemlich richtig, weiss aber ebenfalls Nichts von dessen kirchlichen Bestrebungen. Von isländischen Werken endlich schweigt nicht nur das versificirte Konúngatal, V. 12—17, S. 423—4, ebenfalls über des Königs Glauben, sondern auch Oddur erwähnt desselben nicht, so nahe es ihm gelegen hätte bei Hákons Vergleichung mit Ólaf Tryggvason auf diesen Punkt einzugehen (cap. 41, S. 41, der Stockholmer, und cap. 50, S. 321, der Kopenhagener Recension), und ebenso wenig die legendarische Sage, obwohl auch dieser die Besprechung der gesetzgeberischen Thätigkeit Hákons zu einer entsprechenden Bemerkung um so mehr Veranlassung geboten hätte, als dieselbe im Zusammenhange gerade mit den kirchlichen Einrichtungen der beiden Ólafe von ihr vorgetragen wird (cap. 31, S. 23). Dem gegenüber citirt bereits die Eigla an einer früher schon angeführten Stelle ausdrücklich eine Lebensgeschichte K. Hákons, und hat diese sichtlich an mehrfachen Stellen ihrer eigenen Darstellung benützt, wobei sich nur zufällig keine Gelegenheit bot, auf dessen religiöse Wirksamkeit einzugehen (vgl. cap. 50, S. 101, cap. 62, S. 140, cap. 78, S. 174 und 175, cap. 79, S. 181, und cap. 81, S. 201, sowie etwa noch cap. 66, S. 156, und cap. 71, S. 169, wo auf des Königs Sorge für Recht und Gesetz hingewiesen wird); die Fagurskinna ferner, sowie die Heimskringla sammt den übrigen späteren Quellen, enthält ebenso wie unser Ágrip eine ausführlichere Darstellung der kirchlichen Bemühungen sowohl als der sonstigen Geschicke Hákons, welche im Wesentlichen mit den Angaben dieser letzteren Quelle sowohl als der Eigla recht wohl übereinstimmt. Freilich ist die Chronologie dieser Werke nicht völlig dieselbe. Unser Ágrip lässt nämlich den Eirík blóðöx 5 Jahre den Königsnamen tragen, und zwar 2 Jahre noch bei seines Vaters Leben, aber 3 Jahre nach dessen Tod; es lässt ferner den Hákon zwei Winter nach K. Haralds Tod, also im 3ten Jahre der Regierung Eiríks, ins Land kommen, und sodann noch 15 Jahre friedlich, und weitere 9 Jahre in fortwährendem Kampfe mit Eiríks Söhnen regieren. Dem gegenüber lässt die Fagurskinna den Eirík volle 3 Jahre bei K. Haralds Lebzeiten den Königsnamen tragen, dafür aber den Hákon bereits einen Winter nach Haralds Tod nach Norwegen gehen, dann nach Ablauf des zweiten Winters den Königsnamen annemen, und 26 Winter über das Land regieren (§. 23, S. 14; §. 26, S. 15; §. 29, S. 18, und §. 34, S. 26); genau ebenso scheint ferner auch die Heimskringla zu rechnen, indem auch sie den Eirík 3 Jahre neben seinem Vater König heissen, einen Winter nach des letzteren Tod den Hákon in's Land kommen, und erst im nächsten Sommer den Eirík dieses verlassen, endlich den Hákon 26 Winter regieren lässt (Haralds s. hárfagra, cap. 45, S. 122, und cap. 46, S. 123—4, Hákonar s. góða, cap. 1—3, S. 126—7, und cap. 28, S. 158). Während also das Ágrip die Regierungszeit Eiríks und Hákons zusammen auf 29 Jahre anschlägt, berechnen sie die beiden letzteren Quellen auf volle 30 Jahre, wenn wir nämlich annemen, dass das Jahr, während dessen Eirík und Hákon gleichzeitig den Königsnamen in Norwegen trugen, in den dem letzteren zugewiesenen 26 Wintern mitinbegriffen sei; diese Verschiedenheit der Berechnung erscheint aber für unseren Zweck bedeutungslos, wenn wir annemen, dass die gemeinsam benützte Hákonar s., wie diess bei derartigen älteren Werken regelmässig der Fall war, nur dürftige und wenig präcise Angaben über die Zeitrechnung enthalten habe, welche dann von den verschiedenen Bearbeitern auf Grund verschiedener chronologischer Systeme verschieden corrigirt worden seien. In der That zeigt Theodorich ganz die Berechnungsweise des Ágrip, nur dass er nicht angiebt, wie lange Eirík neben K. Harald König geheissen habe, und überdiess, was doch wohl nur auf einem Missverständnisse beruhen wird, Hákons friedliche und kriegerische Zeit 19 und 5 Jahre statt 15 und 9 dauern lässt; Sæmundur aber schrieb dem Eirík bis zur Ankunft Hákons in Norwegen 1 + 4 Jahre zu, was doch wohl heissen soll, dass er 4 Jahre neben seinem Vater und ein Jahr nach dessen Tod König gewesen sei, und liess sodann den Hákon selbst noch 26 Winter regieren, wobei doch wohl das Jahr mitinbegriffen zu denken ist, während dessen Hákon und Eirík zugleich Könige hiessen, so dass für beide Regenten zusammen eine Regierungsdauer von 31 Jahren herauskommt. Von Anfang an war demnach dem Calcul Sæmunds ein zweiter gegenüber gestanden, welcher die dort auf 4 Jahre gesetzte Frist, während welcher Eirík und Harald hárfagri zugleich Könige hiessen, um zwei Jahre verkürzte, und auch Hákons alleinige Regierungszeit um ein Jahr reducirte, dagegen aber den Eirík nach seines Vaters Tod zwei Jahre statt eines einzigen allein regieren liess; isländischen Ursprunges war sicherlich auch diese zweite Berechnungsweise, da Theodorich, indem er ihr folgt, sich gerade in Bezug auf die Chronologie ausdrücklich auf die Isländer beruft, und es mag wohl sein, dass sie auf Ari fróði zurückzuführen ist. Die ältere Hákonar s. war dabei, wie die Egils zeigt, welche den Eirík nach seines Vaters Tod nur ein Jahr allein und das zweite neben Hákon regieren lässt, dem Systeme Sæmunds gefolgt, und die Fagurskinna und Heimskringla hatten es dabei im Uebrigen zwar belassen, aber die dem Eirík und Harald gemeinsame Regierungszeit um ein Jahr gekürzt, um von Ari's Rechnung nicht allzuweit abzukommen; das Ágrip dagegen hat sich, wie Theodorich, dieser letzteren angeschlossen, und danach dann auch die Chronologie der älteren Hákonar s. corrigirt. Einzelne Differenzen ergeben sich ferner auch noch abgesehen von der Zeitrechnung. So bezeichnet z. B. das Ágrip den Vater der Gunnhild als Özurr lafskeggr, während er in der Heimskr., Haralds s. hárfagra, cap. 34, S. 110, ganz wie bei Oddur, cap. 1, S. 2 (Stockholmer Recension), Özurr toti, in der Fagursk., §. 24, S. 14, aber Özurr toti oder lafskeggr heisst. Das Ágrip lässt den Hákon geradezu von einer unzufriedenen Parthei im Lande aus England herüberrufen, und die Heimskr., Hákonar s. góða, cap. 1, S. 125, lässt ihn wenigstens gleich bei seiner Ankunft in Norwegen als Thronprätendent auftreten, während er nach der Fagursk., §. 26, S. 15, zunächst ohne alle Ansprüche aufgetreten wäre, und in aller Stille sich erst eine Parthei gesammelt hätte (das Konúngatal lässt ihn die Hälfte des Reiches fordern, Theodorich dagegen stimmt mit dem Ágrip). Die Fagurskinna und Heimskringla lassen den Eirík aus Norwegen nach England fliehen und dort den Tod finden (ebenso Theodorich); das Ágrip lässt ihn dagegen erst nach Dänemark, und von hier aus dann nach England gehen, in Spanien aber fallen, wovon sonst nur das Breve chron. Norv., S. 11, noch weiss. U. dgl. m. Aber diese und ähnliche Differenzen sind nicht grösser als man sie bei der gleichzeitigen Benützung verschiedener Quellen, und zumal bei der grossen Willkürlichkeit zu erwarten hat, welche sich die älteren Geschichtschreiber bekanntlich bei der Handhabung ihrer Vorlagen mit wenigen Ausnamen zu erlauben pflegten; andererseits deutet gar manche Bemerkung, in den verschiedenen Berichten z. Th. bis auf die Wortfassung herab gleichmässig widerkehrend, auf den gemeinsamen Ursprung aller sehr entschieden hin. Dass z. B. die von der Egils in Bezug genommene Bemerkung über die Heerfahrt nach Westgötaland in unserem Ágrip sich findet, ist bereits früher bemerkt worden; der doppelten Ueberlieferung über den Schuss, welcher den K. Hákon fällte, gedenkt neben diesem auch noch die Heimskr., cap. 31, S. 159, wogegen allerdings die Fagursk., §. 33, S. 26, des Gerüchtes von obwaltender Zauberei nicht erwähnt, obwohl solches bereits dem Theodorich und Saxo bekannt war; die Notiz, dass der König zu Hákonarhella sowohl geboren worden als gestorben sei, kehrt in der Fagursk., §. 33, S. 26, und Heimskr., cap. 32, S. 160—1, so gut wider wie im Ágrip; endlich behauptet die Fagurskinna sowohl wie das Ágrip, dass K. Hákon von dem Augenblicke an vom Glücke verlassen worden sei, da er seinen Glauben verläugnet habe (Ágrip, cap. 5, S. 382: „En sva er sagt, at síðan gec honum alt þyngra enn áðr"; Fagursk., §. 30, S. 18: „ok lagðisk þat til befndar við Hákon af guði eptir þat er hann hafði blótat, at í ríki hans var jafnan ófriðr af sunum Gunnhildar ok öðrum víkingum"), und gerade dieser Satz, welchen Snorri als allzu salbungsvoll beseitigt zu haben scheint, ist so subjectiver Natur, dass sein gleichmässiges Widerkehren in jenen beiden

Werken nur durch die Benützung einer gemeinsamen Quelle sich erklären lässt. Keinem Zweifel kann aber unterliegen, dass diese gemeinsame Quelle isländischen Ursprunges war, und nicht norwegischen. Es spricht hiefür, dass Theodorich von derselben noch Nichts wusste, während sie doch den Verfassern der Eigla, Heimskringla, u. dgl. m. bereits bekannt war, und ungleich entschiedener noch die hervorragende Rolle, welche ein isländischer Mann, þórálfur hinn sterki, Skólmsson, in der Erzählung spielt; kaum hätte ein norwegischer Verfasser die Tapferkeit so besonders hervorgehoben, mit welcher der Isländer in K. Hákons letzter Schlacht an dessen Seite stritt, oder vollends ihn als den einzigen Mann gepriesen, der sich an Stärke mit dem Könige messen konnte (Fagursk., §. 25, S. 14, und §. 33, S. 24—5; Heimskr., cap. 30, S. 157, und cap. 31, S. 159; Agrip, cap. 6, S. 383), für einen Landsmann desselben war dagegen Beides nur natürlich. Von eben diesem þórálf, dessen auch andere isländische Quellen erwähnen (vgl. Grettla, cap. 58, S. 132; Landnáma, III, cap. 14, S. 211), dann von þorgeirr höggvinkinni oder þórir leðrháls, welche beide gleichfalls als Gefolgsleute K. Hákons an der Schlacht Theil genommen hatten (ang. O., I, cap. 17, S. 54; III, cap. 18, S. 226), mochte allenfalls auch die nähere Kunde über des Königs Geschicke nach der Insel hinübergebracht worden sein. — Aber auch bezüglich der vor K. Hakon zurückliegenden, dann der unmittelbar auf ihn folgenden Zeit fehlt es unserem Agrip nicht an eigenthümlichen Notizen, die auf eine Benützung älterer geschriebener Quellen hinzudeuten scheinen. Abgesehen von einer durchaus sagenhaften, und in keiner anderen uns bekannten Quelle erhaltenen Angabe, für welche ausdrücklich auf das Háleygjatal Bezug genommen wird (Ágrip, cap. 12, S. 389), finde ich zunächst im Ágrip, cap. 1, S. 377, eine sehr eigenthümliche, auf K. Hálfdan svarti und seinen Sohn Harald bezügliche Erzählung. Obwohl diese an ihrem Anfange defect ist, lässt sich doch soviel mit Sicherheit erkennen, dass sie mit einem Geschichtchen zusammenfällt, welches auch die Heimskringla in ihrer Hálfdanar saga svarta, cap. 8, S. 72—3, sowie auch die Flateyjarbók, I, S. 563—6, bringt, die letztere freilich so, dass sie mit der aus der Heimskringla, oder vielmehr aus der von dieser benützten Quelle geschöpften Erzählung eine andere, mit ihr parallel laufende combinirt, welche aus einer uns verlorenen, aber in der Bárðar s. Snæfellsáss, cap. 1, S. 3, angeführten Haralds s. Dofrafóstra entnommen scheint. Da findet sich nun im Ágrip folgende Notiz: „En her hafer at scura spurdaga þann er cristner menn gera, hvat heiþner menn myndo til iola vita, meþ þvi at iol var ero risin af burþ drottens vars. Heiþner menn gorþo ser samcundo oc i tign viþ Oðin; en Oþinn heiter morgom nafnom; hann heiter Viþrir, oc hann heiter Har oc þriþi oc Jolner, oc var af Jolne iol callot.“ In der Heimskringla fehlt dieselbe; dagegen heisst es in der Flbk., I, S. 564: „Nu skal segia af huerium rokum heidnir hellda iol sin þuiat þat er miog sundrleitt ok kristnir menn gera. þui at þeir hallda sin iol af hingatburd vars herra Jesu Cristi en heidnir menn gerdu ser samkundu j hæidr ok tignn vit hinn illa Odin en Odinn heitir morgum nofnum. hann heitir Uidrir ok Hárr ok þride ok Jolnir. þui er hann kalladr Uidrir at þeir sogdu hann uedrum rada. Harr af þui at þeir sogdu at huerr yrde hárr af honum. Jolnir af þui at þeir drogu þat af iolunum. þride af þui at þeir hofdu suita ordit at sa er einn ok þrir er bazstr er ok hofdu þa spurnn af þrenningunne ok sneru þui j uillu.“ Nun sieht man freilich leicht, dass beide Stellen mehrfach von einander abweichen; aber sie stimmen doch im Gedankengange sowohl wie in der Wortfassung so wesentlich überein, dass die Herkunft beider aus einer und derselben Quelle nicht bezweifelt werden kann, zumal da es sich nicht um die Ueberlieferung irgend einer Thatsache, sondern um eine rein doctrinäre Notiz von subjectivster Färbung handelt. Dabei lässt sich nicht annemen, dass die Flbk. aus unserem Ágrip geschöpft habe, da nach der Art, wie jenes Sammelwerk compilirt wurde, ausserdem unzweifelhaft weit mehr aus demselben in dieses übergegangen sein würde; eine ältere Quelle muss demnach vorausgesetzt werden, aus welcher einerseits das Ágrip und andererseits die Flbk. geschöpft hat. Nun habe ich schon früher die Ueberzeugung ausgesprochen, dass der Hálfdanar þ. in der Flbk. sammt allen an ihn sich anschliessenden Stücken eine Einleitung zu der sofort folgenden Geschichte des heil. Ólafs zu bilden bestimmt sei, und zugleich die Vermuthung gewagt, dass diese Einleitung im Wesentlichen dem Werke Styrmir's entnommen sein möge, welches ja nachweisbar für jene Sage in diesem Sammelwerke gar vielfach benützt ist; dass jene Stücke gerade so wie sie uns vorliegen auch schon bei Styrmir gestanden seien, will damit natürlich nicht behauptet werden, vielmehr ist, wie in den auf Harald hárfagri bezüglichen Abschnitt der Hauks þ. hábrókar, ein ungleich späteres Abentheuer, rein mechanisch eingeschoben wurde, auch der Hálfdanar þ. nachweisbar sowohl aus Snorri's einschlägigem Werke als aus einer weit späteren Haralds s. Dofrafóstra beträchtlich interpolirt worden, aber diese wie jene Einschiebsel lassen sich bei genauerer Betrachtung mit ziemlicher Sicherheit ausscheiden. Endlich ist auch die weitere Vermuthung bereits geäussert worden, dass dem Werke Styrmir's eine noch ältere Ólafs s. ens helga von Odds Hand vorangegangen sein möge, und aus dieser, wenn nicht aus dem späteren Werke Styrmir's, dürfte denn auch der Bericht unseres Ágrip über K. Hálfdan geflossen sein (vgl. oben, Anm. 20, S. 576—79, und Anm. 26, S. 619). Aus derselben Quelle könnten aber auch einige Notizen über K. Haralds Söhne stammen, welche im Ágrip, cap. 2, S. 378, sich finden und in der Fagursk., §. 20, S. 12, ganz gleichmässig wiederkehren: die Anführung eines „Biorn capmaðr, sumer calla buno", wobei doch wohl die Erinnerung an den in der Landnáma so viel genannten Björn buna aus Sogn im Spiele ist, eines „Halfdan hvítbeinn, er sumer calloðo hafato", eines „Rognvaldr reykill, er sumer calla Ragnar", deutet klärlich auf eine Zeit hin, da die geschichtliche Ueberlieferung sich noch wenig gefestigt hatte. Ferner eine Notiz über den Grossvater des Harald harðráði, welche sich sonst nirgends findet (cap. 33, S. 405: „sunr Halfdanar, er sumir colloðo heikilnef, en sumir hvítbein": die Fagursk. giebt an der entsprechenden Stelle, §. 147, S. 106, keinen Beinamen), und vielleicht auch eine andere, welche erwähnt, dass Harald nach der Angabe Einiger schon vor seiner Flucht aus Norwegen den Königsnamen angenommen habe (cap. 27, S. 401: „oc segia sumer, at hann taki konungs nafn i Noregi, en sumer synia"), und welche meines Wissens auch sonst nirgends zu finden ist, u. dgl. m. Doch ist bezüglich solcher vereinzelter Bemerkungen Nichts mit Sicherheit zu ermitteln; sie können auch aus Ari's oder Sæmunds Chroniken, oder sogar unmittelbar aus der mündlichen Ueberlieferung aufgenommen sein. — Ungleich schwieriger ist es festzustellen, welche Quellen dem Verfasser des Ágrip für die Zeit nach dem Tode des heil. Ólafs zu Gebote gestanden haben. Die Geschichte der späteren Könige ist uns bekanntlich, abgesehen von dem versificirten Konúngatal und dem lateinischen Werke Theodorichs, nur in einer Anzahl von Sammelhandschriften erhalten, aus deren vielfach auseinandergehenden Texten die Materialien erst erschlossen werden müssen, welche bei der Herstellung jeder einzelnen benützt wurden; an sich schon misslich genug, wird das Ziehen solcher Schlüsse überdiess noch bedeutend erschwert durch die geringe Sorgfalt, mit welcher einerseits der dritte Band der Heimskringla, und andererseits Bd. VI und VII der FMS. herausgegeben wurde, soferne die gedruckten Texte die zwischen den verschiedenen Hss. bestehenden Differenzen keineswegs mit genügender Schärfe hervortreten lassen. Ich werde mich darum auf einige Andeutungen beschränken müssen, bezüglich deren ich z. Th. auf freundliche Mittheilungen Guðbrands über den Zustand der Hss. mich zu stützen im Stande bin. Mir scheint aber das Ágrip zunächst für das Leben der Könige Magnús góði und Haraldur harðráði keine Specialgeschichte zur Verfügung gehabt zu haben, so weit nicht etwa für einzelne Punkte, wie die Gesandtschaft, welche den ersteren aus Russland holte oder die Wendenschlacht auf der Hlýrskógsheiði, jene ältere Recension der Ólafs s. ens helga sammt den ihr angehängten Mirakeln zu Hülfe kam; die auffällige Kürze, mit welcher zumal Haralds Geschichte behandelt ist, scheint mir hierüber keinen Zweifel zu lassen. Neben der mündlichen Ueberlieferung, aus welcher z. B. die Anekdote von dem Wurme augenscheinlich geflossen ist, mittelst dessen K. Harald sich und den Seinigen einmal zu Wasser verhilft (cap. 35, S. 407; die Heimskr., Haralds s. harðráða, cap. 60,

S. 117, Flbk., III, S. 369, und FMS., VI, cap. 71, S. 296—7, knüpfen die Erzählung an einen ganz anderen Anlass, und bei Theodorich und in der Fagurskinna fehlt sie völlig), sind demnach meines Erachtens nur Chroniken vom Schlage der Arbeiten Ari's und Sæmunds benützt, aber freilich in durchaus eigenthümlicher Weise benützt worden. Aus dem gemeinsamen Gebrauche solcher Chroniken erkläre ich mir, dass Theodorich manche Nachrichten in auffälligster Weise mit dem Ágrip gemein hat (z. B. die Nennung der Brenneyjar als des Ortes, an welchem der Vertrag zwischen K. Magnús und Hörðaknút geschlossen wurde), dass er Haralds Zug nach England fast wörtlich ebenso wie dieses erzählt, und zumal den König gelegentlich des Falles, den er vor der Schlacht bei Stanfordbridge thut, genau dieselben Worte sprechen lässt wie dieses (Ágrip: „sialdan fór svá, þá er vel vildi", und Theodorich: „raro tale signum portendit victoriam"; dagegen Fagursk., § 206, S. 158, Heimskr., cap. 95, S. 158, Flbk., III, S. 393, und FMS., cap. 118, S. 414: „fall er farar heill", also gerade das Entgegengesetzte), dass er, obwohl K. Sveins Zerwürfnisse mit K. Magnús ganz anders erzählend als das Ágrip, doch in einzelnen Redewendungen sehr deutlich an dieses erinnert (vgl. z. B. Theodorich, cap. 24, S. 332: „Quod cum audisset Sveino, filius Vlfs et Astridis, sororis Kanuti Regis Angliæ, collecto exercitu congressus est cum Magno navali prælio", mit Ágrip, cap. 31, S. 403: „En þá er Sveinn, sunr Úlfs oc Astriþar, systor Knúts ríkia, spurþi þetta í Englandi, þá aflaþi hann alla vega hers er hann matti; en Magnus á móti, oc funnusc á scipom viþ nes þat er callat er Helganes, oc helldo bardaga", wo Theodorich offenbar den Ort, an welchem Sveinn die Kunde empfieng, und den anderen, an welchem er die Schlacht verlor, beseitigte, weil beide nicht zu seiner übrigen, aus anderen Quellen geschöpften Darstellung passen wollten), und dass er, wenn er den K. Magnús gleich von Anfang an mit seinen Bauern im besten Einvernehmen stehen lässt, die abweichende Darstellung des Ágrip, das wie alle anderen Quellen dieses Einverständniss erst nach mancherlei Mishelligkeiten erreicht wissen will, recht wohl kannte und sich absichtlich zu ihr in Widerspruch setzte (vgl. Theodorich, cap. 21, S. 331: „statimque cum favore totius populi puer Magnus in Regem sublimatus est", mit Ágrip, cap. 30, S. 401: „Magnus konungr toc viþ riki meþ alluþo þocca of siþir, þvat meþ margs augri væri furst"). Aber nicht weniger ist zu beachten, dass Theodorich, der einzige Geschichtschreiber dessen norwegische Abkunft sich vollkommen sicherstellen lässt (vgl. unten, Anm. 52), in einzelnen Punkten auch wider durchgreifend vom Ágrip abweicht, um sich auf die Seite der Heimskringla und der übrigen späteren Geschichtswerke zu stellen. Von K. Haralds Fahrten und Heldenthaten im Oriente, von denen das Ágrip völlig schweigt, hat er ebenso gut Kenntniss wie jene; nur das Ágrip lässt den Dänenkönig Svein in der Schlacht auf der Hlýrskógsheiðr die Wenden anführen, bei welcher ihn keine der übrigen Sagen betheiligt weiss, (das in der Knýtlinga, cap. 22, S. 207—8, erwähnte Gerücht, wonach er in der Schlacht umgekehrt auf K. Magnúss Seite gekämpft habe, kommt hier nicht in Betracht), und nur das Ágrip lässt bei Haralds Heimkehr nach Norwegen zwischen ihm und Magnús Alles in Frieden und Freundschaft abgehen, und die Reichstheilung ohne jeden störenden Zwischenfall sich vollziehen, während alle übrigen Quellen, und darunter auch Theodorich, bei manchen Abweichungen im Einzelnen, doch sämmtlich darin übereinkommen, dass sie den Harald erst mit K. Sveinn sich verbinden, und nur durch diese Verbindung seinen Antheil am Reiche sich erzwingen lassen. Man sieht, bereits im letzten Viertel des 12. Jhdts. lagen verschiedene Aufzeichnungen vor, unter welchen den einzelnen Verfassern die Wahl freistand: an einen Gegensatz zwischen isländischen und norwegischen Ueberlieferungen dabei zu denken, verbietet aber der Umstand, dass gerade der Norweger Theodorich in einer Reihe der bedeutsamsten Fragen sich auf die Seite der unzweifelhaft isländischen Quellen stellt. Isländischen Ursprunges muss überdiess auch die Quelle gewesen sein, aus welcher unser Ágrip schöpfte, da ein Norweger sicherlich nicht, bei der sonstigen Knappheit der Darstellung, auf Sighvats Bersöglis-vísur eingegangen sein, noch auch dem Úlf Óspaksson die hervorragende Rolle zugetheilt haben würde, welcher unsere Quelle ihn im Gegensatze zu Theodorich, der Fagurskinna und der Heimskringla als Vermittler zwischen K. Magnús und Harald spielen lässt. Berücksichtige ich die verkehrte Art, in welcher (cap. 35, S. 406—7) die Beziehungen K. Haralds zu Finn Árnason geschildert werden, und bedenke ich, dass weder ein Norweger über den berühmten Angehörigen des Geschlechtes der Arnmæðlingar sich so unwissend äussern konnte, noch auch ein Breiðfirðinger wie Ari, dessen nächste Nachbarn durch eben jenen Úlf Óspaksson mit demselben verwandt waren, so möchte ich an Sæmund denken und annehmen, dass das Ágrip in den einschlägigen Punkten ihm gefolgt sei, während für Theodorich und die späteren Isländer die Darstellung Ari's massgebend wurde. In gleicher Weise glaubt man in dem warmen Lobe, welches dem K. Ólaf kyrri gespendet wird, über dessen ruhige, segensreiche Regierung es doch so wenige auffällige Vorgänge zu berichten gab, in der Anekdote ferner, welche, weder bei Theodorich noch in der Fagursk. oder Heimskr. erhalten, als für des Königs freundliche Sinnesart charakteristisch erzählt wird, die Stimme eines Zeitgenossen des guten Herrschers zu erkennen, und unwillkürlich erinnert man sich daran, dass bei dessen Tode Sæmundr hinn fróði, um 1056 geboren, bereits 37 Jahre alt war. Ganz anders steht dagegen die Sache hinsichtlich der Lebensgeschichte des K. Magnús berfættr und seiner Nachfolger. Mit ungewöhnlicher Ausführlichkeit wird diese geschildert, und zugleich zeigen sich bei Theodorich sowohl als in der Fagursk., Heimskr. und den übrigen Sammelwerken nicht wenige Stellen nach Form und Inhalt dem Ágrip so gleichartig, dass ein äusserlicher Zusammenhang unter ihnen nicht verkannt werden kann; aus Beidem haben wir auf das Vorhandensein einer älteren Specialgeschichte über jene Regenten zu schliessen, neben welcher freilich, wie gar manche tiefgreifende Differenzen in der Darstellung der genannten Werke zeigen, auch noch weitere, selbstständig neben jener hergehende Quellen existirt haben müssen. So wird, um das Gesagte näher zu belegen, des K. Magnús gemeinsame Regierung mit K. Hákon Steigarþórisfóstri, der Zwist der beiden Könige und der frühe Tod des letzteren der Aufstand Steigarþórir's, der Kampf mit Schweden, der Heerzug nach Schottland und Wales, endlich die letzte Heerfahrt nach Irland, welche dem Könige das Leben kostet, von Theodorich genau in derselben Reihenfolge erzählt wie im Ágrip, wogegen die Fagursk., Heimskr. und die späteren Sagenwerke an derselben insoferne ändern, als sie den Schwedenkrieg erst auf den ersten Zug gegen Westen folgen lassen. Im Einzelnen ergeben sich zunächst gar mancherlei Uebereinstimmungen, und zwar in der Art, dass bald die eine, bald die andere Quelle es ist, welche einzelne Sätze des Ágrip widerholt. Die Notiz z. B., welche dieses über des Königs Persönlichkeit bringt (cap. 41, S. 413: „En Magnus konungr hafþi þa riki einnsaman oc ancanalaust, oc friþaþi vel fur landi sinu, oc auþdi allom vikingom oc utilegomannom, oc var maþr horscr oc raser oc starfsamr, oc licare i allo Haraldi, foþurfeþr sinom i scaplundi heldr enn foþor sinom“), kehrt in der Heimskr., cap. 7, S. 200, und den FMS., cap. 6, S. 16, ihrem vollem Umfange nach fast wortwörtlich wider, wogegen die Fagursk. nur deren erste Hälfte hat (§. 22[a], S. 154: „Síðan réð Magnús konungr einn ríkinu til dauðadags, ok gerðisk hann maðr ríkr ok refsingasamr hvártveggja innan lands ok þó mest utanlands“;), Theodorich aber nur die zweite (cap. 30, S. 337: „Hic Magnus, patri multum dissimilis moribus, avo suo Haraldo magis fuit conformis“). Die Aufzählung der Begleiter des Königs auf seiner ersten Westfahrt, dann wider eine Bemerkung über dessen letzten Feldzug, hat nur Theodorich mit dem Ágrip gemein (vgl. Ágrip, cap 43, S. 414: „Voro þa meþ konum þessir hafþingiar: Dagr, faþer Gregoris, Vitcaþr Ioansunr, Ulfr Ranasunr, broþer Sigurþar, foþur Nicholauss, oc marger aþrer storir hafþingiar“, und cap 44, S. 414: „En fom vetrom siþar gorþisc hann vestr til Irlands meþ scipastoli, oc ferr meþ miclo liþi, oc ætlar at vinna landit, oc vann necqvern lut i forstunni; dirfþisc hann af þvi, oc gorþisc siþan ovararu, meþ þvi at i forstu gec honum meþ vildum, sem Haralde, foþurfeþr hans, er hann fell a Englandi“, mit Theodorich, cap. 31, S. 339: „Fuerunt et alii multi Dagr pater

Gregorii, Withcuthr filius Johannis, Vlfr Rana, frater Siwardi, patris Nicolai, quem Oustein infelix Tyrannus occidit in Nidrosiensi Metropoli, et plures alii", und cap. 32, S. 339: „Paucis deinde interpositis annis, iterum classem paravit, et solita mentis inquietudine Hiberniam repetiit, spe subiiciendi sibi totam insulam. Cumque sibi partem aliquam insulæ subjugasset, sperans, ex facili reliquam posse subjici, incautius exercitum ducere cœpit, eodem modo deceptus, quo et avus Haraldus in Anglia"); anderntheils schildert die Fagurskinna die gemeinsame Regierung der Könige grossentheils wörtlich gleichlautend mit dem Ágrip (vgl. cap. 39, S. 410—11: „oc varo einn vetr baþir oc þann i Niþarosi, oc var Magnus i Konungsgarþi en Hocon i Sculagarþi niþr fra Clemetþ kirkio, oc helt sva iola vist", und dann nach einem Satze, welcher der Abschaffung einer Reihe drückender Lasten durch K. Hákon gedenkt, weiter: „En þa toc fur þessa soc hugr Magnuss at oroasþ, er hann þottisc hafa minna af landi oc landsscattom, enn faþir hans hafþi haft eþa foþorbroþer eþa forellar; þotti honum sinn hlutr eigi eiþr uppgefinn i þessi giof þeim til samþer enn Hoconar; þottisc i þvi ovirðr oc mishaldinn af frænda sinom oc raþom þeirra þorra beggia; varþ þeim oc a þvi mikill ogr, hversu Magnusi mundi lika, fur þvi at hann helt allan vetrenn 7 langscipom i opinni vac i caupangi", u. s. w., mit Fagursk., §. 223, S. 151: „Annan vetr rikis þeirra frændanna Magnúsar ok Hákonar váru þeir báðir um jól i kaupangi norðr, var Magnús i konungsgarði, en Hakon i Skúlagarði niðr frá Klemetskirkju, ok héldu svá jólavist sína. En þá tók Magnús at úróask, at hann hafði minna af landi en faðir hans hafði haft, ok ætlaði hann til svika við Hákon, ok hélt allan vetrinn 7 skipum i opinni vok i kaupangi", und so fort in fast wörtlicher Uebereinstimmung bis zu Hákons Tod), ähnlich steht die Sache ferner auch bezüglich Steigarþórir's Aufstand, u. dgl. m. Doch zeigt sich die Darstellung Theodorichs im Ganzen kürzer, wie er denn z. B. weder des Zwistes der beiden Könige noch der Todesart K. Hákons gedenkt, und augenscheinlich ist diess auf das Excerpiren einer älteren, weitläufigeren Quelle zurückzuführen, nicht umgekehrt auf ein späteres Amplificiren seiner knapperen Erzählung. Wenn es z. B. im Ágrip, cap. 49, S. 414, gelegentlich des ersten Zuges nach Westen heisst: „lagþisc ut siþan i hernaþ fur Scotland oc fur Bretland, oc drap i þeirri jarl þann, er Hugi het enn digri; var hann scotinn i ayga, oc gec þaraf til heliar; en hinn er scotit hafþi kastaþi boganum til konungs, at þvi er sumer segia, oc qvaþ sva at orþi: at heill scotit herra! kendi þat scot konunginum", so sagt Theodorich, cap. 31, S. 339, nur: „Scotiam et Cornubiam, quam nos Bretland vocamus, rapinis infestavit, piraticam exercens, ibique tunc Hugonem, Cornubiæ Comitem, resistentem sibi, cognomento Grossum, interfecit"; wenn ferner Theodorich, cap. 31, S. 338, sagt: „Mortuo itaque Hacon, filio Magni, fratris Olavi, Steiger Thorer, qui eum nutrierat, dolens Magno totum regnum Norwagiæ subjici, levavit quendam Sweinonem, filium Haraldi cujusdam, Pseudoregem adversus eum, sicut mos est Norwagiensibus. Quo comperto, Magnus ilico fugientem insecutus, comprehendit eum", u. s. w., so erhält man nur aus dem Ágrip und den späteren Quellen darüber Aufschluss, wie es sich mit der Flucht der Rebellen verhalte, welche dort nur vorausgesetzt wird, ohne dass auch nur mit einem Worte angedeutet worden wäre, dass, warum, woher und wohin sie geflohen seien. Ja sogar die Erwähnung des „Vlfr Rana" an der vorher angeführten Stelle Theodorichs erklärt sich nur aus der Annahme, dass er aus einer in einheimischer Sprache verfassten Quelle schöpfte und die für „enar" übliche Abkürzung übersah! Aber auch die Fagurskinna kürzt vielfach die Darstellung unseres Ágrip ab, während sie anderemale einzelne Sätze derselben umstellt, oder auch einzelne Zusätze einschaltet, und in der Heimskringla, dann widerum in den FMS., schreitet diese Umgestaltung noch weiter vor; zum Theil sind dabei jene Zusätze als mehr zufällige spätere Einschiebsel zu betrachten, wie denn zumal Verse in fortwährend steigendem Maase der Darstellung einverleibt werden, zum Theil handelt es sich aber dabei auch um Notizen von selbstständigem Werth, bezüglich deren dann die Frage entstehen kann, ob insoweit die Darstellung unseres Ágrip mit der einer anderen Quelle combinirt, oder ob nur eine ältere und vollständigere Aufzeichnung benützt worden sei, welche das Ágrip auch seinerseits vor sich gehabt und excerpirt hätte. Ich möchte die letztere Alternative für wahrscheinlicher halten, und für dieselbe nicht nur die augenscheinliche Ursprünglichkeit so mancher Details geltend machen, welche die Fagurskinna und Heimskringla in den Bericht über Steigarþóris Aufstand verwoben, sondern auch die eigenthümliche Stellung, welche die Heimskr. zu der Fagursk. einerseits und dem Ágrip andererseits bezüglich der ersten Regierungszeit des K. Magnús einnimmt. Der Bjarmalandsfahrt K. Hákons und der dänischen Heerfahrt des K. Magnús gedenkt die Heimskr., und gedenken nach ihr die FMS., obwohl von beiden nur die Fagursk., nicht auch das Ágrip weiss; umgekehrt aber berichten jene über den Nachlass der Abgaben ziemlich ebenso wie das Ágrip, während die Fagursk. (und die Morkinskinna; vgl. Munch, II, S. 470, Anm. 1) nur in ungleich unbestimmteren Worten einer Besserung der Gesetzgebung erwähnt; da auch Theodorich schon von der Beseitigung der „tributa catenus injuste imposita" spricht, liegt es doch wohl am Nächsten anzunehmen, dass die gemeinsam benützte Specialgeschichte bereits sowohl ihrer als jener Heerfahrten gedacht haben werde. Von durchgreifender Bedeutung sind dagegen folgende Abweichungen. Hinsichtlich des Schwedenkrieges weiss unser Ágrip nur von einem einzigen Feldzuge, welchen es von dem K. Magnús siegreich beendigen lässt, und auf welchen sofort der Vergleichsabschluss folgt; dagegen berichtet Theodorich, cap. 31, S. 338—9, von zwei Feldzügen, auf deren erstem Magnús wenig ausrichtet, während er auf dem zweiten gar eine förmliche Niderlage erleidet, von dem einzigen Ögmundr Skoptason begleitet fliehen muss (für „Augmundi filio, Scopta" ist nämlich sicherlich zu lesen: „Augmundo, filio Scopta"), und nur durch des Schwedenkönigs guten Willen Frieden erhält. Ausführlicher noch erzählt die Fagursk., § 235—8, S. 156—7, und mit mehrfachen weiteren Zuthaten, zumal von Versen, die Heimskr., cap. 13—17, S. 214—20, und die FMS., cap. 26—31, S. 52—63, von dem ersten Feldzuge, bei welchem eine Besatzung zurückgelassen wird, die K. Ingi sofort überfällt und gefangen nimmt, dann von dem zweiten, der mit der unglücklichen Schlacht bei Foxerni endigt, und auch davon wissen die Heimskr. und die FMS. zu berichten, wie Ögmundr Skoptason auf dem Rückzuge seinen König rettet; aber während der älteste Text der Heimskr. (die Kringla) es dabei belässt, schieben andere Hss. derselben theils unmittelbar nach der Schlacht bei Foxerni (so die Jofraskinna, welcher die Ausgabe folgt), theils unmittelbar vor derselben (so die Frisbók, dann die Gullinskinna und das Eyrspennill) die Schilderung eines zweiten Gefechtes ein, welches ein Jahr früher oder später ebenfalls zu Foxerni stattgehabt, und in welchem K. Magnús einen namhaften Sieg erfochten habe. Diese zweite Erzählung, welche sich auch in die FMS. eingestellt findet, zeigt in ihrer Wortfassung die auffälligste Uebereinstimmung mit unserm Ágrip (vgl. cap. 42, S. 413: „oc settisc konungrenn siþan viþ landamære meþ miclo liþi, oc bio i tioldom, oc huglisc til areþar a Gautland. En þa er Ingi konungr fra þat, þa samnaþi hann brat liþi saman, oc stefndi a fund hans; en þa er konungenom Magnusi com saman niosn of ferþ hans, þa eggioþo haftingiar aftrhvarfs, en hann þecþisc eigi þat, oc helt amot konunginum Inga, fyrr enn hann varþi, oc a nattarþeli, oc gerþi mikinn mannscaþa; en conungrenn Ingi frelstisc meþ flotta", mit Heimskr., cap. 16, S. 217—8: „Sidan settiz hann vid landamærit, oc hiuggo i tiölldum, oc hugdiz til ferdar. Ingi konongr frá þat, oc safnar lidi, oc stefnir á fund Magnusi konongi; oc er Magnusi konongi kom niósn um ferdir hans, eggiodo lidshofdingar konong aptrhvarfs, enn konongr villdi þat vist eigi, oc helldr í móti Svia konungi, fyrr er hann vardi, á náttarþeli. — þar vard mikill mannskadi, oc lauk sva þessi orrosto, at fiölldi lá eptir af Svíom, er slegit var, en Ingi konongr frelsadiz med flótta"); offenbar haben die späteren Bearbeitungen neben der Version, welcher Theodorich, Snorri und die Fagurskinna gefolgt waren, noch jene andere eingeschaltet, welche unser Ágrip enthielt, und haben wir somit auch hier wider ein recht augenfälliges Beispiel der gleichzeitigen Aufnahme zweier parallel laufender Erzählungen eines und desselben Vorgangs vor uns. Zu Theodorichs Zeit müssen beide Versionen bereits umgelaufen sein, und zwar die unseres Ágrips in einer in einheimischer Sprache geschriebenen Aufzeichnung, da sonst die wörtliche Uebereinstimmung unerklärlich wäre, die vielfach zwischen diesem und der Fagursk. u. s. w. besteht; da die mit dem Ágrip zusammenhängende Version in ihre Erzählung die Geschichte eines wälschen Prahlhanses einflicht, in welcher ein isländischer Mann eine Hauptrolle spielt, so ist klar, dass die betreffende Aufzeichnung auf Island wenn nicht entstanden, so doch wenigstens schon sehr frühzeitig verbreitet gewesen sein muss. Weiterhin verhält sich die Darstellung des ersten Heerzuges gegen Westen in der Fagursk., §. 229—34, S. 154—6, der Heimskr., cap. 9—12, S. 206—14, und den FMS., cap. 14—25, S. 27—52, durchaus selbstständig, während Theodorich hier dem Ágrip folgt; dabei gehen indessen jene späteren Quellen auch unter sich wider mehrfach auseinander, wie denn z. B. AM. 66 und die Hrokkinskinna, der Orkneyinga s., S. 106—8, oder Magnúss s. Eyjajarls, cap. 5, S. 446, folgend, den Hákon jarl Pálsson die Heerfahrt anstiften lassen, wovon weder Snorri noch die Morkinskinna etwas weiss, den Gísla þ. Illugasonar einschalten, welcher diesen beiden ebenfalls fremd ist (auch der Morkinsk.; vgl. Munch, II, S. 504, Anm., gegen þormóð Torfason und P. E. Müller), u. dgl. m. Endlich auch bezüglich der letzten Heerfahrt des Königs geht nur Theodorich mit dem Ágrip Hand in Hand, wogegen die Fagursk., §. 239—40, S. 157—9, durchaus selbstständig und viel weitläufiger ist, und die Heimskr., cap. 23—7, S. 226—30, sowie die FMS., cap. 34—7, S. 66—73, unbeschadet mancher eigener Zuthaten im Ganzen mit dieser denselben Weg gehen. Minder bestimmte Ergebnisse nur sind für die Zeit der späteren Könige zu gewinnen. Mehrfache Lücken im Ágrip einerseits, in der Fagurskinna andererseits erschweren die Vergleichung, während Theodorich mit K. Sigurðs Tod (1130) völlig abbricht; die Verschiedenheit des Parteistandpunktes, auf welchem der eine oder andere Schriftsteller in den Bürgerkriegen Norwegens stand, musste überdiess zu mancher mehr oder minder bewussten Umgestaltung überkommener Vorlagen führen, wie diess zumal die grundverschiedene Darstellung der Beziehungen des Haraldur gilli zu K. Sigurð und dessen Sohn Magnús im Ágrip einerseits und bei Theodorich andererseits zeigt. Immerhin lässt sich indessen auch für diese spätere Zeit noch so viel erkennen, dass deren Behandlung in jener ersteren Quelle eine ungewöhnlich ausführliche war, und dass sich dieselbe mit der Darstellung anderer Quellen nicht selten auffällig berührte. Wir waren oben, S. 621—22 bereits im Stande, eine auf den Kalmarer Krieg bezügliche Stelle des Ágrip durch die Vergleichung der wörtlich gleichlautenden Heimskringla berichtigen zu können, und ein andermal lässt sich eine in ihm vorfindliche Lücke theilweise aus der Morkinskinna ergänzen (vgl. cap. 48, S. 417: „ero enn marger hostaþer scruðder af þeim gorsimum, er þa flutti Si…“ mit FMS., S. 100, Anm. 2: „ero nú margir staþir í Noregi scrýddir af þeim gersimom, er þá flutti Sigurðr konúngr í land“, u. s. w.); das letzte erhaltene Capitel des Ágrip endlich zeigt die auffälligste Uebereinstimmung mit der Morkinsk., während die Heimskr. und die übrigen späteren Sagenwerke die gleiche Quelle nur excerpirt zu haben scheinen (vgl. das in den FMS. VII, S. 237—8, aus der Morkinskinna abgedruckte Stück, welches ausser ihr nur noch im Ágrip zu finden ist; ferner ebenda, S. 237—9, und Heimskr. Sigurðar s., Inga og Eysteins, cap. 21—22, S. 359—61, während Fagursk., §. 269, S. 171, sich noch kürzer fasst). Aber bei einer anderen Stelle zeigt die Vergleichung freilich, dass der Sammler der Morkinskinna wenigstens, wenn nicht aus unserem Ágrip selbst, so doch bereits aus einer diesem ähnlichen Gesammtgeschichte der Regenten Norwegens, nicht aus irgend einer Specialsage geschöpft haben muss (vgl. Ágrip, cap. 45, S. 415—6: „En at caupa ser guþs miscun oc vinsælþ viþ alþuþo, þa toco þeir aller brøþr af aþianar oc anauþer oc illar alagor, er freker konungar oc iarlar hafþo lagt a luþinn, sem furr var sagt“, mit FMS., VII, S. 75, Anm. 1: „oc áþr hann næði at velja lítit, svá mjoc sem hann vildi þat vanda til fararinnar, þá vingaþist hann oc þeir brøþr í mörgo lagi viþ landsmenn oc alla alþýþu. þá tóco þeir brøþr af mönnum aþjánar oc marga ánauþ oc illar frecor oc álögor, er konúngar oc jarlar hofþo lagt á lýþinn, sem fyrr er sagt í þeirra sögum“; im Ágrip wird damit auf cap. 24, S. 399, zurückgewiesen, wo bereits erzählt worden war, dass

K. Sigurðr Jórsalafari und seine Brüder die in der Alfífu öld aufgelegten Lasten nachgelassen hätten, in der Morkinsk. aber ist die Verweisung sinnlos, da diese Hs erst mit der Geschichte des Magnús góði beginnt); dahinstehen muss demnach auch, ob nicht für andere Parallelstellen ein Gleiches zu gelten habe, und bleibt für unsere Beweisführung im Grunde nur die Verweisung auf die Heimskringla und die übrigen Sammelwerke übrig. Welchen Umfanges aber die immerhin vorauszusetzende Specialquelle unseres Ágrip gewesen sei, lässt sich hiernach vollends ebenso wenig bestimmen, als ob dieselbe von einem isländischen oder von einem norwegischen Verfasser herrühre; man könnte allenfalls vermuthen, dass die Verschwägerung, welche zwischen K. Magnús berfœttur und Loptur Sæmundarson bestand (vgl. Sturlúnga, II, cap. 1, S. 48; Landnáma, V, cap. 1, S. 278, Anm. 2; Páls biskups s., cap. 1, S. 127, dann auch Arnmæðlingatal, in der Fagrsk., § 215, S. 147), einen Angehörigen des gelehrten Hauses der Oddaverjar dazu bestimmt haben möge sein und seiner Nachkommen Leben zu beschreiben, — oder annehmen, dass Eiríkur Oddsson weiter als uns direkt bezeugt ist, zurückgegriffen, und dass man somit in seinem Hryggjarstykki die gemeinsame Quelle für die verschiedenen Bearbeitungen jener Königsgeschichten zu suchen habe, bestimmteren Halt wüsste ich indessen weder dieser noch jener Annahme zu verleihen, und beide lasse ich darum bei ihrem Werthe beruhen. Aber soviel darf jedenfalls als feststehend betrachtet werden, dass, was wir von schriftlichen Quellen des Büchleins mit Sicherheit nachweisen können, Werke isländischer, nicht norwegischer Verfasser sind, und wir haben keinen Grund für die Annahme, dass bezüglich der nicht sicher nachweisbaren ein Anderes gelte; die blose Thatsache, dass das Ágrip vielfach von der im Wesentlichen auf Ari beruhenden Geschichtschreibung Snorri's und seiner Nachfolger abweicht, kann noch nicht genügen, um dasselbe auf unisländische Quellen zurückführen zu lassen, zumal da von dem Mönchen zu þingeyrar sowohl als von dem alten Sæmund genau Dasselbe zu sagen ist. Sind aber die Materialien, aus welchen das Werkchen zusammengesetzt ist, soviel sich erkennen lässt, isländische, und wurde andererseits dieses selbst bereits um die Mitte des 13. Jhdts. auf Island nachweisbar gelesen und ausgeschrieben, so erscheint, zumal im Zusammenhange mit dem, was oben über die Beschaffenheit und die Geschichte der Hs desselben gesagt wurde, auch die andere Vermuthung sicherlich nicht als allzu gewagt, dass dessen Compilator gleichfalls ein Isländer und kein Norweger gewesen sein werde. Auffällig könnte freilich unter dieser Voraussetzung erscheinen, dass der Entdeckung Islands mit keinem Worte und der Bekehrung der Insel nur mit einem Worte in der Schrift gedacht wird, während doch sogar Theodorich auf beide Thatsachen etwas ausführlicher einzugehen für nothwendig hielt; aber der Isländer mochte für deren Kenntniss in der Heimat genugsam gesorgt wissen, während der Norweger über dieselben sich zu verbreiten rathsam finden konnte.

Anm. 29.

Mit dem Namen der Fagurskinna, d. h. des schönen Pergamentes, hatte þormóður Torfason eine Hs. bezeichnet, welche den von ihm mehrfach als „Compendium Chronicorum" angeführten Text enthielt (Historia rerum Norvegicarum, I, Prolegomena, fol. C); die wegen ihrer Eleganz für die Hs gewählte, und an und für sich auch nur für sie passende Bezeichnung gieng aber später auf das in ihr enthaltene Werk selber über, und blieb diesem, auch nachdem eine zweite Recension desselben aufgefunden worden war. Die Hss. selbst gewähren die Ueberschrift: „Ættartal Noregskonúnga", oder kürzer: „Noregskonungatal", und unter diesem Titel scheint das Werk auch bereits in der zweiten Hälfte des 13. Jhdts bekannt gewesen zu sein; es wäre vielleicht richtiger gewesen, wenn die Herausgeber desselben diesen alten Namen wider an die Stelle jenes neueren und minder passenden gesetzt hätten, indessen halte ich den Punkt nicht für wichtig genug, um von dem gemeinen Sprachgebrauche abzuweichen. — Es sind aber von dem Werke zwei Handschriften bekannt, beide Membranen, aber beide jetzt so gut wie vollständig verloren. Die eine, eben jene Fagurskinna des Torfæus, ist uns in 3 gleichlautenden

Abschriften von Ásgeirs Hand erhalten (AM. 52 fol., 301 in 4to und 303 in 4to), während das Original mit der sogenannten königl. Sammlung der Kopenhagener Universitätsbibliothek in dem Brande des Jahres 1728 zu Grunde gegangen ist; von der anderen ist ebenfalls eine von Ásgeirr Jónsson genommene Papiercopie (AM. 51 fol.) und eine zweite, von Árni Magnússon selbst revidirte (AM. 302 in 4to) vorhanden, ausserdem aber auch ein im norwegischen Reichsarchive aufgefundenes Membranfragment erhalten, welches unzweifelhaft demselben Codex angehört hatte, nach welchem jene Abschriften genommen sind. Von diesem Membranfragmente gewährt die von Munch und Unger besorgte Ausgabe der Quelle (Christiania, 1847) ein vollständiges Facsimile (vgl. über das Fragment Munch, in Lange's Norsk Tidsskrift, I, S. 34—36); dagegen sind im Uebrigen für dieselbe nicht die oben angeführten Papierhss., sondern zwei weitere benützt, welche R. Keyser seinerseit auf Island kaufte, und deren eine, den ersteren Text (in der Ausgabe mit A bezeichnet) enthaltende etwas älter als Ásgeirs Abschriften sein soll, während die andere, den zweiten Text (= B) widergebende von Ásgeirr selbst geschrieben ist. Beide Texte weichen mehrfach von einander ab, und insbesondere enthält nur der zweite das Arnmæðlingatal, d. h. ein, übrigens mit dem Geschichtswerke ganz und gar nicht in Verbindung stehendes, Geschlechtsregister des angesehenen norwegischen Hauses der Arnmæðlingar; beide sind aber leider mehrfach defect, und nur z. Th. lassen sich die Lücken des einen Textes aus dem anderen ergänzen. Aus der in beiden Texten befolgten Orthographie, die freilich von den Herausgebern keineswegs getreu beibehalten worden ist, lässt sich nach deren Vorwort, S. XIII, mit Sicherheit schliessen, dass die beiden zu Grunde liegenden Membranen von norwegischer, nicht isländischer Hand geschrieben waren, und auch Guðbrandur Vigfússon bestätigt mir dieses Urtheil; die Schriftzüge des erhaltenen Fragmentes vom Texte B. weisen ferner auf eine Hand aus der ersten Hälfte des 13. Jhdts., wogegen aus der Schreibweise des Textes A zu folgern ist, dass die für ihn massgebende Membrane nicht vor der ersten Hälfte des 14. Jhdts. geschrieben sein kann. Aus dem Fehlen des Arnmæðlingatal und einiger anderer genealogischer Notizen in A, dann aus einzelnen alterthümlichen Formen, welche dieser Text bietet, haben die Herausgeber schliessen wollen, dass derselbe nach einem Original von höherem Alter als B geschrieben sei; die Gründe dürften indessen zu schwach erscheinen, um den Schluss zu tragen. Die Herausgeber haben die Entstehungszeit des Textes B, und damit indirect auch des Werkes selbst, auf anderem Wege noch genauer zu bestimmen gesucht, indem sie aus den Worten des Arnmæðlingatal, §. 215, S. 147: „Margreta dróttning, er Hákon konungr á", schliessen wollen, dass jene Membrane zwischen dem Jahre 1225, in welchem K. Hákon heirathete, und dem Jahre 1263, in welchem er starb, geschrieben sein müsse, was dann, wenn wirklich A nach einem noch älteren Originale geschrieben wäre, die Entstehung des Werkes etwa in den Anfang des 13. Jhdts. hinaufrücken würde, wie denn Munch dasselbe wirklich noch in seiner norwegischen Geschichte, Bd. III, S. 1039 (1857) um das Jahr 1215 entstanden sein lässt (was indessen, verglichen mit Bd. II. S. 90, vielleicht doch nur ein Druckfehler für 1225 ist?). Allein Jón Þorkelsson hat bereits in seiner früher schon angeführten Abhandlung, von welcher S. 150—72 hieher gehört, darauf aufmerksam gemacht, dass die Lesart „er Hákon konungr á" keineswegs gesichert ist, und vielmehr aller Wahrscheinlichkeit nach in der nun verlorenen Membrane gestanden hat „átti" (Safn til sögu Íslands, I, S. 151—2); derselbe hat überdiess hervorgehoben, dass in demselben Arnmæðlingatal Skúli Bárðarson bereits als Herzog und Knútur Hákonarson bereits als Jarl bezeichnet ist, während doch Jener erst im Jahre 1237, und dieser erst im Winter 1239—40 den Titel angenommen hat. Dass die Urhs. von B nicht vor dem Jahre 1240 entstanden sein kann, ist hiernach klar, und auch von Munch und Unger in ihrem Vorworte zur geschichtlichen Ólafs s. ens helga (1853) S. XIX—XX, anerkannt worden. Aber auch die andere Recension, welche das Arnmæðlingatal nicht enthält, kann keinenfalls viel älterer Entstehung sein: sie nennt, §. 213, S. 145, den Schwedenkönig Eirik Knútsson, den Gemahl der Rikiza, bereits als verstorben († 1216), und erwähnt seines Nachfolgers, Jón Sverkisson († 1222), in einer Weise, welche wenigstens dahin gestellt sein lässt, ob er noch als lebend bezeichnet werden wolle, — sie bezeichnet den Kaiser Otto IV. († 1218) ziemlich deutlich als verstorben (§. 97, S. 78: þeđan var Otta keisari kominn, sonr Heinreks hertoga), und wenn sie den K. Knút, Valdimar und die Königinn Rikiza mit der Bemerkung aufführt, dass sie Kinder K. Valdimars und der Sophie waren, so will damit doch wohl nicht nur Knút († 1202), sondern auch Valdimarr († 1241) als verstorben bezeichnet werden. Nach dem Jahre 1240 also scheinen beide Recensionen des Werkes entstanden zu sein und erweist sich die von R. Keyser (Efterladte Skrifter, I, S. 474) ohne alle Motivirung ausgesprochene Behauptung, dass der Text A in den Jahren 1220—25, der Text B aber nach 1225, aber kaum später als 1250 entstanden sei, als nicht begründet; andererseits aber dürfte dieses beim Tode K. Hákons des Alten († 1263) bereits vorhanden gewesen sei, da die norwegische Königsgeschichte, welche dieser Regent auf seinem Todbette sich vorlesen liess, kaum eine andere als die in unserer Fagurskinna enthaltene gewesen sein kann. Es erzählt nämlich die Hákonar s. gamla in ihrer besten Recension (Fms., III, S. 229 und 230): „J sottinni let hann fyrst lesa ser latinubøkr. enn þa þotti honum ser mikil mæda i at hugsa þar eftir huersu þat þyddi. let hann þa lesa fyrir ser norrœnubœkr nætr ok daga. fyrst heilagra manna sogr. ok er þer þraut let hann lesa ser konungatal fra Halfdani suarta ok siþan fra ollum Noregs konungum huerium eftir annan. — þa er lesit var konungatal framan til Suerris þa let hann taka til at lesa Suerris sogu. var hon þa lesin bædi nætr ok daga iafnan er hann vakti.“ Diese Königsgeschichte nun, die als Konungatal bezeichnet mit Hálfdan svarti begann und bis auf Sverrir ausschliesslich herabführte, ist augenscheinlich die, mit der wir es hier zu thun haben, und zwischen die Jahre 1240 und 1263 muss somit die Entstehung der Fagurskinna fallen. — Nicht minder bestritten als die Entstehungszeit des Werkes ist dessen Entstehungsort. Für die norwegische Herkunft desselben haben die Herausgeber, S. V. neben der Nationalität der Hss. auch den Umstand geltend gemacht, dass in der Quelle widerholt Ausdrücke wie „á þvi landi, þar, þangat“, in Bezug auf Island gebraucht werden, und auch Munch, III, S. 1039, legt auf diesen Punkt Gewicht. Jón Þorkelsson hat die Unstichhaltigkeit dieser Folgerung nachzuweisen gesucht, und überdiess sich bemüht, seinerseits mit andern Gründen darzuthun, dass die Quelle von einem isländischen Verfasser herrühren müsse; im Grossen und Ganzen scheint seine Beweisführung mir vollkommen gelungen, wenn ich auch in gewisser Weise zwischen seiner und der entgegengesetzten Meinung einen Mittelweg einschlagen möchte. Mir scheint nämlich immerhin der norwegische Ursprung der beiden einzigen Hss. der Quelle, die Absichtlichkeit mit welcher dieselbe an Stellen die sie aus isländischen Vorlagen entlehnt hat das auf Island deutende „hingat“ durch ein „þangat“, „þar“ u. dgl. zu ersetzen sucht (vgl. zumal §. 188, S. 126—7, mit Heimskr., Haralds s. harđráđa, cap. 36, S. 96), zumal aber der weitere Umstand, dass das Werk unmittelbar nach seiner Entstehung bereits die persönliche Lecture eines Königs von Norwegen ist, auf eine gewisse Beziehung desselben zu dem letzteren Lande hinzudeuten; andererseits kann ich zwar dem gelegentlichen Gebrauche der isländischen statt der norwegischen Tagnamen nicht viel Gewicht beilegen, aber ebensowenig übersehen, dass die ausdrückliche Nennung derjenigen Männer welche die Nachricht von dieser oder jener Begebenheit zuerst nach Island gebracht haben (vgl. zumal §. 61, S. 49) und die öftere Erwähnung selbst vergleichsweise unbedeutender isländischer Männer und auf Island bezüglicher Vorgänge (vgl. z. B. § 188, S. 126—7) nur einem isländischen Verfasser mundgerecht, und dass nur einem solchen eine so reiche Kenntniss isländischer Gedichte und Geschichtsquellen zuzutrauen ist, wie sie der Verfasser der Fagursk. unzweifelhaft zeigt. Berücksichtige ich neben allem Dem noch die tüchtige, ganz der isländischen Geschichtschreibung entsprechende Haltung der Darstellung, und andererseits die aus mehrfachen Beispielen erhellende Thatsache, dass norwegische Könige überhaupt gerne isländische Männer mit der Abfassung von Werken über die Geschichte Norwegens beauftragten, so will mir am Wahrscheinlichsten vorkommen, dass irgend ein Isländer in Norwegen und zum Gebrauche K. Hákons diese

Geschichte seiner Vorfahren verfasst habe, die offenbar bestimmt war, der Sverris saga als Einleitung zu dienen; eine Vermuthung über die Person des Verfassers zu wagen unterlasse ich, da es an allen quellenmässigen Anhaltspunkten für eine solche mir fehlt.

Soll aber, um diese meine Ansicht näher zu begründen, auf die Quellen der Fagurskinna ein Blick geworfen werden, so ergiebt sich zunächst die auffällige Thatsache, dass weder die Ynglinga s. des Snorri Sturluson, noch dessen Ólafs s. Tryggvasonar, noch endlich dessen Ólafs s. ens helga von deren Verfasser benützt worden ist, wogegen derselbe desselben Snorri Lebensgeschichte des K. Harald harðráði geradezu in sein Werk aufgenommen hat. Die beiden Stellen aus der Haralds s. harðráða, welche ich oben, Anm. 25, S. 605, als für Snorri's Art Skáldenlieder zu verwenden charakteristisch aus der Heimskringla ausgehoben habe, finden sich ganz gleichmässig auch in der Fagurskinna (es heisst nämlich hier, §. 162, S. 111—2: „Í mörgum kvæðum Haralds er getit þessa stórvirkis, ok eigi er at gera orð í hjá því, þeima sjálfan Girkjakonung blindaði hann. Nefna mátti til greifa nokkurn eða hertoga, en í öllum kvæðum Haralds segir á eina leið, at þetta var sjálfr stólkonungrinn". und § 189, S. 126: „Hann var manna sterkastr ok vel vígr, framkvæmd hans verka var svá sem lengi hefir verit frásagt, ok liggja niðri miklu fleiri ósagðir hlutir hans afreksverka, ok eigi viljum ver skrá vitnislausa hluti, þóat ver hafim heyrða, ok þykkir oss betra, at héðan sé viðaukit heldr en þetta sama þurfi aftaka; en saga frá Haraldi er mikil sett í kvæði þau, er íslenskir menn færðu hánum sjálfum. Var hann fyrir þá sök mikill þeirra vinr, ok hann hefir verit allra konunga Noregs vinsælastr við Íslendinga"); damit allein wäre bereits die Benützung Snorri's erwiesen, aber auch in der ganzen übrigen Darstellung ist diese unverkennbar. Allerdings ergeben sich zwischen dem betreffenden Abschnitte der Heimskringla und der Fagurskinna auch manche Abweichungen, wie denn z. B. die erste Begegnung Haralds mit K. Magnús in der Fagursk., §. 167—9, mehr wie bei Theodorich, cap. 25 und 27, dann in der Morkinskinna (FMS., V, S. 174—5, Anm. 8) und Flateyjarbók, III, S. 306—8, geschildert wird, und anders als in der Heimskr., cap. 20—21, S. 75—6, und den ihr folgenden Bearbeitungen (vgl. Munch, II, S. 117—8, zumal Anm. 3; die Flbk., S. 287—8, giebt freilich vorher schon eine andere, mit dem Ágrip, cap. 38, S. 404—5, stimmende Version!), — §. 175, eine der Fagursk. allein eigene chronologische Notiz steht, — §. 178, ein legendenhafter Zug beim Tode des Magnús góði, und § 188, einige Notizen über Halldórr Snorrason fehlen, welche die Heimskr., cap. 28, S. 85, und cap. 37, S. 96—7, hat, — §. 189—90, die Zerwürfnisse K. Haralds mit Einar þambarskelfir und Finn Arnason ganz kurz erzählt, während die Heimskr., cap. 41, S. 99, u. s. w. solche höchst weitläufig berichtet, — § 192, den Hákon jarl Ivarsson zwar in der Schlacht an der Nizá anwesend weiss, aber weder von seiner hervorragenden Betheiligung an dieser, noch von der Art wie er dem flüchtigen Svein durchhilft, etwas berichtet, §. 193—4, die Begegnung des flüchtigen Königs mit der Bäuerinn besser erzählt, und §. 196, für Hákons Weichen aus dem Lande keinen Grund angiebt, wogegen die Heimskr., cap. 65—71, S. 124—34, alle diese Vorgänge wesentlich anders darstellt, — §. 195, den Zusammenstoss Haralds mit Hakon ganz kurz erzählt und in Jütland stattfinden lässt, während ihn die Hskr., cap. 74, S. 137—9, nach Götaland verlegt und ausführlich bespricht, — derselbe §. 195 des Königs Streit mit den Uppländern besser motivirt und chronologisch anders ansetzt als die Heimskr., cap. 76, S. 141—2, u. dgl. m. Aber wir dürfen nicht vergessen, dass uns Snorri's Werk nicht in seiner ursprünglichen Gestalt, sondern nur in einer späteren Ueberarbeitung vorliegt, so dass die Fagursk. in einzelnen Fällen gerade um so treuer an seiner Darstellung festgehalten haben mag, je entschiedener sie sich von der Heimskr. entfernt, und hiemit dürfte es zusammenhängen, dass in solchen Fällen die Haralds s. der Morkinskinna und der Flateyjarbók, welche ebenfalls auf Snorri ruht, zumeist mit der Fagursk. übereinstimmen; andererseits scheint auch deren Verfasser mehrfach von dem Bestreben sich leiten gelassen zu haben, so weit wie möglich seine Darstellung zu kürzen, wodurch dann auch so manche Abweichung von seinen Vorlagen sich ergeben musste. Was sodann die spätere Zeit betrifft, so mag die Geschichte des Olaf kyrri, kurz wie sie ist, ebenfalls auf Snorri beruhen; wohl fehlen die cap. 6—9 der Heimskr. unserem Werke, aber cap. 6—7 enthalten nur ein paar Mirakel des heil. Olafs, welche schwerlich von Snorri niedergeschrieben sind, und die beiden anderen Capitel fehlen auch der ältesten Recension der Heimskr. (der Kringla), und finden sich in deren übrigen Hss. (der Jöfraskinna, Frisbók, Gullinskinna und im Eyrspennill) nur mit mancherlei Abweichungen, so dass schliesslich nur ein paar Notizen über des Königs kirchliche Bauten übrig bleiben, welche die Hskr., cap. 2, S. 180, vor der Fagrsk. voraus hat. Sehr auffällig ist ferner auch die Uebereinstimmung der Fagrsk. mit der Heimskr. bezüglich der Geschichte des Magnús berfœtt. Die Erzählung von Sveinki zwar, welche die Hskr., cap. 8, S. 200—208, enthält, fehlt in der Fagrsk.; aber sie fehlt auch in der Kringla, und findet sich, da die Jöfraskinna hier defect ist, somit nur in der Frisbók, Gullinskinna und im Eyrspennill. Der mit dem Ágrip zusammenhängende Bericht der Heimskr., cap. 16, S. 217—19, über die zweite Schlacht bei Foxerni fehlt ebenfalls in der Kringla wie in der Fagrsk., und ist in den übrigen Hss. jener Sammlung an verschiedenen Orten eingestellt; im Uebrigen aber erzählt zwar die Heimskr. die Verwicklungen mit Schweden ausführlicher, und hat die Fagrsk. vielleicht sogar die von K. Magnús erlittenen Verluste absichtlich etwas verringert, weil sie von einer entgegengesetzten Version Kenntniss hatte, die ihm ungleich günstiger war: im Ganzen aber ist die Darstellung beider doch eine wesentlich gleichartige. Die Wunder des heil. Olafs, welche in cap. 23—24 der Hskr., S. 225, stehen, fehlen in deren sämmtlichen Hss. und sind nur aus Peringskjölds Ausgabe aufgenommen, und so bleibt denn von erheblicheren Differenzen nur übrig, dass in der Fagrsk. fehlt was die Hskr. cap. 18—22, S. 220—24, über des Magnús Verse auf die Kaisertochter und über dessen Zwist mit Skopti Ögmundarson sagt (was ebenda, cap. 18, über des Königs Wuchs gesagt ist, steht in der Fagrsk. nur an anderem Orte, nämlich §. 221, S. 151), und dass die Fagrsk., §. 234 und §. 241, mit der Morkinskinna übereinstimmend, den jungen Sigurd Magnússon mit einer Tochter des Schottenkönigs Melkolf sich verloben lässt, während die Hskr., cap. 12, S. 199, ebenso wie die späteren Sammelwerke (FMS., VII, cap. 24, S. 49—50), die Orkneyinga s., S. 116, und das Ágrip, cap. 44, S. 415, statt deren die Bjaðmynja, eine Tochter König Myrjartaks von Irland, nennen. Um so eigenthümlicher ist aber, dass die Notiz, Erlingur Erlendsson sei mit K. Magnús in Ulster gefallen, eine Notiz, welche die Orkneyinga s. sowohl, als die Magnúss s. Eyjajarls ausdrücklich auf Snorri Sturluson zurückführte (siehe oben, Anm. 28, S. 580), ebensogut in der Fagrsk., §. 240, S. 159, als in der Hskr., cap. 27, S. 229, zu finden ist; man möchte daraus im Zusammenhalte mit dem, was in der vorigen Anmerkung über die Existenz einer ausführlichen Specialsage von K. Magnús erörtert wurde, den Schluss ziehen, dass es Snorri gewesen sei, welcher solche verfasst habe, wenn nur nicht der Umstand, dass dieselbe vom Ágrip ausgeschrieben wurde und sogar bereits von Theodorich mehrfach benützt worden zu sein scheint, einer solchen Vermuthung im Wege stände. Möglich wäre zwar immerhin, dass die Fagrsk. sich hier auf eine Ueberarbeitung jener älteren Specialsage durch Snorri stütze, welche Ueberarbeitung in der Heimskr. nur mit weiteren Zuthaten und Aenderungen vorläge; indessen halte ich doch Alles in Allem genommen für ungleich wahrscheinlicher, dass Snorri nur im Anhange zu seiner Haralds s. harðráða auf K. Magnús zu sprechen gekommen sei, und dass die Fagrsk. von hier aus jene Notiz über Erlings Tod überkommen habe. Bezüglich der Geschichte des Königs Sigurð Jórsalafari und seiner Brüder zeigt sich die Heimskr. ungleich weitläufiger als unsere Fagrsk.; aber auch die Kringla ist weit kürzer als die übrigen Hss. jenes Sammelwerkes, und es ist somit wohl möglich, dass ein kürzerer von der Fagrsk. benützter Text erst nach und nach jene weiteren Amplificationen erhalten hätte; als charakteristisch hebe ich hervor, dass, wo die Heimskr., cap. 9, S. 239—40, den Kaiser Friedrich II. nennt, die Fagrsk., §. 244, S. 161, seinen Namen nicht bei, wogegen sie ebensogut wie jene Kaiser Heinrichs VI. Frau irrthümlich zur Tochter statt zur Schwester

K. Wilhelms von Sicilien macht (vgl. die Anmerkung der Herausgeber der Hskr. zu dieser Stelle, sowie Munch, II, S. 579—81, Anm.), ferner, dass die Fagursk., §. 245, S. 161, von den eidlichen Verpflichtungen völlig schweigt, welche K. Sigurð nach der Hskr., cap. 11, S. 241—2, dem Agrip. cap. 47, S. 416, und anderen Quellen eingehen musste, um im gelobten Lande seine Kreuzesreliquie zu erhalten. Mit dem letzteren Umstande mag es zusammenhängen, dass auch in der Lebensgeschichte des Harald gilli unsere Fagursk. Nichts von der Eroberung der Stadt Konúngahella durch die Wenden erwähnt, welche die Hskr., cap. 9—11, S. 307—15, ausführlich erzählt, und auch das Agrip., cap. 47, S. 416—7, bereits kurz berührt hatte; die Erzählung, welche mit jener Kreuzesreliquie in nächstem Zusammenhange steht, ist dabei, wie die Bezugname auf Lopt Sæmundarson und seinen Sohn Jón zeigt, augenscheinlich isländischen Ursprunges, ebenso wie die Erzählung von dem Skálholter Bischofe Magnús Einarsson, in der Heimskr., cap. 12, S. 316—18, und über des Sigurð slembidjákn Aufenthalt bei þorgils Oddason, in der Hskr., cap. 13, S. 320—1, welche beide in der Fagursk., aber freilich auch in der Kringla, gleichfalls fehlen. Im Uebrigen ist in der Geschichte K. Haralds sowohl als in der seiner Söhne, Sigurð, Ingi und Eysteinn, die Uebereinstimmung der Fagursk. mit der Heimskr. eine sehr durchgreifende; sie beruht aber einfach darauf, dass beide Quellen gleichmässig auf das Hryggjarstykki als auf ihre Grundlage zurückzuführen sind. Doch verkürzt die Fagursk. die Darstellung sehr auffällig, wie sie denn z. B. §. 259, S. 171, den Tod des Magnús blindi und Sigurð slembidjákn nur voraussetzt, nicht erzählt, — den Inhalt der Hskr., cap. 16—20, S. 352—9, völlig übergeht, — in §. 260, S. 171, die Ankunft des Cardinales Nikolaus nur ganz kurz erwähnt, während die Hskr., cap. 23, S. 362—3, dieselbe ausführlich bespricht, — in §. 262, S. 173, der Wunder nicht gedenkt, welche K. Eysteins Leiche nach der Heimskr., cap. 32, S. 376, verrichtet haben sollte, u. dgl. m. Umgekehrt hat sie, §. 260, S. 172—3, gelegentlich K. Sigurðs Tod auch wieder Manches, was in der Hskr., cap. 28, S. 370—72, fehlt; völlig ins Klare zu kommen wird über das Verhältniss beider Bearbeitungen zum Hryggjarstykki erst dann sein, wenn auch die übrigen Sagenwerke, und zumal die Morkinskinna, in getreuem Abdrucke zugänglich gemacht sein werden. Noch mehr hat die Fagursk., soweit eine in ihr vorfindliche Lacune dieses zu beurtheilen gestattet, die Hákonar s. herðabreiðs abgekürzt; sie erzählt, §. 263, S. 175, in zehn Zeilen, was die Hskr., cap. 1—12, S. 378—95, berichtet, und weiss zumal, hier wie sonst, Nichts von den in die letztere eingeschalteten langen Reden. In der Magnúss s. Erlingssonar endlich, deren Anfang bis zu Hskr., cap. 10 fin., S. 423, in Folge der oben erwähnten Lacune in der Fagursk. fehlt, stimmt diese mit der letzteren zumeist völlig überein, und zwar auch in Sätzen, die eine durchaus subjective Färbung tragen (vgl. z. B. Fagursk., §. 264, S. 175: „ok mörg slög vettu hvarir öðrum í eitum eða í aftökum manna; en ekki váru höfðingjar við þat, ok fyrir því er slíkt ekki ritat", mit Hskr., cap. 11, S. 424: „Mörg slög veitto oc hvarir ödrom í elltom, oda í manna aftökum; ok er þat eigi her ritat, er eigi áttus höfdingiar vid"). Daneben finden sich allerdings auch einzelne Abweichungen, wie denn z. B. in der Fagursk., §. 264, S. 176, steht „18 tigir manna", und „á Dyndansstöðum", während die Hskr., cap. 12, S. 424, setzt: „18 hundrut manna", und „á þeim bœ er Rannes heitir", und die Rede Erlings jarls dort in ihrer Wortfassung schlichter ist, — wie ferner die Hskr. Erlings Zerwürfniss mit dem Hiningabúar früher als die Fagursk. ansetzt, und über Erzbischof Eysteinn in ihrem cap. 16, S. 429—30, früher und mehr spricht, als diese in ihrem §. 266, S. 179, — wie Erlings Verhandlungen mit dem Dänenkönige Valdimar, welche die Hskr., cap. 2, S. 411—12, und cap. 23—24, S. 437—9, giebt, in der Fagurskinna, §. 267, S. 179, sowohl versetzt als kürzer gefasst sind, — wie endlich Erlings Verhandlungen mit dem Erzbischofe, sowie des jungen Magnús Krönung in der Fagursk., §. 268—9, S. 179—80, viel kürzer, drastischer und zugleich uncleriealer erzählt werden als in der Hskr., cap. 21—22, S. 434—37, und überhaupt in jener die Darstellung vielfach besser und flüssiger erscheint als in dieser. Aber in einem Falle wenigstens lässt sich nachweisen, dass die Hskr. mit den der Fagursk. zu Grunde liegenden Nachrichten andere combinirt habe. Wenn dieselbe nämlich gelegentlich des Ueberfalles am Ryðjökull (1166) in ihrem cap. 32, S. 449, der Verwundung Erlings mit dem Beifügen erwähnt, dass nach der Angabe „einiger Leute" derselbe beim Ziehen seines Schwertes sich selber verletzt habe, während die Fagursk., § 276, S. 164, nur diese letztere Version bringt ohne irgend welcher abweichenden Ueberlieferung zu gedenken, so ist klar, dass die abweichende Darstellung der ersteren aus einer anderen als der beiden gemeinsamen Quelle geflossen sein muss; es lässt sich aber diese weitere Quelle für diesen Fall glücklicher Weise sogar nachweisen, indem die Guðmundar biskups saga, cap. 4, S. 414, und nach ihr die Sturlúnga, II, cap. 40, S. 112, die Verwundung des Jarles von einem erhaltenen Schusse herrühren lassen; dass die Hskr. den Ari Þorgeirsson als im Gefechte gefallen erwähnt, welchen die Fagursk. gar nicht nennt, während dessen Tod in der Guðmundar s. und Sturlúnga ausführlich besprochen wird, lässt über diesen Punkt keinen Zweifel übrig (vgl. was oben, Anm 11, S. 538, bereits über diesen Gegenstand bemerkt wurde). Da überdiess, wie Guðbrandur Vigfússon mir bemerkt, die Morkinskinna in ihren späteren Theilen vielfach wortwörtlich mit der Fagurskinna übereinstimmt, kann die Frage, welche der verschiedenen Bearbeitungen den gemeinsamen Grundquellen am Nächsten stehe, und in welcher Reihenfolge und durch welche Nebenquellen bedingt jede von diesen zu ihren Abweichungen gelangt sei, zur Zeit noch nicht mit Sicherheit gelöst werden; insbesondere muss die Möglichkeit einstweilen noch im Auge behalten werden, dass die eine oder andere Bearbeitung nicht unmittelbar aus der gemeinsamen Quelle geschöpft, sondern aus irgend welchem abgeleiteten Texte erst ihre Nachrichten bezogen haben möge. Immerhin darf aber soviel als feststehend betrachtet werden, dass für die letzten anderthalb Jahrhunderte der norwegischen Geschichte, welche er behandelte, dem Verfasser der Fagurskinna folgende Quellen mittelbar oder unmittelbar zu Gebote standen: ein Werk Snorri's über die Könige Magnus góði und Haraldur harðráði, — eine Specialgeschichte über K. Magnus berfœtt und seine Söhne, diese vielleicht von Snorri überarbeitet, — das Hryggjarstykki Eirīks, — endlich eine Specialgeschichte der Könige Hákon herðabreið und Magnús Erlingsson. Allen diesen Vorlagen scheint derselbe dabei getreu gefolgt, und höchstens auf deren Abkürzung einigermassen bedacht gewesen zu sein.

Weniger leicht ist es, über die Quellen ins Reine zu kommen, welche bei der Herstellung der ersten Hälfte des Werkes gedient haben. Keinem Zweifel kann zwar unterliegen, dass dessen Verfasser eine ältere Ólafs saga ens helga vor sich hatte; aber um so schwerer ist es, über deren Beschaffenheit sich klar zu werden. An einzelnen Stellen stimmt nämlich die Fagurskinna mit den älteren Membranfragmenten unserer legendarischen Sage so genau überein, dass man sie allenfalls sogar aus diesen emendiren kann (vgl. Fagursk., § 108, S. 68, wo Text A liest: „ok dvaldisk þar um hríð með Sigtryggi (oðr Ivars, ok hans synir váru Suni ok Karl jarl)", während Text B für die letzten Worte hat: „Ivars funa, föður Karls jarls"; das Fragment der legendarischen Sage, cap. 76, S. 95, liest: „oc dvalþisc þar mioc lengi. með sigtryggvi fauþr ivars. fauþor sona. fauþor karls", wogegen der vollständige Text, S. 59, wider nur sagt: „oc dvaldesc þar miok lengi með Sigtrygg"); andere Male entspricht ihr Wortlaut wider mehr dem späteren, vollständig erhaltenen Texte dieser Sage (vgl. z. B. Fagursk., § 107, S. 68: „þa gekk Ólafr konungr af skipum sinum, þar sem heitir Slygsfjorðr", wo die legendarische Sage, cap. 71, S. 56, hat: „Gingr fra skipum sinum þar sem Slyes heitir", die Fragmente, S. 95, aber haben: „en þat er fra sagt. at konungrenn tecr þat rað. at hann letr þar setia vp all scip sin. sem þa voro þeir staddir. en þat var i slyge a møri norþr. oc ganga þeir þar fra scipom sinom"); wider andere Male folgt sie dem Werke Styrmir's, wie sie denn, § 94—5, S. 77, aus ihm die Neunzahl der von K. Olaf gefangenen Könige entlehnt zu haben scheint, im Gegensatze zu der anderwärts genannten Fünfzahl oder Eilfzahl (siehe oben, Anm. 20, S. 578—9), aber sie widerspricht diesem wider in ihrer Darstellung der Beziehungen des Þórir hundur zu dem Könige (vgl. oben, Anm 18, S. 561—2, und Anm. 20, S. 573—5); die Gefangennahme Hákon jarl's im Sauðungasund vollends erzählt sie (vgl. oben, Anm. 28, S. 627) wie die Heimskringla und die anderen späteren Bearbeitungen, von der legendarischen Sage, Theodorich und dem Ágrip bestimmt abweichend, u. dgl. m. Ich kann unter solchen Umständen mich nicht entschliessen, mit der Vorrede zur Fagurskinna, S. VIII, ausschliesslich jene Uebereinstimmung mit den Membranfragmenten zu betonen, oder umgekehrt mit der Vorrede zur geschichtlichen Olafs s. ens helga, S. XII—XIII, dann XIX, in Styrmir's Werk deren Quelle zu suchen; mir scheint vielmehr irgend eine uns in keiner Weise erhaltene Redaction der legendarischen Sage als solche gedient zu haben, und wage ich keine bestimmtere Vermuthung über deren Aussehen und Verfasser, die Frage mir zu eingehenderer Prüfung vorläufig noch zurücklegend. Ebenso ist sicher, dass Odd's Biographie des Olaf Tryggvason unserem Verfasser zur Hand war. Die Beschreibung der Svolderer Schlacht in der Fagursk., § 76–81, S. 60–66, ist gutentheils wörtlich aus jener Quelle abgeschrieben, so dass sogar eine kleine Lücke in der ersteren aus der Kopenhagener Recension Odds ergänzt werden kann (vgl. § 80, S. 65, mit FMS. X, cap. 69, S. 359); aber auch in Bezug auf des Königs frühere Geschichte fehlt es nicht an wörtlichen Uebereinstimmungen, nur dass in Bezug auf sie die Fagursk. ihre Vorlage gar sehr abgekürzt, und zugleich von allen allzu legendenhaft oder abentheuerlich aussehenden Zügen gereinigt hat. Auch darüber kann kein Zweifel bestehen, dass die Fagurskinna die Jómsvikinga saga benützt hat, nur freilich in einer älteren als der uns vorliegenden Redaction; da oben, Anm. 21, S. 562–7, dieser Punkt bereits seine Erörterung gefunden hat, mag auf das dort Ausgeführte hier einfach verwiesen werden. Endlich darf auch als gewiss angenommen werden, dass jene ältere Hakonar saga ens góða, über deren Bestand in der vorigen Anm., S. 630—33, gehandelt worden ist, von unserem Verfasser benützt wurde, auf welche Erörterung hier einfach zurückverwiesen werden mag; aber um so weniger will es mir gelingen, über die Quellen völlig klar zu werden, welche für die Geschichte der Könige Hálfdan svarti und Haraldr hárfagri, und wider für die Geschichte Harald gráfeld's und Hákon jarl's benützt wurden. Doch scheint mir soviel unverkennbar, dass hier zunächst eine sehr kurzgefasste Darstellung als Vorlage gedient hat, welche dann durch kleinere, aus den verschiedensten Quellen bezogene Stücke interpolirt, und zwar in beiden Texten nicht immer gleichmässig interpolirt wurde. So erzählt z. B. der Text B der Fagursk., § 1, S. 3, Anm. 1, den Tod und das Begräbniss des K. Hálfdan ganz kurz, und mit denselben Worten, wie das Ágrip, cap. 1, S. 377, während Text A einen ungleich weitläufigeren und selbstständigeren Bericht über dieselben Vorgänge giebt; nur Text A weiss ferner von der Helga Dagsdóttir als der zweiten Gemahlinn jenes Königs, während Text B sie in kurzen Worten, § 1, S. 1, Anm. 6, Ragnhild Sigurðardóttir nennt wie so manche andere Quellen (nur freilich nicht Sigurðar dóttir hjartar, sondern orms í auga). Wenn es ferner im Ágrip, cap. 2, S. 378, von K. Harald heisst: „En þat var 10. vetr er hann barþiso aþr til landz, enn hann urþi allvalz konungr at Noregi, oc siþaþi vel land sitt oc friþaþi, oc atti sono tvitian, oc meþ morgum conom", u. s. w., so kehrt die erste Hälfte dieses Satzes („en þat var — hann *friðaði* vel land sitt ok *siðaði*") in Fagursk., § 14, S. 9—10, die zweite dagegen („hann átti 20. sonu ok með mörgum konum", u. s. w.) in § 20, S. 12, wider, während die in Mitte liegenden 5 §§ eine höchst legendenhafte Erzählung von K. Harald, Ragna und Herzog Guðorm enthalten, von welcher der Text B widerum nicht das Mindeste weiss. In gleicher Weise bildet das Abentheuer von K. Haralds Beziehungen zu K. Aðalsteinn in England, § 21—22, S. 12—13, augenscheinlich ebenfalls nur ein späteres Einschiebsel, welches freilich seinerseits in beiden Texten gleichmässig Aufnahme gefunden hat. Bedenke ich nun, dass Alles, was die Fagursk. sonst noch über K. Harald hárfagri hat, lediglich aus den Versen des Hornklofi, Eyvindur skáldaspillir und Þjóðólfur or Hvini genommen ist, so ergiebt sich, dass die zu Grunde gelegte Hauptquelle dürftig genug gewesen sein muss, um in den einleitenden Worten einer Ólafs s. ens helga, oder in einer Chronik von der Art gesucht werden zu dürfen, wie sie Ari und Sæmundr verfasst haben. Aehnlich steht die Sache bezüglich der Geschichte K. Harald gráfeldr's, welche aus der Gráfeldar drápa des Glúm Geirason und aus Erzählungen über Eyvind skáldaspillir ergänzt ist, welche wider an des letzteren Verse anknüpfen: für die Geschichte des Jarles Hákon aber musste, neben den Versen Glúms, dann Einar skálaglam's, u. dgl. m. noch die schon angeführte Jómsvíkinga s. herhalten. Die chronologischen Differenzen, die zwischen der Fagursk. und der Heimskr. in ihren früheren Abschnitten bestehen, lassen unwahrscheinlich erscheinen, dass jene auf Ari sich stütze, der für diese ziemlich durchgreifend bestimmend geworden zu sein scheint; ob aber darum sofort in Sæmunds Schrift deren mehr besprochene Quelle zu suchen sei, lasse ich dahingestellt, da alle näheren Angaben über deren Inhalt fehlen. Dafür aber scheinen mir jedenfalls genügende Gründe nicht vorzuliegen, dass die erste Hälfte der Fagurskinna bereits zu einem selbstständigen Ganzen verarbeitet gewesen sei, ehe sie mit deren zweiter, auf Snorri, dem Hryggjarstykki u. s. w. beruhender Hälfte zu einem Gesammtwerke verbunden worden wäre, vielmehr möchte ich dafür halten, dass dieses ganze Werk von einem einzigen Compilator herrühre, dessen Darstellung nur darum in den verschiedenen Theilen seiner Arbeit einen etwas verschiedenen Charakter angenommen habe, weil er sie aus sehr verschiedenartigen Materialien in ziemlich mechanischer Weise zusammensetzte. Aber speciell glaube ich auch hervorheben zu sollen, welche ungewöhnliche Kenntniss älterer Lieder, und zumal isländischer Lieder dieser Compilator bewährt. Volle 51 Gedichte hat Jón þorkelsson als von ihm benützt nachgewiesen, volle 40 Männer aufgezählt, von welchen er Weisen anführt (ang. O., S. 168—69); von diesen Dichter sind aber nur 8 nachweisbar norwegische Männer, darunter drei Könige und ein Jarl, — von jenen Gedichten nur 5 nachweisbar von Norwegern verfasst. Damit allein schon, will mir scheinen, ist die isländische Herkunft der Fagurskinna unumstösslich bewiesen, ganz wie die einzige Thatsache, dass das hier angeführte herrliche Eiríksmál der Heimskringla völlig fremd ist (in der Snorra Edda, Skáldskaparm., cap. 2, S. 240—42, steht ein Stück desselben), mir genügen würde, um zu beweisen, dass Snorri bei der Abfassung seiner historischen Werke nicht (wie die Vorrede zur geschichtlichen Ólafs s. ens helga, S. XXXVII, annimmt) im Falle war die Fagurskinna zu Rathe zu ziehen, selbst wenn nicht die Aufnahme seiner Haralds s. harðráða in diese bereits solchen Beweis erbringen würde. Zugleich dient aber die Art, wie hier Lieder zu historischen Zwecken benützt werden, zu einer weiteren Bestätigung dessen, was oben über das muthmassliche Alter dieser Quelle zu bemerken war.

Anm. 30.

Von der Hákonar s. Sverrissonar, Guttorms Sigurðarsonar ok Inga Bárðarsonar giebt es eine zweifache Recension. Die kürzere reicht nur bis zum Jahre 1210, und ist im Eyrspennill (AM. 47 in 4to) und theilweise auch der Skálholtsbók (AM. 81 in 4to), sowie einem Membranfragmente (AM. 325 in 4to) erhalten; die längere, bis zum Jahre 1217 reichende, ist dagegen bis auf 3 wenig umfangreiche Membranfragmente im Originale verloren, und somit nur noch in der alten dänischen Uebersetzung erhalten, welche von Peter Claussøn verfasst, und sodann im Jahre 1633 in Kopenhagen zum Drucke befördert worden ist. Für die Entstehungszeit der Sage ist entscheidend, dass cap. 20, S. 56, der kürzeren Recension (= S. 174—6 der längeren) gesagt wird: „þessa frásögu sagði smiðrinn sjálfr Filippó jarli þann sama vetr í Túnsbergi, en sá sagði oss er þá heyrði á“; der Vorfall, um den es sich handelt, gehört dem Januar des Jahres 1208 zu, und konnte demnach ein damals bei dem Jarle Anwesender darüber kaum nach der Mitte des Jhdts. Bericht gegeben haben. Für die isländische Herkunft des Stückes ferner spricht nicht nur der ganz regelmässige Gebrauch der isländischen Tagnamen, neben welchen nur sehr ausnahmsweise die norwegischen auftreten (cap. 7, S. 17: „þriðja dag“; cap. 9, S. 19: „fimtadaginn“, S. 20: „mánadag, þriðjadaginn, miðvikudaginn“, und S. 21: „fjádaginn“; cap. 11, S. 27: „miðvikudaginn, fimtadaginn, frjádaginn“; cap. 12, S. 27: „annan dag, þriðja daginn“; cap. 16, S. 42: „þórsdaginn, frjádaginn, annan dag, týsdaginn, miðvikudaginn), sondern auch die Erwähnung der Ankunft des isländischen Bischofes Guðmundur Arason (cap. 1, S. 3, der kürzeren, und S. 64 der längeren Recension), und mehr noch die Erwähnung des Todes eines ganz unbedeutenden Isländers Namens Kolskeggur (cap. 11, S. 26, der kürzeren Recension; die längere, S. 128, nennt keinen Namen). — Finnur Magnússon hat in seinen Vorreden zu FMS., Bd. VIII, S. XI—XV, und Bd. IX, S. VI—VIII, dann XI—XIII, nachzuweisen gesucht, dass Snorri als Fortsetzung seiner Heimskringla jenen Auszug aus der Sverrissage, welchen das Eyrspennill enthält, verfasst, und dass er überdiess gleichzeitig mit dem Ehrenliede auf Hákon jarl galinn auch die kürzere Redaction der Dreikönigssage im Jahre 1211 verfertigt und im Jahre 1212 diesem Jarle überschickt habe; die längere Recension der Sage habe derselbe Snorri dann später geschrieben, und im Jahre 1218 dem Skúli jarl nach Norwegen gebracht. Diese Annahme hat hie und wider Anklang gefunden (z. B. bei Wachter, Snorri Sturluson's Weltkreis, I, S. XXVIII—IX; vergl. auch Antiquités Russes, II, S. 79); sie ist indessen, wie Finns meiste Hypothesen, zwar scharfsinnig motivirt, aber auch luftig genug aufgebaut, und verliert vollends allen Halt, sowie man den Aberglauben aufgiebt, dass unsere Heimskringla so wie sie liegt das Werk Snorri's sei. Die andere Vermuthung, dass Styrmir der Verfasser unserer Sage gewesen sein möge, hat dagegen Munch, in seiner norwegischen Geschichte, Bd. III, S. 1039—40, ausgesprochen, und sich dabei auf die doppelte Thatsache berufen, dass der gelehrte Prior nachweisbar die Sverris saga überarbeitete, und dass unsere Dreikönigssage augenscheinlich nur einen Nachtrag zu dieser bilde. Für die letztere Annahme lässt sich allerdings geltend machen, dass die Dreikönigssage sich mehrmals auf einzelne Stellen der Sverris saga als auf ihr vorangehende bezieht (vgl. die kürzere Recension, cap. 1, S. 1: „En er Íngi konúngr spurði at Sverrir konúngr var braut farinn úr Víkinni, er hann hafði setit um bergit, sem fyrr er ritat"; cap. 3, S. 4: „sem fyrr er ritat, at hann þótti jafnan vera traust Birkibeinum", wo beidemale die Skálholtsbók die Verweisung, wenn auch in etwas anderen Worten, mit dem Eyrspennill theilt); aber doch dürften derartige Bezugnahmen nicht absolut beweisend sein, da sie ebensogut wie von dem Verfasser auch von dem Abschreiber beigefügt sein können, der eine Reihe von Verschiedenen verfasster Sagen in ein Heft zusammenschrieb. Auch eine Hs. der Hákonar s. gamla (cap. 2, S. 231, Anm. 1) nimmt einmal mit den Worten: „eptir því sem segir í Böglúngasögum", auf unsere Dreikönigssage Bezug, und ein andermal wird in derselben Sage (cap. 10, S. 247) von K. Ingi sprechend gesagt: „sem ritað er í sögu hans", was doch nur in demselben Sinne verstanden werden kann; man könnte somit, wenn man auf derartige Wendungen entscheidendes Gewicht legen wollte, allenfalls auch umgekehrt den Sturla þórðarson zum Verfasser jener Sage machen, und seinem markigen Style würde zudem der lebendige Vortrag derselben weit eher sich vergleichen lassen als der schwülstigen Schreibweise Styrmir's, welche in der Sverrissaga nur darum weniger vortritt, weil er sich mit geringfügigen Ausnahmen ängstlich an seine Vorlage hielt.

Anm. 31.

Die entscheidenden Zeugnisse über den Sturla þórðarson Geschichtschreibung, soweit solche Norwegen betrifft, sind folgende. Die Sturlúnga sagt, X, cap. 17, S. 305: „ok litlu sídar kvam Sturla í hina mesto kærleika vid kóng, ok hafdi kóngr hann miok vid rádagiordir sinar ok skipadi honum þann vanda at setia saman sögo Hakonar kóngs fodur sins, eptir sialfs hans rádi ok hinna vitrusto manna forsögn"; ferner cap. 18, S. 306: „Ok þá í annari utanferd Sturlu var hann enn med Magnúsi kóngi vel haldinn ok mikils metinn. þá setti hann saman sögo Magnúss kóngs eptir bréfum ok sialfs hans rádi." Die Hákonar s. gamla aber erklärt, cap. 275, S. 49: „Er þat mál manna, at Friðrekr keisari hafi gofgastr verit af Rúmverja keisurum í hinni síðari old. Hann var keisari 19 vetr ok 20, enn eptir hann fell niðr keisaradóminn, ok engi hefir verit siðan, þar til er þessi bók var saman sett, ok Magnús hafði konúngr verit at Noregi 2 vetr, siðan Hákon konúngr fór vestr um haf." — Bezüglich der Lebensgeschichte Sturla's, dann seiner vielseitigen litterarischen Leistungen, verweise ich zumal auf eine Abhandlung von Sveinn Skúlason, „Æfi Sturlu lögmanns þórðarsonar, og stutt yfirlit þess er gjörðist um hans daga", welche sich im Safn til sögu Íslands, I, S. 503—639, gedruckt findet; doch ist die Vita Sturlæ Thordii, welche Thorlacius und Werlauff dem 5ten Bande der Heimskringla voranschickten, und die Vorrede derselben zu eben diesem Bande, nach wie vor zu vergleichen, und sind überdiess die Berichtigungen nicht zu übersehen, welche Jón Sigurðsson im Safn, II, S. 31 und 39—42 über einzelne Punkte in seiner Lebensgeschichte mitgetheilt hat. Hinsichtlich der Ausgaben der Hákonar s. aber ist auf den harten, aber gerechten Tadel hinzuweisen, welchen Munch, III, S. II—IV, über deren Behandlung sowohl in der Folioausgabe der Heimskringla, Bd. V, als in Bd. IX und X der FMS ausgesprochen hat; die Ausgabe der Flateyjarbók, III, S. 1—233, hat übrigens inzwischen dem von ihm gerügten Misstande abgeholfen.

Anm. 32.

Wenn es gilt, die Entstehungszeit der Heimskringla festzustellen, ist vor Allem darauf Gewicht zu legen, dass die Kringla, welche unzweifelhaft den ältesten Text des Werkes enthält, in den Jahren 1264—68 etwa entstanden zu sein scheint, da ein in ihr enthaltenes Skáldatal, wie Guðbrandur Vigfusson mir mittheilt, auf diese Zeit zurückweist (vgl. über dieses Skáldatal die kurzen Bemerkungen, welche Jón Sigurðsson in den Íslendingasögur, II, S. 189, Anm. 1, und im Diplom. island., I, S. 499, macht; die von Möbius in seinem Catalogus, S. X—XI, bezüglich der Existenz des Stückes erhobenen Zweifel dürften damit erledigt sein). Keine Hs. der Heimskr. weist weiter zurück, und jedenfalls erweisen sich die Jöfraskinna, Gullinskinna, Frissbók ebenso gut wie das Eyrspennill und die verschiedenen in den FMS., I—VII, benützten Hss. nur als spätere Umgestaltungen jenes älteren Textes, während zugleich nicht die mindeste Spur darauf hindeutet, dass die in diesem als Vorlagen benützten Stücke bereits früher in ihrer Gesammtheit zu einem Ganzen verarbeitet worden seien. Da andererseits die Heimskr. an einer früher bereits angeführten Stelle (Anm. 25, S. 600) den Kaiser Friedrich II. bereits als verstorben, aber doch erst vor Kurzem verstorben bezeichnet, kann auch aus inneren Gründen als festgestellt gelten, dass dieselbe nicht vor dem Jahre 1250, aber auch nicht allzu lange nachher entstanden sein müsse. Als den Verfasser der Compilation könnte man etwa den Sturla þórðarson vermuthen, da um seines allzu frühen Todes willen dessen Bruder Olaf hvítaskáld († 1259) nicht in Frage kommen kann; aber der alleinige Umstand, dass Sturla mit norwegischer Geschichte sich selbstständig beschäftigt hat, bietet doch einer solchen Vermuthung nur eine allzu schwache Stütze und überdiess scheint Manches darauf hinzudeuten, dass der Compilator geistlichen, nicht weltlichen Standes gewesen sein möge (vgl. z. B. die Worte: „gjörðo fagra processio" in der Haralds saga harðráða, cap. 10, S. 65, welche in der Fagrsk., § 158, S. 109, fehlen; oder „en þat var XI. Kalendas Januarii", „hann andadiz IV. Kalendas Septembris", in der Sigurðar s. Jórsalafara, cap. 22, S. 261, und cap. 26, S. 268, u. dgl. m.). Ueber das Verfahren des Verfassers oder wie man ihn wohl richtiger nennt, Compilators, giebt aber theils die Vergleichung der verschiedenen Hss. der Heimskr. unter einander Aufschluss; theils deren Vergleichung mit anderen uns erhaltenen Sagenwerken, von denen wir Grund haben anzunehmen, dass sie uns Snorri's Arbeiten oder andere von dem Compilator benützte Materialien mehr oder minder unverändert wiedergeben; theils endlich auch die Vergleichung der verschiedenen Abschnitte der Heimskr. unter sich, mit Rücksicht auf Form und Inhalt ihrer Darstellung. Soll hier, unter Bezugnahme auf das früher schon über die von Snorri selbst benützten Quellen Gesagte (vgl. oben, Anm. 26, S. 607—17), auf die muthmassliche Entstehungsgeschichte des Werkes etwas näher eingegangen werden, so mag dabei aus Gründen, die später noch erhellen werden (vgl. unten, Anm. 33), vorläufig die Frage völlig ausser Betracht bleiben, wieferne etwa ein Theil der in der Heimskr. enthaltenen Stücke bereits vor ihrer Entstehung zu einem kleineren Ganzen vereinigt gewesen sein könnten.

Bei anderer Gelegenheit wurde bereits dargethan, dass der Prolog, welcher unserer Heimskr. vorangesetzt ist, aus verschiedenen ursprünglich selbstständigen Stücken zusammengesetzt sei, aus drei Prologen nämlich, welche ursprünglich für die Ynglinga s., die Ólafs s. Tryggvasonar und die Ólafs s. ens helga des Snorri bestimmt gewesen waren (vgl. oben, Anm. 25, S. 601—6). Dagegen scheint die Ynglinga saga Snorri's ziemlich unverändert aufgenommen worden zu sein; eines bezüglich der Benützung der Skjöldúnga saga allenfalls zu erhebenden Zweifels ist bereits früher gedacht worden. Die Hálfdanar saga svarta scheint mir von dem Compilator selbst redigirt, wie denn auch die sonst von Snorri so fleissig verwendeten Verse hier fehlen und die auf Snorri's Werk gebaute Ueberarbeitung der Ólafs s. Tryggvasonar von dem Inhalte der Hálfdanar s. ausser ein paar genealogischen Notizen Nichts aufnimmt (FMS., I). Als Materialien mochten theils kürzere Angaben gedient haben, welche Snorri in der Einleitung zu seiner Ólafs s. Tryggvasonar gegeben hatte, — theils dieselbe, ausdrücklich in Bezug genommene, Sigurðar s. hjartar, aus welcher andererseits auch der wenig spätere þ. af Ragnars sonum in der Hauksbók geschöpft hat, — theils endlich auch wohl einzelne weitere Notizen, welche Styrmir oder irgend ein anderer Verfasser seiner Ólafs s. ens helga vorgesetzt hatte. Wie weit etwa die Haralds saga hárfagra mit Zusätzen bereichert worden sei, getraue ich mich nicht zu bestimmen, glaube aber immerhin annemen zu dürfen, dass sie im Grossen und Ganzen Snorri's Werk sei, worauf zumal auch ihre vorzugsweise Begründung auf Lieder hindeuten möchte: nur in der Erzählung von dem Riesen Svási und seiner Tochter Snæfriðr, Heimskr., cap. 25, S. 102—3, glaube ich ein Einschiebsel erkennen zu sollen, welches wortwörtlich aus dem Ágrip, cap. 3—4, S. 378—80, genommen ist. Die Hákonar saga góða war sicherlich bereits bei Snorri zu finden gewesen; aber die Hákonarmál, welche Heimskr., cap. 33, S. 161—4, am Schlusse derselben vollständig angehängt sich finden, sind sicherlich ein Einschiebsel des Compilators: Snorri selbst hätte ganz gewiss nicht in cap. 30, S. 156—8, fünf Strophen dieses Liedes ausgeschrieben, wenn er dasselbe wenige Seiten später im Ganzen hätte mittheilen wollen, und überdiess widerspricht auch diese Aufname ganzer Lieder ganz und gar seinem Gebrauche. Von der Haralds saga gráfeldar ok Hákonar jarls möchte ich dasselbe halten, und stosse ich mich hier nicht daran, dass in cap. 1, S. 166, gleichfalls eine Strophe widerholt wird, die bereits in der Hákonar saga góða, cap. 27, S. 153, steht: hier giebt sich nämlich die Widerholung als solche, und ist sie zugleich durch den Zusammenhang vollständig motivirt. Doch möchte, cap. 11, S. 179—80: „frá Haraldi grænska" erst hinterher an diesem Orte eingeschaltet worden sein, da es vielmehr ursprünglich an einem späteren Orte der Ólafs s. Tryggvasonar, wenn nicht gar der Ólafs s. ens helga seine Stelle einzunemen gehabt haben wird. Auch die Ólafs s. Tryggvasonar dürfte im Grossen und Ganzen das ziemlich unveränderte Werk Snorri's sein; doch mag auch hier im Einzelnen Manches von dem Compilator geändert worden sein. Ich denke dabei nicht an jenes grössere auf Grönland und Vínland bezügliche Stück, welches cap. 105—12, S. 304—26, eingeschoben sich findet, und dessen Ausführlichkeit mit der Knappheit der sonstigen Schreibweise Snorri's so wenig stimmt, während noch überdiess dessen wesentlichster Inhalt schon vorher in cap. 93, S. 291, und cap. 104, S. 303—4, mitgetheilt worden war: dieses ist vielmehr in keiner unserer Hss. vorhanden, und nur aus Peringskjöld's Ausgabe in die späteren Editionen der Heimskr. herübergenommen worden, Peringskjöld aber hatte dasselbe sicherlich nur aus der Flbk., I, S. 430—32, und 538—49, bezogen (vgl. Müller, Undersøgelse, S. 228). Wohl aber glaube ich darauf hinweisen zu dürfen, dass in cap. 96, S. 294—5, eine Thatsache zum zweitenmale erzählt und ein Lied des þórðr Kolbeinsson zum zweitenmale als Beleg angeführt wird, nachdem Beides in cap. 57, S. 256—9, bereits zu lesen gewesen war; offenbar hatte Snorri den Punkt nur an einer Stelle des Näheren besprochen, unser Compilator aber denselben an einer anderen Stelle einzurücken beschlossen, und dann hinterher doch wider vergessen, ihn an jener ersteren zu beseitigen. Auch muss, da die Ynglinga s. zwar einen naturgemässen Schluss hat, aber sowohl der Halfdanar s. ein markirter Anfang, als der Ólafs s. Tryggvasonar ein markirtes Ende fehlt, nach beiden Seiten hin Snorri's Biographie dieses letzteren Königs umgearbeitet worden sein. Hinsichtlich der Ólafs s. ens helga ferner zeigt die Vergleichung der Stockholmer Hs. dieser Sage, welche, wie unten noch darzulegen sein wird, wohl noch einige Jahre vor der Kringla geschrieben sein dürfte, wie genau unser Compilator seinen Vorlagen folgte; doch musste immerhin auch hier der veränderte Plan des Ganzen manche Aenderungen mit sich bringen, und sind es auch hier wieder zumal die Eingangs- und Schlusscapitel, welche von solchen betroffen worden zu sein scheinen. Das zwar mag zweifelhaft bleiben, ob die mancherlei Notizen über des heil. Ólafs Voreltern und über seine eigene Kindheit, welche die legendarische Sage an die Spitze seiner Lebensbeschreibung stellt, während die Heimskr. dieselben an verschiedenen Stellen ihrer Haralds s. gráfeldar und ihrer Ólafs s. Tryggvasonar eingestellt zeigt, nicht bereits von Snorri selber diesen Platz angewiesen erhalten haben; da die letztere Sage ihm Gelegenheit bot, von K. Ólafs des Heiligen Taufe zu sprechen, wäre diess allenfalls möglich, wenn auch nicht wahrscheinlich. Ein sichereres Ergebniss lässt sich dagegen für die Schlusscapitel gewinnen. Im cap. 260, S. 394, heisst es nämlich: „Nú er sagdr nockr luti sögo Olafs konungs, frá tidindom þeim er gerdoz medan hann red Noregi, oc sva frá falli hans, oc þvi er helgi hans kom upp: enn nú skal þat eigi nidri liggia, er honom er þó mest vegsemd i, at segia frá iartegna gerd hans, þótt þat se sidarr ritat í þessari bók." Die Stelle findet sich in der geschichtlichen Olafs saga ens helga, welche auf der Stockholmer Hs. beruht, in cap. 248, S. 238, und in den späteren Bearbeitungen, FMS., V, cap. 232, S. 114—5, im Uebrigen wesentlich gleichlautend, nur dass der Schlusssatz: „þótt þat sé" u. s. w. fehlt; nur in dieser Gestalt kann sie denn auch in Snorri's Werk gestanden haben, und müssen demnach in diesem unmittelbar nach jenem Satze einige Mirakel des heil. Olafs besprochen worden sein, ganz wie diess in den älteren Redactionen seiner Sage bereits der Fall gewesen war (vgl. oben, Anm. 18, S. 554), und müssen diese erst von dem Compilator der Heimskr. beseitigt und an spätere Stellen seiner Compilation verwiesen worden sein. Wirklich lässt die Stockholmer Hs. und was sich an sie anschliesst, sofort eine Reihe von Wundererzählungen folgen; wirklich finden sich andererseits in den späteren Abschnitten der Heimskr. verschiedene Olafsmirakel berichtet, und zwar unter Umständen, welche schon an und für sich deren nachträgliche Einschaltung dringend wahrscheinlich machen müssten. Nur sehr theilweise nämlich hängen dieselben mit der übrigen Geschichtserzählung einigermassen zusammen, wie etwa in der Magnúss s. góða, cap. 28 u. 29, S. 33 u. 35, der Haralds s. harðráða, cap. 14, S. 60, cap. 28, S. 86, und cap. 65, S. 152, oder der Sigurðar s. Jórsalafara, cap. 19, S. 254; von den völlig isolirt stehenden aber zeigen überdiess eines die verschiedenen Hss. an verschiedenen Stellen eingerückt (Ólafs s. kyrra, cap. 6, S. 183—4), mehrere fehlen in der Frissbók (Haralds s. harðráða, cap. 56—57, S. 113—15; Ólafs s. kyrra, cap. 7, S. 184), eines findet sich, und zwar an verschiedenen Stellen eingerückt, nur in der Jöfraskinna und bei Peringskjöld (Hákonar s. herðabreiðs, cap. 21, S. 407—8), von den bei Peringskjöld allein vorfindlichen ganz zu schweigen (vgl. Haralds s. harðráða, cap. 58—59, S. 115—6; Magnúss s. berfætts, cap. 23—24, S. 225; Sigurðar s. Jórsalafara, cap. 38, S. 287—90; Sigurðar s., Inga ok Eysteins, cap. 24—25, S. 363—7; Hákonar s. herðabreiðs, cap. 20, S. 404—7; dass die beiden von Peringskjöld in diese letztere Sage eingeschobenen Capitel den Zusammenhang unterbrechen, in welchem deren cap. 19 mit dem Anfange der sofort folgenden Magnúss s. Erlingssonar steht, hat bereits Rask in der Vorrede zu Bd. VII der FMS., S. 5—6 hervorgehoben). Die Aenderung, die unser Compilator an Snorri's Werk vornam, ist also insoweit eine augenscheinliche. Aber noch eines zweiten Punktes ist hier zu gedenken. In cap. 259, S. 391—3, theilt die Heimskr. eine Reihe von Strophen aus der Glælognskviða des þórarinn loftúnga mit, und fährt sodann fort: „þórarinn Loftúnga var med Sveini konungi, oc heyrdi þessi stórmerki heilagleiks Olafs konungs, at af himneskom hróptom mátto menn heyra yfir hans helgom dómi hlióm, sva sem klockor hringdiz, oc kerti tendradiz siálf þar yfir alltari af himneskom eldi; enn sva sem þórarinn segir, at til hins helga Olafs konungs kom þeir mans haltir oc blindir, edr á annan veg siukir, enn fóro þadan heilir, getr hann ecki annars edr greinir, enn þat mundi vera ataligr fiöldi manna er heilso fengo þá þegar í upphafi at iartegnagerd hins helga Olafs konungs; enn hinar fyrstu iartegnir Olafs konungs þá ero þær mest ritadar oc greindar, oc þær er sidarr hafa gerst.“ Die geschichtliche Sage, cap. 245, S. 230—1, und ebenso die FMS., V, cap. 229, S. 108—10, bringen die Strophen ebenfalls, lassen aber die weiteren, eben ausgeschriebenen Worte weg; aber selbst wenn dieser äussere Beweisbehelf fehlen würde, könnte Niemand, der Snorri's Vortrag einigermassen kennt, diese lahme Paraphrase der unmittelbar vorhergehenden Verse ihm in die Schuhe schieben wollen. Die Vermuthung, dass die aus der Færeyinga s. in die Ólafs s. ens helga herübergenommenen Stücke nicht schon von Snorri selbst, sondern erst von seinem Ueberarbeiter in diese eingestellt worden seien, ist früher schon von mir ausgesprochen worden; dagegen mag die früher nur angedeutete Vermuthung, dass es bezüglich der Orkneyinga s. theilweise ebenso gestanden haben werde, hier auch ihre nähere Begründung finden. Nachdem schon in den früheren Abschnitten der Heimskr. oft genug von den Inseln die Rede gewesen war (vgl. zumal in der Haralds saga hárfagra die capp. 10, 12, 22, 24, 27, 30—32; in der Hákonar s. góða, cap. 4—5, und cap. 10; in der Ólafs s. Tryggvasonar, cap. 16 u. 52; in der Ólafs s. helga, cap. 87), findet sich in deren Ólafs s. ens helga, cap. 98—109, S. 144—61, unter der Ueberschrift „Jarla saga“ eine kurze Geschichte derselben eingestellt, welche von den Zeiten des Harald hárfagri an bis auf den Tod des Jarles þorfinnur († 1064) herabreicht. Die Jöfraskinna freilich enthält das Stück nicht, erzählt vielmehr dessen Inhalt nur ganz kurz in zwei Capiteln, und lässt demgemäss auch den Anfang von cap. 117, S. 170 weg, in welchem mit den Worten: „svo sem fyrr var ritat“ auf dasselbe Bezug genommen wird; allein diese Abweichung ist so gut wie bedeutungslos, da bereits die Stockholmer Hs. dasselbe sammt der späteren Referenz ganz ebenso giebt wie die Kringla und die übrigen Hss der Heimskringla (geschichtl. Sage, cap. 81—89, S. 90—100, und cap. 98, S. 105; vgl. FMS., IV, cap. 91—98, S. 212—30, und cap. 106, S. 239; die Ueberschrift lautet dort „Upphaf Orcneyinga saga“, während sie hier fehlt). Ist es nun von Vornherein schon auffällig, hier eine Erzählung eingeschaltet zu finden, welche mit ihrem Anfange wie mit ihrem Ende weit über K. Ólafs Lebenszeit hinausgreift, und welche, wie sie manches schon früher Berichtete widerholt, so auch Manches anticipirt, was doch später nochmals berichtet wird (vgl. Ólafs s. helga, cap. 112 u. 117; Magnúss s. góða, cap. 37), so mehrt sich die Wunderlichkeit, wenn man bemerkt, dass der ganze Abschnitt so gut wie wortwörtlich mit dem Anfange der Orkneyinga saga übereinstimmt, wie uns diese in der Kopenhagener Ausgabe vorliegt (siehe deren S. 2—28, wo die Ueberschrift lautet: „Frá Jörlum“; auch der Schluss des cap. 109 der Ólafs s., „þorfinnr jarl Sigurðarson hefir verit gofgastr jarl í eyjum, — — eptir fall Ólafs konúngs ens helga“, welcher hier zu fehlen scheint, ist nur aus ein paar anderen Stellen derselben Sage, nämlich S. 42—44 u. 86—88, compilirt), und dass dabei doch wider nicht nur der betreffende Abschnitt der Heimskringla, sondern auch jener Anfang der Orkneyinga s. selbst eine als „Jarla saga“ oder „Jarla sögur“ betitelte Quelle in Bezug nemen, also als etwas Fremdes sich gegenüberstellen (vgl. Heimskr., cap. 109, S. 160: „Enn þó at þetta skipti yrdi eigi þá brádfengis, þá er þó þat sagt í Jarla sögunom“, u. s. w; ebenso die geschichtliche Sage, cap. 89, S. 100, und FMS., IV, cap 98, S. 230, wogegen es in der Orkneyinga s., S. 28, heisst: „í jarla sögunni“). Um nun zu einer Lösung dieser Räthsel zu gelangen, lege ich vor Allem darauf Gewicht, dass auch anderwärts den eben angeführten ganz ähnliche Citate mehrfach vorkommen. So heisst es in der Fagurskinna, § 131, S. 99: „um hans daga gerðisk missætt milli Rögnvalds ok þorfinns föðurbróður hans, sem getit er í jarlasögunni“ („sögunum“ nach der Recension B); in der Magnúss s. góða, cap. 23, S. 45: „gerðust þaðan af missætti ok úfriðr milli þeirra frænda, sem segir í jarlasögum“, und S. 47: „ok fóru síðan skipti jarlanna, sem segir í sögu þeirra“ (FMS.,

VI); in der Flateyjarbók, III, S. 270: „vm hans daga sidan giordist ofridr mikall j milli Rognualldz jalls ok þorfinns jalls fodrbrodr hans og vrdu þar vm morg stortidendi sem segir j Jarlasogum.“ Diese drei Zeugnisse können allerdings, da sie gleichmässig auf Snorri's Biographie der Könige Magnús góði und Haraldur harðráði zurückführen, nur als eines betrachtet werden, dessen Bedeutung indessen die abweichende Wortfassung der betreffenden Stelle in der Heimskr. selbst nicht zu schmälern vermag (es heisst hier, Magnúss s. góða, cap 37, S. 50: „Rögnvaldr jarl þóttist eiga tvá hluti landa, svá sem Ólafr enn helgi hafði heitit Brúsa föður hans, ok Brúsi hafði um hans daga: þessi urðu upphöf til deila þeirra frænda, ok er frá því löng saga“); aber auch in der Flbk., II, S. 347, heisst es: „þat gek eftir sem segir í jallasögum“, und wenn die Vatnsdæla, cap. 9, S. 17, von Torf-Einarr sagt: „hann var jarl fyrstr á Orkneyjum, ok af honum eru komnir allir Orkneyja jarlar, sem segir í æfi þeirra“, oder die Landnáma, IV, cap. 8, S. 260—61, von demselben Jarle: „eptir þat fór Einarr vestr, ok lagði undir sik eyjarnar, sem segir í sögu hans“, so ist damit, nur in ungenauerer Weise, offenbar dieselbe Quelle bezeichnet. Keinem Zweifel kann hiernach unterliegen, dass es eine ältere Aufzeichnung gab, welche den Titel der Jarla saga oder der Jarla sögur trug, und aus ihr muss der betreffende Abschnitt der Heimskr. sowohl als der Orkneyinga s. geschöpft sein, während keiner von beiden die in beiden citirte Jarla saga selbst sein kann; die genauere Beschaffenheit dieser gemeinsamen Quelle dürfte aber aus der Flateyjarbók, dann aus einer weiteren, allerdings defecten Hs., AM. 332, in 4°, sich einigermassen erkennen lassen. Die Flateyjarbók schiebt zunächst in ihre Biographie K. Ólaf Tryggvason's ein „Fundinn Noregr“ überschriebenes Stück ein, an dessen genealogische Angaben der Anfang der Geschichte der Jarle sich unmittelbar anschliesst, und führt diese letztere sodann bis zur Begegnung K. Ólafs mit Sigurð jarl herab (I, S. 219—23); ein zweites Einschiebsel in dieselbe Königssage bringt dann ein weiteres Stück über die Geschichte der Jarle (I, S. 558—60), und ein drittes, in die Biographie des heil. Ólafs eingeschaltetes Stück führt diese genau bis zu dem Punkte herab, bis zu welchem der hier in Frage stehende Theil der Hskr. und der Orkneyinga s. reicht (II, S. 176—82); die weiteren, den ganzen Ueberrest der Orkneyinga saga bringenden Theile der Hs. (II, S. 404—519, = Orkneyinga s., S. 28—420, und II, S. 529—30, = Orkneyinga saga, S. 420—22) kommen hier nicht mehr in Betracht. Auch die zweite Hs., AM. 332, stimmt, soweit ihre Lacunen eine Vergleichung zulassen, mit dem Texte der Flbk. zumeist wörtlich überein, und bemerke ich nur im Vorbeigehen, dass der oben erwähnte Schluss des cap. 109 der Hskr. hier fehlt, während er in der Flbk. zu finden ist; ungleich bedeutsamer aber ist, dass die Hs., wiewohl am Anfange defect, doch wenigstens den Schluss von „Fundinn Noregr“ noch giebt, woraus sich mit Sicherheit schliessen lässt, dass dieses Stück von jeher den Anfang der Jarlsgeschichte gebildet hat. Vergleicht man dagegen den hier vorfindlichen Text mit unserer gedruckten Orkneyinga s. und mit der Hskr., so ergiebt sich, dass die beiden letzteren Werke bis zur Schlacht bei Clontarf, in welcher Sigurður jarl fiel (1014), nur einen sehr dürftigen Auszug aus der Geschichte der Inseln geben, wogegen die Flbk. und AM. 332 diese frühere Zeit mit derselben Ausführlichkeit behandeln wie die spätere, dass aber von jenem Zeitpunkte ab die Darstellung in jenen beiden Quellen mit der in diesen letzteren Hss. das gleiche Mass der Ausführlichkeit zeigt und durchgreifend übereinstimmt. Berücksichtige ich nun noch, dass an der Stelle, an welcher jene ersteren Werke wie oben bemerkt die Jarlasaga citiren, in diesen beiden Hss. ein solches Citat nicht zu finden ist (die Flbk., II, S. 182, liest einfach: „Enn þó at þetta skifti yrdi eigi bradfeingit þa er þo suo sagt, at þetta skifti“, u. s. w., und ganz ähnlich auch AM. 332), und dass jene selber ungleich ausführlicherer Berichte erwähnen, die über einzelne Begebenheiten wenigstens existirten (Hskr. cap. 99, S. 145: „þorfiðr jarl varð sóttdauðr; eptir hann reðu laundom synir hans; oc ero miklar frásagnir frá þeim“; ähnlich die Orkneyinga s., S. 4: „ok eru frá þeim miklar sögur“), so glaube ich als vollkommen festgestellt betrachten zu dürfen, dass die Flbk. und AM. 332, uns die Jarla saga im Wesentlichen unverändert erhalten haben, während die Hskr. und der bezügliche Abschnitt der gedruckten Orkneyinga s. uns von derselben nur z. Th. eine Abschrift, z. Th. dagegen einen blossen Auszug geben. Dieser Auszug aber kann nur zum Zwecke der Einstellung in die Ólafs s. angefertigt worden sein, denn nur für diese war es am Platze, die in des heil. Ólafs Regierungszeit fallenden Begebenheiten ausführlich zu berichten, die früheren dagegen nur ganz kurz und gleichsam im Vorbeigehen zu berühren, und in der That dürfte es lediglich einem Versehen des Herausgebers zuzuschreiben sein, wenn in unserer Ausgabe der Orkneyinga s. das gleiche Verfahren sich ebenfalls beobachtet zeigt. Seiner eigenen Vorrede nach hat Jón Jónsson nämlich den Anfang seines Textes nach einem Membranfragmente gegeben, welches gerade nur das hier fragliche Stück, S. 2—28, enthielt; offenbar ist aber dieses Fragment, in welchem er ein Stück der Orkneyinga s. erkennen zu sollen glaubte, in Wahrheit vielmehr ein Bruchstück der Ólafs s. ens helga, wie denn in AM. 325, in 4to, welche Bezeichnung das fragliche Fragment nach S. X der Vorrede zur Orkneyinga s. trägt, in der That neben einer Reihe von Bruchstücken ganz anderer Werke auch eine ziemliche Zahl von Bruchstücken dieser Ólafs s. vereinigt liegen (nach FMS. X, S. X, trägt die einzige Hs. des Agrip die Signatur AM. 325, 2 und nach S. V ebenda enthält nr. 325 in 4to auch die beiden Membranblätter, welche allein noch übrig sind von der Magnúss s. lagabœtis; nach FMS. VIII, S. XVII, liegen in AM. 325, in 4to volle 14 Membranfragmente der Sverris s. vor, und nach IX, S. XVI, nicht minder eine Anzahl von Membranfragmenten der Hákonar s. gamla; nach der Vorrede zu FMS. IV, S. 3, 4, 15 u. 25, enthält AM. 325, unter nr. 5—7 die als D, G, C bezeichneten, und unter nr. 4, 8, 9, 11, noch eine Reihe kleinerer Membranfragmente der Ólafs s. ens helga; ob eines dieser letzteren mit dem von Jón Jónsson benützten identisch sei, vermag ich freilich nicht zu bestimmen). Die Verwechslung mochte ihm um so leichter werden, als (nach einer Bemerkung in den Antiquités Russes, II, S. 212, und sonstigen Anhaltspunkten) unter den mit jener Nummer bezeichneten Fragmenten einzelne wirklich zur Orkneyinga s. gehörige sich befinden. Weniger glatt lässt sich allerdings eine weitere Schwierigkeit wegräumen. Wenn nämlich die Heimskr. selbst und eine Reihe anderer auf Snorri zurückweisender Quellen ebensogut wie die Landnáma oder Vatnsdœla die Jarlasaga benützen und citiren, so finden wir umgekehrt auch in den verschiedenen Texten unserer Orkneyinga s. nicht etwa blos die legendarische Ólafs s. helga benützt (vgl. K. Ólafs Weissagung in der legendarischen Sage, cap. 89, S. 67, und danach in der Flbk., II, S. 347, mit der gedruckten Orkneyinga s., S. 74, und der Flbk., II, S. 417—8; AM. 332 hat hier eine Lücke, aber ein paar in AM. 325 aufbewahrte Fragmente geben die Stelle), sondern auch den Snorri selbst und die Heimskr. mehrfach angeführt. Dass einmal Snorri Sturluson mit Namen citirt wird für eine Angabe, die sich in der Magnúss s. berfœtts der Heimskr. wirklich findet, ist schon an einem früheren Orte (oben, Anm. 23, S. 569) bemerkt worden; aber auch ein Citat der Biographie des K. Magnús góði, und ein anderes der norwegischen Königsgeschichten können nur auf dasselbe Werk bezogen werden (Orkneyinga s., S. 48: „reðz Rögnvaldr Brúsason til ferdar með Magnúsi konúngi, fyrst til Svíþjóðar, sem segir í sögu Magnús konúngs, ok þaðan til Jamptalands“; dann kurz darauf: „eptir þetta voro skipti þeirra Magnús konúngs ok Sveins konúngs, sem segir í æfi Noregs konúnga“; freilich fehlen die unterstrichenen Worte in der Flbk., II, S. 409—10, allein sie finden sich in AM. 332 u. 325, und sind demnach in jener Hs. möglicherweise nur darum beseitigt worden, weil dieselbe keine Magnúss s. góða enthalt, wie denn auch, zumal bei der zweiten Stelle, die Wortfassung noch das gestrichene Citat zu verrathen scheint. Wir werden also wohl zu der Annahme uns entschliessen müssen, dass der ursprüngliche Text der Jarlasaga, wie ihn Snorri und sein Ueberarbeiter benützten, uns nur mit einzelnen Einschiebseln erhalten sei, zu welchen wieder die Werke eben jener Männer gebraucht worden seien; wie Dem aber auch sei, soviel wenigstens kann nicht bezweifelt werden, und ist auch bereits von P. E. Müller (Undersögelse, S. 230—40; Sagabibl. I, S. 230—31) und Anderen bemerkt worden, dass der oben bezeichnete Abschnitt der Heimskr. eine spätere Einschaltung in dieselbe bilde. Von wem die Jarla saga verfasst sei, wird sich dabei schwerlich bestimmen lassen, wiewohl die Gleichheit der Darstellung an unseren Snorri zu denken nahe legt; ob dagegen das in die Ólafs s. helga eingeschobene Stück derselben erst von dem Compilator der Hskr., oder aber bereits von einem Vorgänger desselben dieser einverleibt worden sei, wird zweckmässiger erst in der nächstfolgenden Anmerkung erörtert werden. — Was sodann die Magnúss saga góða, sowie die Haralds saga harðráða betrifft, welche mit jener von Anfang an ein Ganzes ausgemacht zu haben scheint, so kann mit Hülfe der Fagurskinna, der Flbk. und der übrigen in den FMS., Bd. VI, benützten Sammelhss. ebenfalls gar manche Interpolation entdeckt werden, da auch jene Bearbeitungen, wiewohl nicht ohne anderweitige Zuthaten, auf Snorri's Text sich stützen. Ich rechne dahin, neben einem früher schon besprochenen Citate aus Adam von Bremen, welches nur die Frisbók enthält, die Erzählung von den 12 Männern, welche nach der Schlacht auf der Hlýrskógsheiði ausgewählt worden seien, um die Verwundeten zu verbinden (Magnúss s., cap. 29, S. 35); weder die Flbk. noch die Fagurskinna weiss von derselben, dagegen lässt sich in der Hrafns s. Sveinbjarnarsonar, cap. 2, S. 639—40, etwa im Zusammenhalte mit der Landnáma, IV, cap. 10, S. 265, deren Quelle nachweisen. So erweist sich ferner ganz augenscheinlich der Bericht, welchen die Fagursk., § 166—74, S. 113—17, über K. Haralds Beziehungen zu K. Magnús bis zur endlichen Verwilligung seiner Theilname am Reiche durch den letzteren giebt, verglichen mit dem der Hskr., cap. 18—24, S. 73—81, als der ursprünglichere; die reichen Geschenke, welche Steigarþórir nach beiden Quellen von K. Harald erhielt, sind nur nach der ersteren motivirt, und doch zeigt die gleichmässig hier wie dort widerkehrende Berufung auf das mündliche Zeugniss des Þorgils Snorrason, dass hier wie dort eine und dieselbe Darstellung zu Grunde liegt, welche nur in der Hskr. dadurch gestört und geändert wurde, dass deren Compilator den Sachverhalt für K. Magnús auf Kosten Haralds ehrenvoller gestalten wollte. Widerum wurde schon früher die Vermuthung ausgesprochen, dass der Bericht über die Beziehungen K. Haralds zu Hákon jarl Ívarsson aus einer eigenen, diesem letzteren gewidmeten Sage vervollständigt worden sei. In cap. 103, S. 172—3, endlich wird die Nachkommenschaft des Skúli konúngsfóstri bis auf K. Ingi Bárðarson und dessen Bruder Skúli herabgeführt, welcher letztere dabei zweimal als Herzog bezeichnet wird; da derselbe diesen Titel erst im Jahre 1237 annam, müsste hier wohl, da doch nicht anzunemen ist, dass Snorri in seinen letzten unruhigen Lebensjahren erst die Sage geschrieben habe, ein späteres Einschiebsel vorliegen, wenn nicht dieses ganze Capitel lediglich aus Peringskjölds Ausgabe entlehnt, und in diese nur aus anderen, späteren Sagenbearbeitungen hineingekommen wäre. U. dgl. m. Ich beschränke mich auf diese wenigen Beispiele, weil bei der ebenso confusen als sorglosen Art, wie im dritten Bde. der Hskr. die Varianten verzeichnet und bezeichnet sind, ein sicheres Vorgehen ohnehin kaum möglich wäre. Noch schwieriger wird die Sache vollends für die späteren Sagen. Von dem Schlusse der Haralds s. harðráða ab beginnt nämlich, wie Guðbrandur Vigfússon mir mittheilt, in den Hss. der Heimskr. die vollständigste Verwirrung, und weder in dem was sie geben oder weglassen, noch in der Reihenfolge, in welcher sie die Stücke geben, welche sie enthalten, stimmen dieselben irgendwie überein. So stehen z. B. in der Ólafs s. kyrra nicht nur die capp. 6 u. 7 nicht in allen Hss. am gleichen Orte, sondern es fehlen auch die capp. 8 u. 9 der Kringla ganz, während die Jöfraskinna, Gullinskinna, Frisbók und das Eyrspennill dieselben zwar haben, aber mit Abweichungen. In der Magnúss s. berfætts fehlt cap. 8, der Sveinkaþ, der Kringla, wogegen ihn die übrigen Hss. mit Ausname der Jöfraskinna, die hier defect ist, enthalten; ebenso fehlt der Kringla, cap. 16, welches jenen in Anm. 28, S. 638, bereits erwähnten zweiten Bericht über die Schlacht bei Foxerni neben den unmittelbar vorher gegebenen ersten stellt. In der Sigurðar s. Jórsalafara fehlen in der Kringla aus cap. 12 zwei Stellen, nämlich „Svá segja menn — við miklom sóma" (S. 244—45), und „Þat segja menn — söngferi" (S. 245—6), während die erstere in der Jöfraskinna und Frisbók, die zweite ausserdem auch noch in der Gullinskinna steht; cap. 13 fehlt in der Kringla und im Eyrspennill, findet sich dagegen in der

Jöfrask., Gullinsk. und Frisbók; von cap. 17 fehlen die Worte: „Eysteinn konungr haſdi i marga stadi" bis zum Schlusse des Capitels (S. 260—2), und damit die ganze Erzählung von Ivarr Ingimundarson, in der Kringla, während die Jöfrask., Gullinsk. und Frisbók sie als ein Capitel für sich haben. cap. 19 fehlt in der Kringla, findet sich dagegen in den übrigen Hss.; zwischen cap. 19 u. 20 schiebt die Frisbók den Anfang des cap. 22, sowie cap. 23 ein, und lässt dann erst cap. 21 folgen; dieses cap. 21, der þingaþáttur, fehlt in der Kringla völlig, und ist in den übrigen Hss. augenscheinlich nur in ungeschickter Abkürzung aus der besseren Darstellung der späteren Sammelhss. entlehnt (vgl. FMS. VII, S. 128—150); von cap. 22 fehlen die Worte „Módir Ólafs konungs — systur Inga konungs Bardarsonar" (S. 261) in der Kringla, wogegen die Frisbók sie hat; cap. 20 setzen die Kringla und Jöfrask. erst hinter cap. 23; das Ende des cap. 24, von den Worten an „þat er sagt eitt sinn, at Sigurdr konungr" u. s. w., fehlt in der Kringla, und steht in der Gullinsk. als ein Capitel für sich; cap. 28 u. 29 fehlt in der Kringla, wogegen die übrigen Hss. dieselben haben, doch so, dass die Gullinsk. den Eingang von cap. 29: „þat er mál manna — ferd sinni" (S. 273) an die Spitze von cap. 28 setzt, und die capp. 31 u. 29 verbindet; cap. 31—32 fehlt in der Kringla, wogegen die Jöfrask. und Gullinsk. die Erzählungen haben; endlich cap. 39 fehlt in der Kringla, während es in der Gullinsk. sich findet. Ich bemerke dabei, dass in dem letzteren Capitel auf das mündliche Zeugniss eines Priesters Sigurð Bezug genommen wird, welcher später Bischof geworden sei; es kann damit doch wohl nur ein Bischof von Bergen dieses Namens gemeint sein, der nach den isländischen Annalen im Jahre 1156 oder 1157 starb, sodass der Inhalt des Capitels, wenn dasselbe gleich in dem ältesten Texte unserer Heimskr. fehlt, doch auf alter Ueberlieferung beruhen muss. Ich möchte ferner auch darauf aufmerksam machen, dass zwischen dem, was cap. 29 von Óttar Birtingur, und dem, was cap. 31 von Áslákur hani erzählt, ein auffälliger Parallelismus besteht, welcher die Annahme nahe legt, dass beidemale aus verschiedenen Quellen bezogene Versionen derselben Anekdote vorliegen. Widerum fehlen in der Haralds s. gilla, cap. 3, die drei angeführten Strophen der Kringla wie der Gullinsk.; in cap. 12 fehlt die ganze Erzählung von Bischof Magnús Einarsson, von den Worten: „Haralldr konungr Gilli" bis zum Schlusse des Capitels (S. 316—18) der Kringla, während sie in der Gullinsk. als ein Capitel für sich steht; in cap. 13 fehlt die ganze Erzählung von des Sigurðar slembi Aufenthalt zu Staðarhóll, von den Worten: „þat er sagt frá Sigurdi Slembi" bis zum Schlusse des Capitels (S. 319, fin. — 321) ebenfalls in der Kringla, während die Gullinsk. sie wider als ein eigenes Capitel hat. In der Sigurðar s., Inga ok Eysteins, cap. 4, fehlt in der Kringla und Gullinsk. die Bezugnahme auf den Eirik Oddsson und seine Gewährsleute, von den Worten: „Nú er at segia frá sonom Haralldz" bis zum Schlusse des Capitels, und in cap. 5 lassen dieselben beiden Hss. die Worte: „Flackadi Sigurdr i sudr-löndom um hríd — — vit Jota gram" (S. 334—35) aus, und damit eine ziemliche Reihe von Strophen. Diese Beispiele, welche ich Guðbrands Güte verdanke, lassen deutlich erkennen, wie der Text, welchen die Kringla enthält, einerseits auch den späteren Hss. sammt und sonders zu Grunde liegt, andererseits aber in ihnen sehr vielfach umgestaltet, und zumal durch mancherlei Einschiebsel vermehrt worden ist; erinnert man sich, dass auch in Sagenhss., die man der Hskr. nicht zuzuzählen pflegt, wie in der Hrokkinskinna, AM. 66, dem Eyrspennill, derselbe Text gutentheils zu Grunde gelegt und nur noch weiter überarbeitet worden ist, so mag man geradezu die Frage aufzuwerfen sich versucht fühlen, ob es denn überhaupt gerechtfertigt sei, die Heimskringla im bisherigen Sinne als ein einheitliches Werk zu betrachten und jenen anderen Sagensammlungen gegenüberzustellen, oder ob man nicht vielmehr jenen Namen zweckmässiger auf die einzige Kringla zu beschränken, in der Gullinskinna, Jöfraskinna, Frisbók aber ganz ebenso selbstständige Ueberarbeitungen der Hskr. zu erkennen habe, wie in jenen anderen, vorhin genannten Hss.? Aber auch noch ein weiteres Ergebniss lässt sich aus jenen Beispielen gewinnen. Sie zeigen, dass zwar die Lebensbeschreibungen der älteren Könige so wie sie die Kringla enthielt von deren Ueberarbeitern als vollkommen abgeschlossen betrachtet wurden, so dass sie diese nur in einzelnen Ausnahmsfällen da und dort abzukürzen (vgl. z. B. die Jarla saga in der Jöfraskinna) oder zu erweitern (vgl. z. B. den dem Meister Adam entnommenen Zusatz zur Beschreibung der Wendenschlacht in der Frisbók) sich erlaubten; dass sie dagegen mit denjenigen Theilen der Kringla, welche über K. Harald harðráði's Tod hinausliegen, ungleich freier zu schalten sich erlaubten, ihren Inhalt also gewissermassen noch als einen flüssigen, nicht consolidirten betrachteten. Woher nun diese Unterscheidung? Erinnern wir uns, dass wir nur hinsichtlich der Ynglinga s., der in ihrem Eingange bis auf Hálfdan svarti zurückgreifenden Ólafs s. Tryggvasonar, der Ólafs s. helga, endlich der, in ihrem Anfange auch die Geschichte des Magnús góði umfassenden, Haralds s. harðráða bestimmte Anhaltspunkte für Snorri's Verfasserschaft gefunden haben, so liegt es nahe, den Grund jener Verschiedenheit der Behandlung gerade mit diesem Umstande in Verbindung zu bringen. Snorri's vortrefflich ausgearbeitete Werke, welche schon der Compilator der Kringla ziemlich unverändert widergegeben zu haben scheint, mochten auch die späteren Ueberarbeiter nicht haben antasten wollen; dagegen mochten sie sich zu grösserer Freiheit berechtigt und berufen halten, wo diese aufhörten und wo somit der Compilator der Kringla sich genöthigt gesehen hatte aus verschiedenartigen Materialien selber die Fortsetzung seiner Königsgeschichten zu redigiren. Allerdings hatte es ihm dabei an älteren Werken nicht gefehlt, die als Vorlage dienen konnten. Snorri selber scheint in seiner Haralds s. anhangsweise die späteren Könige bis zu K. Sigurð Jórsalafari herab, mit dem der alte ächte Königsstamm als erloschen galt, besprochen zu haben, und daraus dürfte es sich erklären, dass unsere Hskr. sowohl als die Fagursk. jene auf seinen Namen angeführte Notiz über die Schlacht enthalt, in welcher K. Magnús berfœtti fiel, — eine besondere Saga über diesen letzteren König, und wohl auch dessen Söhne muss ebenfalls zur Verfügung gestanden haben, und auch der Mönch Theodorich scheint für der letzteren Geschichte und vielleicht auch sonst, benützt worden zu sein (wenn es in der Sigurðar s. Jórsalafara, cap. 11, S. 242, heisst: „til Sýrlands til borgar þeirrar er Sett hét; meina sumir þat hafa verit Sidon á Sýrlandi", so wird damit doch wohl auf Theodorich, cap. 33, S. 340, hingewiesen, welcher „Sidonem urbem famosissimam Phoenices provinciae" nennt), — das Hryggjarstykki endlich, dann die Hákonar s. herðibreiðs und die Magnuss s. Erlingssonar waren längst vorhanden, und wurden denn auch von unserem Compilator augenscheinlich getreulich excerpirt; aber doch mussten die Excerpte aus diesen verschiedenen Werken in Verbindung gebracht, Mittelglieder ergänzt und Lücken ausgefüllt werden, und die grössere Selbstständigkeit, welche insoweit für den Bearbeiter des Gesammtwerkes absolut geboten war, mochte derselbe dann auch benützt haben, um die Darstellung seiner Quellen wo dies nicht nöthig gewesen wäre zu verschönern oder zu bereichern, ein Bestreben, worinn seine Nachleute ihm getreulich folgten. Belehrend hinsichtlich dieses Ganges der Sache ist namentlich die genauere Betrachtung der Verse, welche in der Hskr. und den übrigen Sagensammlungen für die spätere Zeit angeführt werden. Während wir solche in der Magnúss s. berfœtta, dann im Anfange der Sigurðar s. Jórsalafara, noch sehr zahlreich und ganz in der Weise des Snorri verwendet sehen, tritt deren Gebrauch von da ab zurück. Die in der Sigurðar s. Jórs., cap. 24 und 28 (= FMS., cap. 39, S. 152—4, und cap. 40, S. 155) angeführten Strophen fehlen in der Kringla, und das in cap. 37 enthaltene Citat aus dem Geisli scheint dem Mirakelcataloge der Ólafs s. helga Snorri's entlehnt, wie es denn auch in der geschichtl. Ólafs s., cap. 270, S. 248, richtig steht, was aber die FMS., cap. 25, S. 114—5, cap. 32, S. 132, und cap. 50, S. 167, darüber hinaus haben, ist sammt und sonders auf spätere Einschiebsel zurückzuführen: wie wenig Dichterisches die Hákonar saga herðibreiðs und die Magnúss saga Erlingssonar enthalten, und wie selbst dieses Wenige erst später eingeschaltet zu sein scheint, ist bereits früher erwähnt worden (siehe Anm. 12, S. 589); dass aber auch bezüglich derjenigen Abschnitte die Sache ebenso steht, welchen das Hryggjarstykki zu Grunde liegt, der Magnúss s. blinda ok Haralds gilla also und der Sigurðar s., Inga ok Eysteins, mag hier noch dargelegt werden. Die Vergleichung der Hss. mit dem, vorwiegend auf AM. 66, fol. und die

Hrokkinskinna gebauten, Texte der FMS. VII, dann mit den ebenda mitgetheilten Bruchstücken aus der Morkinskinna und mit der Fagurskinna lässt ein allmäliges Fortschreiten der Liederbenützung erkennen, welches sich wohl noch viel deutlicher herausstellen würde, wenn einerseits ein vollständiger Abdruck der Morkinsk., und andererseits erschöpfende Collationen der verschiedenen Hss. der Hskr. selbst vorlägen. Es mochte aber im Hryggjarstykki selbst allenfalls eine Weise gestanden haben, welche Sigurðr slembi selber gedichtet hatte (Hskr., cap. 6, S. 339; FMS. cap. 7, S. 216; Morkinsk., S. 344), sowie auch die eine oder andere volksmässige Weise (Hskr., cap. 5, S. 336; FMS., cap. 5, S. 214 und Morkinsk., S. 341: „var eigi vel við styrju", u. s. w.; dann auch Hskr., cap. 6, S. 339—40; FMS., cap. 7, S. 216, und Morkinsk., S. 344, wo die Einführung: „þotta muntu heyrt hafa qveðit", ächt und alt scheint); aber eine andere, dem Ingimarr Sveinsson in den Mund gelegte Weise (Hskr., cap. 3, S. 299) ist zwar ebenfalls in die Geschichtserzählung selbst eingeflochten, dennoch aber als ein späteres, wohl aus der Orkneyinga saga, S. 172, genommenes, Einschiebsel zu betrachten, da dasselbe ausserhalb der Hskr. gar nicht vorkommt, und überdiess der Kringla und Gullinsk. ebenfalls fehlt. Eigentliche Ehrenlieder dagegen sind von 6 Dichtern benützt, nämlich von Einarr Skúlason, Halldórr skvaldri, Kolli hinn prúði, Þorbjörn skakkaskáld, Ívarr Ingimundarson und Böðvarr balti. Die meisten Strophen, welche überhaupt citirt werden, sind dabei in der Hskr. und den FMS. gleichmässig angeführt, also wohl bereits von dem Compilator der Kringla aufgenommen und z. Th. auch in der Fagurskinna und Morkinskinna vorhanden; so von Halldórr skvaldri: Hskr. cap. 2, S. 298, und cap. 4, S. 302 = FMS., cap. 4, S. 178, und cap. 6, S. 181, — Einarr Skúlason: Hskr., cap. 7, S. 305, cap. 12, S. 316, und cap. 32, S. 377, = FMS., cap. 8, S. 184—5, cap. 15, S. 196, und cap. 29, S. 251, sowie Fagursk., § 254, S. 166, § 258, S. 168, und § 262, S. 175, dann Hskr., cap. 13, S. 351, cap. 19—20, S. 356—9, und cap. 22, S. 360—1, = FMS., cap. 14, S. 229, cap. 19—20, S. 234—7, und cap. 21, S. 238—9, — Þorbjörn skakkaskáld, Hskr., cap 17, S. 354, = FMS., cap. 17, S. 232, — Kolli hinn prúði, Hskr. cap. 2, S. 330—1, = FMS., cap 2—3, S. 208—10, sowie Morkinsk., S. 336—7, welche aber ein paar Verse vollständiger mittheilt, — endlich Ívarr Ingimundarson, Hskr. cap. 13, S. 319, und cap. 16, S. 326, = FMS., cap. 17, S. 200 und cap. 20, S. 205, sowie Fagursk. § 255, S. 166, und § 256, S. 169, dann Morkinsk., S. 329 und 334. Dagegen fehlen die wenigen Strophen, welche die Hskr., cap. 3, S. 300, von Haldórr und Einarr allein hat, sowohl in der Kringla als in der Gullinsk., und haben die in den FMS. zu Grunde gelegten Hss. überhaupt keine weiteren Verse; die Morkinskinna aber hat von Haldórr und Einarr ebenfalls ein paar eigene Verse (S. 196, Anm. 6; die S. 355—7 stehenden Verse Einarrs sind anderer Art, und gehören zur Geschichtserzählung), kennt allein ein paar Strophen Böðvars (S. 354) und citirt in Hülle und Fülle Verse Ívars, von denen alle anderen Quellen Nichts wissen, sowie sie auch (S. 339—41, und S. 343) ein paar Verse desselben Dichters hat, welche aus ihr in die Hskr. cap. 5, S. 334—6, und cap. 6, S. 338, übergegangen zu sein scheinen, (die Strophen des cap. 5 fehlen wider der Kringla und Gullinsk; ob auch die des cap. 6?); endlich die Fagursk. hat in § 254, S. 165, und § 260, S. 173, einiges Eigene von Haldórr und Einarr, wogegen ihr viel von dem den übrigen Quellen Gemeinsamen fehlt, so dass sie hier wie anderwärts in den bezüglichen Abschnitten sich zugleich kürzer als die anderen Bearbeitungen und von ihnen unabhängig erweist. — Ein völlig concludenter Beweis für die hiermit ausgesprochene Ansicht über die Entstehung der Heimskr. wird aber allerdings erst geführt werden können, wenn erst unsere Texte durch bessere Ausgaben der wichtigeren Sagensammlungen, und zumal auch der Morkinskinna, liquid gestellt sein werden; bis dahin scheint es zumal auch gerathen, das endgültige Urtheil über die Frage ausgesetzt zu lassen, wie weit unsere Eintheilung der Hskr. in 16 Bücher bereits von ihrem ersten Compilator herrühren möge oder nicht. Die einmal nachweisbare Bezugnahme auf die Haralds s. hárfagra (Hskr. Haralds s. harðráða, cap. 102, S. 169) steht nur in Peringskjölds Ausgabe, — eine Bezugnahme auf die Haralds s. harðráða (Hskr. Ólafs saga ens helga, cap. 245, S. 374; fehlt in der geschichtlichen Sage, cap. 231—2, S. 221, sowie FMS. V, S. 216—7) findet sich nur in der Jofraskinna, — endlich cap. 14 der Hkr. Magnúss s. góða, S. 16, welches die Ólafs s. helga anführt, stimmt zwar wortwörtlich mit der geschichtlichen Ólafs s. ens helga, cap. 258, S. 237, bis auf die Fassung des Citates, will mir aber darum verdächtig scheinen, weil keine der späteren Bearbeitungen dasselbe hat, und weitere Citate weiss ich weder aus der Hkr. selbst, noch auch aus anderen Werken zu erbringen bis auf die später noch zu besprechende Knýtlinga.

Anm. 33.

Dass die einzelnen Königssagen, welche in ihrer Gesammtheit die Heimskringla bilden, neben ihrer Vereinigung zu diesem Gesammtwerke, wenigstens soviel ihrer von Snorri herrührten, auch noch als einzelne umliefen, und als solche gesondert benützt, abgeschrieben und überarbeitet wurden, ist bereits früher bemerkt worden (Anm. 25, S. 600). So ist uns zunächst die Ólafs saga ens helga nicht nur als Bestandtheil der Hkr., sondern auch isolirt erhalten, und zwar einmal in der Stockholmer Hs., welche von Munch und Unger herausgegeben worden ist, sodann aber auch noch in einer ziemlichen Anzahl weiterer Hss., welche den ursprünglichen Text mehr oder minder überarbeitet, und durch mancherlei Zusätze erweitert zeigen. Die Ausgabe der Sage in den FMS., Bd. IV und V, beruht vorwiegend auf diesen jüngeren Hss.; bei der leichtfertigen Art aber, in welcher die Herausgeber bei der Feststellung des Textes und der Angabe der Varianten verfuhren, lässt sich die Reihenfolge, in welcher die verschiedenen Recensionen von einander abstammen, nicht mit Sicherheit erkennen, und das allmäliche Fortschreiten der Vermehrung und Umgestaltung des Textes durch die Einschaltung einzelner Sätze, Capitel oder ganzer Erzählungen, Aenderungen in der Anordnung, u. dgl. m. nicht mit Bestimmtheit nachweisen, vielmehr nur vermuthen, dass es zumal eine umfassendere Benützung der Schrift Styrmir's, dann einzelner gesondert überlieferter Erzählungen und kirchlicher Wundergeschichten gewesen sein möge, durch welche man den ursprünglichen Text der Sage zu vervollständigen suchte. Genaueres Eingehen gestattet aber, und fordert zugleich, die Stockholmer Handschrift. Nach Unger's Angabe (Vorrede, S. XLV) bereits in der ersten Hälfte des 13. Jahrhunderts, und nach einer Mittheilung Guðbrands jedenfalls noch vor 1264, vielleicht aber sogar noch bei Lebzeiten Snorri's, auf Island geschrieben, zeigt diese die grösste Uebereinstimmung mit derjenigen Gestalt der Sage, in welcher diese in der Heimskringla auftritt, nur dass S. (= Stockholmer Hs.) in ihren 17—19 ersten Capiteln eine Einleitung vorausschickt, deren Stoff in den früheren Abschnitten der Heimskr. seine weitere Ausführung findet, und in ihren 30 letzten Capiteln einen Anhang folgen lässt, dessen Inhalt die späteren Abschnitte der Hkr. wieder ausführlicher behandeln (vgl. die angef. Vorrede, S. XXXI—IV und XLII). Hiernach ist der engste Zusammenhang der isolirten Sage mit der Heimskr. nicht zu verkennen; dagegen kann zweifelhaft erscheinen, ob das selbstständige Auftreten der ersteren das Ursprünglichere gewesen sei, oder deren Einreihung in jenes Gesammtwerk, ob man also anzunehmen habe, dass die ursprünglich selbstständig auftretende Sage erst hinterher durch Beseitigung ihrer Eingangs- und Schlusscapitel für dieses letztere zugestutzt, oder umgekehrt, dass diese specielle Sage aus dem sie mit umfassenden Sammelwerke erst nachträglich herausgenommen, und nun erst mit dem für ihr gesondertes Auftreten nothwendig gewordenen Eingange und Schlusse versehen worden sei. Die norwegischen Herausgeber der Hs. haben sich für die letztere Annahme erklärt, und dabei die Vermuthung beigefügt, dass die Ueberarbeitung der isolirten Sage von Snorri selbst herrühren möge; später hat Munch, der sich früher darüber zweifelhaft ausgesprochen hatte, ob Snorri selbst oder ein anderer, noch älterer Isländer als Verfasser der „geschichtlichen" Ólafs saga zu gelten habe (Norwegische Geschichte, I, 2, S. VIII); nicht nur diesen Zweifel völlig fallen lassen, sondern auch jene neuere Ansicht noch näher dahin ausgeführt, dass Snorri sein Geschichtswerk wahrscheinlich stückweise habe erscheinen, und dann auch mit den hierfür nothig befundenen Modificationen stückweise abschreiben lassen (ebenda, III, S. 1048). Mit den von mir über den Umfang der von Snorri verfassten Sagenwerke, sowie über die spätere Entstehung der Heimskringla als eines Gesammtwerkes entwickelten Ansichten ist natürlich diese Annahme absolut unvereinbar, und aus diesem Grunde muss auf die sehr scharfsinnigen Argumente hier noch naher eingegangen werden, auf welche dieselbe gestützt werden will. — Es suchen aber die Herausgeber zunächst darzuthun, dass die Eingangscapitel der isolirten Sage lediglich ein Auszug aus der Haralds s. hárfagra, Hákonar s. góða, Haralds s. gráfeldar, Ólafs s. Tryggvasonar, endlich aus der Ólafs s. helga selbst unserer Heimskringla seien, und dass in gleicher Weise auch deren Schlusscapitel nur als ein Excerpt aus deren Ólafs s. helga, Magnúss s. góða, Haralds s. harðráða, Ólafs s. kyrra u. s. w. zu gelten hätten; nicht minder soll auch eine Stelle im Mittelstücke der Sage, die einzige an welcher diese einigermassen erheblicher von der Ólafs s. der Heimskr. abweicht, den Charakter eines blosen Auszuges aus dieser letzteren nicht verläugnen können: endlich wird noch auf einen weiteren Umstand in gleicher Richtung Gewicht gelegt, der in der That eigenthümlich genug ist. In S. findet sich nämlich, cap. 128, S. 145, eine kleine Lücke, indem es heisst: „Oc er þeir como … þa lago þar fyrir Finnr oc Arni broðr Þorbergs með 2 tvitogsessor"; dieselbe Lücke soll aber auch in der Heimskr. widerkehren, was nur freilich unsere Ausgaben nicht erkennen lassen (Hskr. Ólafs s. helga, cap. 148, S. 239). In Asgeirs Abschrift der Kringla liege die Lacune ganz ebenso vor, wie in S., und ebenso „in Magnus Einarssons Abschrift des nun verlornen Theiles des Codex Frisianus," — Letzteres doch wohl eine irrthümliche Angabe, da die Frísbók nicht defect ist und eine Lebensbeschreibung des heil. Ólafs zwar nicht enthält, aber auch nie enthielt, da sie an der Stelle, an welche diese gehören würde, die Worte hat „hér skal inn koma saga Ólafs konúngs hins helga" (vgl. Konráð Gíslason, um frumparta, S. IV; nach den Antiquités Russes, I, S. 241, und Arwidsson, S. 30—31, soll indessen in der kgl. Bibliothek zu Stockholm unter nr. 20 in 4° ein Membranbruchstück der Ólafs s. helga vorliegen, welches, von derselben Hand wie die Frísbók geschrieben, der Vermuthung Raum gebe, dass deren Schreiber sie nur darum ausgelassen habe, weil er sie schon früher copirt hatte) —; die Jöfraskinna aber komme nicht in Betracht, da deren allein erhaltene Abschrift gerade an dieser Stelle ein paar Zeilen überspringe. Peringskjöld, welcher die Worte: „oc er þeir komo við Þrandheims mynne, þa lau þar" giebt (Bd. I, S. 643, seiner Ausgabe), und welchem dann wieder die Kopenhagener und Stockholmer Ausgabe folgt ohne auch nur mit einem Worte der in den Hss. vorfindlichen Lücke zu gedenken, habe diese Ergänzung derselben wohl nur aus Peder Clausön's Uebersetzung geschöpft, wo (S. 261 der Ausgabe von 1633) geschrieben steht „oc drog med dennem til Trondheims Minde", und handle es sich dabei wohl nur um eine, zu den übrigen Ortsangaben der Stelle allerdings ganz wohl passende, Conjectur des Letzteren, zumal da die späteren Bearbeitungen der Sage sich sammt und sonders auf anderem Wege zu helfen suchen (vgl. FMS. IV, cap. 134, S. 322; Flbk., II, S. 266; AM. 73 fol., angeführt bei Munch und Unger, S. 281—2; daran, dass weder die Gullinskinna noch der Eyrspennill bis zur Ólafs s. helga zurückgreifen, mag ausdrücklich erinnert werden). Die Lücke erkläre sich daraus, dass Snorri in einer von ihm benützten Vorlage den betreffenden Ortsnamen nicht habe lesen können, und dass er auch nicht im Stande gewesen sei, ihn durch eine Conjectur zu ergänzen; dass dieselbe aber in der isolirten Sage wie in der Heimskr. sich gleichmässig finde, beweise wider deutlich genug, dass jene ein bloser Auszug aus dieser letzteren sei. Ich kann nun meinerseits zunächst dieses letztere Argument, um mit diesem anzufangen, ganz und gar nicht als beweisend anerkennen. Daraus, dass S. genau dieselbe Lücke zeigt wie die Kringla und die übrigen uns zugänglichen Hss. der Heimskringla, ergiebt sich zwar unwiderleglich, dass zwischen diesen und jener irgend ein äusserlicher Zusammenhang besteht; aber ob nun die Kringla als Vorlage für die S., oder ob umgekehrt S. als Vorlage für die Kringla gedient habe, oder ob nicht vielleicht diese wie jene Hs. einer gemeinsamen Vorlage gefolgt seien, welche ihrerseits bereits eine Lücke oder statt deren einen unleserlichen Eintrag hatte. Das lässt sich aus jener Thatsache in keiner Weise ersehen. Mir will sogar das Letztere als das einzig Wahrscheinliche vorkommen. Für Snorri, der in Norwegen wohl bekannt, und wie wir wissen, überdiess im Conjecturiren Nichts weniger als ängstlich war, konnte es keine Schwierigkeit haben, zwischen Giski und Agðanes irgend einen Punkt ausfindig zu machen, an welchem er die Brüder ankern lassen konnte, — noch weniger Schwierigkeit vollends, wenn er diess nicht wollte, die Nennung des Namens ganz bei Seite zu lassen, der ja in diesem Falle gar Nichts zur Sache that. Dass also in Snorri's Urschrift der Name zu lesen war, scheint mir sicher, und ebendarum die Annahme eines Mittelgliedes nothwendig, welches einerseits zwischen sie und die S., die ja nach der eigenen Ausführung der Herausgeber (S. XXVI—VII) keinenfalls Original und kaum auch nur unmittelbare Copie des Originales ist, andererseits aber auch zwischen sie und die Kringla in Mitte trat, die ja erst etwa 20 Jahre nach Snorri's Tod geschrieben ist. Wie dieses Mittelglied aber aussah, ob es nur die Ólafs saga helga, oder ob es mehr als diese, und allenfalls gar Alles enthalten habe, was unsere Hskr. enthält, darüber vermag uns jene beiderseitige Lücke denn doch keinerlei Aufschluss zu gewähren. Wende ich mich sodann zu den übrigen vorgebrachten Argumenten, so habe ich gegen die Statthaftigkeit der Annahme, dass die Eingangscapitel in S. ein blosser Excerpt aus den früheren Abschnitten der Heimskr. seien, zwar Nichts einzuwenden, indem eine in der letzteren nicht enthaltene Notiz über die Abkunft des Eyvindur skáldaspillir (cap. 2, S. 4, der isolirten Sage) allerdings unbedeutend genug ist, um von demjenigen, der den Auszug veranstaltete, gelegentlich eingeschaltet worden sein zu können; aber die Möglichkeit jener Annahme schliesst denn doch noch nicht aus, dass auch eine andere und entgegengesetzte ebenso gut möglich sein könnte, und anderweitige Momente werden somit die Entscheidung darüber bringen müssen, ob die eine oder die andere Möglichkeit die grössere Wahrscheinlichkeit oder volle Gewissheit für sich habe. Weiterhin glaube ich aber auch den aus dem Mittelstücke der Sage gezogenen Schlüssen entgegentreten zu müssen. Allerdings ist richtig, dass die Hskr., cap. 36—39, S. 40—43, K. Ólafs ersten Zug nach Drontheim ungleich weitläufiger beschreibt als S., cap. 38, S. 36; aber nicht nur giebt eine einzelne Hs. der Heimskr., welche zwar spät, aber doch nach einem sehr alten Originale geschrieben scheint, der Codex Wormianus nämlich, hier ebenfalls nur einen kürzeren Bericht, wenn auch in etwas anderer Gestalt als S., sondern es enthält auch der Bericht dieser letzteren Sage hier sowohl als an einer anderen Stelle ein paar sehr erhebliche Angaben, welche in der Heimskr. fehlen. Wir wissen nämlich zwar aus einer langen Reihe übereinstimmender Zeugnisse (vgl. Munch, I, 2, S. 405, Anm. 1), dass bei der Theilung Norwegens nach K. Olaf Tryggvason's Fall der Schwedenkönig von Drontheim 4 Volklande erhielt, während die übrigen 4 dem Eirík jarl zufielen; aber nur die isolirte Sage nennt uns (cap. 30, S. 27, und cap. 38, S. 36; ebenso die späteren Ueberarbeitungen, FMS. IV, cap. 43, S. 68, und cap. 53, S. 91) deren Namen, indem sie dem schwedischen Könige „Sparbyggva fylki, Verdœla fylki, Skaun, Stiordœla fylki", dem norwegischen Jarle aber „Orcdœla fylki, Gauldœla fylki, Strinda fylki, Eyna fylki" zuweist, während die Heimskr. an der ersten Stelle die betreffenden Worte einfach weglässt, an der zweiten aber liest: „Orcdœlafylki, oc Gauldœlafylki, oc Strindafylki, oc Strind" (vgl. deren cap. 21, S. 20, und cap. 38, S. 42). Nun ist freilich die Unrichtigkeit dieser letzteren Lesung augenfällig, und man möchte darum allenfalls versucht sein, die Schreibung der S. auf eine blosse Conjectur zurückzuführen; aber eine solche hätte sicherlich dem Jarle das Stjórdœlafylki statt des Eynafylki zugewiesen, um den Gegensatz der 4 inneren und der 4 äusseren Volklande im Drontheimischen zu gewinnen, und gerade das Abnorme der angegebenen Theilung stützt zugleich die Ursprünglichkeit der Lesart unserer Sage, indem es zugleich deren Beseitigung in der Heimskr. erklärlich macht. Zugeben muss ich freilich, dass auch diese Bemerkung uns nicht viel weiter hilft. Sie zeigt nur, dass in der Vorlage, aus welcher S. geflossen ist, Manches gestanden hat, was in unserer Heimskr. nicht steht; aber da die bezeugten Differenzen nicht über das Maass dessen hinausgehen, was auch bei verschiedenen Hss. eines und desselben Werkes vorzukommen pflegt, so bleibt immerhin die Möglichkeit, aber freilich auch nur die Möglichkeit, dass die Vorlage der isolirten Sage im Grossen und Ganzen eben doch unserer Hskr. gleichgeartet gewesen sein könnte. Was endlich die Schlusscapitel in S. betrifft, so glaube ich zunächst gleichfalls die Argumente widerlegen zu können, welche für deren Auszugseigenschaft geltend gemacht worden sind. Wenn gesagt wird, dass an einer Stelle der Sage dieser Auszug allzu knapp gerathen sei, als dass er ohne die Vergleichung der Heimskr. selbst auch nur verständlich wäre, so scheint mir diess noch gar sehr zweifelhaft. Es heisst nämlich, cap. 249, S. 233: „Kalfr for suðr a Mœri, oc hofðu þeir stefnulag sin i milli", während aus cap. 282, S. 396, der Heimskr. zu ersehen ist, dass unter „þeir" neben Kálfur Arnason noch seine Brüder zu verstehen sind; aber da kurz vorher, nämlich in cap. 247, S. 232, der S., erzählt worden war, wie Kálfur mit seinen Brüdern sich versöhnt habe, und als bekannt gelten konnte, dass der angesehenste unter diesen letzteren, Þorbergur, auf dem Hofe Giski in Sunnmœri seinen Sitz hatte, so musste denn doch für Jederman verständlich sein, mit wem Jener eine Zusammenkunft suchte, wenn er sich nach dieser Landschaft wandte, und lässt sich somit die Kürze der in S. gewählten Ausdrucksweise auch noch ganz anders erklären als mittelst der Annahme eines unverständigen und übereilten Excerpirens. Ebensowenig will es mir gerechtfertigt erscheinen, wenn die Herausgeber an einer anderen Stelle der S., nämlich cap. 268, S. 243, eine Corruptel entdecken wollen, welche nur aus einer unrichtigen Lesung des in der Heimskr. Haralds s. harðráða, cap. 58, S. 116, erhaltenen ächten Textes zu erklären sei. Es handelt sich um ein Wunder des heil. Ólafs. Ein dänischer Graf zwingt seine norwegische Magd am Olafstage Brod zu backen; da verwandelt sich das Brod in Stein, während der Graf nach der Heimskr. in demselben Augenblicke erblindet (die Worte lauten: „allt var þat jafnskiótt oc á einni stundo, at Greifi sá varð blindr báðom augom, oc brauð þat varð at grióti er hon hafði i ofninn skotit"), wogegen S. von keiner Erblindung des Grafen, sondern nur davon weiss, dass die Verwandlung des Brodes sich vor dessen eigenen Augen vollzogen habe („allt var þat jafnskiótt oc á einni stundu, greifi sá hleifa báðum augum oc brauð þat allt varð at grioti er hon hafði i ofninn scotit"). Nun ist allerdings richtig, dass eine Reihe anderer Quellen mit der Lesart der Heimskr. übereinstimmt; so bereits die legendarische Sage, cap. 106, S. 78, und die mehrfach angeführte Homilie, S. 119, — das schwedische Legendarium, S. 867, und das plattdeutsche bei Langebek, II, S. 538—9, so endlich auch ein altes lateinisches Martyrologium, welches die Herausgeber, S. 303, zu der Stelle der isolirten Sage anführen, und welches die gemeinsame Quelle der sämmtlichen übrigen Berichte gewesen zu sein scheint, indem sich aus der hier gebrauchten Bezeichnung „præpositus" sowohl der Graf der nordischen als der Propst der schwedischen Legende erklärt. Aber es sind diess lauter kirchliche Quellen (auch der Mirakelkatalog der legendarischen Sage!), wogegen nicht nur von den späteren Bearbeitungen der isolirten Ólafs s. wenigstens noch eine mit unserer S. stimmt (FMS. V, cap. 251, S. 139—40), sondern auch Einarr Skúlason von dem Erblinden des Grafen Nichts weiss, ja sogar diesen in die ganze Erzählung überhaupt nicht einmischt, vielmehr ein dänisches Weib auf eigenen Antrieb ihr Brod am Olafsfeste backen lässt (Geisli, Str. 32). Sehr nahe liegt es unter solchen Umständen, an eine allmälige Ausschmückung der Legende, oder doch an ein gleichzeitiges Umlaufen derselben in zweifacher Gestalt zu denken; aber aller und jeder Anhaltspunkt für die von Munch und Unger vertretene Meinung muss vollends verschwinden, wenn die Angabe der Kopenhagener Ausgabe richtig ist, dass die das Mirakel erzählende Stelle der Hskr. allen unseren Hss. derselben fehlt, und lediglich aus Peringskjölds Ausgabe entlehnt ist! — Diese letztere Entdeckung führt nun aber zu einem Punkte, welcher gestattet, einen positiven Gegenbeweis gegen die von Munch und Unger aufgestellten Behauptungen zu führen. Es ist bereits früher erwähnt worden, dass unsere isolirte Sage, nachdem sie die Lebensgeschichte des heil. Ólafs glücklich zu Ende gebracht hat, noch anhangsweise auf die Wunder übergeht, welche dieser nach seinem Tode verrichtet haben soll, und dass die Worte, welche in cap. 248, S. 233, der Sage den Uebergang von jenem geschichtlichen zu diesem kirchlichen Theile derselben vermitteln, noch völlig den Stempel der älteren legendarischen Geschichtschreibung tragen; nicht minder ist aber auch bereits darauf aufmerksam gemacht worden, dass die Hskr. in ihrem cap. 260, S. 394, zwar im Uebrigen auch ihrerseits genau denselben vermittelnden Satz bringt, aber demselben die Worte: „þótt þat se síðarr ritat í þessari bók" beifügt, und in der That die Mirakel in ihre späteren Abschnitte verweist, je nachdem sie dem Zeitpunkte nach, in welchem sie sich ereignet haben sollten, in die Regierungsperiode dieses oder jenes Königs zu fallen schienen (vgl. oben, Anm. 18, S. 564, sowie die vorige Anm., S. 652, wo man auch die betreffenden Textesworte abgedruckt findet). Keinem Zweifel kann nun meines Erachtens unterliegen, dass die Heimskr. hier, wie diess oben schon ausgeführt wurde, eine absichtliche Aenderung einer früheren Gestaltung des Textes vorgenommen hat, welche mit Weglassung jenes Beisatzes auf jene vermittelnden Worte sofort eine Reihe von Wundergeschichten hatte folgen lassen, — einer Textesgestaltung also, mit welcher unsere Sage noch durchaus auf einer Linie steht, da ja auch sie jenen Beisatz nicht kennt, und sofort bis zu ihrem Schlusse eine Anzahl von Mirakeln des heil. Königs erzählt. Aus den 30 Schlusscapiteln unserer isolirten Sage ergiebt sich hiernach gerade umgekehrt, dass diese eine ältere Recension der Olafs s. repräsentirt, als die in die Heimskringla eingestellte, und dieser Schluss wird noch durch die weitere Beobachtung bestätigt, dass nicht wenige von den in S. berichteten Wundergeschichten in den Hss. der Hskr. sich gar nicht finden, vielmehr nur aus Peringskjölds Ausgabe in deren spätere Abdrücke herübergenommen worden sind, welche doch ihrerseits dieselben sicherlich nur aus der Flbk. oder anderen Hss. der isolirten Sage aufgenommen hatte. Wenn wir also durch die in der Heimskr. und in S. gleichmässig vorfindliche Lacune auf die Vermuthung gebracht worden sind, dass der Kringla und der letzteren Hs. eine gemeinsame Vorlage zu Grunde gelegen haben werde, die selbst wider erst aus Snorri's Originale geflossen sei, so führt uns der eben besprochene Punkt auf die weitere Annahme, dass jene gemeinsame Vorlage der Olafs s. einen Mirakelkatalog habe folgen lassen, wie ihr ein solcher in S. folgt, während er in der Kringla bereits beseitigt ist. Man sieht, das bisher gewonnene Ergebniss stimmt recht wohl mit der oben von mir verfochtenen Annahme überein, dass Snorri seine sämmtlichen Königssagen als ebenso viele selbstständige Werke verfasst, und dass erst ein späterer Compilator dieselben zusammengestossen und unter Hinzufügung sehr verschiedenartiger weiterer Materialien zu unserer Heimskringla verarbeitet habe; insoweit würde sogar Nichts uns hindern, in jener für die S. und die Kringla vorauszusetzenden gemeinsamen Vorlage eine einfache Abschrift des Originales der Olafs s. Snorri's zu vermuthen. Ein paar weitere Erwägungen bestimmen mich indessen zu einer anderen Muthmassung. Einmal nämlich zeigt unsere S. jene Stücke der Færeyinga s., von welchen ich vermuthet habe, dass sie erst später in Snorri's Text eingeschaltet worden seien, in diesen bereits ganz in derselben Weise eingestellt wie die Hskr.; sodann aber findet sich in derselben auch der aus der Jarlasaga entlehnte Abschnitt seinem vollen Umfange nach ganz ebenso wie in dieser aufgenommen, während doch bezüglich seiner bewiesen, nicht nur vermuthet werden konnte, dass seine Aufnahme von Snorri selber nicht herrühren konnte. Beides deutet darauf hin, dass die Ueberarbeitung der Werke Snorri's bereits begonnen hatte, ehe der Compilator der Kringla an dieselbe Hand angelegt hatte; Beides würde aber immerhin noch mit der Annahme verträglich sein, dass es eine isolirte, wenn auch bereits interpolirte, Olafs s. gewesen sei, aus welcher die Kringla wie S. geflossen seien. Dass die Sache aber doch etwas anders sich verhielt, schliesse ich dagegen aus dem der letzteren Hs. vorgesetzten Prologe (vgl. oben, Anm. 2, S. 526—8, und Anm. 25, S. 601—6). Ich habe oben nachzuweisen gesucht, dass dieser sowohl als der der Hskr. vorangehende Prolog aus 3 verschiedenen Stücken zusammengesetzt sei, von denen doch nur eines von Anfang an für die Olafs s. ens helga bestimmt gewesen sein kann, und selbst wer diesen Nachweis etwa nicht als vollkommen concludent gelten lassen wollte, müsste doch wenigstens soviel zugeben, dass die auf das Ynglingatal und Háleygjatal bezüglichen Sätze desselben unmöglich in einem Prologe gestanden haben können, welcher eigens für jene Sage als für eine isolirte abgefasst worden war; wenn demnach die S. Nichts desto weniger bereits den zusammengesetzten Prolog kennt und für die isolirte Sage verwendet, so glaube ich als erwiesen annemen zu dürfen, dass sie denselben aus einer Vorlage entnommen habe, welche die Ólafs s. helga nicht für sich allein, sondern bereits in Verbindung mit mehreren andern Königssagen enthalten, und demgemäss die für diese als einzelne geschriebenen Prologe bereits zu einem Gesammtprologe verarbeitet gehabt hatte. Die Ynglinga s., Ólafs s. Tryggvasonar und Ólafs s. helga des Snorri muss jene Vorlage enthalten haben, da der in ihr enthaltene Gesammtprolog aus den Einzelprologen dieser 3 Sagen zusammengesetzt ist; die Haralds s. harðráða dagegen mag wohl nicht in derselben gestanden haben, da keine auf sie bezügliche Angabe in jenem Vorworte zu finden ist. Der Gesammtprolog jener Vorlage scheint dabei einerseits von dem Compilator der Kringla, andererseits von dem Schreiber der S. etwas verkürzt und verändert worden zu sein, wie diess schon bei einer anderen Gelegenheit von mir angedeutet worden ist; er scheint aber überdiess auch von den Schreibern der in den FMS. IV und V. als D. und K. bezeichneten Hss. selbstständig benützt worden zu sein, und zwar, beiläufig bemerkt, mit grösserem Geschicke als von dem Schreiber der S., welcher das für die Ólafs s. helga Passende keineswegs richtig herauszulesen verstand; der Umstand aber, dass auch die übrigen Hss. der isolirten Sage, und darunter zumal auch D. und K., die Eingangscapitel derselben wesentlich ebenso enthalten wie S., lässt mich schliessen, dass auch diese Eingangscapitel von Snorri selbst herrühren, und dass jene gemeinsame Vorlage die genannten 3 Sagen, soviel deren Text betrifft, noch in ungeänderter Form und nicht zu einem Ganzen verschmolzen enthalten habe: es wäre sonst kaum begreiflich, warum K. und D. dieselben mit der S. theilen, und doch den Prolog jener Vorlage anders als diese excerpirt haben sollten. Ob aber die Zusammenstellung der drei Sagen und die Vereinigung ihrer Prologe zu einem Gesammtprologe von Snorri selber oder von irgend einem Andern herrühre, wage ich nicht zu entscheiden; das Alter der S. würde das Erstere zwar gestatten, aber doch nicht fordern oder auch nur besonders wahrscheinlich machen, — die persönliche Stylisirung des Prologes ferner kann Nichts beweisen, da dieselbe, wie sie aus jener zusammenstellenden Vorlage in die S., in die D. und K., und in die Kringla übergegangen ist, auch wohl in jene Vorlage aus den Originalhss. der drei Specialsagen übergegangen sein konnte, — endlich die in jener Vorlage vorauszusetzende, und aus ihr in die S. und die Kringla hinübergenommene Lücke (D. und K. scheinen dieselbe verwischt zu haben) macht ebenso wie die oben besprochene mehrfache Interpolation die Urheberschaft Snorri's eher unwahrscheinlich als wahrscheinlich. Von einem Isländer ist dieselbe aber jedenfalls ausgegangen; ein Norweger würde die mehrfachen Verstösse gegen die Geographie Norwegens, welche die Herausgeber der S. in ihrer Vorrede, S. XXVII—XXX, besprechen, nicht stehen gelassen haben.

Die Ólafs saga Tryggvasonar ferner liegt uns ebenfalls in einer Reihe von Hss. für sich allein vor, und ist auf Grund von mehreren derselben in Bd. I—III der FMS. abgedruckt worden, nachdem schon früher (1689—90) in Skálholt ein Abdruck veranstaltet worden war. Beide Abdrücke lassen eine Ueberarbeitung erkennen, welcher sichtlich der Text Snorri's zu Grunde liegt, wie ihn die Hss. der Heimskr. auch ihrerseits widergeben, für welche aber zugleich das ältere Werk Gunnlaugs, und vielleicht auch Odds über diesen König, sowie die Jómsvíkinga saga, Landnáma, Laxdæla, Hallfreðar s. vandræðaskálds, Orkneyinga s., Færeyinga s., sammt einer langen Reihe anderer Quellenstücke mit benützt, und theilweise sogar in weiterem oder geringerem Umfange wörtlich ausgeschrieben worden war. Die flüchtigste Durchsicht genügt um zu der Ueberzeugung zu gelangen, dass der Text einer dieser Hss., der Flateyjarbók nämlich, auf welchem die Skálholter Ausgabe beruht und welcher auch für die FMS. wenigstens nebenbei mitgebraucht wurde, ein ungleich fortgeschritteneres Stadium der Ueberarbeitung repräsentirt als die sämmtlichen übrigen Hss.; wieweit aber diese letzteren sammt und sonders als bloss Copieen eines und desselben Originales betrachtet werden dürfen, und ob nicht vielleicht auch unter ihnen ein allmäliches Vorgehen von mässigerer Erweiterung des ursprünglichen Textes zu durchgreifenderer Umgestaltung desselben stattfinde, getraue ich mich gegenüber der höchst unkritischen Behandlung des handschriftlichen Materiales durch die Herausgeber nicht zu entscheiden. Die Vermuthung aber, dass Bergur Sokkason der Verfasser der neueren Bearbeitung der Sage sein möge, welche dann von den Sammlern der Flbk. nochmals erweitert worden sei, ist schon von Bischof Finnur in seiner Hist. Isl. eccles. I, S. 591, Anm. a, und von Hálfdan Einarsson in seiner Sciagraphia historiæ literariæ Islandiæ, S. 128, Anm. f, angedeutet, und neuerdings von Munch in seiner Vorrede zur Ausgabe Odds, S. X—XVI, des Näheren ausgeführt worden. Nach Dem, was wir von dem Manne wissen, ist es allerdings nicht unwahrscheinlich zu nennen, dass derselbe für die Bearbeitung der Sage thätig geworden sei. Wir erfahren nämlich aus verschiedenen Stellen der Laurentius biskups s. (cap. 33, S. 832; cap. 38, S. 840, vgl. S. 898; cap. 47, S. 850, und cap. 60, S. 867—8), dass Bergur zugleich mit dem späteren Bischofe Laurentius Kálfsson († 1330) in Múnkaþverá unterrichtet wurde, — dass er dann im Jahre 1316 in das Kloster zu þingeyrar tratt, aber von Laurentius, nachdem dieser eben erst zum Bischofe von Hólar erwählt worden war, bereits im Jahre 1322 als Prior nach þverá berufen wurde, — dass er, womit auch die Annalen übereinstimmen, im Jahre 1325 zum Abte dieses Klosters befördert wurde, und als solcher im Jahre 1328 von dem genannten Bischofe besucht wurde; endlich erzählen uns die Annalen noch, dass er im Jahre 1334 „fyrir litillætis sakir" seine Abtwürde niderlegte, dieselbe aber im Jahre 1345 neuerdings wider annahm. Ausserdem wird der Mann nicht nur wegen seiner ersprieslichen klösterlichen Wirksamkeit und seiner treuen Freundschaft gegen Bischof Laurentius belobt, sondern auch wegen seiner vielseitigen Bildung, sowie als Verfasser verschiedener in der Landessprache geschriebener Heiligengeschichten; als „hinn fremsti klerkr, söngari harðla ágætligr, ok mælskumaðr mikill, svo at hann setti saman margar sögubækr heilagra manna í norrænu máli með mikilli snild", wird er bezeichnet (Laurentius s., cap. 33, S. 832, und wesentlich ebenso nach einer anderen Hs., S. 891), und es wird von ihm (ebenda, cap. 47, S. 850) berichtet: „var hann formenntr maðr, umfram flesta menn tá á Íslandi, um klerkdóm, letr söng ok málsnild; samansetti hann margar heilagra manna sögur í norrænu, sem birtast mun ok auðsýnast meðan þetta land er bygt", wie denn auch eine Biographie des heil. Nikolaus, dann des heil. Michael von seiner Hand erhalten sein soll (vgl. Finn Jónsson, ang. O., IV, S. 121; Hálfdan Einarsson, S. 111, und Guðbrand Vigfússon, in den Ný félagsrit, XXIII, S. 150). Aber die Annahme, dass er der Ueberarbeiter unserer Ólafs s. sei, beruht doch immerhin nur auf der Angabe einer einzelnen, ziemlich späten Hs., nämlich der am Schlusse des 14ten oder am Anfange des 15ten Jahrhdts. geschriebenen nr. 1 fol. der kgl. Bibliothek zu Stockholm, welche bemerkt: „Hér byrjar sögu Ólafs konúngs Tryggvasonar, er Bergr áboti snaraði" (vgl. über die Hs., neben Munch, auch Arwidsson, Förteckning, S. 1 und 3), und da gerade diese Hs. bei der Ausgabe in den FMS. nicht benützt wurde, lässt sich nicht entscheiden, ob jene Bemerkung sich nicht etwa auf eine specielle Redaction der Sage beziehe. Daran ist aber jedenfalls in alle Weite nicht zu denken, dass die Arbeit, wie man früher vielfach angenommen hatte, wesentlich eine Uebersetzung der Biographie Gunnlaugs sei, und ebensowenig lässt sich die andere Meinung rechtfertigen, dass Styrmir hinn fróði dieselbe verfasst haben werde; wenn auch deren Abfassung höher hinauf als in Bergs Zeit zu setzen sein mag, so darf sie nämlich doch sicherlich nicht über den Schluss des 13. Jahrhunderts hinaufgerückt werden.

Was endlich die Haralds s. harðráða betrifft, so ist uns diese zwar nur als Bestandtheil umfassenderer Sagensammlungen erhalten; aber einerseits bezeugt die bereits früher (oben, Anm. 29, S. 643) hervorgehobene Thatsache, dass dieselbe von dem Compilator der Fagrskinna benützt wurde, während derselbe doch von keiner der übrigen Königssagen Snorri's Kenntniss hatte, deren isolirtes Umlaufen, und andererseits lässt die eigenthümliche Art, wie dieselbe in unserer Flateyjarbók auftritt, immerhin vermuthen, dass eine specielle Bearbeitung jener Saga hier vorliege, welche ursprünglich keinen Theil eines umfassenderen Sagenwerkes gebildet habe. Ich werde auf diesen Punkt später noch zurückkommen, bemerke dagegen hier noch, dass das Nichtauftreten einer isolirten Bearbeitung der Ynglinga s. theils aus deren geringerem Umfange, theils aber auch aus der Dürftigkeit ihres Inhaltes, welcher für den isländischen Geschmack weniger Anziehendes hatte, sowie aus dem weiteren Umstande sich erklären dürfte, dass mündliche Ueberlieferungen, aus welchen sich dieselbe hätte ergänzen lassen, über eine so entlegene Zeit wie die von ihr behandelte überhaupt nicht mehr erhalten sein konnten.

Anm. 34.

Die älteste unter diesen drei Sammelhss. ist unzweifelhaft die Morkinskinna. Þormóður Torfason hat diesen Namen, welcher „die verfaulte Handschrift" bedeutet, der Hs. nr. 1009, fol. der königl. Bibliothek in Kopenhagen beigelegt, wegen des üblen Zustandes, in welchem sich dieselbe bereits zu seiner Zeit befand (Hist. rer. Norveg. I, Prolegom., fol. C₃); sie beginnt mit K. Magnús góði, und reicht bis zum Tode des Königs Sigurður munnur herab († 1155), da sie indessen wie an so manchen anderen Stellen so auch an ihrem Schlusse defect ist, lässt sich nicht bestimmen, wieweit sie ursprünglich gegangen war, vielmehr nur vermuthen, dass sie ebenso wie die Heimskringla, Fagurskinna und Hrokkinskinna die Geschichte der norwegischen Könige bis zum Jahre 1177, also bis auf Sverrir, herabgeführt haben werde (so auch Munch, II, S. 1041, Anm. 1; Rudolf Keyser, Efterl. Skrifter, I, 473, glaubt K. Eysteins Tod, also das Jahr 1157, als Endgrenze annehmen zu sollen). Ueber das Alter der Sammlung herrschen die verschiedensten Ansichten. Torfæus, ang. O., sagt von dieser und einer der nächstfolgenden Hss.: „Snorrium etiam authorem maxima sui parte agnoscunt; sed a recentiore quodam partim accessione quadam aucti, partim interpolati." P. E. Müller, welcher sich wiederholt über die Sammlung ausgesprochen hat (am Eindässlichsten in der Sagabibl. III, S. 443—52), wagt nicht zu entscheiden, ob dieselbe älter oder jünger sei als Snorri. In den Antiquités Russes, I, S. 451, und II, S. 1, wird die Hs. als eine vortreffliche Membrane aus dem Anfange oder der Mitte des 13. Jahrhunderts bezeichnet, und wenn dieselbe nach Munch, ang. O., um 1130 geschrieben sein soll, so ist diess wohl nur verdruckt für 1230, da der Verfasser die von dem Schreiber der Hs. benützte Vorlage selbst erst dem Anfange des 13. Jahrhunderts zuweist (ang. O., Anm. 3). R. Keyser (ang. O.) lässt die Hs. in der ersten Hälfte des 13. Jahrhunderts von isländischer Hand geschrieben sein, meint aber, deren Inhalt trage ein Gepräge, welches auf die Zeit kurz vor oder nach dem Jahre 1200, als auf die Zeit hinweise, in welcher dessen erste Aufzeichnung erfolgt sei. Guðbrandur Vigfússon aber theilt mir mit, dass der Codex in den Jahren 1280—1300 auf Island geschrieben sei, und zwar von zwei verschiedenen Händen, deren eine dieselbe sei, welche die Flóvents s., Bærings s. und Magus s. in AM., 580, in 4to geschrieben habe; da Konráð Gislason (Um frumparta, S. XLIV—V) diese letztere Hs. auf Island um den Anfang des 14. Jhrdts. geschrieben sein lässt, scheint dabei jene Taxirung in der Zeit jedenfalls nicht allzuweit herabgegangen zu sein. Aber wenn ich auch die Frage nach dem Alter der Hs. als durch die letzte Angabe erledigt betrachten darf, so ist damit natürlich doch noch Nichts entschieden über das Alter der Sammlung selbst, welche dieselbe enthält, oder vollends über das Alter der Materialien, aus welchen diese letztere zusammengesetzt ist, und die Beantwortung dieser zweiten Frage wird unendlich dadurch erschwert, dass nur wenige Bruchstücke der Hs. in getrenntem Abdrucke vorliegen (so die Sigurðar saga slembidjákns, das Stück „Af Einari Skúlasyni", und das andere „Upphaf Gregorii", in den FMS. VII, S. 327—62; dann ein paar andere Stücke in den Antiquités Russes, I, S. 451, II, S. 2—13, S. 40—62 und S. 68—75; widerum die Erzählungen von Auðunn vestfirzki und Brandur hinn örvi, sowie ein Stück der Magnúss s. berfætts, im Oldnorsk Læsebog von Munch und Unger, S. 21—26, und zwei Stücke über Sigurð slembi und über den Fall des Englischen Königs Harald

Guðinason, bei Johnstone, Antiquitates Celto-Scandicae, S. 249—50, und 285—6, diese freilich unter dem unrichtigen Namen des Hryggjarstykki aufgeführt), und dass selbst die Mittheilungen über deren Inhalt theils ungenügend, theils in verschiedenen, weitschichtigen Werken, zumal Munch's norwegischer Geschichte, zerstreut sind. Immerhin lässt sich indessen aus Dem, was von der Hs zugänglich gemacht ist, mit Sicherheit erkennen, dass dieselbe in rohester Weise aus den verschiedensten Materialien zusammengetragen ist, und es ist hiernach recht wohl möglich, dass dieselbe neben Snorri selbst und anderen noch jüngeren Vorlagen doch zugleich auch wider solche von ungleich höherem Alter benützt haben mag; umgekehrt ist aber natürlich auch ebensogut möglich, dass aus den von der Morkinsk. benützten Materialien, oder selbst aus der Morkinsk. selbst, wider einzelne Zusätze geflossen seien, welche in die späteren Hss. der Heimskringla sich eingeschaltet finden. Der Steinkaþ z. B. mag aus der Morkinsk. in die späteren Hss der Heimskr., Magnúss s. berfœtta, cap. 8, S. 200—208, hineingekommen sein, und ebenso der Bericht über die zweite Schlacht bei Foxerni in deren cap. 16, S. 217—19, die Erzählung von dem Gastmahle, welches K. Sigurðr dem Kaiser in Byzanz hielt, in deren Sigurðar s. Jórsalafara, cap. 13, S. 246—7, und der þingaþáttr in deren cap. 21, S. 256—61, die Erzählung von Bischof Magnús Einarsson, dann von þorgils Oddason, in deren Haralds s. gilla, cap. 12, S. 316—18, und cap. 13, S. 320—21 u. dgl. m., während andererseits der Umstand, dass die Morkinsk. ebenso wie die Fagursk. und Heimskr. den Erling Erlendsson mit K. Magnús berfœtti in Irland fallen lässt, unzweifelhaft auf eine Benützung Snorri's durch dieselbe hinweist, dem ja gerade diese Notiz ganz ausdrücklich vindicirt wird. Anderntheils ist aber auch bereits gelegentlich darauf hingewiesen worden, dass die Morkinsk. aus dem Ágrip oder dessen Vorlage geschöpft habe. Jener Bericht über die Schlacht bei Foxerni, der vielfach wörtlich aus dem Ágrip abgeschrieben ist, scheint freilich nur mittelbar aus demselben zu stammen, da die Geschichte des wälschen Ritters, welche in der Morkinsk. dabei eine hervorragende Rolle spielt, im Ágrip noch nicht eingeflochten ist; dagegen konnten wir eine in dessen Bericht über K. Sigurð Jórsalafari befindliche Lücke theilweise aus der Morkinsk. ergänzen, und noch eine zweite Stelle in dessen Geschichte desselben Königs nachweisen, welche diese Hs., und zwar ungeschickt genug, ausgeschrieben hat, während das letzte Capitel des Ágrip vollends fast wörtlich mit ihrer Darstellung zusammenfällt (vgl. oben, Anm. 28, S. 639—40). Ebenso ist bereits erwähnt worden, dass die Morkinsk. das Hryggjarstykki des Eiríkur Oddsson nahezu wörtlich in sich aufgenommen zu haben scheint (oben, Anm. 9, S. 534), und anderwärts habe ich auch darauf aufmerksam gemacht, dass dieselbe dessen Darstellung mittelst zahlreicher Verse erweitert hat, die sie zumal auch dem Sigurðarbálkur des Ívarr Ingimundarson entnam (oben, Anm. 32, S. 659); in gleicher Weise hat dieselbe aber auch die beiden an das Hryggjarstykki sich anschliessenden Sagen behandelt. Wider andere Male scheint die Morkinsk. die Fagurskinna benützt zu haben; wie diese lässt sie, wovon die anderen Quellen Nichts wissen, den jungen Sigurð Jórsalafari eine Schottische Princessin heirathen (oben, Anm. 29, S. 641), lässt sie denselben schon 3 Winter nach seines Vaters Tod seinen Kreuzzug antreten, nicht erst nach 4 Wintern, wie die übrigen Quellen, u. dgl. m., und eine für das Verhältniss beider Texte zu einander ungemein belehrende Parallelstelle hat bereits das Vorwort zur Fagurskinna, S. VIII, mitgetheilt, ohne freilich daraus den richtigen Schluss zu ziehen. Ein Verzeichniss kleinerer Erzählungen, welche in die Hs. aufgenommen worden sind, giebt P. E. Müller, ang. O.; sie beziehen sich fast alle auf isländische Männer und bilden somit, neben der Schreibweise der Hs. selbst, einen weiteren Beweis für die isländische Herkunft der Sammlung. Wie R. Keyser aber nach allem Dem die Behauptung aufstellen konnte, es finde sich in dem Theile derselben, welcher die Geschichte von Magnús góði bis zu K. Sigurð Jórsalafari's Tod behandelt, keine Spur einer Benützung älterer geschriebener Quellen, ist mir ein Räthsel; der alte þormóður hatte bereits ganz das Richtige erkannt!

An zweiter Stelle ist dann diejenige Bearbeitung zu nennen, welche eine als A.M. 66, fol.

bezeichnete Hs. enthält, dieselbe, welche auch wohl als Hryggjarstykki bezeichnet zu werden pflegt, obwohl sie mit dem so benannten älteren Werke Eiriks Nichts zu thun hat. Ich entnehme die Identität beider Bezeichnungen dem von Munch hin und wider befolgten Sprachgebrauche (vgl. zumal Bd. II, S. 130, Anm.); die letztere ist indessen vermuthlich nur auf einige spätere Papierhss. zurückzuführen, und mag auf einem Missverständnisse beruhen (vgl. P. E. Müller, Sagabibl., III, S. 460—61, und Arwidsson, Förteckning, S. 61 und 122). Die Hs. gehört dem 14. Jahrhunderte an, und ist an ihrem Anfange defect; doch hat auch sie wohl mit K. Magnús góði begonnen, und anderntheils reicht auch sie bis zum Jahre 1177 herab: sie ist der Ausgabe der betreffenden Sagen in FMS. VI und VII als Haupttext zu Grunde gelegt. Aufs Engste verwandt mit dieser zweiten Sammlung ist endlich die dritte, welche in nr. 1010, fol. der grossen kgl. Bibliothek zu Kopenhagen enthalten ist, einer Hs., welcher Torfæus den Namen der Hrokkinskinna, d. h. der runzelichten Hs., beigelegt hat. Sie ist wenig jünger als die vorige Hs., und stimmt mit ihr im Wesentlichen überein (vgl. P. E. Müller, Sagabibl. III, S. 452—7; Antiquités Russes, II, S. 1); beide mögen darum hier gemeinsam besprochen werden. Klar ist zunächst, dass beide Sammlungen, wenn auch die Hss., in denen sie uns vorliegen, nur Copieen älterer Originalien zu sein scheinen, doch keinesfalls vor dem Jahre 1268 entstanden sein können; sie erzählen nämlich beide (FMS. VI, cap 114, S. 402), dass K. Haraldr harðráði bei seiner Abfahrt nach England den Schrein des heil. Ólafs verschlossen und den Schlüssel ins Wasser geworfen habe, mit dem Beifügen, es sei in Folge dessen jener Schrein verschlossen geblieben bis auf die Zeit des K. Magnús Hákonarson und des Erzbischofs Jón; da nun Jener in den Jahren 1263—80 regierte, und Jón rauði in den Jahren 1268—82 den erzbischöflichen Stuhl inne hatte, ergiebt sich, dass vor dem angegebenen Jahre beide Sammlungen nicht existirt haben können (die Heimskr., cap. 63, S. 150, und die geschichtliche Ólafs s. ens helga, cap 270, S. 245, erzählen nur vom Verschlossenbleiben des Schreines, während die Fagursk. und die Flbk. des ganzen Vorganges nicht gedenken; nach Munch, II, S. 323, Anm. 6, zu schliessen, weiss auch die Morkinsk. wenigstens Nichts von dem Beisatze). Dass in beiden Sammlungen Snorri benützt ist, kann keinem Zweifel unterliegen; es genügt dieserhalb darauf hinzuweisen, dass der Tod des Erlingr Erlendsson in der im Jahre 1103 in Irland geschlagenen Schlacht in beiden Sammlungen berichtet wird wie bei Snorri, dass die beiden für dessen Liederbenützung bezeichnenden Stellen auch in diesen beiden Sammlungen widerkehren (Haralds s. harðráða, cap. 15, S. 170, und cap 51, S. 265—6), dass in gleicher Weise die Berufung auf das Zeugniss des Þorgils Snorrason sich hier widerfindet (ang. O., cap. 20, S. 185; der Name Oddr Helgason in der Hrokkinsk. ist doch wohl nur ein Schreibfehler), u. dgl. m. Aber sowohl die Fassung dieser letzteren Stelle, als die Schilderung der Art, wie der Jarl Hákon nach der Schlacht bei der Nizá dem flüchtigen Könige Sveinn durchhilft (ang. O., cap. 79, S. 320—22), dann wider die Erzählung von den Männern, die K. Magnús nach der Schlacht auf der Hlýrskógsheiði zur Pflege der Verwundeten auswählte (Magnúss s. góða, cap. 36, S. 73—4) u. dgl. m., zeigen, dass es nicht Snorri's Original war, welches von unseren Sammlern benützt wurde, sondern dessen spätere Ueberarbeitung, wie sie uns in der Heimskr. vorliegt. Neben Snorri sind übrigens auch hier wider andere Quellen in reichlichem Masse benützt. So zunächst das Ágrip. Gelegentlich der Gesandtschaft nach Russland, die den Magnús góði abholen soll, kehrt in der Hrokkinsk. und in der Flbk. der Name des Sveinn bryggjufótr, die Bemerkung dass die Norweger das am Vater Verbrochene am Sohne wider gut machen wollten, endlich die Forderung des Eides durch die Königinn wider (FMS. VI, cap. 10, S. 19—21, und Flbk. III, S. 261—2; die Morkinsk. und das Hryggjarst. haben hier eine Lücke; am Uebersichtlichsten finden sich die Texte zusammengestellt in den Antiquités Russes, II, S. 14—17). Widerum sind in der Beschreibung der Schlacht auf der Hlýrskógsheiði einzelne Stellen wörtlich aus dem Ágrip, cap. 32, S. 403, in die Magnúss s. góða, cap. 34, S. 68—9, unserer beiden Sammlungen, sowie der Flbk., III, S. 280—1, herübergenommen worden, und haben dabei diese letzteren ein Urtheil, welches das Ágrip den K. Svein über des K. Magnús tapfere Haltung im Gefechte aussprechen hast, den flüchtigen Wenden in den Mund gelegt, weil sie, dem Snorri folgend, den Svein in der Schlacht nicht betheiligt sein liessen; sie haben also rein mechanisch einzelne aus dem Ágrip entlehnte Züge in die aus Snorri gezogene Gesammtdarstellung hineingetragen. In gleicher Weise ist die Erzählung von dem Bauern Atli, der am Dinge in Drontheim in Vertretung Aller dem Könige die Unzufriedenheit der Bauern zu erkennen giebt, aus dem Ágrip, cap. 29, S. 401—2, in unsere beiden Sammlungen und die Flbk herübergekommen (Magnúss s. góða, cap. 22, S. 44—5; Flbk III, S. 269—70), und zeigt sich auch hier wider jene eigenthümliche Combination aus verschiedenen Quellen geschöpfter Züge. Widerum ist eine Anekdote, welche unsere Sammlungen über des K. Ólaf kyrri volksfreundliche Gesinnung bringen (Ólafs s. kyrra, cap. 3, S. 441—2), aus dem Ágrip entlehnt; den Bericht über die zweite Schlacht bei Foxerni finden wir in ihnen wie in der Morkinsk wider (Magnúss s. berfætts, cap. 28, S. 56—61), u. dgl. m. Die Benützung des Hryggjarstykki Eiríks, sammt den an dasselbe sich anschliessenden Sagen, tritt auch hier wider hervor; aber wie weit in Bezug auf diese wie so manche andere Quelle unmittelbar das Original, oder aber die Heimskr. oder Morkinsk gebraucht worden sei, kann solange die letztere gar nicht und die erstere nur sehr ungenügend edirt ist, nicht festgestellt werden, wiewohl allerdings grössere Anlehnung an die Heimskr. als an die Morkinsk. vorzuliegen scheint. Ein Verzeichniss der benützten kleineren Stücke giebt Müller; es handeln dieselben gleichfalls wider mehrentheils von den Geschicken isländischer Männer.

Eine Schlussbemerkung mag an die obigen Notizen sich noch anknüpfen. Wie die Heimskr. und die Fagrsk., so führen auch die Morkinsk., Hrokkinsk. und das neuere Hryggiarst. die Geschichte Norwegens bis zum Jahre 1177 herab; anders als jene beiden, beginnen aber die letzteren 3 dieselbe erst mit K. Magnús dem Guten. Woher nun dieser, wenn auch in verschiedenem Umfange, festgehaltene gemeinsame Anfangs- und Endtermin? Der letztere war augenscheinlich durch die Sverris saga bedingt, indem es zweckmässig schien gerade da zu schliessen, wo diese letztere ihre Geschichtserzählung begann, und bedeutsam ist insoweit also nur, dass sie zwar einer Ueberarbeitung nicht zu bedürfen schien, dass man aber dem älteren Hryggjarstykki sammt den beiden an dasselbe zunächst sich anschliessenden Sagen eine solche allerdings glaubte angedeihen lassen zu müssen. Bezüglich des Anfangstermines aber möchte mir scheinen, dass wohl an eine in den vorigen beiden Anmerkungen aufgestellte Vermuthung angeknüpft werden dürfe. Nemen wir an, dass schon vor der Entstehung der Kringla die Ynglínga s., Ólafs s. Tryggvasonar und Ólafs s. helga des Snorri zu einem Ganzen vereinigt waren, so musste es nahe liegen, aus dessen Haralds s. harðráða, welche ja die Magnúss s. góða mit umfasste, unter Heranziehung der Magnúss s. berfætts, des Hryggjarstykki u. s. w. ein zweites, analoges Ganzes zu schaffen; in der Kringla selbst war dieser zweite Theil augenscheinlich anders und freier behandelt worden, als der erste. — Andere mögen, noch weiter gehend, jenen ersten Theil als völlig abgeschlossen und fertig bei Seite gelassen, und ihre Aufmerksamkeit überhaupt nur noch der Vervollkommnung des zweiten zuwenden zu sollen geglaubt haben.

Anm. 35.

Die Gullinskinna, d. h. goldene Haut, von Þormóður Torfason um ihres schönen Aussehens willen so benannt, hatte der kgl. Bibliothek in Kopenhagen angehört, und war mit dieser im Jahre 1728 verbrannt; sie hatte die Heimskringla enthalten, vom Anfange der Regierung des Ólafur kyrri (also mit Ausschluss der Haralds s. harðráða des Snorri selbst!) an bis zum Ende der Magnúss s. Erlíngssonar, und ist aus diesem Grunde schon früher erwähnt worden (oben, Anm. 24, S. 597), ausserdem aber noch die Sverris saga, und zwar ohne Prolog, aber wie es scheint unvollständig, sowie die Hákonar saga gamla, jedoch auch die letztere nicht vollständig, und überdiess in sehr abgekürzter Gestalt. Ob ein wenig umfangreiches Membranfragment der

Hákonar s., welches in der Arna-Magnæana erhalten ist, wirklich dieser Hs. angehöre, wie Árni Magnússon vermuthet hat, mag zweifelhaft erscheinen (vgl. FMS. IX, Vorrede, S. XVII—VIII); dagegen liegt in nr. 42 und nr. 80, fol. eine zweifache Abschrift derselben vor, deren zweite, von Ásgeirr Jónsson besorgte, nur ein Stück der Sverris s. und die Hákonar s., deren erste, theilweise von derselben Hand geschriebene, dagegen die ganze Hs. umfasst, nur mit Ausname des grösseren Theiles der Sverris s. (vgl. FMS. VIII, Vorrede, S. XXVII—VIII, u. IX, S. XV—VI). Der Eyrspennill, d. h. mit ehernen Schliessen versehene Codex, ist in AM. 47, fol. noch erhalten; mit alterthümelnder Hand, aber doch nicht vor dem Anfange des 14. Jahrhdts. geschrieben, umfasst derselbe den späteren Theil der Heimskringla, von cap. 252 ihrer Ólafs s. ens helga angefangen bis zum Schlusse, sodann aber einen Auszug aus der Sverris s., die kürzere Dreikönigssage, und einen Auszug aus der Hákonar s. gamla (vgl. Finn Magnússon, in der Vorrede zu den FMS. VIII, S. XI—XV, und IX, S. V u. XV; wenn Möbius in seinem Catalogus, S. 80, auch einen Auszug aus der Ólafs s. Tryggvasonar und Ólafs s. ens helga als in der Hs. enthalten nennt, so beruht diese Angabe auf einem Missverstehen der Worte Finns). Die Annahme Finns, dass Snorri selbst wie die Heimskringla selbst und die Dreikönigssage, so auch den hier vorfindlichen Auszug aus der Sverris saga verfasst, und dass dann Ólafr hvítaskáld die Hákonar saga des Sturla beigefügt habe, ist ein reines Hirngespinnst; dagegen lässt schon die alterthümelnde Schreibweise der Hs., deren bereits gedacht wurde, daran nicht zweifeln, dass sie von einer isländischen Hand herrühre, wenn dieselbe auch nachweisbar bereits in der zweiten Hälfte des 14. Jahrhunderts im Besitze eines Canonicus von Drontheim sich befand, und vielleicht selbst in Norwegen geschrieben wurde. Die Frísbók, die man allenfalls noch versucht sein könnte hier anzureihen, weil sie neben der Heimskringla (mit Ausname der Ólafs s. ens helga) auch noch die Hákonar s. gamla enthält, lasse ich bei Seite, da sie die letztere Sage mit der ersteren Sammlung in keinerlei Verbindung bringt.

Die Flateyjarbók endlich giebt über ihren Inhalt sowohl als über ihre Entstehungszeit zunächst in einer Bemerkung Aufschluss, welche sich an ihrer Spitze findet; es heisst hier: „þessa bok aa Ionn Hakonar sun. er her fyrst aa kuædi. þa huersu Noreghr bygdizst. þa fra Eireki vidforla. þar næst fra Olaafi konungi Tryggua syni medr ollum sinum þattum. þui næst er sagha Olafs konungs hins helga Haralldz sunar med ollum sinum þattum ok þar medr søgur Orkneyia iarla. þa er Suerris sagha. þar eftir Hakonar saga gamla med soghu Magnusar konungs sunar hans. þa er þaattr Einars Sokkasunar af Grænlandi. þar næst fra Helgha ok Vlfui hinum illa. þa hefr vp annaal þegar heimrenn er skaptr. tekr hann allt til þess er nu er komit heimstodunni. hefir skrifat Ionn prestr þordar son fra Eireki vijdforla ok Olaafs sogurnar baadar. enn Magnus prestr Thorhallz sun hefir skrifat vpp þadan ok sua þat er fyrr er skrifat. ok lyst alla. Gledi gud allzualldandi þaa er skrifadu ok Iann er fyrir sagdi ok iumfru sancta Maria.“ Da die am Ende der Hs. stehenden Annalen mit dem Jahre 1395 schliessen, ist somit der Zeitpunkt bestimmt, in welchem dieselbe beendigt, und in welchem zugleich die oben mitgetheilte Notiz niedergeschrieben wurde; da es andererseits ziemlich am Anfange der Hs. einmal heisst (Flbk., I, S. 28,: „þessi Olafr var heitinn eptir hinum heilaga Olafi konungi Haralldzsyni eftir sialfs hans tilvisan. hann var þa konungr er sia bok var skrifud. þa var lidit fra hingatburd vars herra Iesu Cristi 1380 ok 7 aar“, so ist klar, dass mit dem Schreiben des sehr voluminösen Codex bereits mindestens im Jahre 1387 begonnen worden war. Hiemit stimmt vollkommen überein, dass eine in AM. 354, fol. aufbewahrte Sammlung geistlicher Statuten, welche von der Hand derselben beiden Priester geschrieben scheint wie die Flbk., kein Stück enthält welches jünger wäre als das Jahr 1398 (vgl. Finn Jónsson, Hist. eccles. Isl., I, S. 410—11, Anm.); wenn dagegen in den Annalen zum Jahre 1394 bemerkt wird, dass der Priester Jón þórdarson nach 6jähriger Abwesenheit wider nach Island zurückgekommen sei, so dürfte dieser Eintrag kaum auf unseren Schreiber bezogen werden, da doch nicht wohl anzunemen ist, dass er in Norwegen die für

Island bestimmte Handschrift, soweit sein Antheil an derselben reicht, geschrieben habe. Dass die Hs. nicht in Westisland geschrieben ist, hat Jón Sigurðsson (in seinen Vorbemerkungen zu den íslenzkir Annálar, S. XV) daraus geschlossen, dass deren Annalen zum Jahre 1344 einmal die Wendung enthalten „Í Dölum vestr"; ebenderselbe hat ferner auch bereits darauf aufmerksam gemacht, dass der als Eigenthümer der Hs genannte Jón Hákonarson derselbe Mann sein müsse, welchen die Flateyjar Annalen im Jahre 1350 geboren werden lassen und im Jahre 1394 unter den Begleitern des Befehlshabers der Insel, Vigfús Ívarsson, nennen, während einzelne andere Annalenhss. davon erzählen wie im Jahre 1398 ein gewisser Páll gaddur wegen einer ihm zugefügten schweren Wunde hingerichtet worden sei, — dass derselbe ferner ein Sohn des Hákon Gizurarson gewesen sein werde, welchen die Flateyjar Annalen im Jahre 1324 geboren werden, und den sie, und mit ihnen noch einige andere Annalenhss., im J. 1381 sterben lassen, — endlich ein Enkel jenes Gizurr galli, von welchem eben widerum nur die Flateyjar Annalen erzählen, wie er im Jahre 1269 geboren, und nach Gizurr jarl benannt worden sei, im Jahre 1308 das Land verlassen habe, im Jahre 1303 in K. Hákons Hofdienst eingetreten, und im Jahre 1310 nach der Finnmark geschickt worden sei um die Schatzung einzutreiben, von wo er im Jahre 1311 nach wohl verrichteter Sache heimgekommen sei; wie er dann im Jahre 1312 nach Island heimgekehrt sei, wie er im Jahre 1313 geheirathet und im Jahre 1315 das Land widerum verlassen habe, dann im Dienste des Königs Hákon im Jahre 1317 von den Schweden verwundet und gefangen genommen, im Jahre 1318 aber wider ausgelöst worden, und im Jahre 1370 verstorben sei. Uebereinstimmend mit einzelnen anderen Annalenhss. wird ausserdem noch zum Jahre 1306 eines von ihm begangenen Todtschlages und zum Jahre 1313 einer ihm geschlagenen Wunde gedacht; des letzteren Vorfalles gedenkt ferner auch die Laurentius biskups s., cap. 31, S. 828 (in etwas anderer, den Annalen näher stehender Gestalt nach einer anderen Hs., S. 888), mit dem Beifügen, dass es norwegische Kaufleute waren, welche die That verübten, und in cap. 51, S. 855, berichtet die letztere überdiess von einem Conflict des Bischofs Laurentius mit Gizurr, wobei dieser als ein mächtiger zu Víðidalstúnga gesessener Häuptling bezeichnet wird. Weiterhin hat Guðbrandur Vigfússon darauf hingewiesen, dass sowohl am Schlusse einer älteren Recension der Þórðar saga hreðu, als auch am Schlusse einer Recension der Flóamanna s. Geschlechtsregister sich angehängt finden, welche auf Jón Hákonarson herabgeführt sind, und dass beide Recensionen auf die im Jahre 1728 verbrannte Vatnshyrna als auf ihre gemeinsame Quelle zurückführen (vgl. das Vorwort zu der von ihm herausgegebenen Bárðar saga Snæfellsáss u. s. w.; S. X, und das Vorwort zu den von ihm und Möbius herausgegebenen Fornsögur, S. XV—VI); er hat mit vollem Rechte daraus geschlossen, dass derselbe Mann diese letztere Hs. habe schreiben lassen welcher unsere Flateyjarbók. Zu Víðidalstúnga also, vielleicht auch im benachbarten Kloster zu Þingeyrar, ist unsere Hs. geschrieben; um die Mitte des 17. Jahrhunderts aber befand sich dieselbe im Besitze des Jón Torfason auf Flatey im Breiðifjörður, und von diesem erhielt sie, nicht ohne viele Mühe, Bischof Brynjólfur Sveinsson, welcher sie dann dem Könige Friedrich III. nach Kopenhagen schickte, woselbst sie unter nr. 1005—1006 in der grossen kgl. Bibliothek aufbewahrt wird (so Finn Jónsson, III, S. 639—40, und nach ihm P. E. Müller, Sagab., III, S. 437—8, sowie zahlreiche Andere). Daher der Name der Flateyjarbók, und darf man sich an diesem seinem Ursprunge nicht dadurch beirren lassen, dass ein Anhang zur Skálholter Ausgabe der Ólafs s. Tryggvasonar, S. 331—336, der aus einem „alten Buche" genommen sein will, an seinem Schlusse diese Bezeichnung der Hs. bereits enthält; der ganze Anhang ist nämlich augenscheinlich aus S. 23—28 der Flbk., I, entlehnt, und wenn es an dessen Ende heisst: „Þesse Olafur var heitinn epter hinum Helga Olafi Kongi Haralldssyni, hann var 1a Kongur er Flateyar Kongabok var skrifut, Þa var lidit fra Hingat burdi vors Herra JESu Christi 1387 Ar", so ist diess eben nur die oben aus der Flbk. angeführte Stelle, insoweit verändert, als diess nöthig schien um die Quelle näher zu bezeichnen, auf deren Entstehungszeit verwiesen wird. — Ein Verzeichniss der in die Flbk. aufgenommenen Stücke findet man bei P. E. Müller, ang. O., III, S. 443—9, und, in alphabetischer

Ordnung, bei Möbius, Catalogus, S. 83—86; die oben angeführte Eingangsnotiz nennt davon nur die grössten und bezeichnendsten. Charakteristisch ist für die Hs. die Treue, mit welcher sie die einzelnen Sagen widergiebt, und die überaus mechanische Art, in welcher sie dieselben aneinander reiht und mit einander verbindet; ältere und neuere Stücke sind dabei durcheinander gemengt, ohne alle Rücksicht darauf, wie der Inhalt des einen zu dem des anderen passe, und nur durch zwischen hinein geschobene Bemerkungen der Abschreiber wird hin und wider auf Discrepanzen aufmerksam gemacht, an späteren Stellen auf frühere verwiesen, u. dgl. m. Gerade durch jenes rein äusserliche Verfahren bei dem Compilirungsgeschäfte ist übrigens der Flbk. für uns ein ganz besonderer Werth gesichert; gar vielfach bietet sie ältere Recensionen einzelner Werke in unveränderter Form dar, wo selbst ältere Hss. dieselben nur in neuerer Umgestaltung zeigen, und zumal lässt sie das Streben nach möglichster Vollständigkeit oft Altes und Neues neben einander bringen, wo andere Hss. das Erstere längst durch das Letztere verdrängt wissen. Der litteraturgeschichtliche Werth der Hs. steht demnach mit ihrer litterarischen Bedeutung in gerade umgekehrtem Verhältnisse.

In der Flateyjarbók, wie sie heutzutage vorliegt, findet sich nun aber eine „Magnús saga hins góða ok Haralds harðráða“ eingeheftet, welche zu deren ursprünglichem Bestande offenbar nicht gehörte. Schon P. E. Müller hat (ang. O., S. 441—2) darauf aufmerksam gemacht, dass diese Sage sammt den zu ihr gehörigen kleineren Erzählungen in dem oben mitgetheilten Inhaltsverzeichnisse nicht aufgeführt sei, und dass dieselbe, von einer anderen und schlechteren Hand als der übrige Inhalt der Flbk. geschrieben, zugleich zu oberst auf einem neuen Blatte beginne und, während die Hs. im Uebrigen ihren Raum sehr sorgfältig auszunützen pflege, an ihrem Schlusse anderthalb Seiten leer lasse, so dass das folgende Stück ebenfalls wider mit einem neuen Blatte beginne. Den nahe liegenden Schluss, dass dieses Stück mit der übrigen Hs. Nichts gemein habe, und nur hinterher um seines ähnlichen Inhaltes und gleichen Formates willen von irgend einem Besitzer derselben in sie hineingebunden worden sei, wagt er indessen gleichwohl nicht zu ziehen, vielmehr meint er, da jenes Inhaltsverzeichniss von einer „Hákonar saga gamla með sögu Magnúsar konungs sunar hans“ spreche, während doch hinterher nur eine Hákonar saga, aber keine Magnúss s. Hákonarsonar sich eingestellt finde, es möge wohl der Verfasser jenes Verzeichnisses den Magnús góði mit dem Magnús lagabœtir verwechselt, und darum von einer Magnúss s. Hákonarsonar gesprochen haben, wo er von einer Magnúss s. Ólafssonar zu sprechen gehabt hätte. Aber ein solcher Irrthum ist denn doch rein undenkbar bei einem Manne, der seine Hs. hinreichend werth hielt um sogar genau anzugeben, welche einzelne Stücke in derselben von diesem oder jenem Schreiber geschrieben worden seien; rein undenkbar auch, dass derselbe, wenn er der beiden Männer namentlich gedachte, welche den ganzen übrigen Inhalt des Codex geschrieben hatten, nicht auch jenes Dritten, von welchem die Magnúss s. geschrieben worden war, gedacht haben sollte, falls diese überhaupt von Anfang an zu demselben gehört hätte. Ueberdiess ist klar, dass von dem hier fraglichen Stücke der weitaus grössere Theil nicht die Geschichte des K. Magnús, sondern die K. Haralds behandelt, so dass das Ganze zwar allenfalls als Haralds s., aber unmöglich schlechtweg als Magnúss s. bezeichnet werden konnte, und andererseits mochte die Hákonar s. gamla, die neben dem alten Könige auch oft genug seines Sohnes erwähnt, um so eher nach Beiden benannt werden, als gerade der Letztere als der Geber der Jónsbók auf Island ganz besonders bekannt war; ja es wäre sogar recht wohl denkbar, dass die in der Flbk. jetzt allerdings nicht vorhandene Magnúss s. lagabœtis doch ursprünglich in derselben enthalten gewesen wäre, da ja unmittelbar vor der Stelle, welche sie einzunehmen gehabt hätte, ein Blatt derselben endigt, und mit dem Stücke, welches nach dem Inhaltsverzeichnisse auf dieselbe zu folgen hatte, widerum ein neues Blatt derselben beginnt. Völlig entscheidend ist aber jedenfalls der Umstand, dass nach einer Mittheilung Guðbrands die Schrift des hier in Frage stehenden Stückes erst dem Ende des 15. Jhdts., dem Jahre 1480 etwa, angehört;

um ein volles Jahrhundert jünger als die übrigen Theile der Hs., kann dasselbe mit dieser von Haus aus nicht das Mindeste zu thun gehabt haben Nur aus dem Grunde, weil dasselbe in der norwegischen Ausgabe der Flbk., Bd. III, S. 250—441, sich abgedruckt findet, wurde und wird dasselbe auch von mir auf den Namen dieser Hs. citirt. — Es stimmt aber diese Magnúss s. ok Haralds, wie diess schon Müller (Undersögelse, S. 261, und Sagabibl. III, S. 450) bemerkt hat, und wie mir Guðbrandr Vigfússon bestätigt, wesentlich mit derjenigen Recension dieser Doppelsage überein, welche die Morkinskinna enthält, und sogar einzelne Lücken in der letzteren können aus der Flbk. ergänzt werden; dennoch aber ist die letztere nach Guðbrand nicht unmittelbar aus der Morkinsk. geflossen, vielmehr als eine Schwesterhs. derselben zu betrachten, und es spricht hiefür meines Erachtens zumal auch der Umstand, dass die hier und dort episodisch eingeschalteten kleineren Erzählungen nur zum Theile identisch sind. Doppelt interessant ist es hiernach zu bemerken, dass in unserer Sage eine Reihe der, nach meiner Annahme, für Snorri's ursprünglichen Text charakteristischen Stellen gleichmässig widerkehrt; so die grössere Stelle über die Benützung von Liedern, S. 343 (die zweite, kleinere, fällt wegen einer Aenderung in der Darstellung der Thaten Haralds im Oriente weg), — die Beschreibung der Art, wie sich Haralds Beziehungen zu Steigarþórir knüpften, sammt der Berufung auf das Zeugniss des þorgils Snorrason, S. 308—10, — das Schweigen über die Wahl von Männern zur Pflege der Verwundeten nach der Wendenschlacht, und die Unbekanntschaft mit der Hülfe, welche Hakon jarl dem Sveinn nach der Schlacht bei der Nisiá geleistet haben sollte, u. dgl. m. Nicht minder interessant ist es ferner zu sehen, wie auch in unserer Sage zur Vervollständigung der aus Snorri entlehnten Berichte vielfach das Ágrip herangezogen wird, und führe ich zu den in der vorigen Anmerkung S. 668, hiefür bereits citirten Belegen noch an, dass S. 287—8, die Vermittlerrolle, welche das Ágrip den Úlf Óspaksson zwischen den Königen Harald und Magnús spielen lässt, aus diesem entlehnt wird, und dass, S. 309, die Nachricht von der Verlegung der Marienkirche, und damit zugleich der Leiche Haralds nach Helgasetur ebendaher abgeschrieben ist. Widerum zeigt sich, S. 365, jene oben, S. 668, angeführte Parallelstelle der Morkinsk. mit der Fagrsk., und zwar in einer der letzteren, und zumal ihrem Texte B, näher stehenden Fassung; da die Stelle der Hskr. fehlt, ist somit hier auf eine Benützung der Fagrsk. zu schliessen. U. dgl. m.

Anm. 36.

Die Geschichte der Orkneys behandeln zwei Quellen, welche von Jón Jónsson im Jahre 1780 zusammen herausgegeben wurden, die Orkneyinga saga nämlich und die Magnúss saga Eyjajarls; über beide aber ist, da jene einzige Ausgabe beider Sagen eine durchaus ungenügende ist, nur schwer ins Klare zu kommen. Dass der Anfang der Orkneyinga saga in der Ausgabe, S. 2—28, der Sage eigentlich gar nicht angehört, vielmehr lediglich als ein Auszug aus derselben zu betrachten ist, welcher von einem Ueberarbeiter Snorri's zum Behufe der Einstellung in dessen Ólafs s. ens helga angefertigt wurde, ist bereits früher erwähnt worden, (s. Anm. 32, S 653—56); die so auffällige Uebereinstimmung dieses Stückes mit dem betreffenden Theile der Heimskr., und der nicht minder auffällige Umstand, dass die gedruckte Orkneyinga s. einmal die Jarla saga citirt, während sie doch anderwärts wider selber auf diesen Namen angeführt wird, dürfen damit als befriedigend aufgeklärt gelten, nicht minder erledigen sich aber damit auch die von P. E. Müller (Sagabibl. I, S. 231—2) weiter erhobenen Bedenken, dass die Skálholter Ausgabe der Ólafs s. Tryggvasonar, I, cap. 178—9, über Torf-Einarr mehr erzähle, als die Orkneyinga saga wisse (die angeführten Stellen sind aus der Flbk., I, S. 223—4, d. h. aus der wirklichen Orkneyinga s. selber genommen, und fehlen nur in jenem Auszuge), dass diese Sage selbst, S. 4, auf weitläufigere Berichte über des älteren þorfinns Söhne Bezug neme (sie stehen in der wirklichen Orkneyinga s., Flbk., I, S. 225 u. folg.), dass die Magnúss s. góða, cap. 37 der Hskr., auf eine ausführliche Erzählung über den Streit þorfinn jarls mit Rögnvald Brúsason sich beziehe (sie steht ebenda, Flbk., II, S. 414, folg.), und dass die Landnáma eine Sage von Torf-Einarr jarl citirt (siehe oben). Aber sofort erhebt sich eine weitere Schwierigkeit. Die Sage wie sie uns vorliegt, und zwar auch wie sie uns als Bestandtheil der Flbk. vorliegt, lässt auf deren spätere Zusammensetzung aus mehreren ursprünglich selbstständigen Stücken schliessen. Ein erstes Stück, S. 2—90 der Ausgabe umfassend, handelt von der Geschichte der Jarle bis auf Þorfinns Tod herab (um 1064); dieses Stück ist es, auf welches die sämmtlichen Citate der Jarla sögur sich beziehen, und da es nicht nur in der Stockholmer Hs. der Ólafs s. helga bereits excerpirt ist, sondern auch schon in Snorri's Biographieen des Ólaf Tryggvason und Ólaf Haraldsson benützt scheint, muss es schon in der ersten Hälfte des 13. Jahrhdts. wesentlich so existirt haben wie es uns vorliegt; wenn demnach in diesem Abschnitte, S. 48, einmal die Magnús konúngs s., und ein andermal die æfi Noregs konúnga citirt werden, so sind beide Citate unzweifelhaft als spätere Einschiebsel zu betrachten, mochte nun die Interpolation mehr oder minder weit reichen, und mochte sie bei der Zusammensetzung der Gesammtsage, oder erst hinterher und nur in einzelnen Hss. derselben erfolgt sein. Ein zweites Stück, von S. 90 bis S. 138 der Ausgabe reichend, behandelt im Grunde nur die Lebensgeschichte des heil. Magnús Eyjajarl und seines Gegners, des Jarles Hákon Pálsson. Vergleicht man dasselbe mit der gesondert überlieferten Lebensgeschichte jenes Ersteren, so ergiebt sich die wunderliche Erscheinung, dass diese aus zwei grundverschiedenen Bestandtheilen rein mechanisch zusammengesetzt ist, nämlich eben aus jenem Stücke der Orkneyinga s., sodann aber aus einer Legende des Heiligen, welche ein „Meister Robert“ in lateinischer Sprache 20 Jahre nach dessen Ermordung († 1116 ?) geschrieben hatte (vgl. den Eingang der Magnúss s., S. 428, sowie deren cap. 6, S. 448, cap. 25, S. 502, und cap. 26, S. 506), — vielleicht derselbe „Robertus episcopus Elgensis“, welcher eine, leider nur in einem sehr dürftigen Auszuge vorhandene, Lebensbeschreibung des heil. Knút Laward († 1131) geschrieben, und dessen Bruder, K. Eirik eymuni (1131—37) gewidmet hat (vgl. Langebek, Script. rer. Dan., IV, S. 261, Anm. a.; vgl. Munch, II, S. 675, Anm.): ob ein der Sage angehängtes Wunderverzeichniss sammt beigegebenem Berichte über des Heiligen Translation dieser letzteren Quelle entnommen ist, die ja gerade zur Zeit seiner Translation geschrieben wurde (vgl. Magnúss saga, S. 506), oder ob dasselbe von Anfang an in einheimischer Sprache entstanden sei, und vielleicht mit jenem anderen Bestandtheile unserer Magnúss s. in Verbindung gestanden habe, wage ich nicht zu bestimmen, obwohl die nationale Haltung der Jarteiknabók eher für das Letztere sprechen dürfte: ungefähr gleichzeitig mit Magister Roberts Buch ist sie aber jedenfalls auch aufgezeichnet, da das letzte in ihr erwähnte Wunder der Regierungszeit des Königs Haraldur gilli (1130—36) angehört. Dieses zweite Stück der Orkneyinga s. ist es, in welchem einmal, S. 116, Snorri Sturluson namentlich angeführt wird, weshalb denn auch in der Magnúss saga, cap. 6, S. 456, das Citat gleichmässig wiederkehrt; ob man aber daraus zu schliessen habe, dass die ganze Erzählung erst nach Snorri entstanden sei, ist schwer zu entscheiden. Dass die Heimskr. Magnúss s. berfætta, cap. 25, S. 226, und ebenso die Fagursk., § 229, S. 154 und § 234, S. 156, des Umstandes gedenken, dass der heil. Magnús mit dem gleichnamigen Könige auf die Heerfahrt gieng, und demselben während ihres Laufes entfloh, kann Nichts dagegen beweisen, da ebensogut möglich ist, dass diese Notiz dem Snorri anderswoher zugegangen wäre, zumal da auch schon das Ágrip, cap. 48, S. 414, ja sogar Theodorich, cap. 31, S. 330, des jungen Magnús Anwesenheit bei jenem Zuge erwähnen. Wenn man ferner dem Umstande, dass sowohl in der Orkneyinga s., S. 130, als in der Magnúss s., cap. 22, S. 490, und cap. 24, S. 498, auf die Erzählung eines Augenzeugen über die Ermordung des heil. Magnús Bezug genommen wird, einiges Gewicht beizulegen geneigt sein sollte, so kommt doch hiegegen zu bedenken, dass gerade dessen Bericht aus einer älteren, gelegentlich der Translation des Jarles geschriebenen Vorlage herübergenommen zu sein scheint (vgl. Orkneyinga s., S. 132: „Þat segja sumir menn, at hann tæki Corpus Domini, þá er messa var sungin“, mit Magnúss s., S. 492: „ok tók hann í þessari messu corpus domini"; beidemale weist der lateinische Ausdruck auf die lateinische Vorlage der letzteren Quelle). Ein drittes Stück, die Geschichte des Rögnvaldur jarl kali († 1158) und des Sveinn Ásleifarson († 1171?) behandelnd, umfasst S. 188—404; dasselbe scheint das älteste von allen zu sein, und deutet dessen ganze Vortragsweise, und theilweise sogar dessen Ausdrucksweise, auf eine Zeit seiner Entstehung, welche hinter Snorri noch zurückliegt. Der Schluss der Sage endlich, bis auf Bischof Adams Tod (1222) herabreichend, scheint ziemlich flüchtig zusammengestoppelt zu sein, ungewiss zu welcher Zeit, und ebenso ungewiss bleibt, zu welcher Zeit die Verbindung der verschiedenen Stücke zu einem Gesammtwerke erfolgt sei; da indessen der Bericht über den an dem Bischofe verübten Mordbrand mit der Bemerkung schliesst, der Schottenkönig Alexander habe um die That so schwere Rache genommen, dass man noch derselben gedenke, kann Letzteres wenigstens nicht wohl vor dem Ende des 13. Jahrhunderts geschehen sein. Ueber die Verfasser der einzelnen Stücke sowohl als den Compilator des Ganzen ist schwer eine Vermuthung zu wagen. Man möchte sich allenfalls versucht fühlen, das erste Stück auf Snorri selbst zurückzuführen, und liesse sich hiefür die Gleichheit des Vortrags, und zumal der für Snorri so charakteristischen Benützung von Skáldenliedern zu geschichtlichen Zwecken geltend machen, auch von hier aus am Leichtesten erklären, wie man bereits zu dessen Lebzeiten, oder doch unmittelbar nach seinem Tode dazu kommen konnte, ein Stück der Jarlasøgur seiner Ólafs saga helga einzuverleiben; jedenfalls dürfte dasselbe aber isländischen Ursprunges gewesen sein, da es schon so frühzeitig auf Island gekannt und benützt wurde. Für den isländischen Ursprung des zweiten Stückes mache ich die Art geltend, wie Síðuhallur und Hallfreður vandræðaskáld erwähnt werden (S. 92 u. 108), die Magnúss s., cap. 1, S. 432—4, erwähnt auch noch den Egill Síðuhallsson, und seine Tochter þorgerð, letztere als die Mutter des heil. Jón Øgmundarson), ferner die Berufung auf Snorri Sturluson, und umgekehrt wider den Umstand, dass die Hrokkinskinna und das spätere Hryggjarstykki dasselbe offenbar benützt haben (vgl. oben, Anm. 28, S. 639); sein Verfasser aber dürfte ein Geistlicher gewesen sein, und finde ich nur zwei, zur Geschichtserzählung gehörige, Strophen bei ihm angeführt (S. 114—6), dann zweimal Lieder citirt, von denen doch keine Verse mitgetheilt werden (S. 118 u. 122). Hinsichtlich des dritten Stückes dürfte bereits die markirt isländische Sagenform entscheiden; ausserdem lässt sich aber auch erwähnen, dass kaum ein anderer als ein isländischer Verfasser den isländischen Dichter Hall þórarinsson breiðmaga erwähnt haben würde, nur um zu erzählen, wie dieser an Rögnvald jarls Hof gekommen sei, und dort mit dem Jarle den alten Háttalykill gedichtet habe, oder vollends den Isländer Eirík, von dem gar nur eine einzelne Weise erzählt wird (S. 236 u. 242—4). Verse finden sich, beiläufig bemerkt, in diesem Stücke wider öfter angeführt, zumal Verse des Rögnvaldur kali selbst, ausserdem aber auch des Botólfur (356), þorbjörn svarti (S. 310), Sigmundur Aungull (S. 222 u. 314), der schon genannten Isländer Eiríkur (S. 236) und Hallur (S. 242), sowie der Ragna (S. 241), des Ingimar Sveinsson (S. 172); es sind diese Verse, welche von hier aus in einige spätere Hss. der Heimskr. übergegangen sind, vgl. oben, Anm. 32, S. 659), endlich zweier Shetländischer Dichter, Armóður und Oddur hinn litli (S. 266—8, 278, 282, 296, 308 bis 312). Endlich das letzte Stück, ohne alle Verse, bietet mir zwar im Uebrigen keinen Anhaltspunkt zur Bestimmung seines Entstehungsortes; allein da dasselbe vorwiegend von dem Jarle Harald Maddadarson handelt († 1206), dessen Tochter Langlíf nahe daran war, mit Sæmundur Jónsson zu Oddi sich zu verheirathen, und da derselbe Sæmundur auch des in jenem Stücke mehrfach genannten Bischofs Bjarni Kolbeinsson von den Orkneyjar guter Freund war (Sturlúnga, III, cap. 20, S. 224, und cap. 21, S. 226), da auch Páll Jónsson in seiner Jugend bei dem Jarle sich aufhielt, sowie dessen Sohn Loptur bei Bischof Bjarni (Páls biskups s., cap. 1, S. 127, und cap. 16, S. 143), und da derselbe Bischof auch dem Hrafn Sveinbjarnarson Geschenke nach Island sandte (Hrafns s., cap. 8, S. 641), konnte recht wohl auch zur Aufzeichnung dieses letzten Abschnittes der eine oder andere Isländer sich befähigt und berufen fühlen (vgl. Munch, III, S. 1061).

Die **Geschichte der Færöer** behandelt sodann die **Færeyinga saga**. Aehnlich wie die Orkneyinga saga, findet auch sie sich zunächst in die Flateyjarbók eingestellt; aber auch wie jene, nicht als ein zusammenhängendes Ganzes, sondern vertheilt in verschiedene Stücke, die an verschiedenen Stellen der Hs. eingeschoben sind. Ein Stück mit der Ueberschrift „þáttr þrándar ok Sigmundar“, ein zweites ohne Haupttitel, und ein drittes mit der Ueberschrift: „þáttr af Sigmundi Brestissyni“ sind in deren Ólafs s. Tryggvasonar eingeschaltet (Flbk., I, S. 122—50, S. 364—9, und S. 649—57); ein viertes Stück, überschrieben „Færeyinga þáttr ok Ólafs konungs“, und ein fünftes, überschrieben „þáttr frá þrándi ok frændum hans“, stehen dagegen in deren Ólafs s. ens helga (II, S. 241—50, und S. 394—404). Auffällig ist dabei, dass zwischen dem ersten und zweiten Stücke eine Lücke in der Erzählung klafft, soferne das erste mit der Bemerkung schliesst, dass Sigmundr Brestisson in Norwegen von Hakon jarl wohl aufgenommen worden sei und eine Zeitlang bei ihm sich aufgehalten habe, während das zweite damit beginnt, dass er auf Befehl K. Ólafs zu diesem nach Norwegen kommt; es erklärt sich indessen diese Lücke daraus, dass Sigmunds Theilname an der Schlacht im Hjörúngavogr, die in die Zwischenzeit fällt, in die inzwischen eingeschobene Jómsvíkinga s. verarbeitet (S. 189 u. 193—4), und dann nur noch gelegentlich des an Sigmund erlassenen Auftrages, nach Norwegen zu kommen, gedacht worden war (S. 362); darum musste dem zweiten Stücke mit seinem Anfange auch der Titel fehlen, und konnte, weil dasselbe aus der betr. Sage nicht unverkürzt abgeschrieben war, an dessen Schluss auf die Færeyinga saga als auf ein Fremdes verwiesen werden. Es ist kaum zu billigen, wenn Rafn in seiner Ausgabe dieser letzteren die Lücke dadurch ausfüllt, dass er, cap. 27, S. 129—80, aus der jüngeren Bearbeitung der Ólafs s. Tryggvasonar in anderen Hss. entlehnt und einschiebt (FMS. II, cap. 186, S. 116—7); aber ebensowenig scheint es gerechtfertigt, wenn N. M. Petersen (Annaler, 1861, S. 226—7) sofort annemen will, es habe überhaupt keine zusammenhängende Færeyinga saga gegeben. Der Anfang des ersten und der Schluss des letzten Stückes in der Flbk. schliessen eine solche ganz passend ein, und die Lücke in der Mitte hat bei der wunderlichen Art, wie diese Hs. überhaupt compilirt wurde, nichts Unerklärliches. — Die Entstehungszeit der Sage lässt sich annähernd feststellen. Am Schlusse derselben heisst es nämlich: „Son Sigmundar hét Hafgrímr, ok eru frá honum komnir Einar ok Skeggi, synir hans, er verit höfðu fyrir skömmu sýslumenn í Færeyjum.“ Rafn hat in seiner Vorrede, S. XI, die Worte so aufgefasst, als seien Einar und Skeggi Brüder, und Sohne des unmittelbar vorher genannten Hafgrimur gewesen; daraus hat er dann durch Zählung der Generationen und approximative Schätzung herauszubringen gewusst, dass ihre Amtsperiode in den Anfang des 12. Jhdts., und somit die Abfassung unserer Sage spätestens in dessen Mitte fallen müsse, was auch mit deren Sprache sehr wohl stimmen soll, eine Anname, der auch R. Keyser, I, S. 548, sich anschliesst (¹). Aber es kann keinem Zweifel unterliegen, dass unter dem genannten Einarr jener Sysselmann dieses Namens zu verstehen ist, mit welchem um das Jahr 1210 herum ein angeblicher Sohn K. Sverris von den Færöern aus nach Norwegen hinüberkam (Inga saga Bárðarsonar, FMS., IX, S. 194—6; vgl. Munch, III, S. 1051); eine Corruptel muss also in der Stelle vorliegen, gleichviel übrigens, ob für „synir“ zu lesen sei „sonr“, oder ob „hans“ für die Genitivform irgend eines Mannsnamens, z. B. „Jóns“, stehe, oder ob hinter „Skeggi“ ein zweiter Name ausgefallen zu denken sei. In die erste Hälfte des 13. Jhdts. wird durch diese Notiz die Entstehung der Sage jedenfalls gerückt, und ich glaube nicht, dass man hiegegen die Worte anführen dürfe: „at Ólafr konúngr hafi skattgilt öll þau lönd, er nú liggja undir Noreg, útan Ísland, fyrst Orkneyjar, Hjaltland, Færeyjar ok Grænland“ (cap. 42, S. 189, = Flbk., II, S. 241); so wie sie liegen, weisen sie allerdings auf die Zeit nach der Unterwerfung Grönlands (1261) und Íslands (1262—63), aber sie scheinen von dem Schreiber der Flbk. eingeschoben zu sein, und nicht zum ursprünglichen Bestande der Sage gehört zu haben. Die Haltung der Sage, die allerdings ausser dem sogenannten Credo des þrándr (cap. 56, S. 257—8) keine Verse enthält, stimmt recht wohl zu dieser

Entstehungszeit; ebenso die, offenbar aus ihr stammende, Berufung auf Ari und auf Hallbjörn hali hinn fyrri: der Beisatz „hinn fyrri“ zeigt, dass die Sage jünger sein muss als der zweite Hallbjörn (vgl. oben, Anm. 8, S. 532); endlich stimmt hiezu noch, dass bereits in der Stockholmer Hs. der Ólafs s. helga dieselbe nicht nur benützt, sondern theilweise sogar wörtlich ausgeschrieben ist (vgl. geschichtliche Ólafs s. helga, cap. 132—3, S. 154—6, mit Færeyinga s., cap. 44—47, S. 205—223; die erstere Stelle schliesst mit den Worten: „oc ero fra þvi storar frasagner“, die zweite mit den Worten: „ok eru frá því stórar frásagnir, sem enn mun sagt verða“), während die Ólafs s. Tryggvasonar der Heimskr. dieselbe noch unbenützt zeigt, woraus ich bereits an einer früheren Stelle schliessen zu dürfen glaubte, dass jene Episode nicht von Snorri selbst, sondern erst von seinem ersten Compilator in die Ólafs s. helga eingestellt worden sein möge. Was endlich den Entstehungsort der Sage betrifft, so ist zunächst klar, dass dieser nicht auf den Færöern selbst zu suchen ist. Es ist bereits von Mehreren, und zuletzt noch von Pfarrer Hammershaimb (Antiquarisk Tidsskrift, 1846—48, S. 261—2) nachgewiesen worden, dass dieselbe die Inseln Skúfey und Dímun meiri verwechselt; einem Færing konnte dergleichen unmöglich passiren, da die natürliche Beschaffenheit beider Inseln, auf die hier Alles ankam, eine durchaus verschiedene ist, und sogar bis auf den heutigen Tag herab das Färöische Volkslied die richtige Ortsbezeichnung festhält (vgl. Sigmundar kvæði, in Hammershaimb's Færöiske kvæder, S. 57—81. Weiterhin lässt sich aber auch wahrscheinlich machen, dass die Sage auf Island entstanden sei. Es spricht hiefür die Anknüpfung an das Geschlecht der Auður djúpauðga in ihrem cap. 1, S. 1, sowie der weitere Umstand, dass sie unmittelbar nach ihrer Entstehung bereits auf Island benützt wurde, endlich auch die Berufung auf Ari und auf Hallbjörn; man möchte an Snorri denken, wenn nur das Fehlen aller Lieder nicht im Wege stände.

Anm. 37.

Die Knýtlinga behandelt bekanntlich die Geschichte der Dänenkönige von K. Haraldur Gormsson (936—86) an bis auf K. Knút Valdimarsson (1182—1202), doch so, dass sie zeitig in des letzteren Regierungsperiode schliesst. Keine der vorhandenen Hss. derselben reicht über das 14. Jahrhdt. hinaus, und auch der Inhalt der Quelle deutet auf deren späte Entstehung. Dieselbe beruft sich nicht nur auf die Jomsvikinga saga (cap. 4, S. 182), sondern auch auf die sú Noregs konúnga (cap. 1, S. 179; cap. 21, S. 206, cap. 108, S. 343) oder sogar Noregs konúnga (cap. 124, S. 368), worunter doch wohl gleichmässig nur unsere Heimskringla verstanden werden kann (vgl. deren Ólafs s. Tryggvasonar, cap. 13, S. 200—202; Magnúss s. góða, cap. 6, S. 8, und cap. 22, S. 26; Haralds s. gilla, cap. 8, S. 306, und cap. 12, S. 316; Magnúss s. Erlingssonar, cap. 2, S. 411—12, und cap. 23—24, S. 437—9, dann cap. 27—30, S. 441—6); zweimal wird ferner die Ólafs s. ens helga in Bezug genommen, und beidemale entspricht der Anführung unsere Heimskringla (cap. 7, S. 181—5, und cap. 16, S. 200; vgl. Hskr., cap. 12, S. 12, und cap. 26, S. 24, wo freilich beidemale auch schon die geschichtliche Sage, cap. 23, S. 20, und cap. 28, S. 25, entspricht), während dieselbe ein drittes Mal ausgeschrieben wird ohne ausdrücklich angeführt zu werden, (vgl. cap. 6, S. 184: „ok segja þat enskir menn“, mit Hskr. cap. 11, S. 10: „oc er þat sögn Enskra manna“, und ebenso die geschichtliche Sage, cap. 23, S. 19), — und je einmal die Magnúss s. góða und die Haralds s. harðráða (vgl. cap. 22, S. 208, mit Hskr. Magnúss s., cap. 31, S. 39—40; die Bezugnahme auf die Haralds s. in cap. 22, S. 211, geht nicht auf eine einzelne Stelle). So wie sie liegt, kann die Sage also nicht vor den Jahren 1265—70 entstanden sein; ebendahin weist aber auch der weitere Umstand, dass in cap. 127, S. 396, K. Valdimarr Valdimarsson († 1241) und Hákon ungi († 1257) als verstorben bezeichnet werden. Aber damit ist natürlich nicht gesagt, dass nicht ältere Materialien in die Sage aufgenommen seien, und es ist Mancherlei, was sich hiefür anführen lässt. P. E. Müller (Sagab. III, S. 118—27) hat bereits darauf aufmerksam gemacht, dass das Werk aus drei Stücken zusammengesetzt scheine, deren ersten, cap 1—25, umfassend, bis zum Tode des K. Sveinn Úlfsson herabreiche († 1076), deren zweites, cap 26—72, begreifend, die Geschichte des heil. Knúts († 1086) bis zu dem Zeitpunkte behandle, da seine Heiligkeit aufkam (1100), und deren drittes dann die spätere Zeit bespreche. Nur in dem ersten und in dem dritten Stücke finden sich Verweisungen auf die Heimskringla, während umgekehrt auf das zweite in dieser letzteren, und zwar in ihrer Ólafs s. kyrra verwiesen wird (siehe oben, Anm. 28, S. 615); nur in jenen beiden finden sich ferner Lieder in Bezug genommen, wenn ich von einer Berufung auf Kálf Mánason und einen ungenannten Dichter (cap. 26, S. 216, und cap. 27, S. 222), dann von einer solchen auf Markús Skeggjason (cap. 70 bis 71, S. 295—7) absehe, von welchen jene dem äussersten Anfange, diese dem äussersten Ende des Mittelstückes angehören, und die darum sämmtlich hinterher erst bei dessen Anknüpfung an jene beiden Stücke in dasselbe eingeschaltet worden sein mögen. Wenn nun das erste Stück im Wesentlichen, wenn auch nicht ausschliesslich, ein Excerpt aus der Heimskr. ist, aus welcher auch die Notiz über den von K. Harald Gormsson projectirten Heerzug nach Island (vgl. cap. 3, S. 181—2, mit Hskr. Ólafs s. Tryggvasonar, cap. 36—37, S. 227—9), dann die Erzählungen von den isländischen Dichtern Þórarinn loftúnga und Bersi Skáldtorfuson genommen sind (vgl. cap. 19, S. 203—5, mit Hskr. Ólafs s. helga, cap. 140, S. 214, und cap 162, S. 297, sowie geschichtl. Sage, cap. 120, S 131, und cap. 166, S. 180), und somit recht wohl erst gegen das Ende des 13. Jhdts. entstanden sein mag, so könnte darum das zweite doch bereits ungleich älter, und jedenfalls schon um die Mitte des genannten Jahrhdts vorhanden gewesen sein; ein blosses Einschiebsel in die ursprüngliche Erzählung dürfte aber der Blóð-Egils þ. (cap. 33—40, S. 231—42), und vielleicht noch manches andere Stück in derselben sein. In dem dritten Abschnitte endlich ist neben dänischen Geschichtsbüchern, die einmal angeführt werden (cap. 95, S. 337), die Heimskr. wider sehr reichlich benützt. Ausserdem wird erwähnt, dass Ólafur Þórðarson bei K. Valdimar gewesen sei, und von ihm Viel gelernt habe (cap. 127, S. 396), eine Angabe, welche durch die Sturlúnga, VIII, cap. 3, S. 130, bestätigt wird, und nicht minder dadurch, dass Ólafur selbst in einem grammatischen Tractate den König Valdimarr seinen Herrn nennt, und einer auf die Runenlehre bezüglichen Angabe erwähnt, die er ihm verdanke (Snorra Edda, II, S 76); es scheint dieser sein Aufenthalt in Dänemark den Jahren 1238—39 anzugehören (vgl. die Anmerkung zur eben angeführten Stelle). Keinem Zweifel kann demnach unterliegen, dass auch dieser Abschnitt nicht vor dem letzten Drittel des 13. Jahrhdts. geschrieben sein kann; wenn demnach in demselben (cap. 118, S. 372) einmal auf die Aussage eines gewissen Atli Sveinsson Bezug genommen wird, welcher Augenzeuge der im Jahre 1157 vollzogenen Hinrichtung des Detlef Ethelersohn gewesen war, so wird dieses Zeugniss kaum als unmittelbar dem Schreiber der Erzählung abgelegt betrachtet werden dürfen. Dass der Verfasser dieses letzten Stückes kein Däne war, machen widerholte Redewendungen klar (z. B. „svá segja Danir“, cap. 92, S. 335; „segja Danir hann helgan“, cap 114, S. 367), und dass er ein Isländer gewesen sein müsse so gut wie der Verfasser des ersten Stückes, schliesse ich neben der hier wie dort widerkehrenden Benützung der Heimskr. und zahlreicher isländischer Dichter, aus der Mittheilung einer unbedeutenden Anekdote über den Priesterdichter Einar Skúlason (cap. 108, S 353), der oben erwähnten Bezugname auf Ólaf hvítaskáld, endlich auch aus der Bezugname auf Atli Sveinsson, von welchem wenigstens soviel klar ist, dass er kein Däne war, da es von ihm heisst: „hann var þar þá í Danmörk“. Für das Mittelstück fehlen mir gleich bestimmte Anhaltspunkte, und liesse sich nur etwa aus der fremden Art, wie die Topographie Dänemarks besprochen wird (cap. 32, S. 229—31), auf einen nicht dänischen Verfasser schliessen, vorausgesetzt natürlich, dass nicht etwa gerade diese Besprechung ein späteres Einschiebsel ist. Der Compilator aber muss wohl ein Isländer, und dürfte wohl ein Cleriker gewesen sein, worauf eine Reihe lateinischer Wortbrocken (z. B. „iðus Novembris“, cap. 18, S. 202; „þriðja Kal. Maji“, cap. 25, S. 214; „6. iðus julii“, cap. 63, S. 281; „2. nónas maji“, cap. 127, S. 395; ferner: „corpus Christi“, cap. 103, S. 347; „af Eugenio páfa“, cap. 108, S. 351;

„pallium ok legationem“, cap 126, S. 384), nicht minder aber auch das besondere Interesse hindeutet, mit welchem die Kirchenstatistik und legendenhafte Züge in dieser Sage bedacht werden. P. E. Müller hat die Vermuthung ausgesprochen und Andere haben dieselbe gebilligt (z. B. Antiquités Russes, II, S. 127, und R. Keyser, I, S. 462—3 und 504), dass Olafur hvítaskáld es gewesen sei, der dieselbe compilirt habe, und bei ihm würde allerdings das zweite Merkmahl ebenso wie das erste zutreffen, da eine Anzahl isländischer Annalen ihn gelegentlich seines Todes als Subdiaconus bezeichnet; aber der einzige Umstand, dass die Stelle der Sage, welche seiner gedenkt, ihm nicht den Beinamen „hinn fróði“ oder einen ähnlichen beilegt, ist denn doch ein allzu schwacher Grund für solche Annahme, und überdiess dürfte Olafs Tod († 1259) allzu früh fallen, als dass seine Verfasserschaft mit der erweislichen durchgreifenden Benützung der Heimskringla vereinbar wäre.

Anm. 38.

Neben mehrfachen genealogischen Aufzeichnungen über die norwegische Königsfamilie, wie solche z. B in dem ausführlicheren Prologe der Sverris saga, dann wider in der Flateyjarbók. I, S. 24—9, und öfter vorkommen, ist uns eine Geschlechtstafel der Sturlúngar erhalten, welche der ersten Hälfte des 13. Jahrhdts anzugehören scheint und welche in späterer Zeit fortgeführt wurde (Diplomat. Island., I, S 504—6, wozu Jón Sigurðsson's vortreffliche Vorbemerkungen zu vergleichen sind), ferner eine Zusammenstellung genealogischer Notizen über die Bischöfe der Insel, welche, in einer Hs. aus dem Schlusse des 14. oder Anfange des 15. Jhdts erhalten, doch bereits im 13 Jhdte. entstanden scheinen (Íslendinga sögur, I, S 356—62), eine weitere Stammtafel, welche die ältere Melabók enthalt (ebenda, S. 353—6), u. dgl. m. Um aber den modernen Betrieb der Genealogie auf Island zu belegen, mag es genügen auf die Geschlechtstafeln hinzuweisen, welche dem Æfiágrip feðganna Jóns Péturssonar, Benedikts Jónssonar u. s. w. (Viðey, 1823), auf S 97—120, beigegeben sind, — auf die Ættartala herra Friðriks Svendsens (Kopenhagen, 1831), — auf die Genealogieen in den Antiquitates Americanae (1837; vgl. Tafel VII—IX), welche die alten Geschlechtsregister bis auf Finn Magnússon, Bertel Thorvaldsen, Geir Vidalin und Grim Thorkelin herabführen, — endlich auf den Stammbaum, welchen M. Charles Edmond in seinem Voyage dans les Mers du Nord (Paris, 1857) mitgetheilt hat, und welcher vom Erzvater Adam bis zu meinem verehrten Freunde, Hr. Vilhjálmur Finsen, damals Stadt- und Landvogt zu Reykjavik, jetzt aber Oberlandesgerichtsrath in Viborg in Jütland, herabreicht. — Ueber die allmälige Genesis unserer Landnáma gibt zunächst diejenige Recension derselben Aufschluss, welche wir nach ihrem Bearbeiter die Hauksbók nennen; es heisst nämlich, Landnáma, V, cap. 15, S. 320, Anm. 12: „Nú er yfir farit um landnám þau, er verit hafa á Íslandi eptir því sem fróðir menn hafa skrifat, fyrst Ari prestr hinn fróði, Þorgilsson, og Kolskeggr hinn vitri. En þessa bók ritaða ek Haukr Erlendsson eptir þeirri bók sem ritað hafði herra Sturla lögmaðr, hinn fróðasti maðr, ok eptir þeirri bók annarri, er ritað hafði Styrmir hinn fróði, ok hafða ek þat or hverri sem framar greindi, en mikill þorri var þat er þær sögðu eins báðar, ok því er þat ekki at undra þó þessi landnámabók sé lengri enn nokkur önnur.“ Dass Kolskeggur, welcher seiner Geburt nach den Austfirðir angehörte (ebenda, IV, cap. 3, S. 245) zunächst über das Ostland geschrieben hatte, wird uns ausdrücklich gesagt (ebenda, IV, cap. 4, S. 249: „Nú hefir Kolskeggr fyrir sagt, héðan frá um landnám“; vgl auch cap. 9, S. 261—2: „en Kolskeggr enn fróði hafði síð bornit“), und ebenso, dass Brandur über das Westland gearbeitet habe (ebenda, II, cap. 15, S. 105, Anm. 7: „þeirra son Brandr príór hinn fróði, er mest hefir skrifat Breiðfirðinga kynslóð“), sowie dass eine weitere Aufzeichnung über die im Ölfus vorlag (ebenda, IV, cap. 13, S. 274: „þat segir í Ölfusinga kyni“). Endlich den Beweis der vielbestrittenen Thatsache, dass Herr Haukur nicht nur, wie er selber sagt, von mütterlicher, sondern auch von väterlicher Seite her isländischer Herkunft war, hat meines Erachtens Jón Þorkelsson neuerdings unwiderleglich geliefert („Nokkur blöð úr Hauksbók“, u. s. w., Reykjavík, 1865, S. III—VI der

Vorrede). Es scheinen übrigens von der Landnáma auch wohl besondere Bearbeitungen für einzelne angesehenere Geschlechter gemacht worden zu sein, wobei man die einzelnen in derselben enthaltenen Genealogien mit specieller Rücksicht auf deren eigenen Stammbaum fortführte: ein Beispiel einer solchen ist uns in der Melabók enthalten, die alle einschlägigen Geschlechtsreihen bis auf Snorri Markússon á Melum († 1318) herabführt.

Anm. 39.

Hinsichtlich der Entstehungsgeschichte der kirchlichen Sagen beziehe ich mich auf die gründlichen Erörterungen Guðbrands, in seiner Vorrede zum ersten Bande der Biskupa sögur. Er bespricht daselbst die Kristni saga auf S. XIX—XXIII, und füge ich seiner Ausführung nur noch die Bemerkung bei, dass ich auf das Vorhandensein eines lateinischen Originales unter Andern aus Namensformen wie Albertus, Villbaldus, Hugbertus (cap. 5, S. 8), Leo secundus papa (cap. 12, S. 27), Rúsía, at kirkju Jóhannis baptiste (cap. 12, S. 25), dann aus Daten wie IX. kalend. Maji, V. kalend. Junii oder III. nonas Julii schliesse (cap. 12, S. 27; cap. 13, S. 30; cap. 14, S. 31). Ueber die Húngurvaka und die beiden an sie sich anschliessenden Sagen spricht Guðbrandur auf S. XXXI—IV, und über die späteren Recensionen der Þorláks s., sammt den einschlägigen kleineren Stücken, auf S. XLV—LIII; über die Jóns biskups s., S. XXXIX—XLII, über die Guðmundar biskups s., S. LVII—LXV; über die Árna biskups s., S. LXXIX bis LXXXI; über die Laurentius biskups saga endlich S. LXXXVII—XC. Den þáttur af Jóni biskupi Halldórssyni findet man im zweiten Bande der Biskupa sögur, S. 223—30; den Ísleifs biskups þátt dagegen ebenda, I, S. 53—56, und in der Flateyjarbók, II, S. 140—42, neben welcher derselbe nur noch in einer zweiten Membrane, AM. 75, e, fol., vorkommt: am Schlusse verräth er die Benützung der Jóns biskups saga. Bezüglich des Þorvalds þáttur endlich verweise ich auf das oben, Anm. 15, S. 546, Bemerkte, und füge hinzu, dass Guðbrandur die beiden letzten Stücke am ang. O., S. XXIV—V, bespricht.

Anm. 40.

Die einzige vorhandene Ausgabe der Sturlúnga ist allzuwenig kritisch bearbeitet, als dass dieselbe für eine eingehendere Untersuchung der Genesis dieser Quelle als genügende Grundlage dienen könnte; ich beschränke mich demnach auf ein paar Bemerkungen, die hier um so mehr hinreichen mögen, als die ganze Frage für meine dermalige Aufgabe nur von sehr untergeordneter Bedeutung ist. Es heisst, Sturlúnga, II, cap. 38, S. 106—7: „Margar sögur verda hér samtída, sem ek hefi skipt í þætti, ok má þó ei allar senn rita. saga Þorláks biskups ens helga og Gudmundar ens góda Arasonar, þartil hann var vígdr til presta. Saga Gudmundar ens dýra hefst þrem vetrum eptir andlát Sturlu, ok lýkr þá er Brandr biskup er andadr en Gudmundr hinn gódi er vígdr til biskups. Saga Rafns Sveinbjarnarsonar ok Þorvalds Snorrasonar er samtída sögu Gudmundar hins góda ok hefst hún eptir andlát Brands biskups, svo sem Sturla Þórdarson segir í Íslendinga sögu. Flestar sögur, er hér hafa giörst á Íslandi, voru ritadar ádr Brandr biskup Sæmundarson andadist, en þær sögur, er sídan hafa giörst, voru lítt ritadar ádr Sturla skáld Þórdarson sagdi fyrir Íslendingasögur, ok hafdi hann þartil vísindi af frédum mönnum þeim er voru á öndverdum dögum hans, en sumt eptir bréfum þeim, er þeir ritodu er þeim voru samtída ok sögurnar eru frá. Marga hluti mátti hann siálfr siá eda heyra, þá er á hans dögum giördust, til stirkinda, því at hann var göfugr, gódsamr, allvitur ok hófsamr madr, diarfr ok einardr. Láti gud honum nú raun lofi betri." Man sieht, Sturla wird hier als verstorben, seine Íslendinga s. als ein Werk besprochen, welches nicht mit der Sturlúnga, wie sie uns vorliegt, identisch ist, und es stimmt hierzu recht wohl, wenn in der Saga, X, cap. 19, S. 89, des Sturla Tod († 1284) erzählt wird: man sieht aber auch aus jener Stelle, dass Demjenigen, welcher die Sage in ihre jetzige Form brachte, neben der Islendinga s. Sturla's noch eine lange Reihe anderer Sagen vorlag, welche er ganz oder theilweise in diese einzuschachteln sich berufen fühlte. Bezüglich der Presta saga Guðmundar, dann der Hrafns s. Sveinbjarnarsonar können wir sein Verfahren controlliren, da beide uns auch für sich erhalten sind; aber auch die Guðmundar saga ens dýra, welche unter dem Namen der Önundarbrennu saga noch am Anfange des 14. Jhdts. genannt wird (vgl. geschichtliche Ólafs s. ens helga, S. XLVII), die þorgils s. ok Hafliða Marssonar, die Hvammsturlu s., welche in Sturl. III, cap. 3, S. 122, auf den Namen der Heiðarvígs s. citirt wird, die þorgils s. skarða, u. dgl. m. sind augenscheinlich nicht von Sturla selber verfasst. An sich wäre nun freilich damit noch nicht gesagt, dass nicht Sturla selbst bereits die eine oder andere ältere Sage in das von ihm verfasste Werk hineinverarbeitet habe, und der Umstand, dass die Erzahlung von Hafliði Mársson und þorgils Oddason gerade mit dem Zeitpunkte beginnt, mit welchem die Kristni saga endet, liesse sogar wahrscheinlich erscheinen, dass wenigstens sie und die Geschichte des Hvammsturla schon von ihm aufgenommen worden seien; aber was die oben ausgeschriebene Stelle über die von ihm benützten Quellen sagt, deutet denn doch keineswegs auf ein solches Verfahren. — Die Vermuthung, dass die Ueberarbeitung der Sturlúnga von dem Abte þorsteinn herrühre, ist, nachdem schon vorher P. E. Müller (Sagab. I, S. 247—8) ausgesprochen hatte, dass sie das Werk irgend eines Mönches sein müsse, zuerst von Finnur Magnússon ausgesprochen worden (Grönlands historiske Mindesmärker, I, S. 65—70), welchem sofort von vielen Seiten her zugestimmt wurde (so von Sveinn Skúlason, im Safn, I, S. 590, dann von N. M. Petersen, Annaler 1861, S. 206—7). Sie beruht darauf, dass die Worte der Sturl. III, cap. 9, S. 130 „Sigríðr dóttir Halls Rafnssonar var móðir Gudlaugar móður Ketils prests þorlákssonar", in einer Hs. den Zusatz haben: „móðurfoður míns, einnin móðurfoður Narfasona." Da wir nun wissen, dass jener Ketill zwei Töchter hatte, deren eine, Valgerður, mit dem Priester Narfi Snorrason verehelicht und die Mutter des þorlakur, þórður und Snorri war, dreier am Schlusse des 13. und Anfange des 14. Jahrhdts. vielvermögender Brüder, die alle drei die Würde eines Lögmannes bekleideten, und da wir ferner wissen, dass die zweite Tochter Ketils, Helga, mit Snorri Markússon á Meium verheirathet war (siehe ihren Stammbaum auf Taf. IV. der Íslendingasögur, I), so muss wohl, nachdem von einer dritten Schwester nirgends die Rede ist, der Schreiber unserer Sturlúnga, von welchem jene Notiz herrührt, ein Sohn dieses letzteren Ehepaares gewesen sein. Da wir nun ferner aus der Beschaffenheit der Zusätze, welche die Sturlúnga erhielt, auf den geistlichen Stand ihres Verfassers schliessen konnen, und aus den Annalen erfahren, dass ein gewisser þorsteinn Snorrason im Jahre 1344 Abt zu Helgafell wurde, und im Jahre 1351 oder 1353 starb, während wir aus der älteren Recension der þórðar s. hreðu, cap. 8, S. 104, (in der Ausgabe der Bárðar saga Snæfellsáss, u. s. w. von Guðbrandur Vigfússon) wissen, dass dieser Abt þorsteinn des Mela-Snorri Sohn war, — da überdiess die Sturl. I, cap. 4, S. 7, die Aebtissinn Hallbera (von Reynistaðr, 1299—1330) und deren Schwester Guðrún, die Frau des Herrn Kolbeinn Auðkýlingur († 1309) nennt, und somit ihre Zusätze unzweifelhaft dem Anfange des 14. Jahrhdts. angehören, fehlt es in der That nicht an Anhaltspunkten für jene Hypothese. Aber immerhin dürfen auch die gewichtigen positiven Gründe nicht übersehen werden, welche Guðbrandur Vigfússon in seiner Vorrede zu den Biskupasögur, I, S. LXXII, gegen jene Vermuthung geltend gemacht hat. Er macht nämlich vorab darauf aufmerksam, dass der Schluss der oben ausgeschriebenen Stelle in der Membrane AM. 122, A darauf hinweise, dass deren Verfasser den Sturla noch persönlich gekannt habe (die Worte lauten: „því at hann vissa ek alvitrastan ok hófsamastan; láti Guð honum nú raun lofi betri"; also ebenso wie die in der Ausgabe selbst aus der Vallnabók angeführte Variante, einer Papierhs. also, welche auf die zweite, nur stückweise erhaltene Membrane, AM. 122, B, fol., hinweist); bei dem Abte þorsteinn, der 67 Jahre nach dem Lögmanne starb, ist natürlich solche persönliche Bekanntschaft undenkbar. Er betont ferner, dass die sämmtlichen Geschlechtsreihen, welche am Eingange der Sturl. sich finden, nur bis auf Skarðs-Snorri, den Grossvater der Narfasöhne, herabgeführt sind, und nicht bis auf den Mela-

Snorri, wie doch zu erwarten gewesen wäre, wenn sein Sohn dieselben eingestellt hätte. Endlich hebt er auch hervor, dass die Worte „móðurföður mins. einnig" nicht in AM. 122, A, stehen, wo es vielmehr nur heisse „móðurföður Narfasona", sondern nur in einer vereinzelten Papierhs., welche denn allenfalls auch auf eine von Abt þorsteinn geschriebene Hs. zurückführen möge, ohne dass dieser darum doch der Ueberarbeiter der Sturl. gewesen sein müsste. Nähere Untersuchung des Sachverhalts thut noth; aber wie Guðbrandur lasse auch ich die Hand davon, bis erst eine sorgfältigere Ausgabe der Sage für solche eine sichere Grundlage geschaffen haben wird.

Anm. 41.

Die hieher bezügliche Stelle þórodds siehe oben, Anm. 3, S. 526, und die Stelle aus dem Prologe der Ólafs s., Anm. 2, S. 527: die Deutung der letzteren macht allerdings einige Schwierigkeiten, sofern einerseits sich darüber streiten lässt, was deren Verfasser unter „sögur" verstehe, und andererseits auch der Zeitpunkt nicht klar erhellt, den er bei den Worten: „er Ísland var bygt" im Sinne hatte. In der letzteren Beziehung könnte man sowohl an den Moment denken, mit welchem die Einwanderung in Island begann (also etwa das Jahr 874), als auch an den anderen, in welchem das Land als vollkommen bewohnt gelten konnte, was etwa auf 60 Jahre weiter herunter führen würde (vgl. Íslendingabók, cap. 3, S. 6, und Landnáma, V, cap. 15, S. 321); in der erstern Hinsicht dagegen könnte man sowohl die eigentlichen Íslendinga und Noregs konúnga sögur, als Sæmund's und Ari's historische Werke verstanden meinen. Bedenke ich aber, dass die Worte „er Ísland var bygt" an sich schon mehr auf die Vollendung als auf den Beginn der Besiedelung zu gehen scheinen, und dass überdiess in der Kristni saga, cap. 13, S. 30, nur in diesem Sinne von dem Jahre 1118 gesagt werden kann: „þá hafði Ísland verit bygt CC. vetra tírœð, annat í heiðni, en annat í kristni" („tólfrœð" beruht lediglich auf einer Conjectur, welche nicht einmal hilft, da 874 + 120 = 994, und 994 + 120 = 1114 giebt; die Angabe ist eben nur eine approximative, und als solche mag auch 934 + 200 = 1118 sein!), und füge ich hinzu, dass für die ernste Geschichtschreibung Ari's die Bezeichnung „frœði", nicht „sögur" gebraucht zu werden pflegt, so komme ich durch obige Stelle ungefähr auf die Jahre 1170—80 herab, als auf die Zeit, in welcher die Abfassung von Sagen auf der Insel begonnen habe. — Die Stelle der Húngurvaka lautet ferner, cap. 1, S. 59: „þat ber ok annat til þessa rits: at teygja til þess únga menn, at kynnast várt mál, at ráða þat er á norrœnu er ritað: lög, eðr sögur, eðr mannfrœði." Von der Sturlúnga aber hat die bereits in der vorigen Anmerkung mitgetheilte Stelle, II, cap. 36, den Stein des Anstosses abgegeben, indem P. E. Müller und seine Nachfolger dieselbe so verstanden, als ob dieselbe sagen wolle, die Mehrzahl der Íslendinga sögur überhaupt sei bereits vor Bischof Brands Tod († 1201) geschrieben gewesen, während dieselbe doch sogar so, wie sie oben der gewöhnlichen Lesart folgend mitgetheilt wurde, offenbar nur von denjenigen Sagen spricht, welche für die Sturlúnga selber benützt wurden. Aber die Vergleichung von AM. 122, B macht überdiess sogar wahrscheinlich, dass jene Lesart, wie sie in AM. 122, A vorliegt, und von hier aus in beinahe alle Papierhss. übergegangen ist, eine verderbte sei: es steht nämlich hier: „flestar allar sögur, þær er gjörst höfðu á Íslandi, áðr Brandr biskop Sæmundarson andaðist, vóru ritaðar", und hat diese einfache Umstellung der beiden Worte: „vóru ritaðar" zur Folge, dass die Stelle, was auch allein zum Zusammenhange passt, nunmehr besagt, dass die meisten vor dem Jahre 1201 spielenden Begebenheiten schon vor Sturla aufgezeichnet gewesen seien, während er die später eingetretenen seinerseits zuerst beschrieben habe, wobei natürlich beidemale immer nur an die verschiedenen Bestandtheile der uns vorliegenden Sturlúnga zu denken ist. Vergl. hierüber Guðbrand Vigfússon, in den Annaler for Nordisk Oldkyndighed, 1861, S. 236—7, Anm., welcher auf diese im Texte der Sturlúnga nothwendig zu machende Berichtigung meines Wissens zum ersten Male aufmerksam gemacht hat.

Anm. 42.

Die Bezeichnung „Fornsögur“ lässt sich durch die Egils s., cap. 82, S. 207, welche den Ausdruck von alten Geschichten braucht, die auf Einar skálaglam's Schild abgebildet waren, und durch die þiðriks s. af Bern, cap. 393, S. 333, rechtfertigen, welche denselben von den alten Heldensagen braucht, ferner durch die Völsúnga s., cap. 2, S. 119, das Sögubrot af fornkonúngum, cap. 8, S. 381, die Hervarar s., cap. 19, S. 505, u. dgl. m. Unter ihnen ist die Völsúnga s. z. B. offenbar nur aus älteren Liedern geflossen, die stückweise sogar noch in die prosaische Erzählung hineingeflochten werden; in der Hálfs s. dagegen sind umgekehrt die Weisen, die sie bringt, neue und spätere Interpolationen, während die Prosa alt und ächt ist. Von der Hervarar s. ist uns in der Hauksbók, dann in Nr. 2845, in 4to der grossen kgl. Bibliothek in Kopenhagen eine alte, daneben aber in mehreren Papierhss. eine ungleich neuere und verwässertere Recension erhalten. Ebenso stehen sich von der Örvar Odds s. eine ältere und eine neuere Recension gegenüber, deren letztere geradezu in das Bereich der willkürlich erdichteten Sagen hinüber greift. Auf der Grenze theils zu diesen, theils zu den geschichtlichen Sagen steht ferner die Hrómundar s. Greipssonar, die Ásmundar s. kappabana, der Nornagests þ., u. dgl. m. — Die Bezeichnung „Lygisögur“ verdanke ich, wie sich gleich zeigen wird, dem Könige Sverrir. Entschiedene Missachtung beweist ihnen die Sverris s., cap. 7, S. 18: „var þvi líkast, sem í fornum sögum er sagt, at verit hefði, þá er konúngaborn urðu fyrir stjúpmæðra sköpum“; dann Oddur, Prol., S. 1 (bei Munch): „Ok betra er slict með gamni at heyra en stivp moðra sagur er hiarðar sveinar segia er enge veit hvart satt er. er iafnan lata konungin minztan istavm frasögnum.“ Dagegen heisst es in der Sturlúnga, I, cap. 13, S. 23, gelegentlich eines Gastmahles, welches im Jahre 1119 zu Reykjahólar gehalten wurde: „þar var ok haldit til Ólafsmessu at þessari veizlo ok framdir allskonar leikir, item vóru sögur framsagdar. Hrólfr af Skálmarnesi sagdi sögu af Hrøngvidi berserk ok víkíngi, ok frá Ólafi lidsmanna kóngi, ok haugbroti þráins, ok Hrómundi Greypssyni ok margar vísur med. En þessi saga var skemt Sverri kongi, ok kvad hann slíkar lygisögur skemtilegar, en þó kunna menn at telja ættir sínar til Hrómundar (eine Hs. fügt bei: „en þessa sögu hafdi Hrólfr siálfr samansetta“). Ingimundr prestr sagdi sögu Orms Bárøyarskálds ok vísur margar, ok flokk gódan við enda sögunnar, er hann sjálfr ort hafdi“ (dieselbe Hs. fügt bei: „ok hafa því margir frødir menn þessa sögu fyrir satt“). Siehe ferner Sturlúnga, X, cap. 16, S. 304: „þá mælti hann: Sturla hinn íslenzki, viltu skemta? Ráð þú, segir Sturla, segir hann þá Huldarsögo betr ok frødligar en nokkur þeirra hafði fyrr heyrt er þar vóru“, und nachher: „þat er frá tröllkono mikilli ok er góð sagan, enda er vel frásagt.“ In den in Kopenhagen herausgegebenen Fornaldar sögur Norðrlanda sind diejenigen Sagen dieser Kategorie, welche ihre Handlung in die nordische Vorzeit zurückverlegen, mit denen der vorigen Classe frischweg zusammengeworfen; in manchen Fällen ist es allerdings schwer genug beide zu scheiden, und die im Jahre 1119 zu Reykjahólar erzählte Hrómundar s. Greypssonar mag hiefür als Beleg dienen: im Grossen und Ganzen aber können und müssen beide Classen immerhin völlig getrennt gehalten werden. Sehr schwer ist es übrigens bei den lygisögur sowohl als den Landvættasögur die Zeit zu bestimmen, in welcher solche entstanden sind. Nur ausnahmsweise bieten zufällige Notizen, wie etwa in der Grettla die Berufung auf das Zeugniss des Sturla þórðarson (cap. 49, S. 111, und cap. 95, S. 208), oder in der Kjalnesinga s. die Bezugname auf die Zeit, da Bischof Árni þorláksson auf dem Stuhle zu Skálholt sass (1269—98; siehe cap. 18, S. 459—60), einen Anhaltspunkt für solche Zeitbestimmung, und ebenso selten hilft die Erwähnung einzelner Sagen in älteren Verzeichnissen aus der Noth, wie etwa die der Sturlaugs s. (geschichtl. Ólafs s. ens helga, S. XLVII); ungleich häufiger kann man sich lediglich auf das Alter der Hss. stützen, in welchen die einzelnen Erzählungen sich finden. Aber daraus, dass z. B. in der Vatnshyrna neben der Kjalnesinga s. auch die Bárðar s. Snæfellsáss, die þórðar s. hreðu und die Króka-refs s. enthalten war, oder dass die Flateyjarbók neben dem Nornagests þ. und Sörla þ. auch den Orms þ. Stórólfs sonar, þorsteins þ. uxafóts und

Þorsteins þ. skelks, u. dgl. m. enthält, lässt sich eben doch nur folgern, dass alle diese Sagen am Ende des 14. Jahrhdts. bereits aufgezeichnet waren, keineswegs aber bestimmen, in welcher früheren Zeit etwa ihre schriftliche Abfassung erfolgte. Die Schreib- und Darstellungsweise, das Vorwiegen zumal des nationalen oder ausländischen, des mönchischen oder freier weltlichen Charakters bleibt in solchen Fällen vielfach als das einzige Kriterium übrig; aber dass auch dieses unter Umständen trügen kann, zeigt schon die einzige Thatsache, dass selbst ein so gründlicher Kenner wie P. E. Müller die im vorigen Jahrhdts. geschriebene Ármanns s. für ein Product des 15. Jahrhdts. nehmen konnte! Doch wird man, wenn auch vielleicht ein neueres Product für ein älteres, wenigstens nicht umgekehrt ein älteres für ein neueres zu halten in Versuchung kommen, und für meine Beweisführung kommt es auf diesen letzteren Punkt allein an. Die Bestimmung endlich des Entstehungsortes hat wie bei den landvættasögur, so auch bei anderen Sagen, die entschieden auf Island localisirt sind, wie z. B. die Víglundar s., Grettis s., Þórðar s. hreðu, u. dgl., natürlich keine Schwierigkeit; aber auch das muss als genügender Beweis isländischer Herkunft genügen, wenn eine Saga, wie z. B. die Gríms s. loðinkinna, die Áns s. bogsveigis oder die Hálfdánar s. Eysteinssonar, welche letztere überdiess auch noch die unzweifelhaft isländische Landnáma und Gullþóris s. citirt, an die Genealogieen isländischer Geschlechter anknüpft, — oder wie die Hálfs konúngs s. gelegentlich auf, an sich ganz unbedeutende, Begebnisse eines Isländers Rücksicht nimmt (cap. 2, S. 26, in den FAS. II), — oder gar, wie das Stück Frá Fornjóti (cap. 7, S. 14) gelegentlich der Erwähnung des Königs Magnús lagabætir dessen Bemühungen um die isländische Legislation, nicht um die norwegische, hervorhebt, u. dgl. m.

Anm. 43.

Zu den Legenden einheimischer Heiliger, welche im Texte aufgezählt wurden, wäre noch die Hallvarðar saga zu zählen, von welcher aber nur einige wenige Zeilen erhalten sind; ferner die Knúts saga, wenn die oben, Anm. 37, S. 679 ausgesprochene Vermuthung sich bestätigen sollte, dass dieselbe ursprünglich ein selbstständiges Werk gebildet habe und erst hinterher in die Knýtlinga verarbeitet worden sei; endlich lässt sich in gewisser Weise auch der Seljumanna þáttr hieherstellen, welcher, in der Ólafs s. Tryggvasonar Odds bereits in seinen Grundzügen enthalten (cap. 18—20, S. 24—26, der Stockholmer, und cap. 25—27, S. 279—83, der Kopenhagener Recension), in den späteren Bearbeitungen derselben Königssage sehr erweitert steht (FMS. I, cap. 106—108, S. 224—32, und dazu cap. 149, S. 301—2; Flbk., I, S. 243—6). Der Mirakelkatalog, die Jarteiknabók, bildet bei derartigen Sagen meist einen sehr wesentlichen, und oft den ursprünglichsten Bestandtheil. Im Uebrigen ist der Ambrosíus s. bereits gedacht worden, welche Gunnlaugr Leifsson, freilich wohl in lateinischer Sprache, verfasste (Anm. 15, S. 546), und nicht minder der mancherlei Legenden, welche der Abt Bergur Sokkason in einheimischer Sprache verfasste (Anm. 23, S. 666): eine Tómas s. erkibiskups schrieb in den ersten Jahren des 13. Jhdts. der Priester Bergur Gunnsteinsson, und diese wird es gewesen sein, welche Þorgils skarði sich im Jahre 1258 zu Hrafnagil vorlesen liess (Sturlúnga, IX, cap. 51, S. 261), dann aber wider ein Priester Jón holt zu Hítardal († 1302); eine María s., die als Muster aller Legenden betrachtet wird, verfasste Kygri-Björn († 1237), und eine Jóns s. ekirara der Priester Grímr Hólmsteinsson († 1298); eine Augustínus s. verfasste der Abt Runólfur Sigmundarson zu Álptaver († 1307), eine Dunstanus s. erkibiskups Árni Laurentiusson, ein Sohn des Bischofs Laurentíus Kálfsson von Hólar, von welchem selber gelegentlich erzählt wird, dass er neben lateinischen Legenden auch „heilagra manna sögur á norrænu“ sich vortragen liess (Laurentius s., cap. 45, S. 849); eine Jatvarðar konúngs s., welche jedenfalls noch vor der Mitte des 14. Jahrhdts. geschrieben ist, verräth ihren isländischen Ursprung durch eine gelegentliche Bezugnahme auf Gizurr Hallsson (vgl. Jón Sigurðsson's Angabe, in den Annaler for nordisk Oldkyndighed, 1852, S. 5—6, und S. 16), u. dgl. m. Von Legenden, deren Verfasser sich nicht feststellen lassen, nennt mir Guðbrandur Vigfússon als wahrscheinlich noch dem 12. Jahrhunderte angehörig die Postula sögur, Blasius saga, Martinus s., Niðrstigningar s., Clemens saga; im Uebrigen aber verweise ich auf die Zusammenstellung isländischer Legendenverfasser, welche derselbe in den Ný félagsrit, Bd. XXIII, S. 150, gegeben hat, — auf die älteren Nachweise bei Hálfdan Einarsson, Sciagraphia, S. 108—12 und S. 207, — auf die Notizen, welche Jón Sigurðsson über eine isländische Legendenhs. in der kgl. Bibliothek zu Stockholm gegeben hat (in seinem Vorworte zur Ausgabe der Ósvalds konúngs s., in den Annaler, 1854, S. 22—23), sowie auf Arwidsson's öfter angeführten Handschriftenkatalog, S. 173—4, u. dgl. m. Guðbrandur hat (ang. O., S. 145) bemerkt, dass über 50 hieher gehörige Stücke in Membranen erhalten sind!

Anm. 44.

Das, nicht in den Hss. und ungewiss seit wann, als Stjórn, d. h. Regierung, nämlich göttliche Weltregierung, bezeichnete Gesammtwerk ist von Unger (Christiania, 1853—62) herausgegeben worden, jedoch nicht vollständig. Seine Zusammensetzung und Geschichte ist vielfach bestritten, und sind bezüglich derselben neben der Vorrede des Herausgebers zumal noch die Erörterungen zu vergleichen, welche Guðbrandur Vigfússon in den Ný félagsrit, Bd. XXIII, S. 132 bis 51, mittheilte. Es enthält aber die einzige vollständige Hs., AM. 226 fol., über welche auch Konráð Gíslason, um frumparta, S. IX—XI, verglichen werden mag: 1) den Anfang einer biblischen Geschichte, die Genesis bis zu Exodus, 18 umfassend, und auf Grund der heil. Schrift, jedoch mit Benützung der Historia scholastica des Petrus Comestor, des Speculum historiale des Vincenz von Beauvais und einiger anderer Quellen bearbeitet. Ein voranstehender Prolog besagt, dass der gekrönte König Hakon Magnússon (1299—1319), nachdem er eine Sammlung von Heiligenleben unter dem Titel „heilagra manna blómstr“ zu Nutz und Frommen derer habe übersetzen lassen, die kein Latein verstünden, nunmehr auch dieses Werk in einheimischer Sprache habe schreiben lassen, um daraus an den Sonntagen und anderen Gott selbst geheiligten Festen in gleicher Weise vorlesen zu lassen, wie er diess an den Heiligenfesten aus jenem Legendenwerke zu thun pflege; mit dem Anfange der Genesis solle das neue Werk beginnen, und die Erzählung der heil. Schrift nach des Königs eigenen Angaben aus dem speculum historiale, der historia scholastica und andern Büchern ergänzt werden; 2) den Schluss der Bücher Mosis, von Exodus, 18 anfangend, erst von einer späteren Hand eingerückt, und lediglich auf Grund der heil. Schrift bearbeitet; 3) das Buch Josua, bis zum Schlusse der Königsbücher, frei auf Grund der heil. Schrift bearbeitet; 4) die Rómverja sögur, eine Paraphrase von Sallusts Jugurtha und Catilina, dann von Lucans Pharsalia; 5) die Alexanders saga, welche auf Grund der Alexandreis, eines lateinischen Gedichtes des Philippe Gautier, bearbeitet ist, und an deren Ende die Hs. die Bemerkung knüpft: „Nu gengr sol í ægi segir meistare Galterus við orðen þesse tiðende. lýcr hann þar at segia fra Alexandro magno. oc sva Brandr byskop Jonsson. er snyri þessi sogu or latinu ok i norrænu“; 6) endlich die Gyðinga sögur, d. h. eine Bearbeitung der Bücher der Makkabäer, jedoch mit fleissiger Benützung des Josephus, an welche sich noch ein Verzeichniss der römischen Kaiser anschliesst, mit einer nach Kaiser Tiberius eingeschobenen Episode über Pilatus und seinen Vater, K. Tyrus; am Schlusse stehen sodann die Worte: „þessa bók færði hinn heilagi Hieronymus prestr or ebresku máli ok í latínu, en or latínu ok í norrænu sneri Brandr prestr Jónsson, er síðan var biskup at Hólum, ok svá Alexandro Magno, eptir boði virðulegs herra, herra Magnúsar konungs sonar Hákonar konúngs gamla.“ Eine zweite Hs. lässt nr. 2 aus, dafür aber einen Raum offen, und bricht, weil defect, bereits gegen das Ende von nr. 3 ab; eine dritte, am Anfang und am Ende defect, beginnt und endigt in nr. 3; ausserdem aber sind nur noch einzelne Bruchstücke allzugeringen Umfanges erhalten, als dass sich aus ihnen irgend Etwas schliessen liesse. Nun hat Unger den Namen Stjórn nur auf die Nummern 1—3 bezogen, und demgemäss auch nur diese drei Stücke unter jenem Titel edirt, wogegen nr. 5, die

Alexanders s., schon früher von ihm selbst (Christiania, 1846), nr. 4 aber, die Romverja sögur, von Konráð Gislason (in seinen „Fire og fyrretyve Pröver af oldnordisk Sprog og Literatur, Kjöbenhavn, 1860, S. 108—252) herausgegeben wurden; er betrachtet dabei nr. 1 als ein in den Jahren 1299—1319 entstandenes Werk, nr. 2 als ein Bruchstück einer Bibelübersetzung aus der Mitte des 13. Jahrhdts., endlich nr. 3 als eine weitere Arbeit aus der ersten Hälfte desselben Jahrhdts. Aber seine Annahme scheint nur in Bezug auf nr. 1 richtig zu sein, in Bezug auf welches Stück die oben angeführten Angaben des Prologes keinen Zweifel lassen; dagegen scheint mir Guðbrandur überzeugend dargethan zu haben, dass die Nummern 2 und 3 mit nr. 6 ganz gleichartig sind und zu einem Ganzen gehören: sie schliessen sich an einander an, indem nr. 2—3 die jüdische Geschichte bis zur babylonischen Gefangenschaft behandeln, nr. 6 aber dieselbe von hier ab bis zur Geburt Christi fortführt, — sie fussen alle drei wesentlich auf der Vulgata des Hieronymus, die am Schlusse von nr. 6 ausdrücklich als Quelle angeführt wird, — die Einschiebung endlich der Alexanders s. erklärt sich einfach dahin, dass man mittelst ihrer die der babylonischen Gefangenschaft entsprechende Lücke zu füllen gedachte. Mit vollem Recht will Guðbrandur hiernach die Schlussnotiz, dass „dieses Buch" und ebenso das Stück von „Alexandro Magno" im Auftrage des Königs Magnús Hákonarson von Brandur Jónsson in die Landessprache übersetzt worden sei, auf nr. 2—3 ebensogut wie auf nr. 5—6 bezogen wissen, indem er sehr richtig bemerkt, dass Magnús nicht etwa erst seit dem Tode seines Vaters (1263), sondern bereits seit dem Jahre 1257 den Königsnamen trug, so dass er recht wohl dem Brand, welcher im Jahre 1263 seinen bischöflichen Stuhl bestieg, noch ehe derselbe zur bischöflichen Würde befördert wurde, seinen Auftrag ertheilt haben konnte. Nr. 1 wäre hiernach als ein völlig anderes Werk von den übrigen 5 Nummern ganz zu trennen, und unerklärt würde bis auf Weiteres nur der einzige Umstand bleiben, wie man dazu gekommen sei neben der Alexanders s. auch noch die Romverja sögur dem Ganzen einzuverleiben; der Gesammtname aber wäre jedenfalls aufzugeben, mit dem das Ganze bisher, und so auch noch von mir im Texte, bezeichnet wurde.

Die weiter genannte Veraldar s., welche nach einer Hs. aus der zweiten Hälfte des 13. Jahrhunderts von Konráð Gislason herausgegeben wurde (ang. O., S. 64—103), erwähnt an ihrem Schlusse der Südreise des Gizurr Hallsson, und erweist hiedurch ihren isländischen Ursprung. Die Trójumanna s. ok Breta sögur hat Jón Sigurðsson, vornemlich nach der Hauksbók, in den Annaler for nordisk Oldkyndighed, 1848 und 1849 edirt, und findet sich die doppelte Merlinus spá im letzteren Jahrgange, cap. 26—29, S. 14—75.

Anm. 45.

Guðbrandur Vigfússon bemerkt in der Vorrede zu seiner Ausgabe der Bárðar s. Snæfellsáss, S. VII, dass in der alten kgl. Büchersammlung in Kopenhagen unter nr. 1812 in 4to eine computistische Abhandlung mit der Ueberschrift „Stjörnu-Odda tal" vorliege, die noch dem 12. Jahrhdte. angehören müsse, da die Hs. selber bereits um das Jahr 1200 geschrieben sei (vgl. was oben, Anm. 13, S. 543—44 über Stjörnu-Oddi, und Anm. 15, S. 545 über Bjarni Bergþórsson zu sagen war); Jón Sigurðsson aber, welcher diese Sammelhs. näher beschreibt (im Diplom. Island. I, S. 180—3) bemerkt, dass deren ältester Bestandtheil, den auch er um dieselbe Zeit geschrieben hält, neben jenem Stücke auch noch den ganzen übrigen Inhalt der Rímbegla (ed. Stefán Björnsson, 1780), S. 4—114 enthalte, jedoch in zwei verschiedene Abhandlungen vertheilt, — dass ferner auch deren zweiter, um 1260 geschriebener Bestandtheil neben einem Calendarium, welches zugleich als Nekrologium diente, ein paar weitere computistische Stücke enthalte, — dass endlich auch der dritte und vierte Theil der Hs., beide im 14. Jhdte geschrieben, manche derartige Stücke enthalten. Die eben angeführte Ausgabe der Rímbegla scheint sehr verschiedene Stücke gemischt, und zumal die sogenannte Blanda von der Rímbegla nicht geschieden zu haben; dagegen findet sich in den Íslendinga sögur, I, S. 385, ein Bruchstück aus dem ältesten, und bei Konrad Gislason, Fire og fyrretyve Prøver, S. 476—79, ein solches aus dem jüngsten Theile der obigen Hs. abgedruckt. Vergl. übrigens Halfdan Einarsson, Sciagr. S. 161; Stefán Björnsson's Vorrede, und Antiquités Russes, II, S. 448; über den isländischen Ursprung aller dieser Stücke lässt aber der Gebrauch der isländischen Tagnamen, die Bezugname auf isländische Autoritäten (darunter auch Þorsteinn surtr, von dessen Calenderbesserung die Íslendíngabók erzählt), die Einschiebung eines Verzeichnisses der isländischen Bischöfe und Aebte, u. dgl. m., nicht den mindesten Zweifel. Hieher gehört aber auch der Algorismus, d. h. eine Anweisung zum Gebrauche der arabischen Zahlen, welche Munch auf Grund der Hauksbók, des vierten Stückes der oben angeführten Hs., endlich einer dritten, jüngeren Hs. in den Annaler for nordisk Oldkyndighed, 1848, S. 354—74, herausgegeben hat, bezüglich welcher ich aber freilich, ausser der isländischen Herkunft Hauks, keinen speciellen Anhaltspunkt für die isländische Entstehung anzugeben weiss, u. dgl. m. — Geographische Stücke finden sich mehrfach in die Rímbegla eingestellt, und zwar solche, die durch ihre Beschaffenheit selbst ihren isländischen Ursprung zu erkennen geben, wie z. B. ein Verzeichniss der isländischen Meerbusen. Die Reisebeschreibung, welche Gizurr Hallsson geschrieben haben soll (vgl. Anm. 14, S. 544), ist uns leider verloren; dagegen enthält eine Reihe von geographischen Notizen die bereits angeführte Hs. nr 1812, die Hauksbók, dann AM. 194 in 8°, welche Hs. sich auf Reiseberichte des Abtes Nikolás Bergundarson von Þingeyrar († 1159) stützt, u. dgl. m. Man findet eine lange Reihe hier einschlägiger Stücke bei Werlauff, Symbolæ ad geographiam medii ævi ex monumentis Islandicis (Havniæ, 1821), in den Antiquitates Americanæ (Havniæ, 1837), S. 278—318, Grönlands historiske Mindesmærker, III (Kjöbenhavn, 1845), S. 209—46, und Antiquités Russes, II (Copenhagen, 1852), S. 398—452; aber freilich ist auch hier wieder nicht bei allen einzelnen Stücken der isländische Ursprung strengstens zu erweisen.

Anm. 46.

Ueber die Geschichte der isländischen Rechtsquellen und juristischen Litteratur habe ich einlässlich in der Ersch und Gruber'schen Encyklopædie, Bd. 77 der ersten Section, unter dem Artikel Grágás gehandelt, auf welchen ich hiemit zu verweisen mir erlaube.

Anm. 47.

Des von Unger herausgegebenen Homilienbuches ist bereits früher wiederholt gedacht, aber dabei auch bereits bemerkt worden, dass zwar die dabei zu Grunde gelegte Hs., AM. 619 in 4° in Norwegen, dass aber ein paar Bruchstücke einer ungleich älteren Hs., AM. 237 fol., unzweifelhaft in Island geschrieben sind, so dass die Vermuthung immerhin eher für einen isländischen als für einen norwegischen Verfasser spricht (vgl. oben, Anm. 16, S. 555). Die Handschr. nr 15, in 4to, der kgl. Bibliothek zu Stockholm, welche „sermones sancti“ und mancherlei andere geistliche Stücke enthält, und von welcher die Íslendingasögur, I, S. 385—7, eine Probe mittheilen, ist in Island geschrieben, und da zu den ältesten vorhandenen Hss. zählend, wohl das Original des Verfassers. Eine Hs. aus der ersten Hälfte des 13. Jahrhdts., AM. 677 in 4to, welche Gregors des Grossen Dialogi und Homiliæ in evangelia, sammt einer Reihe anderer theologisch-moralischer Stücke enthält, und von welcher Konrad Gislason einige Proben mittheilt (44. Prøver, S. 437—69; vgl. Um frumparta, S. XCIII—XCIX), ist isländisch; ebenso eine Hs. aus der zweiten Hälfte desselben Jahrhdts., AM. 310, in 4to, aus welcher derselbe ein paar kleinere Stücke bietet (ang. O., S. 436—7; es ist dieselbe Hs., welche die Ólafs s. Tryggvasonar Odds enthält), und eine andere aus dem Ende des 14. oder ersten Anfange des 15., AM. 194 in 8°, welche unter Andern ein Stück über das Paradis enthält (ang. O., S. 407—9). Eine lange Reihe geistlicher Stücke, die in AM. 655 in 4to, aus verschiedenen Membranfragmenten bestehend, vorliegen, und die fast alle auf Island im 13. und 14. Jahrhunderte geschrieben sind, bespricht derselbe, unter Mittheilung einzelner Proben, in seiner Schrift Um frumparta, S. LXVIII—LXXXV (ein kleines Stück aus dieser Hs. giebt auch Stephens, Tvende old-engelske Digte, S. 128—4); ebenso einige geistliche Stücke in AM. 686, B und C in 4to, ebenfalls einer isländischen Hs. aus der ersten Hälfte des 13. Jahrhdts., ebenda, S. C—CIII. U. dgl. m.

Anm. 48.

Herausgegeben hat den Elucidarius Konrað Gislason, in den Annaler for nordisk Oldkyndighed, 1858. Derselbe ist unter Andern auch in der Hauksbók enthalten, einer Hs., welche Herr Haukur Erlendsson († 1334) theils eigenhändig schrieb, theils unter seiner Aufsicht schreiben liess; nur stückweise erhalten, gewährt dieselbe durch ihren gemischten Inhalt ein willkommenes Zeugniss über die Mannigfaltigkeit des Wissens eines gelehrten Isländers jener Zeit. Nach einem von Árni Magnússon verfassten Verzeichnisse ihres Inhaltes (siehe dasselbe z. B. in der Vorrede zu den Biskupasögur, I, S. XI) enthielt die Hs. einige Werke über die isländische Geschichte, nämlich die Landnáma und Kristnisaga, Fóstbræðra s. und die þorfinns s. karlsefnis, — einige weitere Sagen zur norwegischen Geschichte (Hemings s. und Saga skálda Haralds hárfagra), zur nordischen Fabelzeit (Heiðreks konúngs s.; af niðjum Ragnars loðbrókar) und zur Sagengeschichte des Auslandes (Trójumanna s. ok Bretasögur) — den Lucidarius, Algorismus, und einige andere geographische, astronomische und naturwissenschaftliche Stücke, darunter eine Beschreibung der Stadt Jerusalem und eine Notiz über edle Steine, — einiges Theologische, darunter Auszüge aus den Sermones Augustini, und ein Gespräch des Leibes mit der Seele nach dem Lateinischen des Magister Valterus, — endlich die Voluspa! Vollständig ist damit natürlich nicht erschöpft, was ursprünglich in der Hs. enthalten war, da diese, wie gesagt, uns nur stückweise erhalten ist; aber doch lässt sich schon aus dem Erhaltenen ersehen, wie ausgebreitet die Kenntnisse des gelehrten Juristen waren. — Stücke aber aus einer Lækningabók, wie solche in AM. 655, in 4to erhalten sind, hat Konráð Gislason, 44. Pröver, S. 470—75, herausgegeben.

Anm. 49.

Dass der Name der Edda ursprünglich, und zwar mindestens bereits seit dem Anfange des 14. Jahrhdts., nur der von uns jetzt sogenannten jüngeren oder Snorra-Edda zukam, und dass er erst von Bischof Brynjúlfur Sveinsson, dem Entdecker des sogenannten Codex regius, diesem letzteren beigelegt wurde, weil derselbe glaubte in diesem jene von Sæmundur fróði verfasste Grundlage aufgefunden zu haben, auf welche nach des Björn von Skarðsá Behauptung Snorri seine Bearbeitung der Edda gestützt hatte, ist von mir in meinem oben angeführten Aufsatze über die Grágás, S. 98—99, bereits dargelegt worden; nicht der mindeste geschichtliche Anhaltspunkt besteht dafür, dass Sæmundur die in jener Hs. vereinigten Lieder gedichtet oder auch nur gesammelt habe, — niemals ist auf diese oder ähnliche Liederhss. der Name der Edda angewendet worden, ehe Bischof Brynjúlfur, um 1643, auf jenen wunderlichen Einfall gerieth, — vollends willkürlich ist es endlich, wenn wir Neueren auch Lieder wie die Rigsmál oder Fjölsvinnsmál, die Hyndluljóð oder Sólarljóð, den Grottasöngur oder Grógaldur, zu den eddischen zählen, obwohl sie in der von dem Skálholter Bischofe so betitelten Edda gar nicht zu finden sind. Bedenklicher noch als die irrthümliche Benennung und Subsumption unter dieselbe ist, dass man durch den dem Heidenthume entlehnten Inhalt der einschlägigen Gesänge geblendet und durch eine gewisse Einfachheit des Vortrages bestochen, die von der Künstlichkeit so mancher Skaldenlieder weit abliegt, ohne Weiters anzunehmen sich gewöhnt hat, dass alle diese Lieder einer uralten Zeit angehören und unter sich ziemlich gleichartig seien; Beides Annahmen, die vor einer eingehenderen Kritik nicht bestehen dürften. Selbst Rudolf Keyser hat sich von dem Bestreben, die einzelnen Lieder möglichst weit in der Zeit hinaufzusetzen, meines Erachtens noch viel zu viel bestimmen lassen, so reiche Belehrung auch aus der weitläufigen Erörterung zu schöpfen ist, die er der Frage gewidmet hat (Efterladte Skrifter, I, S. 116—271); hier kann natürlich auf dieselbe nicht näher eingetreten, vielmehr nur die Ueberzeugung ausgesprochen werden, dass nicht nur die Sammlung des Codex regius auf Island entstanden, sondern auch die Mehrheit wenigstens der darinn enthaltenen Lieder hier gedichtet sei.

Anm. 50.

Als ein Volkslied darf die Grattisfærela betrachtet werden, von welcher Guðbrandur Vigfusson (Ný félagsrit, XXI, S. 126) freilich eben nur noch den Anfang lesen konnte, während alles Andere in der Hs. ausgekrazt ist; er lautet:

Karl nam at búa,
beint má þvi lýsa.

Ebenso das Lied, auf welches der Vólsa þáttur (Flbk., II, S. 331—36) gebaut ist, und welches beginnt:

Karl hefir búit,
ok kona öldrut;

beide Weisen tragen ganz den Charakter des Kötlu draumur und so mancher anderer isländischer Lieder aus späterer Zeit. Aber auch die Sturlúnga bietet bereits ein paar Belege; so, X, cap. 26, S. 317, in dem Tanzliede, dessen Anfang der seinen nahen Tod ahnende þórður Andréosson spricht:

mínar ero sorgirnar
þúngar sem blý,

und wider in dem Grýlukvæði, IV, cap. 26, S. 59:

Hér fer grila
í garð ofan,
ok hefir á sér
hala fimtán.

Es ist gewiss nur zufällig, dass aus der früheren Zeit nicht zahlreichere Belege zu Gebot stehen.

Anm. 51.

Hinsichtlich der Zusammensetzung der jüngeren Edda, welche eigentlich allein auf den Eddanamen Anspruch hat, sowie hinsichtlich der verschiedenen Verfasser, welche bei derselben betheiligt waren, verweise ich auf Rudolf Keyser, welcher, ang. O., S. 65—112, das Werk ausführlich bespricht, und zumal auf S. 101—12 die Verfasserfrage erörtert; nur bemerke ich, dass der Scrupel, welchen diesem wie manchem früheren Verfasser eine Notiz des gelehrten Arngrímur Jónsson über Sæmund's Antheil an der Entstehung der Edda macht, sich sehr einfach löst: die isländischen „monumenta", auf welche derselbe sich beruft, bestehen in einem Werke seines Zeitgenossen Björn von Skarðsá über Grönland, und beweisen somit nicht das Mindeste (vgl. meinen Aufsatz über die Grágás, S. 98). Ueber den Háttalykill des Rögnvaldur jarl, welcher in Sveinbjörn Egilsson's Ausgabe der jüngeren Edda anhangsweise, auf S. 239—48, soweit er überhaupt erhalten ist, abgedruckt steht, vgl. die Orkneyinga s., S. 344: „hon fock hirdvist Halli, oc var hann lengi siþan med Rögnvalldi jarli; þeir ortu báder saman háttalikil hinn forna oc letu vera 5. vise med hveriom hætti, enn þa þotti oflangt qvedit, oc ero nu tvær kvednar med hveriom hætti." Endlich den Háttalykil Lopts hat Schröder in den Jahren 1816—17 zu Upsala edirt, oder vielmehr zu ediren angefangen, da die Ausgabe auf S. 26 nur zur 14ten Strophe gelangt ist, während doch der Strophen, nach S. 10, in der einen Hs. 74, in der andern gar 84 sind.

Anm. 52.

Die Bestimmung der Zeit, in welcher Theodoricus monachus sein Werk „de antiquitate regum Norwagiensium" schrieb, ergiebt sich daraus, dass derselbe einerseits der Ermordung des

Nikulás Sigurđarson erwähnt, welche in das Jahr 1176 fällt (cap. 31, S. 339; ich citire den Theodorich stets nach der Ausgabe Langebek's, in den Script. rer. Dan., Bd. V), und andererseits seine Schrift dem Erzbischofe Eysteinn widmet, welcher im Jahre 1188 starb. Vgl. hierüber Munch, in Lange's Norsk Tidsskrift, V, S. 20—21, Anm. 2; wenn aber dieser Verfasser aus der Geschichte des Umbaues der Marienkirche, beziehungsweise Trinitatiskirche zu Drontheim eine noch engere zeitliche Begrenzung zu gewinnen sucht, so lasse ich diesen Versuch als weniger gelungen und zugleich weniger erheblich auf sich beruhen. Dass Theodorich ein geborener Norweger war, folgere ich ferner daraus, dass er schon in seinem Prologe die alten Norweger als „majores nostri" bezeichnet, in cap. 14, S. 322, das norwegische Heer „exercitus regi nostri" nennt, endlich ein paar Male die norwegische Sprache seine Muttersprache heisst (cap. 22, S. 331: „insulas, quas nos Brennoiar vocamus"; cap. 24, S. 332: „Wandali, quos nos materna lingua vocamus Vindr"; cap. 28, S. 336: „in Æthiopia, quam nos materna lingua Blaland vocamus", u. dgl. m.) Auf die Isländer beruft er sich an folgenden Stellen: Prologus, S. 312: „Operæ pretium duxi, Vir illustrissime, pauca hæc de Antiquitate Regum Norwagiensium breviter annotare, et prout sagaciter perquirere potuimus ab eis, penes quos horum memoria præcipue vigere creditur, quos nos Islendingos vocamus, qui hæc in suis antiquis carminibus percelebrata recolunt. Et quia pene nulla natio est tam rudis et inculta, quæ non aliqua monumenta suorum antecessorum ad posteros transmiserit, dignum putavi hæc, pauca licet, majorum nostrorum memoriæ posteritatis tradere." Ferner cap. 1, S. 314: „Hunc numerum annorum Domini, investigatum prout diligentissime potuimus, ab illis, quos nos vulgato nomine Islendingos vocamus, in hoc loco posuimus: quos constat sine ulla dubitatione præ omnibus aquilonaribus populis in hujusmodi semper et peritiores et curiosiores extitisse. Sed quia valde difficile est, in hisce ad liquidum veritatem comprehendere, maxime ubi nulla opitulatur scriptorum auctoritas", u. s. w. Widerum die Schlussworte, cap. 34, S. 341: „Pauca hæc de antecessoribus nostris rudi licet stilo, ut potui, perstrinxi, non visa, sed audita retractans. Qua propter, si quis dignatus fuerit hæc legere, cui forte displicuerit seriem rerum gestarum sic me ordinasse, quæso ne me mendacii arguat, quia aliena relatione didici, quod scripsi. Et sciat pro certo, me istarum rerum relatorem alium potius voluisse, quam me, quod quia hactenus non contigit, me malui quam neminem." Vgl. endlich wegen des Mangels an älteren Berichten noch cap. 13, S. 323: „Nec mirum, de Olauo hoc contigisse in terra, ubi nullus antiquitatum unquam scriptor fuerit", u. s. w. Nun ist zwar schon von Munch und Unger angedeutet worden, dass Theodorich Odds Ólafs s. Tryggvasonar, dann die legendarische Ólafs s. ens helga benützt habe (Vorrede zu Odd, S. VI; Vorrede zur geschichtlichen Ólafs s. ens helga, S. X—XI), und auch ich habe bereits widerholt darauf hinzuweisen gehabt, dass derselbe nicht nur diese, sondern auch noch mancherlei andere isländische Sagen ausgeschrieben habe (vgl. oben, Anm. 28, S. 635—39); unlateinische Namensformen und Wendungen scheinen nicht selten auf nichtlateinische Vorlagen hinzudeuten (z. B. „Grafeldr", „malitiæ Gunnildar", „propter insidias Gunnildar" cap. 4, S. 315—16; „maleficiorum Gunnildar", cap. 6, S. 317; „Olauus filius Tryggva", cap. 7, S. 317, cap. 14, S. 322, cap. 16, S. 324, cap. 20, S. 330; „insidiarum Haconar", „traditionem Haconar", cap. 10, S. 314; „filium Gunnildar", cap. 13, S. 321; „interitum Haconar", cap. 18, S. 326; „Thorer Hundur", „Fin fratrem Kalfs", cap. 19, S. 328), ja einmal lässt sich sogar eine verkehrte Lesart nur auf die unrichtige Auflösung einer Abbreviatur in einer solchen zurückführen (in cap. 31, S. 339: „Ulfr Rana", statt „Ranæ filius"; vgl. oben, Anm. 28, S. 637). Die Berufung auf Wilhelm von Jumieges siehe oben, Anm. 18, S. 566. Von den Gesetzen des heil. Ólafs heisst es, cap. 16, S. 324: „Leges patria lingua conscribi fecit, juris et moderationis plenissimas, quæ hactenus a bonis omnibus et tenentur et venerantur"; die Nachricht ist übrigens einigermassen verdächtig. Wir wissen aus der Heimskringla, Magnúss s. ens góđa, cap. 17, und aus der Sverris s., cap. 117, dass K. Magnús Ólafsson für Drontheim ein Gesetzbuch anfertigen liess, welches nach den Umständen, unter denen es zu Stande kam, kaum viel Anderes als die Legislation seines Vaters enthalten konnte; es liegt also die Vermuthung nahe, dass die von K. Ólaf erlassenen Gesetze erst unter seinem Sohne aufgezeichnet worden seien, während man, von weltlicher wie von geistlicher Seite her, dieselben nach wie vor auf des ersteren Namen hin citiren mochte, um ihnen das höhere Ansehen des gesetzgebenden Heiligen zu Gute kommen zu lassen. Endlich bezüglich der Ólafslegenden und des Catalogus siehe cap. 20, S. 330: „Quomodo vero mox omnipotens Deus merita martyris sui Olavi declaraverit, cæcis visum reddendo, et multa commoda ægris mortalibus impendendo; et qualiter Episcopus Grimkel, qui fuit filius fratris Sigwardi Episcopi, quem Olauus filius Tryggyæ secum adduxerat de Anglia, post annum et quinque dies beatum corpus e terra levaverit, et in loco decenter ornato reposuerit, in Nidrosiensi metropoli, quo statim peracta pugna transvectum fuerat, quia hæc omnia a nonnullis memoriæ tradita sunt, nos notis immorari superfluum duximus. Regnavit autem beatus Olavus annis quindecim, quorum tredecim solus obtinuit regnum. Nam primo anno cum Sveinone, filio Hacon mali, pugnam habuit, et eum a patria expulit, ut superius meminimus: ultimo vero a Sveinone filio Kanuti Regis Angliæ, nec non et Daciæ, de quo satis dictum est, rebellionem passus est, et inquietum fuit regnum. Eidem vero Kanuto et filio ejus Sveinoni, et Haconi nepoti ejus, adscribuntur anni quinque in Catalogo Regum Norwagiensium." Dass unter diesem Catalogus weder Ari's noch Sæmund's Werk verstanden werden dürfe, ist klar; der Erstere weist ja dem Ólaf eine 16jährige, der letztere aber dem Svein Alfífuson eine 6jährige Regierungsdauer zu (vgl. oben, Anm. 28, S. 628—30); mag sein, dass es ein blosses Königsregister mit beigefügten Regierungsjahren war.

Anm. 53.

Saxo Grammaticus, Præfatio, S. 7—8 (ed. Müller und Velschow): „Nec Tylensium industria silentio obliteranda; qui cum ob nativam soli sterilitatem luxuriæ nutrimentis carentes officia continuæ sobrietatis exerceant omniaque vitæ momenta ad excolendam alienorum operum notitiam conferre solebant, inopiam ingenio pensant. Cunctarum quippe nationum res gestas cognosse memoriæque mandare voluptatis loco reputant, non minoris gloriæ judicantes alienas virtutes disserere, quam proprias exhibere. Quorum thesauros historicarum rerum pignoribus refertos curiosius consulens, haud parvam præsentis operis partem ex eorum relationis imitatione contexui, nec arbitros habere contempsi, quos tanta vetustatis peritia callere cognovi." Es war ein verzweifelter Einfall N. M. Petersen's (Haandbog i den gammel-nordiske Geografi, S. 297 bis 306, und Danmarks Historie i Hedenold, I, S. 212, der ersten Ausgabe; in der zweiten, I, S. 268, ist die Stelle bereits vorsichtiger gefasst), welchen Munch nicht hätte wiederaufnehmen sollen (Norwegische Geschichte, II, S. 1034, Anm.), unter den „Tylenses" hier die Bewohner von Thelemarken statt der Isländer verstehen zu wollen; von der ersteren besonderen Verdiensten um die Geschichte des Nordens ist denn doch sonst nirgends auch nur die leiseste Spur aufzutreiben.

Anm. 54.

Vgl. was oben, Anm. 18, S. 551—57, über die Einrichtung der uns erhaltenen Ólafslegenden gesagt wurde, sowie die daselbst gegebenen litterarischen Nachweise. Was im Texte über deren unhistorischen Charakter gesagt wurde, wird natürlich dadurch nicht widerlegt, dass dieselben vom Mönche Theodorich, von unserer legendarischen Ólafs saga helga, und sogar schon von Einarr Skúlason für seinen Geisli als glaubhafte geschichtliche Zeugnisse benützt wurden. Selbst von diesen Legenden aber ist zumeist unmöglich festzustellen, ob solche wirklich in Norwegen und nicht vielleicht gleichfalls in Island entstanden seien, wohin ja die Verehrung des heil. Königs von Anfang an sich verbreitet hatte.

Anm. 55.

Das Arnmœðlinga tal, welches in die eine Hs. unserer Fagrskinna eingeschoben ist, ist die einzige mir bekannte Genealogie, die auf Norwegen zurückgeführt werden könnte, und diese gehört erst der Mitte des 13. Jhdts. an; der von Theodorich citirte Catalogus regum Norwagiensium ist kaum nach dieser Seite hin in Betracht zu ziehen.

Anm. 56.

Die Belegstelle hinsichtlich der Fagurskinna siehe oben, Anm. 29, S. 642; bezüglich der Hákonar s. gamla aber und der Magnúss s. lagabœtis vgl. Anm. 31, S. 649—50.

Anm. 57.

Die im Texte zurückgewiesene Ansicht findet man z. B. in aller Schärfe vorgetragen in den Antiquités Russes, I, S. 235—40, wie es scheint von Munch, dann aber am Einlässlichsten verfochten bei Rudolf Keyser, Efterladte Skrifter, I, S. 16—17, und S. 389—471. Nach ihnen sollen die einzelnen Sagen im Volksmunde sich gebildet, und in der Ueberlieferung eigener Sagenerzähler (sagnamenn) feste, ein für allemal sich gleich bleibende Gestalt gewonnen haben; bei der schriftlichen Aufzeichnung derselben sei diese Gestalt beibehalten worden, und daraus sei es zu erklären, dass zwischen den verschiedensten geschriebenen Quellen oft die auffälligste wörtliche Uebereinstimmung sich zeige. Da nun die mündliche Ueberlieferung der Natur der Sache nach von dem Orte ausgehen müsse, an welchem die betreffenden Vorgänge sich ereigneten, sei klar, dass den Isländern höchstens das Verdienst zugeschrieben werden könne, die in Norwegen gebildete mündliche Erzählung zuerst niedergeschrieben zu haben, während von einer eigentlichen Verfasserthätigkeit derselben keine Rede sein könne; nur die Sammlung der verschiedenen Sagenstücke, ihre Verbindung zu einem grösseren Ganzen und die Ausgleichung der dabei sich ergebenden Unebenheiten will den Aufzeichnern der Sagen allenfalls zugestanden werden. Der Sagenschreibung soll dagegen die eigentliche historische Forschung gegenüberstehen, die vorzugsweise auf die Chronologie Gewicht lege, obwohl beide scharf sich nicht, und zumal nicht im Bewusstsein der älteren Zeit selber scheiden lassen; bei Snorri, welchen Keyser ausdrücklich den grössten unter den namentlich bekannten Sagenmännern nennt, scheint man wohl eine Verbindung beider Richtungen annehmen zu wollen, da ihm zugleich gelehrte Forschung und fleissiges Sammeln sowie geschmackvolles Ordnen seines Stoffes nachgerühmt wird. An den lebhaftesten Farben hat es zumal Keyser bei der Schilderung der von ihm angenommenen Wirksamkeit der Sagenmänner nicht fehlen lassen, und ein recht anziehendes Bild hat er uns von derselben wirklich entworfen; mit der geschichtlichen Wahrheit aber seiner Hypothese scheint es mir um so schlimmer bestellt zu sein. Wo immer wir das Verhältniss eines Verfassers zu den Gewährsleuten prüfen können, auf deren mündliche Aussagen er sich stützte, da finden wir von ihm genau dasselbe Verfahren beobachtet, welches auch wir noch einhalten, wenn wir auf mündlichem Wege Erkundigungen einzuziehen im Falle sind; einzelne glaubhafte Personen werden über einzelne Thatsachen befragt, von denen sie aus eigener Wissenschaft oder durch den Bericht anderer glaubhafter Leute Kenntniss haben konnten, und aus den in solcher Weise einzeln zusammengetragenen Nachrichten setzt dann der Verfasser seine Erzählung zusammen, sei es nun mit pünktlicher Genauigkeit an die eingezogenen Erkundigungen sich haltend, wie Ari, oder freier diese zu einem künstlerischen Ganzen gestaltend und mit eigenen Zuthaten ausmalend, wie Snorri und die Mehrzahl der übrigen Sagenschreiber. Auch Þorsteinn fróði verfuhr nicht anders bei der Abfassung der útfarar saga Haralds harðráða (FMS. VI, S. 356; vgl. oben, Anm. 26, S. 608 u. 616); er hörte am Alding zu, wenn Halldórr Snorrason, der Begleiter des Königs auf seinen Heerfahrten, von diesen erzählte, und brachte so in einer Reihe von Jahren den Stoff zusammen, aus welchem er selber die Erzählung gestaltete, die er dann am Königshofe vortrug, nirgends aber ist uns gesagt, dass Halldórr selbst, der uns überall nur als ein wilder Kriegsmann geschildert wird und der überdiess im Unfrieden von seinem Könige geschieden war, sich mit der Abfassung einer solchen Saga befasst, und dass þorsteinn nur die von ihm verfasste weitergetragen habe; dass der Halldórs þ. Snorrasonar der Fbk III, S. 428—9, den Halldór die útfarar saga K. Haralds erzählen lässt, ändert hieran Nichts, da ja nicht gesagt wird, dass seine Erzählung mit der þorsteins identisch gewesen sei, und da überdiess jene Quelle selbst eine späte Erdichtung ist (vgl. P. Müller, Sagab. III, S. 386—7). Wäre wirklich in der Sagenschreibung Nichts als die schriftliche Aufzeichnung mündlich genau in derselben Form umlaufender Erzählungen zu sehen, so hätte Theodorich sich nicht mit Erkundigungen bei den Isländern zu bemühen gebraucht; wer hätte ihn gehindert, das Original dieser letzteren, irgend einen der ausgezeichneten norwegischen Sagenmänner, zu sich in seine Celle zu rufen? Die wörtliche Uebereinstimmung endlich, welche sich vielfach zwischen verschiedenen der uns aufbewahrten Sagenwerke bemerklich macht, erklärt sich allerdings daraus, dass diese, soweit nicht das eine von ihnen direct aus dem anderen geschöpft hat, vielfach gemeinsame Quellen benützt haben; aber dass diese Quellen mündliche und nicht schriftliche waren, ist eine rein willkürliche Annahme, der die Thatsache entgegensteht, dass in einer Reihe von Fällen die Schriftwerke sogar nachgewiesen werden können, auf welche solche Vorkommnisse zurückzuführen sind.

Anm. 58.

Siehe oben, Anm. 51. Doch waren an Rögnvalds Hof auch zwei shetländische Dichter, Armóður und Oddi hinn litli Glúmsson, und sind von Beiden verschiedene Weisen erhalten; vgl. Orkneyinga s., S. 266, sowie oben, Anm. 36, S. 678.

Anm. 59.

Dieselbe wurde zuerst unter dem Titel: Anekdoton historiam Sverreri regis Norvegiæ illustrans, von Werlauff herausgegeben (1815), sodann aber in der von Keyser, Munch und Unger besorgten Ausgabe des Königsspiegels anhangsweise wider abgedruckt; vgl. die Vorrede zu dieser letzteren Ausgabe, S. XVI—VIII, wo in aller Kürze, mit Werlauff übereinstimmend, die Gründe angeführt werden, welche die Abfassung der Schrift in den Jahren 1196—1202 wahrscheinlich machen. Sonst erinnere ich noch daran, dass der erste Theil der Stjórn auf Geheiss des Königs Hákon Magnússon, also im Anfange des 14. Jahrhdts. geschrieben wurde, welcher auch schon vorher ein „die Blume der Heiligen" betiteltes Legendenwerk aus dem Lateinischen hatte übersetzen lassen (siehe oben, Anm. 44, S. 686); aber freilich ist dabei die Möglichkeit nicht ausgeschlossen, dass der vom Könige verwendete Uebersetzer ein Isländer gewesen sein könnte, wie denn in der That der übrige Theil der Stjórn auf Geheiss des Königs Magnús lagabætir von dem späteren Bischofe Brandur Jónsson geschrieben wurde.

Anm. 60.

Die Konúngs-skuggsjá, zuerst von Hálfdan Einarsson (Sorøe 1768) und neuerdings wider von Keyser, Munch und Unger herausgegeben (Christiania, 1848), kann keinenfalls später als am Anfange des 13. Jahrhdts. geschrieben sein. Unsere Hss. derselben reichen z. Th. bis in das 13. Jahhdt. herein, sofern ein Bruchstück in der kgl. Bibliothek in Kopenhagen, nr 1, fol., dem Schlusse dieses Jahrhdts., und AM. 243 fol., nr. 2, nach den norwegischen Herausgebern um 1300 (vgl. Vorrede, S. XIII—VI), nach Konráð Gíslason aber gar frühzeitig im 13. Jahrhdte geschrieben ist (Um frumparta, S. XVIII—XXVI), und da dieselben sich als Abschriften älterer Originale erweisen, muss die Urschrift einer noch früheren Zeit angehören. Auf dasselbe Ergebniss führen aber auch die Schlüsse, welche sich aus dem Inhalte des Werkes ziehen lassen. Die Angaben desselben über die Einrichtung der königl. Hofhaltung weisen auf eine Zeit, die hinter den Neuerungen des Königs Magnús lagabætir zurückliegt, und zumal von der Erhöhung der Titel noch Nichts weiss, welche derselbe nach einer Reihe isländischer Annalen im Jahre 1277 seinen Hofleuten verwilligt haben soll. Die Theilname der Verwandtschaft des Todtschlägers an der Haftung für das Wergeld wird noch als geltendes Recht behandelt, und der Betrag des þegngildi, d. h., der für die Tödtung eines freien Mannes an den König zu entrichtenden Busse noch auf 40 Mark gesetzt, obwohl nicht nur das Landrecht des K. Magnús diese Zahlung auf den dritten Theil jenes Betrages herabsetzt und jene Haftung für das fremde Verbrechen völlig beseitigt, sondern auch K. Hákons Gesetzgebung bereits in beiden Beziehungen den gleichen Weg gegangen war (vgl. cap. 26, S. 58 und cap. 36, S. 77, mit Landslög, X, § 1, und Hákonar saga gamla, cap. 332, S. 152). Die Königswürde wird noch als theilbar betrachtet, obwohl der Grundsatz der Untheilbarkeit derselben bereits unter K. Hákon im Jahre 1260 festgestellt worden war (vgl. cap. 36, S. 75, mit Járnsíða, Kristindóms bálkur, cap. 3—4). Andererseits aber wird in dem Werke die Scheidung der weltlichen Gewalt von der geistlichen so bewusst erörtert und so scharf betont, dass des Königes Recht in seinem Bereiche selbst bis zur Absetzung eines unwürdigen Bischofes u. dgl. reiche (cap. 69—70, S. 170—75), dass daraus auf eine zwischen beiden Gewalten bestehende Spannung geschlossen werden muss, wie sie vor dem Jahre 1150 in Norwegen nicht vorkam. Keinem Zweifel kann ferner unterliegen, dass das Werk in Norwegen geschrieben ist. Die Verhältnisse dieses Landes, und nur dieses, hat der Verfasser fortwährend im Auge, und zumal seine Schilderung der dienstlichen Verhältnisse am Königshofe weist ganz specifisch auf dasselbe hin; Ausdrücke, wie: „hèr á Hálogalandi" (cap. 7, S. 17), „hèr í landi á Mæri" (cap. 9, S. 20), dann die Art, wie der Verfasser unter Berufung auf seine eigene Wahrnehmung von dem Sonnenstande in Halogaland oder von den Versteinerungen eines Moores in Mæri spricht (cap. 7, S. 16: „allrahelst á Hálogalandi, er vèr höfum eigi at eins fréttir til haft, heldr opt ok iðuliga sèt með augum vorum ok reynt"; cap. 9, S. 20: „ok höfum vèr marga þá steina sèna ok í höndum hafða, er hálft hefir verit trè", u. s. w.), deuten auf seine genaue Bekanntschaft mit den einzelnen Gegenden Norwegens sowohl als auf sein Wohnen in diesem Lande, während bestimmte Angaben über den Stand der Sonne an seinem Wohnorte (cap. 6, S. 15) ganz speciell auf einen Landstrich hinweisen, der etwas südlicher als Halogaland gelegen ist. Da der Verfasser überdiess ausdrücklich bemerkt, dass er nur seine Bemerkungen über norwegische Naturvorkommnisse auf eigene Erfahrung stützen könne, dagegen über Irland, Island und Grönland nur vom Hörensagen wisse (cap. 10, S. 21: „þessir hlutir eru mèr allir kunnir, þvíat þeir eru hèr í landi, ok hefi ek alla sèna, en hinir hlutir eru mèr allir ókunnir, er bæði eru á Íslandi eða Grœnalandi eða á Írlandi", u. dgl. m.), und da seine Berichte über alle diese Lande auch wirklich eine ungleich geringere Bekanntschaft mit denselben verrathen, als welche man von einem Eingeborenen derselben zu erwarten hätte, so ist klar, dass derselbe auch nicht etwa ein in Norwegen ansässig gewordener Isländer gewesen sein kann. Erwähne ich endlich noch, dass der Verfasser am Königshofe lange gelebt und eine hervorragende Rolle gespielt hat (cap. 2, S. 4: „þá er þer várut með konúngum, at í yðru manni þótti vera öll landráð, svá lögmál ok sættargerðir ok alskonar speki"; cap. 3, S. 5: „þóat ek hafa heldr konúngsmaðr verit en kaupmaðr"; cap. 30, S. 66: „En er ek var innan hirðar, þá var þat siðr í hirð"), so ist ziemlich Alles gesagt, was über seine Person aus dem Werke selbst beizubringen ist, und von den norwegischen Herausgebern (S. IV—IX ihrer Vorrede) auch schon wesentlich ebenso wie hier beigebracht worden ist. Nach allem Dem kann ich die von Dr. Hannes Finnsson, dem späteren Bischofe von Skálholt, aufgestellte Ansicht, dass das Werk in den Jahren 1154—64 geschrieben worden sei (vgl. dessen „Dissertatio historico-litteraria de Speculo regali", welche der älteren Ausgabe des Werkes vorgesetzt ist, zumal S. XX), nur als vollkommen unbegründet betrachten, obwohl Finnur Magnússon (denn er ist es doch wohl, der in Grönlands historiske Mindesmærker, III, S. 265—70, den Punkt bespricht) sich für dieselbe erklärt hat; die gelegentliche Bemerkung, dass Grönland „jetzt" seinen eigenen Bischof habe (cap. 18, S. 43), während doch schon im Jahre 1125 das Bisthum zu Garđar aufgerichtet worden war, beweist Nichts, da der Ausdruck ein sehr vager ist, und die Bezugname auf ein Büchlein über die Wunder Indiens, welches, in Indien geschrieben und an den Kaiser Emanuel in Konstantinopel gerichtet, „vor Kurzem“ erst nach Norwegen gekommen sein sollte (cap. 6, S. 18—19), spricht sogar gegen jene Annahme, da jene Schrift doch nur einige Zeit nach dem Tode Kaiser Manuels (1143—80), dessen Namen sie trägt, entstanden, und von Deutschland oder Frankreich aus erst später nach Norwegen hinübergekommen sein kann. (Vgl. über diesen Brief des Presbyter Johannes an den Kaiser Emanuel Comnenus und andere Fürsten der Christenheit Gustav Oppert, der Presbyter Johannes in Sage und Geschichte, Berlin, 1864, S. 25—57; ebenda, S. 167—179, findet man denselben in lateinischem Texte abgedruckt, während auf eine, denselben erwähnende französische Hs. des 13. Jahrhdts. in Uhlands Schriften, I, S. 498, aufmerksam gemacht wird). Mit Jón Eiríksson, der in seiner Vorrede zu der älteren Ausgabe der Frage bereits eine sehr gründliche Untersuchung gewidmet hat (S. LIX—LXVII), dann den neueren Herausgebern nehme ich vielmehr an, dass das Werk während der Regierungszeit König Sverrir's geschrieben sein werde; ja ich hätte sogar nicht übel Lust, zu der älteren Vermuthung zurückzukehren, deren schon Ole Worm gedenkt (Olai Wormii et ad eum epistolæ, S. 199) und Arngrímur Jónsson (in seinem Specimen Islandiæ historicum, S. 111) ebenfalls erwähnt (vgl. auch Torfæus, Grönlandia antiqua, S. 81, der sich nur etwas vorsichtiger ausdrückt), und den Verfasser geradezu in K. Sverrir selber zu suchen. Ein Brudersohn des Bischofes Hrói auf den Færöern, oder doch in seiner Jugend für einen solchen gehalten, war dieser von seinem Oheime zum geistlichen Berufe erzogen worden, und soll sogar die Priesterweihe erhalten haben; die Páls biskups saga rühmt ihm (cap. 3, S. 129) nach, „at hann kunni betr en flestir menn aðrir, ok hafði betr fœri á“, und wirklich zeigte er sich in allen Sätteln gerecht: einen Grönländischen Bischof lehrt er aus Beeren Wein bereiten (ang. O., cap. 9, S. 135), einen halbtodten Gefangenen curirt er selber (Sverris s., cap. 173, S. 413); dänische Kreuzfahrer halten es der Mühe werth, eigens Bergen anzulaufen, um des Königs Rath für ihre Fahrt einzuhohlen, „eo quod Suerus Rex homo fertur profundi consilii, multaque legisse libro experientiæ“ (De profectione Danorum in terram sanctam, cap. 10, bei Langebek, Script. rer. Dan. V, S. 352—3); die zahlreichen Standreden, welche er bei jeder Gelegenheit zu halten liebte, zeigen ihn in der heiligen Schrift ebenso beschlagen (vgl. z. B. Sverris s., cap. 99, S. 239) wie in eddischen Gesängen, Volksliedern oder Sprichwörtern (vgl. cap. 47, S. 116—18; cap. 164, S. 409—10), und wenn er wirklich an der Abfassung der in der vorigen Anmerkung angeführten Streitschrift persönlich betheiligt war, konnten auch seine Kenntnisse im kanonischen Rechte nicht unbedeutend sein; der Mönch Oddur beruft sich auf sein Urtheil über einen Punkt in der norwegischen Geschichte (Munchs Ausgabe, cap. 60, S. 58—9), und die Sturlúnga bezeugt, dass er auch an erdichteten Sagen sein grosses Gefallen fand (oben, Anm. 42, S. 684). Eine so vielseitige Natur, und nur eine solche, konnte das eigenthümliche Werk allerdings verfasst haben, mit dem wir es hier zu thun haben. Die genaue Bekanntschaft mit den Verhältnissen des Hofdienstes sowohl als mit denen des Handels und der Schifffahrt (vom geistlichen und vom Bauernstande, die ebenfalls noch in dem Buche behandelt werden sollten, ist in demselben Nichts zu lesen, sei es nun, dass es uns nicht vollständig erhalten, oder dass es nie zu Ende geschrieben worden ist) ist dem vielerfahrenen Könige wohl zuzutrauen; die genaue Bekanntschaft mit der biblischen Geschichte und mit den Heiligenlegenden, mit den Schriften Isidors und Gregors des Grossen (cap. 13 und 14, S. 33 und 35, cap. 19, S. 45), die Verweisung auf das bókmál, d. h. die lateinische Sprache (z. B. cap. 6, S. 14), und der öftere Gebrauch lateinischer Ausdrücke (z. B. cap. 6, S. 15: „Ostensa;“ cap. 7, S. 16: „quarta Idus Novembris, quarta Idus Januarii“; cap. 22, S. 51: „öndverðr October, septima decima Kal. Novembres“; cap. 23, S. 53: „öndverðr Aprilis, septima decima Kal. Aprilis“, u. dgl. m.), die Einstellung sogar eines lateinischen Stückes im Originale neben seiner Uebersetzung (cap. 54, S. 129—35; vgl. auch cap. 42, S. 97), kann bei dem geistlich erzogenen Manne nicht auffallen, während diese Zeugnisse clericaler Bildung an und für sich höchst auffällig mit jenen weltlichen Kenntnissen und Erfahrungen contrastiren; die Anschauungen endlich über Kirchengewalt und Königthum, und deren Verhältniss zu einander sind geradezu typisch für K. Sverrir's Stellung und Auftreten, und sogar die Art der Darstellung verräth vielfach eine auffällige Aehnlichkeit mit jenen Reden desselben, welche doch unter der Leitung des Königs selbst vom Abte Karl und Anderen aufgezeichnet wurden. Allerdings lassen sich gegen den aus der ganzen Signatur des Werkes gezogenen Schluss mancherlei Bedenken erheben. Der auffallend häufige Gebrauch fremdländischer Ausdrücke (z. B. cap. 1, S. 2: „studeraða ok“, „bók er glósa þarf“; cap. 7, S. 16: „kompásuð“; cap. 10, S. 21: „temprat saman með hita ok kulda“; cap. 19, S. 45: „vel tempraðan bólstað“, u. dgl. m., zumal aber Waffenbezeichnungen wie „bukleri, gladiel, glefja“, in cap. 37, S. 84, und cap. 38, S. 88, „gaflak“, cap. 37, S. 86, „susingull, kovertúr“, cap. 38, S. 87), und darunter zumal französischer, während deutsche und englische nur seltener vorkommen (z. B. „bœverskr, bœverska“, cap. 25, S. 57, cap. 40, S. 91—2, und öfter, = hövesch, hövescheit; „lafdi“, cap. 42, S. 97, cap. 45, S. 107), könnte auf die Zeit des Hakon gamli bezogen werden, der durch Uebersetzungen fremder Ritterromane solche Bezeichnungen seinem Volke erst recht geläufig machte. Die sprachliche Fertigkeit und die Kunst der Darstellung, welche in dem Büchlein zu Tage tritt, scheint zu einer Zeit wenig passen zu wollen, da nach unserer Annahme die Schriftstellerei in der Landessprache in Norwegen noch kaum begonnen hatte. Der ruhige, didaktische Ton in dem Werke, der weit von der bitteren Haltung jener mehrerwähnten Streitschrift absteht, liesse sich auf eine Zeit deuten, in welcher die erste Heftigkeit des Kampfes sich schon etwas gelegt hatte. Endlich die Angaben des Verfassers über seine eigene Person und seinen Wohnort lassen sich unmöglich auf den König selber beziehen; gerade diese Unmöglichkeit ist es, welche die norwegischen Herausgeber zum Aufgeben jedes Gedankens an seine Verfasserschaft bestimmt hat, und dennoch kann ich ihr so wenig als jenen anderen Einwänden ein entscheidendes Gewicht zugestehen. Der Verfasser selber erklärt uns nämlich im Eingange seines Werkes, dass er seinen Namen geflissentlich verschweige, damit nicht etwa Jemand aus Hass oder Feindschaft dasselbe missachte (cap. 1, S. 3: „En ef nökkurir girnask eða forvitnask at heyra eða nema þessa bók, þá er eigi nauðsyn at forvitnask þess nafn, eða hvat manna sá var, er samansetti ok sitaði þessa bók, at eigi berisk svá til, at nökkurr hafni því, sem til nytsemdar má þar í finnask, annat hvárt fyrir háðungar sakir eða öfundar, eða einshvers fjándskapar við hann er gerði“); warum sollte nicht K. Sverrir selbst die Anonymität gewählt haben, da sein Name gewiss mehr als irgend ein anderer dem politischen Parteihasse ausgesetzt war? Was der Anonymus über seinen Wohnort sagt, passt ohnehin allenfalls auf Drontheim, den Hauptsitz der Könige, und konnte nicht, was er über seine eigenen Praecedentien sagt, zu der einmal gewählten Einkleidung, beziehungsweise Verkleidung gehören? Mir will fast in den Worten ein räthselhaftes Spiel zu liegen scheinen, in welchen der Verfasser von sich selbst als einem „Königsmanne“, von seinem Aufenthalte am Hofe und von dem grossen Einflusse spricht, dessen er hier genossen habe, ein Spiel, wie es ganz dem derb humoristischen Zuge in des Königs Sinnesart entspricht, wie dieser zumal in dessen oben angeführter Leichenrede auf K. Magnús hervortritt; ja selbst der Name des Königsspiegels, den das Werk sich selber beilegt (cap. 1, S. 2—3), könnte recht wohl eine versteckte Anspielung auf den Stand seines Verfassers sein wollen. Und sollte nicht die Unbekanntschaft mit dem Nordlichte, welche der Verfasser verräth, indem er dasselbe als eine Eigenthümlichkeit Grönlands bezeichnet (cap. 8, S. 18, cap. 19, S. 44 und 46), gegen jenen langen Aufenthalt sprechen, den er in Hálogaland genommen haben will? Die weniger streitfertige Schreibweise ferner konnte ebenfalls leicht gewählt sein, um mit geringerem Anstosse die Lehren an den Mann zu bringen, die der königl. Verfasser unter seinem Volke verbreitet wissen wollte, und die vielfache Einmengung von Fremdwörtern kann bei einem Manne, der im Handelsverkehre wie im Heerwesen sich so heimisch zeigt, zu einer Zeit nicht auffallen, da die ritterliche

Fechtweise bereits in Norwegen so eingebürgert war wie diess die Sverris s. zeigt, und da andererseits Bergen als ein mächtiger Handelsplatz bereits Schiffe der verschiedensten Nationalitäten ein- und auslaufen sah. (vgl. De profectione Danorum, cap. 11, S. 353; Sverris s., cap. 104, S. 250); war doch bereits durch Philipp Augusts Heirath mit der dänischen Ingeborg (1193) eine engere Verbindung des Nordens mit Frankreich angebahnt, und mochte doch gar mancher französische Ausdruck über England nach Norwegen gekommen sein, wo die französische Sprache, die unser Werk selbst als eine besonders weit verbreitete den jungen Kaufleuten zum Studium anempfiehlt (cap. 8, S. 6), bekanntlich dazumal ebenfalls noch die herrschende war. Die gewandte Handhabung der Sprache aber mag theils aus Sverrir's *eigener* ungewöhnlicher Begabung zu erklären sein, theils auch aus dem günstigen Einflusse, welchen die bereits festbegründete isländische Schriftsprache auf die Entwicklung der litterarischen Cultur in Norwegen üben musste; möglich wäre sogar, dass der König, wie er seine Lebensgeschichte durch einen Isländer unter seiner Leitung schreiben liess, umgekehrt auch der Beihülfe eines solchen bei seiner eigenen Schriftstellerei sich bedient hätte. Vgl. übrigens über das Werk, ausser den bereits angeführten Schriftstellern, noch Munch, III, S. 397—420, und N. M. Petersen, Annaler 1861, S. 293—8.

Anm. 61.

Die Annahme, dass die Barlaams saga ok Josaphats, welche von Keyser und Unger (Christiania, 1851) herausgegeben worden ist, von K. Hákon Sverrisson übersetzt sei, beruht ausschliesslich auf der Autorität des Abtes Arngrímur von þingeyrar († 1361); sein Zeugniss ist aber einigermassen verfänglich. Es lautet nämlich in seiner Guðmundar biskups s., cap. 25, S. 61 (Biskupa sögur, II): „þat var í upphafi ríkis herra Hákonar konúngs Sverrissonar, en ei kunnum vèr greina hvar Guðmundr biskup kom til hans, en þat er skrifat, at herra konúngrinn tók hann kærliga; er þat ok líklig sögn fyrir þá sök, at Hákon konúngr úngi hefir verit hinn mesti höfðingi ok hæverskr maðr, ok allt á Íslandi lifir hans verka, þat er hann hefir snarat, meðr einkanligum stíl, sögu Barlaam ok Josafat, er vóru á dögum Damasi páfa ok sels Jeronimi." Da liegt nun augenscheinlich eine Verwechslung vor, denn K. Hákon Sverrisson war zwar zu der Zeit König, da Guðmundur seine Bischofsweihe in Norwegen erhielt (1203), aber er trug nicht den Beinamen „úngi", und konnte ihn nicht tragen, da keinerlei Veranlassung vorlag ihn von irgend einem älteren Hákon zu unterscheiden; der K. Hákon dagegen, welcher diesen Beinamen wirklich trug, war der Sohn K. Hákons, der bei Lebzeiten dieses seines Vaters sowohl den Königsnamen erhielt (1240) als auch starb (1257); bei ihm hatte es einen guten Sinn, da nunmehr zwei Könige Namens Hákon, und beide überdiess Hákonssöhne, gleichzeitig regierten, dieselben als Hákon gamli und Hákon úngi zu unterscheiden. Man darf sich nicht (wie die Herausgeber, S. XIII, Anm. 1, ihrer Vorrede thun) darauf berufen, dass Hákon Sverrisson auch in isländischen Annalen jenen Beinamen einmal trage; nur eine einzige, bis zum Jahre 1427, reichende, und erst im letzten Viertel des 16. Jahrhdts. geschriebene Annalenhs. macht sich dieses Irrthumes schuldig (nämlich die in der Annalenausgabe mit L. bezeichnete, über welche S. XXXII—III der Vorrede klaren Wein einschenkt), eine Hs. also ohne alle Beweiskraft. Hat aber der fromme Abt in Bezug auf den Beinamen sich zweifellos einer Verwechslung schuldig gemacht, so ist zweierlei möglich: entweder hat er dem K. Hákon Sverrisson nur einen falschen Beinamen zugelegt, während im Uebrigen Alles was er von ihm erzählt sich in Richtigkeit verhält, oder aber er hat dessen Person mit der des wirklichen Hákon úngi noch gründlicher confundirt, und demnach mit dem Beinamen des letzteren dem älteren Hákon auch ein Schriftwerk zugeschrieben, welches des Beinamens *rechtmässiger* Inhaber seinerseits geschrieben hatte. Da nun im Uebrigen erst unter Hákons des Alten Regierungszeit (1217—63) ein Eindringen *fremder* Romane in Norwegen sich bemerklich macht, und auch die Hss. unserer Sage nicht über die Mitte des 13. Jhdts. hinaufreichen, möchte ich die letztere Alternative immerhin für die wahrscheinlichere halten.

Von Keyser und Unger, S. XII—IV ihrer Vorrede, dann von Munch, III, S. 429—30, gehe ich somit ab, und verfolge darum auch den von dem letzteren beiläufig hingeworfenen Gedanken, ob nicht etwa K. Hákon Sverrisson an der Abfassung des Königsspiegels betheiligt gewesen sein möchte, nicht näher, so ansprechend an und für sich die Vermuthung wäre, dass hier wirklich, und nicht nur der Einkleidung nach, der Sohn die weisen Rathschläge seines königl. Vaters zu Papier gebracht hätte. — Was aber die von K. Hákon gamli angeordneten Uebersetzungsarbeiten betrifft, so sprechen sich die Strengleikar, unter welchem Titel die übersetzten Lais der Marie de France von Keyser und Unger herausgegeben wurden (Christiania. 1850), in ihrem Vorworte, S. 1, folgendermassen aus: „En bok þessor er hinn virðulege Hacon konongr let norrœna or volsko male ma bæita lioða bok. þui at af þeim sogom er þessor bok birtir gærðo skolld i syðra Brætlande er liggr i Franz lioðsonga" (vgl. dazu S. X—XII der Vorrede der Herausgeber). Am Schlusse der Ivents saga heisst es ferner in einer Hs. der kgl. Bibliothek zu Stockholm, nr. 6 in 4to: „ok lykr her sogu herra Ivenz er Hakon konungr gamli let snua or franseisu i norenu", und am Schlusse der Elis saga in einer Hs. der Delagardie'schen Sammlung in Upsala, nr. 4—7, fol.: „Robert aboti sneri ok Hakon konungr son Hakonar konungs lét snua þessi norrœnu bok" (Beides nach der Vorrede zu den Strengleikar, S. XII, Anm. 1). Die Saga af Tristram ok Ísodd soll nach einer Notiz, welche die Hs. AM. 543 in 4to an ihrem Anfange bringt, im Jahre 1226 auf Befehl K. Hákons durch Bruder Robert norwegisch geschrieben worden sein, also doch wohl wider durch denselben Mönch, welcher auch die Elis s. übersetzte (Nyerup, Almindelig Morskabslæsning i Danmark og Norge, S. 119—20; Gísli Brynjúlfsson, Annaler for nordisk Oldkyndighed, 1851, S. 157). Die Duggalsleizla hat Konráð Gíslason theilweise herausgegeben (44 Prøver, S. 417—56); die, allerdings viel jüngeren, ihr voranstehenden Verse besagen aber:

„þat sama sýnir oss þessa bók:
Hákon kóngur úr látinu tók
ok lét norræna til skemmtanar
ok umbótar mönnum ok hugganar."

Worauf sich die Angabe des Hálfdan Einarsson (Sciagraphia, S. 104) stützt, dass K. Hakon auch die Merlinus spá habe übersetzen lassen, vermag ich nicht anzugeben. Dass aber die Blómsturvalla saga, S. 1—2, an des Kaisers Friedrich Hof von einem norwegischen Manne, Herrn Bjarni, in deutscher Sprache gehört, und dann dem Könige Hákon gamli nach Norwegen gebracht worden sein soll, welche Angabe Peringsskjöld (Vorrede zu seiner Ausgabe der Wilkina s., S. 1) irrthümlich auf die þiðriks s. af Bern bezogen hat, ist zwar auch für jene Sage selbst durchaus unrichtig und wohl geradezu erdichtet (vgl. Möbius, in der Vorrede zu seiner Ausgabe der Blómsturvalla s., S. XIV—VIII), zeigt indessen doch immerhin soviel, dass man im Norden der durchgreifenden Förderung wohl eingedenk blieb, welche K. Hákon der Uebersetzung fremder Ritterromane angedeihen liess. Hinsichtlich der þiðriks s. selbst verweise ich auf Unger's Vorrede zu seiner Ausgabe derselben, S. IV. Unter K. Eiríkur Magnússon soll Herr Bjarni Erlingsson einen Abschnitt der Karlamagnús saga aus dem Englischen haben übersetzen lassen; es heisst nämlich II, Prol., S. 50, dieser Sage: „Fann þessa sögu herra Bjarni Erlingsson or Bjarkey ritaða ok sagða í ensku máli í Skotlandi, þá er hann sat þar um vetrinn eptir fráfall Alexandri konungs († 1286). — — En at mönnum sé því ljósari ok megi því meiri nytsemi af hafa ok skemtan, þá lét herra Bjarni hana snara or ensku máli í norrœnu." — Von K. Hákon Magnússon heisst es in der Einleitung zur Blaus s. ok Viktors, welche in AM. 567 in 4to, und in nr. 7, fol. der kgl. Bibliothek in Stockholm vorliegt: „Marga merkilega hluti heyrðum vér sagða af herra Hákoni Noregs konungi Magnussyni einkanliga at hann hélt mikit gaman at fögrum frásögnum ok at hann lét venda mörgum riddara sögum i norrœnu or girzku eðr fraunzku" (so nach der Vorrede zu den Strengleikar, S. XI, Anm. 2). Verzeichnisse aber der ganzen Masse von hieher gehörigen Sagen, die in nordischer Sprache erhalten sind, und von denen ich nur noch die **Karlamagnús s. ok kappa hans** (ed. Unger, Christiania, 1860), die **Saga af Flóres ok Blankiflúr** (edd. Brynjólfur Snorrason, in den Annaler, 1851, S. 6—64), die **Ereks s.**, **Parcevals s.**, **Möttuls s.** und andere **Artúskappa sögur** nenne, die nach Hálfdan Einarsson, ang. O., S. 101, allesammt auf K. Hakons Gebot aus dem Französischen übersetzt worden sein sollen, dann die **Bærings s.**, **Flovents s.**, **Mirmants s.**, **Bevus s.** (wohl die „Beuers sagha" einer norwegischen Urkunde von 1366; Diplom. Norw. IV, S. 353), die **Kirjalax s.**, von welcher Konráð Gíslason ein Stück herausgegeben hat (44 Prøver, S. 403—406), die **Nitida s. fagra**, dann die **Konráðs s. keisarasonar** (ed. Gunnlaugur þórðarson; Kaupmannhöfn, 1859), **Bragðamágus s.** (ed. Gunnlaugur þórðarson, ebenda, 1858), **þjalar-Jóns s.** (ed. Gunnlaugur þórðarson; Reykjavík, 1857), **þorgríms konúngs s. og kappa hans**, **saga af Sálusi og Níkanor**, das **æfintýri af Ajax keisarasyni**, und die **Valdimars s. konúngs** (diese vier unter dem Titel: „Fjórar riddarasögur", herausg. von Hannes Erlendsson und Einarr þórðarson; Reykjavík, 1852), — findet man bei Hálfdan Einarsson, S. 100—106, P. E. Müller, III, S. 480—84, dann auch in Arwidsson's mehrangeführtem Handschriftenkataloge, S. 171—8.

Anm. 62.

Finnur Jónsson führt, histor. Island. eccles., II, S. 62, Anm., aus AM. 589 in 4to folgende Anfangsworte der **Clarus s.** an: „Her byrium ver upp eina frásaugu sem sagdi virduligr herra Jón biskup Halldórsson ágiætrar minningar, enn hann fann hana skrifada med latínu i Franz í þat form er þeir kalla ritmos en vær kaullum hendingum." (Ein Stück aus der Clarus s. siehe bei Konrað Gíslason, 44 Prøver, S. 433—55.) Der **þáttr af Jóni biskupi Halldórssyni** (Biskupa sögur, II, S. 223) beginnt ferner: „Nú skal nefna virðuligan mann, er heitir herra Jón Halldórsson, hinn 13di biskup Schalholtensis í Íslandi, hann var hinn sæmiligasti maðr í sinni stétt, sem lengi mun lifa á Norðrlöndum; sú var hans æfi lengst, at hann fór, síðan hann hafði gjörzt prédikari í Noregs konúngs ríki, at studéra mjök úngr allt út í París ok um síðir út í Bononiam; kom hann svá aptr af skolis fullkominn at aldri, at hann var sá vísasti klerkr, er komit hefir í Noreg; því var hann vigðr ok kosinn biskup Skalholtensis af Eilífi erkibiskupi; en hverr mun greina mega hverr hans góðvili var at gleðja nærverandis menn með fáheyrðum dæmisögum, er hann hafði tekið í útlöndum, bæði með letrum ok eiginni raun, ok til vitnis þar um munum vér harðla smátt ok lítið setja í þenna bækling af því stóra efni, þvíat sumir menn á Íslandi samsettu hans frásagnir sér til gleði ok öðrum; munum vér í fyrsta setja einn æventýr af hvorum skóla, París ok Bolon, er gjörðust í hans nærveru." Auch das Stück „af ágirnd Absalons erkibiskups", welches in den FMS. XI, S. 440—46, abgedruckt steht, gehört zu diesen auf Bischof Jón zurückgeführten Erzählungen (vgl. die Vorrede der Herausgeber, S. 11; dann im Allgemeinen Hálfdan Einarsson, S. 106). Als ähnlich geartete Stücke mögen aber erwähnt werden die Erzählungen „**af þrimr kumpánum**", „**indversku gimsteinar**" (eine Modification dessen, was sonst wohl über Kaiser Friedrich und den Priester Johann erzählt wird), „**af meistara Peru ok hans leikum**", „**af köngsayni ok köngsdottur**" (alle 4 bei Konráð Gíslason, ang. O., S. 410—32).

Anm. 63.

Die **Hebuden** und **Man** waren bereits durch den Frieden von Perth (1266) an Schottland abgetreten, die **Orkneys** aber und **Shetland** in Folge des zwischen Christian I. von Dänemark Namens seiner Tochter Margaretha mit Jakob III. abgeschlossenen Ehevertrages (1469) an Schottland verpfändet, und die Pfandschaft nicht mehr eingelöst; die Besitzungen auf dem **schottischen Festlande** vollends waren ebenso wie die in **Irland** von Anfang an wenig gesichert, und zumal nur mit geringer nordischer Bevölkerung besetzt gewesen. Im 15. Jhdte. noch waren auf den Orkneys geschichtliche Aufzeichnungen entstanden, welche, wenn auch in lateinischer Sprache geschrieben, für die Beziehungen der Inseln zu Norwegen bezeichnend sind, das Breve chronicon Norvegiæ nämlich, die Genealogia comitum Orcadensium und der Catalogus regum Norvegiæ, welche drei Stücke Munch im Jahre 1850 zusammen herausgegeben hat; hinsichtlich der Jómsvikinga drápa aber und der shetlandischen Dichter vgl. oben, Anm. 21, S. 584, und Anm. 36, S. 670. Im Uebrigen verweise ich auf Worsaae, Minder om de Danske og Nordmændene i England, Skotland og Irland (Kjöbenhavn, 1851), auf Grímur Thomsen, den nordiske Nationalitet paa Shetlands- og Orknöerne (in den Annaler for nordisk Oldkyndighed, 1862, S. 3—28; das hier besprochene Werk von David Balfour ist mir nicht zugänglich), dann auf Munch's geographiske og historiske Notitser om Orknöerne og Hetland (Samlinger til det norske Folks Sprog og Historie, Bd. VI, 1839, S. 79—133), und dessen geographiske Oplysninger om de i Sagaerne forekommende skotske og irske Stedsnavne (Annaler, 1852, S. 44—103, und 1857, S. 208—81), endlich auf die Aufsätze: „om Sproget paa Shetlandsöerne“, von Arthur Laurenson, und „om Sproget paa Hjaltlandsöerne“, von K. J. Lyngby (Annaler, 1860, S. 190—201, und S. 201—16), wo man auch Sprachproben, sowie weitere Nachweise findet.

Anm. 64.

Das Material für die Geschichte Altgrönlands liegt bekanntlich in Grönlands historiske Mindesmærker, Bd. I—III (Kopenhagen, 1838—45) vor; eine Uebersicht über diese Geschichte kann man aber aus der chronologischen Zusammenstellung gewinnen, die daselbst, Bd. III, S. 899—914, gegeben wird. Im Uebrigen erwähne ich nur, dass die Fóstbræðra s., cap. 9, S. 87, (Hauksbók) berichtet, wie Þorgrímr Einarsson auf Grönland unter grossem Zulaufe von Leuten eine Sage erzählt, in welcher er selber eine Hauptrolle spielt; dass ferner die älteste Guðmundar biskups s., cap. 1, S. 408, von einem aus Grönland kommenden Manne, Styrkárr Sigmundarson, erzählt, welcher ein „sagnamaðr mikill ok sannfróðr“ gewesen sei. Von in Grönland geschriebenen Werken weiss ich dagegen keine Spur nachzuweisen.

Anm. 65.

Am Schlusse des Hertig Fredrik af Normandie, welchen I. A. Ahlstrand im Jahre 1853 in den Samlingar utgifna af Svenska Fornskrift-Sallskapet, III, 2, herausgegeben hat, heisst es, V. 3201—10:

„Thenne bok ther ij hør höra
henne lot keisar otte göra
ok vænda aff valsko ij thyzt maal
gudh nadhe thæs ædhla førsta siæl
nu ær hon annan tiidh giordh til rima
nylika innan stuntan tima
aff thyzko ok ij swænska tungæ
thz forstanda gamble ok ungæ
hona lot vænda a vart maal
eufemia drötning henna siæl“, u. s. w

dann V. 3219—24

„Tha thusend aar ok thryhundrath aar
fra gus födhilse lidhin var
ok ther til atta manadha ok twa
(eine andere Hs.: „och ther otta oc monade twaa“)
var thessa bok diktath swa
som han kunne at thydha
hwa hænne lyster lydha.“

Am Schlusse des Herr Ivan Lejonriddaren ferner, welchen I. W. Liffman und George Stephens in den Jahren 1845—49 in derselben Sammlung, Bd. II, 2—4, herausgegeben haben, heisst es, V. 5739—48:

„Tha thusand vintre thry hundradh aar
fran guds föslo lidhin var
ok ther til thry ij thæn sama tima
vardh thæsse bokin giordh til rima
Eufemia drötning thz maghin ij tro
læt thæssa bokena vænda swo
aff valske tungo ok a vart maal
gudh nadhe tho ædhla frugho siæl
ther drötning ower norghe var
nar gudz miskund thrættan aar."

Endlich am Schlusse von Flores oc Blanzafloor, welches Gedicht im Jahre 1844 in derselben Sammlung, Bd. I, 1, von Gustaf Edv. Klemming herausgegeben wurde, heisst es widerum, V. 2102—7:

„Nu hafver thenne saghen ænda;
gudh os sina nadher sændæ.
then them loot vænda til rima:
eufemia drötning ij then sama tima.
litith för æn hon do; († 1312)
gudh gifui henna siæll nadher ok ro."

In die Jahre 1301 (oder 1303), 1303 und etwa 1312 fällt demnach dieser 3 Gedichte Entstehung, welche man nach dem Namen der Königinn, in deren Auftrag sie verfertigt wurden, als „Euphemia-Visor" zu bezeichnen pflegt. Hinsichtlich der, zunächst durch ein paar kurze Bemerkungen bei Nyerup, Almindelig Morskabslæsning i Danmark og Norge, S. 113 und 124, veranlassten, dann aber von mehrfachen Seiten her sehr lebhaft controvertirten Frage, ob Königinn Euphemia wirklich dieselben ins Schwedische, und nicht etwa doch ins Norwegische habe übersetzen lassen, oder ob nicht etwa wenigstens unter K. Hákon gamli eine Uebersetzung der einschlägigen Stücke ins Norwegische vorangegangen sei, welche dann die Königinn nur in schwedische Reime habe umsetzen lassen, verweise ich auf die Bemerkungen der Herausgeber der schwedischen Gedichte, nämlich die von Klemming, S. VII—XV, von Stephens, S. XVII—XXX, und von Ahlstrand, S. 223—5; bei dem letzteren findet man auch bereits die Einwendungen widerlegt, welche Brynjólfur Snorrason inzwischen in den Annaler, 1850, S. 118—21, erhoben hatte. Auch Munch hat sich, IV, 2, S. 522—3, Anm. 4, S. 557, S. 643 und S. 650, für die richtige Ansicht erklärt. Beachtenswerth ist aber noch, dass in einem Verzeichnisse verschiedener dem Könige Magnus Eiríksson gehöriger Mobilien, welches am 5. Mai 1340 ausgestellt ist, der „Yuan" mitaufgeführt ist, zugleich aber bemerkt wird, dass der König „librum de hærtogh Fræthrik" dem Truchsessen Erling geschenkt habe (Diplom. Suecan. IV, nr. 3481, S. 710; Diplom. Norveg. III, nr. 202, S. 179); es mögen wohl die Originalien, wie sie die Grossmutter hatte anfertigen lassen, gewesen sein, welche wir hier in dem Besitze ihres Enkels wider vorfinden.

Anm. 66.

Vgl. des trefflichen Pfarrers Wenzel Ulrich Hammershaimb Aufsatz über die Færöische Sprachlehre, in den Annaler for nordisk Oldkyndighed, 1854, S. 233—316, zumal dessen Einleitung. Aus einer deutsch-böhmischen, aber bereits seit einer Reihe von Generationen auf den Færöern ansässigen Familie stammend, und seit dem Jahre 1855 daselbst als Pfarrer wirkend, ist Hammershaimb für die Kenntniss der Færöischen Sprache, Sagen, Lieder und Sitten in gründlichster und zugleich anziehendster Weise thätig geworden: die persönliche Bekanntschaft des liebenswürdigen Mannes gemacht zu haben, gehört zu meinen liebsten Erinnerungen an einen, nur allzu kurzen, Aufenthalt auf den merkwürdigen Inseln.

Anm. 67.

Die isländische Sprache hält einerseits, allein unter allen germanischen Sprachen der Gegenwart, das alte anlautende *hl*, *hn*, *hr* noch fest, und zwar so energisch, dass man im Norden und Westen der Insel noch heutigen Tages hnífur und knífur, hnöttur und knöttur, u. dgl. neben einander gesprochen hören kann, ganz wie ältere isländische Hss. bereits beide Formen zu verwechseln pflegen; der norwegische Dialekt dagegen lässt bereits, soweit wir ihn zurückverfolgen können, das *h* fallen, und schreibt somit Rani, Ringr, Luinskogsheithr, wie diess z. B. der Mönch Theodorich bereits cap. 18, S. 327, cap. 24, S. 333, und cap. 31, S. 339, hat, während hinwiderum die Bewohner der Orkneys, nach der Jómsvíkinga drápa zu schliessen, in dieser Beziehung zu den Isländern gestanden zu haben scheinen. Andererseits führt aber das Isländische den schwachen oder Flexions-Umlaut des *a* zu *ö* durch nachfolgendes *u* consequent durch, während das Norwegische in dieser Beziehung schwankt, und zumal in der Mundart des östlichen Theiles des Landes („fyrir sunnan fjall") ähnlich wie im Schwedischen und Dänischen der Umlaut nicht eintratt, während ihn die Mundart der westlichen Reichshälfte („fyrir norðan fjall") zumeist annam. Den Umlaut des *a* zu *e* vollends, wie ihn das Isländische bei Flexionen durch folgendes *u* bewirken lässt, kennt das Norwegische überhaupt nicht, und ist derselbe unter allen germanischen Sprachen der isländischen allein eigen (vgl. z. B. die legendarische Ólafs s. ens helga, cap. 116, S. 84: „hafðu með ser vaxlios oc dyrkaðu þa hælgu hatið með fastu oc vaktu þar um nottena með margum aðrum vanfœrum mannum;" ein isländischer Schreiber würde hier geschrieben haben: „höfðu með sér vaxljós ok dýrkuðu þá helga hátíð með föstu ok vöktu þar um nóttina með mörgum öðrum vanfœrum mönnum"). Auf manche andere Differenzpunkte habe ich schon früher aufmerksam zu machen Gelegenheit gehabt (vgl. oben, Anm. 17 u. 28, S. 550 u. 621); darauf mag aber hier noch speciell hingewiesen werden, dass auch in Bezug auf den Gebrauch der Wörter vielfach die isländische Sprache von der norwegischen abgeht; die Ausdrücke: landnám, lýrittr, vápnatak, útlegð u. dgl. m., haben in den norwegischen Quellen eine ganz und gar andere Bedeutung als in den isländischen, und nur durch die Reception des norwegischen Rechtes auf Island, wenn auch in Gestalt eigens für die Insel geschaffener Gesetzbücher, ist soweit die juristische Terminologie reicht seit dem Ende des 13. Jhdts. der norwegische Sprachgebrauch auch hier der herrschende geworden.

Anm. 68.

Dass Þóroddr runameistari die englische Sprache als mit der isländischen in ihrem letzten Grunde gleich betrachtete, zeigt die oben, Anm. 3, S. 528, aus seiner Abhandlung angeführte Stelle; ganz ebenso heisst es aber auch in der Gunnlaugs s. ormstúngu, cap. 7, S. 221—2: „Ein var þá túnga á Englandi sem í Noregi ok í Danmörku; en þá skiptust túngur í Englandi er Vilhjálmr bastarðr vann England. Gekk þaðan af í Englandi valska, er hann var þaðan ættaðr." Eingeschränkter will es dagegen verstanden sein, wenn die Rímbegla, III, cap. 1, § 1, S. 316, sagt: „Upphaf allra frásagna í Norrænu Tungu, þeirra er sannindi fylgia, hofst þá er Tyrker og Asiæ menn bigdu nordred, þvi er þad med sönnu ad segia ad Tungann kom med þeim nordur hiogad er vier köllum Norrænu og gieck su Tunga um Saxland, Danmörk og Sviþiod, Noreg og um nockurn hluta Englands", oder die Snorra-Edda, Prol. S. 30: „þeir Æsir hafa haft túnguna norðr hingat í heim: í Noreg ok í Sviþjóð, í Danmörk ok í Saxland; ok í Englandi eru forn landsheiti eða staða heiti, þau er skilja má, at af annarri túngu eru gefin en þessi"; hier wird nämlich zwar einerseits die Sprachgemeinschaft mit Sachsen hereingebracht, die doch nur in jenem weiteren Sinne verstanden werden kann, andererseits aber in Bezug auf

England richtig unterschieden zwischen Landestheilen skandinavischer und Landestheilen nichtskandinavischer Sprache, ganz wie die Heimskr. Hákonar s. góða, cap. 3, S. 128, und die Fagursk. § 26, S. 15, auch ihrerseits scheiden. In einem sehr präcisen Sinne wird der Umfang der als gemeinsam betrachteten Sprache angegeben in der Grágás, Vígslóði, § 97: „Ef utlendir menn verða vegnir her a landi danscir eða sønscir eða norrønir. þa eigo frændr hans söc af þeir ero her alande vm þav 3. konvnga vellde er vr tunga er. En vígsmoar vm víg utlendra manna af öllom londum öðrum en af þeim tungom. er ec talða nu" (ed. Arnam. II, S. 72: „en af öllum tungum öðrum enn af danskri tungu") u. s. w.

Anm. 69.

In einer Abhandlung des Ólafur hvítaskáld, welche der Snorra-Edda angehängt ist, heisst es, Bd. II, S. 134: „Auferesis er gagnstaðlig Prothesi, hon tekr af staf eða samstöfu í upphafi orðs, sem at v sè aftekit í þessu nafni vrúngu, þviat þýðerskir menn ok danskir hafa v fyrir r í þessu nafni ok mörgum öðrum, ok þat hyggjum vèr fornt mál vera; en nú er þat kallat vindandin forna í skáldskap, því at þat er nú ekki haft í norrænu máli." Das Dänische steht also hier dem „norrænt mál" gegenüber, und sicherlich versteht dabei der isländische Verfasser unter dem letzteren das Isländische nicht minder als das Norwegische. In demselben Sinne heisst es wohl auch in dem alten isländischen Fragmente bei Langebek, Script. rer. Dan., II, S. 426: „Knutr, er Landbertus het skirnar nafne, oc kalladr er a danska tungu oc Norrena Knutr riki." Rein willkürlich ist es dagegen, wenn man neuerdings, und zwar auch auf Island selbst, unter „norræna" die Sprache der älteren Quellen im Gegensatze zu dem modernen Isländischen verstehen will; mit der Verschiedenheit der Zeitstufen in der Entwicklung der Sprache hat der Ausdruck nie das Mindeste zu thun gehabt.

Anm. 70.

So sagt z. B. der englische Mönch Ælnoth, welcher zu Anfang des 12. Jahrhdts. in Dänemark eine „Vita sancti Canuti regis" schreibt, in dieser, cap. 1, S. 331 (Langebek, Script. rer. Dan. III): „Aquilonales autem, qui ob situm regionum, Normanni dicuntur, et Ysonii, qui etiam, ob hiemis ibidem vehementiam, et longioris glaciei seriem, Glaciales, tam patria, quam Normannica et Danica lingva vocantur." Saxo Grammaticus, der um das Jahr 1200 schrieb, lässt, V, S. 195—6, den norwegischen Ericus nach der dänischen Küste „duos Danicæ facundos linguæ" als Kundschafter voranschicken, was doch auch einen Unterschied der dänischen und norwegischen Sprechweise voraussetzt. Dieselbe Beachtung mundartlicher Differenzen zeigt aber auch der Königsspiegel, wenn er sagt, cap. 8, S. 18: „þat er Grænlendingar kalla norðrljós" (ebenso cap. 19, S. 44 und 46), oder cap. 15, S. 37: „ok kalla menn þann málm rauða eptir mállýzku sinni (d. h. die Isländer), ok svá kalla menn hèr með oss" (d. h. in Norwegen), und wider: „ok er þat kallat á því landi rauða-undr" (d. h. in Island); ferner cap. 16, S. 40: „þar eru enn ok sumir þeir ísar í því hafi, er með öðrum vexti eru, er Grænlendingar kalla falljökla": endlich cap. 17, S. 42: „ok reip þau, — — er menn rista af fiskum þeim er rostúngr er kallaðr, ok svarðreip heita." Der Ausdruck „rauði" lässt sich wirklich in isländischen Quellen, z. B. in der Landnáma, II, cap. 3, S. 71, Anm. 3, nachweisen. Sehr belehrend ist übrigens zumal die oben, Anm. 68, aus der Grágás angeführte Stelle; indem sie einerseits dieselbe Sprache („unsere" Sprache) wie auf Island auch in Schweden, Dänemark und Norwegen herrschen lässt, andererseits aber doch auch wider von einer Mehrheit von Sprachen redet, die in diesen Reichen gesprochen würden, zeigt sie nämlich, dass sowohl die principielle Gemeinschaft als die dialektische Sonderung den Isländern im Anfange des 13. Jahrhunderts wenigstens zum vollen Bewusstsein gediehen war.

Anm. 71.

In der Eiríks s. víðförla, cap. 1, S. 661—2 (FAS III) bezeichnet der Ausdruck Norðmenn Dänen und Norwegen gemeinsam und in diesem Sinne mag die Íslendíngabók, cap. 2, S. 5, den Helgi hinn magri norrœnn nennen, während er doch der in Irland geborene Sohn eines gotischen Vaters und einer irischen Mutter war (vergl. Landnáma, III, cap. 12, S. 203—5); beidemale bezeichnet der Ausdruck offenbar soviel wie unser „nordgermanisch." Wenn sich ferner der Isländer Hjalti Skeggjason in Schweden einen Nordmann nennt (legendarische Ólafs s. helga, cap. 42, S. 29), oder Stefnir Þorgilsson in Dänemark so genannt wird (Oddur, cap. 53, S. 50, ed Munch), oder Gunnlaugur ormstúnga in England (Gunnlaugs s., cap. 7, S. 229), Eldjárn aus Húsavík ebenda (Magnúss s. berfætta, cap. 29, S. 59—60), Þorsteinn drómundur in Konstantinopel (Grettla, cap. 89, S. 193), oder wenn am Eingange der Fóstbrœðra s. in der Flbk. II, S. 91, der Schreiber sich und seine isländischen Landsleute mit zu den Norðmenn zählt, so ist hier augenscheinlich die Bezeichnung im Sinne unseres „nordisch" gebraucht; einen solchen Sprachgebrauch des Wortes muss man aber auch voraussetzen, wenn man, wo es darauf ankommt die Norweger recht unzweifelhaft als solche zu bezeichnen, für dieselben die Ausdrücke Austmenn (schon in der Íslendingabók, cap. 2, S. 5: „maðr austrœnn") oder Noregsmenn gebraucht findet (das Letztere z. B. in der Grágás, § 125, § 240: „fyrir Noregs manna sokom", und § 166, S. 71: „allir menn scolo gialda hafnartoll nema Noregs menn"; in der Arna biskups saga, cap. 48, S. 744, wo „unsere Leute" den Noregsmenn gegenübergestellt werden, wie cap. 57, S. 756, ebenda, oder Heimskr. Hákonar s. herðibreiðs, cap. 3, S. 380, die Íslendingar den Noregsmenn; aber auch die legendarische Ólafs s. ens helga, cap. 47, S. 34, u. cap. 110, S. 80, die Sverris s., cap. 9, S. 22, die Hakonar s. gamla, cap. 94, S. 334, cap. 96, S. 335, cap. 166, S. 419, brauchen den letzteren Ausdruck, und in den norwegischen Gesetzen selber ist er der regelmässig gebrauchte, u. dgl. m.) In bei Weitem den meisten Fällen aber bezeichnet der Ausdruck „Norðmaður, norrœnn", in der That nichts Anderes als den Norweger, und zwar nicht etwa blos im Gegensatze zum Dänen, Schweden oder Göten, wofür es völlig überflüssig ist, Beispiele anzuführen, sondern auch im Gegensatze zu ausserhalb Norwegens gesessenen Leuten norwegischen Stammes. So heisst es z. B. in der Grágás, § 143, S. 26: „er hann er nörrœnn eða hialltlenscr eða orcneyscr eða fœreyscr eða katnescr (von Caithness in Schottland) eða or noregs konungs velde"; Vallaljóts saga, cap. 7, S. 217: „kvað suma vera íslenzka, en suma norræna"; Jóns biskups s., II, cap. 10, S. 222: „at tín sé drepnir íslenskir fyrir einn norrœnan"; Heimskr. Ólafs s. Tryggvasonar, cap. 88, S. 287: „spyrr hinn Norræni maðr, hverr Íslendingr væri at nafni?" Magnúss s. góða, cap. 18, S. 31 (FMS. VI): „Á einu sumri keypti hann skip hálft at norrœnum mönnum, en hálft áttu íslenzkir brœðr 2"; Haralds s. harðráða, cap. 72, S. 297: „Maðr hét Auðun, íslenzkr ok vestfirzkr at ætt; — Auðun fór utan á einu sumri vestr þar í fjörðunum með norrœnum manni, er Þórir hét"; Laurentius biskups s., cap. 65, S. 877: „at hafa íslenzkan biskup en norrœnan"; Eyrbyggja, cap. 18, S. 21: „þetta sumar kom út skip í Salteyraróśi, ok átta hálft norrœnir menn, — — Hálft skipit áttu suðreyskir menn"; Orkneyinga saga, S. 204: „sagdiz Uni vera Norrœnn maðr, enn kvez hafa kvongaz i Hialtlandi oc átt þar sonu."

Anm. 72.

Vergleiche über die mit äusserster Heftigkeit durchgekämpfte Frage, ob die hier uns beschäftigende Sprache die gotische, gothische oder altschwedische, ob sie die dänische, norwegische oder altnordische, oder ob sie endlich die isländische zu nennen sei, etwa Otho Sperling, „De danicæ linguæ et nominis antiqua gloria et prærogativa inter Septentrionales" (Hafniæ, 1694); Páll Vídalín, „dönsk túnga", in seinen Skýríngar yfir fornyrði lögbókar þeirrar, er Jónsbók kallast (Reykjavík, 1854), S. 126—42, und unter dem Titel: „De linguæ septentrionalis appellatione lingva danica“ von Jón Eiríksson ins Lateinische übersetzt und mit Anmerkungen bereichert, im Anhange zur Gunnlaugs saga ormstúngu (Hafniæ, 1775), S. 230—97; N. M. Petersen, „det danske, norske og svenske Sproges Historie“ (Kjöbenhaven, 1829), I, S. 15 u. folg.: „Afhandling om hvilke Benævnelser Landet, Folket og dets Sprog findes tillagte“, in den Samlinger til det norske Folks Sprog og Historie, II, S. 381—507 (Christiania, 1834; der ungenannte Verfasser ist der im Jahre 1839 verstorbene Jurist Steenbuch); P. A. Munch, in der Vorrede zu seinem Werke: „Forn-Swenskans och Forn-Norskans Språkbyggnad“ (Stockholm, 1849), S. V—XLI, und in manchen anderen seiner Werke, sowie auch in einem sehr lesenswerthen Aufsatze, welcher unter der Ueberschrift „Nordisk, Norsk, Dansk“ im 10ten Jahrgange der in Christiania erscheinenden Wochenschrift „Illustreret Ugheldsblad“, nr. 35 und 36, erschien (1861; ich verdanke die Kenntniss desselben meinem werthen Freunde, Professor Th. Möbius in Kiel); R. Keyser, in seinem Werke: „Nordmændenes Videnskabelighed og Literatur i Middelalderen“ (Efterladte Skrifter, I), zumal S. 25 u. folg.; Rafn, „Antiquités de l'Orient, monuments runographiques“ (Copenhague, 1856), S. XII—XLVIII; endlich Jón Sigurðsson, in den Vorreden zum „Lexicon poëticum antiquæ linguæ Septentrionalis“ von Sveinbjörn Egilsson (Hafniæ, 1860), S. XIX—XXXII, und zur Oldnordisk Ordbog von Eiríkur Jónsson (Kjöbenhavn, 1863), S. XIX—XXXVI. U. dgl. m. Zum Beweise aber dafür, dass eine unpassende Bezeichnung der Sprache unter Umständen wirklich zu gänzlich verkehrten Anschauungen über deren Bestand führen könne, möge es genügen auf des Comte Paul Riant Werk: „Expéditions et pèlerinages des Scandinaves en terre sainte“ (Paris, 1865) zu verweisen, welcher, S. 3, die „sagas“ im Mittelalter geschrieben sein lässt „dans la langue scandinave ancienne aujourd'hui éteinte, et que nous sommes convenus de désigner par le nom de norraine.“ Derselbe Schriftsteller lässt freilich eben diese Sagen zumeist durch isländische Benedictiner schreiben. Da die Klöster zu þykkvibær (seit 1168), Flatey oder Helgafell (seit 1172, beziehungsweise 1184), Viðey (seit 1226) und Skriða (seit 1500) dem Augustinerorden angehörten, also nur zwei Frauenklöster, nämlich Kirkjubær (seit 1186) und Reynistaður (seit 1296), dann zwei Mannsklöster, nämlich þingeyrar (seit 1133) und Múnkaþverá (seit 1155) dem Benediktinerorden in Island angehörten, müssten hiernach in diesen beiden Klöstern nahezu alle Sagen verfasst sein. Und doch war Ari ein Weltpriester, Styrmir ein Augustiner, Snorri, Sturla waren Laien, u. dgl. m.!

Nachschrift. Am 2. December 1865 gehalten, wurde obiger Vortrag, zumal was die Anmerkungen betrifft, hinterher einer Umarbeitung unterzogen, um der inzwischen mir heftweise zugegangenen Litteraturgeschichte R. Keyser's gerecht werden, und zugleich manche erhebliche erst hinterher bei isländischen Freunden eingezogene Notizen verwerthen zu können. Im November 1866 wurde derselbe zum Drucke abgegeben, und in seiner damaligen Gestalt unverändert abgedruckt. Lediglich aus diesem Grunde sind manche erhebliche neuere Publicationen, wie etwa Svend Grundtvig's Aufsätze „Om Nordens gamle Literatur“ und „Udsigt over den Nordiske Oldtids heroiske Digtning“ (Kopenhagen 1867), dann Unger's Ausgabe der „Morkinskinna“ (Christiania, 1867), nothgedrungen unberücksichtigt geblieben.

München, den 1. April 1868. K. Maurer.

www.ingramcontent.com/pod-product-compliance
Lightning Source LLC
Chambersburg PA
CBHW021821230426
43669CB00008B/820
9783743432383